• 二十一世纪“双一流”建设系列精品教材

金融数学原理

张运刚　编著

西南财经大学出版社
中国·成都

图书在版编目(CIP)数据

金融数学原理/ 张运刚编著.—成都:西南财经大学出版社,2023. 8
ISBN 978-7-5504-5911-3

Ⅰ. ①金…　Ⅱ. ①张…　Ⅲ. ①金融—经济数学—教材　Ⅳ. ①F830

中国国家版本馆 CIP 数据核字(2023)第 161883 号

金融数学原理
JINRONG SHUXUE YUANLI

张运刚　编著

策划编辑:金欣蕾
责任编辑:王青杰
责任校对:高小田
封面设计:墨创文化　张姗姗
责任印制:朱曼丽

出版发行	西南财经大学出版社(四川省成都市光华村街 55 号)
网　　址	http://cbs. swufe. edu. cn
电子邮件	bookcj@ swufe. edu. cn
邮政编码	610074
电　　话	028-87353785
照　　排	四川胜翔数码印务设计有限公司
印　　刷	郫县犀浦印刷厂
成品尺寸	185mm×260mm
印　　张	21. 75
字　　数	479 千字
版　　次	2023 年 8 月第 1 版
印　　次	2023 年 8 月第 1 次印刷
书　　号	ISBN 978-7-5504-5911-3
定　　价	49. 80 元

前言

本教材是在笔者编写的《利息理论与应用》第三版的基础之上修改完成的。第三版出版以来，国际国内形势发生了深刻变化，为此，有必要对原教材进行系统性修订。同时，根据国际国内相关课程的名称与内容的变化，笔者决定将本教材更名为“金融数学原理”，以使名称与内容更匹配。下面说明本教材编写的背景、指导思想与主要内容。

本教材编写的背景是党的二十大成功召开。党的二十大是全党全国各族人民迈上全面建设社会主义现代化国家新征程、向第二个百年奋斗目标进军的关键时刻召开的一次十分重要的大会。在中国共产党的坚强领导下，面对百年未有之大变局，“就党和国家事业发展作出重大战略部署，团结带领全党全军全国各族人民有效应对严峻复杂的国际形势和接踵而至的巨大风险挑战，以奋发有为的精神把新时代中国特色社会主义不断推向前进”，“我们经历了对党和人民事业具有重大现实意义和深远历史意义的三件大事：一是迎来中国共产党成立一百周年，二是中国特色社会主义进入新时代，三是完成脱贫攻坚、全面建成小康社会的历史任务，实现第一个百年奋斗目标”。“十年来，我们坚持马克思列宁主义、毛泽东思想、邓小平理论、‘三个代表’重要思想、科学发展观，全面贯彻新时代中国特色社会主义思想，全面贯彻党的基本路线、基本方略，采取一系列战略性举措，推进一系列变革性实践，实现一系列突破性进展，取得一系列标志性成果，经受住了来自政治、经济、意识形态、自然界等方面的风险挑战考验，党和国家事业取得历史性成就、发生历史性变革，推动我国迈上全面建设社会主义现代化国家新征程”。这期间我们取得了一些足以彪炳史册的成就：①创立了习近平新时代中国特色社会主义思想，明确坚持和发展中国特色社会主义的基本方略，提出一系列治国理政新理念新思想新战略，实现了马克思主义中国化时代化新的飞跃，坚持不懈用这一创新理论武装头脑、指导实践、推动工作，为新时代党和国家事业发展提供了根本遵循。②全面加强党的领导，明确中国特色社会主义最本质的特征是中国共产党领导，中国特色社会主义制度的最大优势是中国共产党领导，中国共产党是最高政治领导力量，坚持党中央集中统一领导是最高政治原则，系统完善党的领导制度体系，全党增强“四个意识”，自觉在思想上政治上行动上同党中央保持高度一致，不断提高政治判断力、政治领悟力、政治执行力，确保党中央权威和集中统一领导，确保党发挥总揽全局、协调各方的领导核心作用。③对新时代党和国家事业的发展作出科学完整的战略部署，提出实现中华民族伟大复兴的中国梦，以中国式现代化推进中华民族伟大复兴，统揽伟大斗争、伟大工程、伟大事业、伟大梦想，明确“五位一体”总体布局和“四个全面”战略布局，确定稳中求进工作总基调，统筹发展和安全,明确我国社会主要矛盾是人民日益增长的美好生活需要和不平衡不充分的发展之间的矛盾,并紧紧围绕这个社会主要矛盾推进各项工作,不断丰富和发展人类文明新形态。④经过接续奋斗,实现了小康这个中华民族的千年梦想,打赢了人类历史上规模最大的脱贫攻坚战,为全球减贫事业作出了重大贡献。⑤提出并贯彻新发展理念,着力推进高质量发展,推动构建新发展格局,实施供给侧结构性改革,制定一系列具有全局性意义的区域重大战略,我国经济实力实现历史性跃升。我国经济总量稳居世界第二位;基础研究和原始创新不断加强,一些关键核心技术实现突破,战略性新兴产业发展壮大,载人航天、探月探火、深海深地探测、超级计算机、卫星导航、量子信息、核电技术、新能源技术、大飞机制造、生物医药等取得重大成果,进入创新型国家行列。⑥以巨大的政治勇气全面深化改革,打响改革攻坚战,加强改革顶层设计,各领域基础性制度框架基本建立,许多领域实现历史性变革、系统性重塑、整体性重构,新一轮党和国家机构改革全面完成,中国特色社会主义制度更加成熟更加定型,国家治理体系和治理能力现代化水平明显提高。⑦实行更加积极主动的开放战略,我国成为140多个国家和地区的主要贸易伙伴,货物贸易总额居世界第一,吸引外资和对外投资居世界前列,形成更大范围、更宽领域、更深层次对外开放格局。⑧坚持走中国特色社会主义政治发展道路,全面发展全过程人民民主,社会主义民主政治制度化、规范化、程序化全面推进,社会主义协商民主广泛开展,人民当家作主更为扎实,基层民主活力增强,爱国统一战线巩固拓展,民族团结进步呈现新气象,党的宗教工作基本方针得到全面贯彻,人权得到更好保障。社会主义法治国家建设深入推进,全面依法治国总体格局基本形成,中国特色社会主义法治体系加快建设,司法体制改革取得重大进展,社会公平正义保障更为坚实,法治中国建设开创新局面。⑨确立和坚持马克思主义在意识形态领域指导地位的根本制度,新时代党的创新理论深入人心,社会主义核心价值观广泛传播,中华优秀传统文化得到创造性转化、创新性发展,文化事业日益繁荣,网络生态持续向好,意识形态领域形势发生全局性、根本性转变。青年一代更加积极向上,全党全国各族人民文化自信明显增强,精神面貌更加奋发昂扬。⑩深入贯彻以人民为中心的发展思想,在幼有所育、学有所教、劳有所得、病有所医、老有所养、住有所居、弱有所扶上持续用力,人民生活全方位改善。人民群众获得感、幸福感、安全感更加充实、更有保障、更可持续,共同富裕取得新成效。⑪坚持绿水青山就是金山银山的理念,坚持山水林田湖草沙一体化保护和系统治理,全方位、全地域、全过程加强生态环境保护,生态文明制度体系更加健全。⑫贯彻总体国家安全观,国家安全领导体制和法治体系、战略体系、政策体系不断完善,在原则问题上寸步不让,以坚定的意志品质维护国家主权、安全、发展利益,国家安全得到全面加强。⑬确立党在新时代的强军目标,贯彻新时代党的强军思想,贯彻新时代军事战略方针,坚持党对人民军队的绝对领导,人民军队体制一新、结构一新、格局一新、面貌一新,现代化水平和实战能力显著提升,中国特色强军之路越走越宽广。⑭全面准确推进"一国两制"实践,坚持"一国两制"、"港人治港"、"澳人治澳"、高度自治的方针;提出新时代解决台湾问题的总体方略,促进两岸交流合作,坚决反对"台独”分裂行径。⑮全面推进中国特色大国外交，推动构建人类命运共同体，坚定维护国际公平正义，倡导践行真正的多边主义，旗帜鲜明反对一切霸权主义和强权政治，毫不动摇反对任何单边主义、保护主义、霸凌行径，我国国际影响力、感召力、塑造力显著提升。⑯深入推进全面从严治党，以党的政治建设统领党的建设各项工作，坚持思想建党和制度治党同向发力，严肃党内政治生活，持续开展党内集中教育，提出和坚持新时代党的组织路线，突出政治标准选贤任能，加强政治巡视，形成比较完善的党内法规体系，推动全党坚定理想信念、严密组织体系、严明纪律规矩。自我净化、自我完善、自我革新、自我提高能力显著增强，管党治党宽松软状况得到根本扭转，风清气正的党内政治生态不断形成和发展，确保党永远不变质、不变色、不变味。在充分肯定党和国家事业取得举世瞩目成就的同时，必须清醒看到仍有一些问题与困难需要我们大家共同努力在未来的发展过程中逐步加以解决：发展不平衡不充分，推进高质量发展还有许多卡点瓶颈，科技创新能力还不强，确保粮食、能源、产业链供应链可靠安全和防范金融风险还须解决许多重大问题，重点领域改革还有不少硬骨头要啃，意识形态领域存在不少挑战，城乡区域发展和收入分配差距较大，群众在就业、教育、医疗、托育、养老、住房等方面面临不少难题，生态环境保护任务依然艰巨；形式主义、官僚主义现象仍较突出；铲除腐败滋生土壤任务依然艰巨，等等。

本教材的编写以习近平新时代中国特色社会主义思想为指导，坚持党的领导，深入贯彻执行党的方针政策，为中华民族伟大复兴服务。习近平新时代中国特色社会主义思想内涵十分丰富，涵盖新时代坚持和发展中国特色社会主义的总目标、总任务、总体布局、战略布局和发展方向、发展方式、发展动力、战略步骤、外部条件、政治保证等基本问题，并根据新的实践对党的领导和党的建设、经济、政治、法治、科技、文化、教育、民生、民族、宗教、社会、生态文明、国家安全、国防和军队、“一国两制”和祖国统一、统一战线、外交等各方面作出新的理论概括和战略指引。党的十九大、十九届六中全会提出的“十个明确”、“十四个坚持”、“十三个方面成就”概括了习近平新时代中国特色社会主义思想的主要内容。党的二十大提出“六个必须坚持”，概括阐述了习近平新时代中国特色社会主义思想的世界观、方法论和贯穿其中的立场观点方法。“十个明确”、“十四个坚持”、“十三个方面成就”、“六个必须坚持”内在贯通、有机统一，凝结着我们党认识世界、改造世界的宝贵经验和重大成果，体现了理论与实际相结合、认识论和方法论相统一的鲜明特色，共同构成了习近平新时代中国特色社会主义思想的科学体系。

2016 年 12 月，习近平总书记在全国高校思想政治工作会议上发表了重要讲话，指出高校思想政治工作关系高校培养什么样的人、如何培养人以及为谁培养人这个根本问题。要坚持把立德树人作为中心环节，把思想政治工作贯穿教育教学全过程，实现全程育人、全方位育人，努力开创我国高等教育事业发展新局面。办好中国的高校，“必须坚持以马克思主义为指导，全面贯彻党的教育方针。要坚持不懈传播马克思主义科学理论，抓好马克思主义理论教育，为学生一生成长奠定科学的思想基础。要坚持不懈培育和弘扬社会主义核心价值观，引导广大师生做社会主义核心价值观的坚定信仰者、积极传播者、模范践行者。"关于如何开展思想政治教育,习近平总书记指出:"思想政治工作从根本上说是做人的工作,必须围绕学生、关照学生、服务学生,不断提高学生思想水平、政治觉悟、道德品质、文化素养,让学生成为德才兼备、全面发展的人才。"

本教材编写的主要目的是使内容更恰当、更完善、更丰富,更能解决实际问题。

(1)融入习近平新时代中国特色社会主义思想、党的二十大报告精神与课程思政元素,坚持科学性与思想性的统一,努力完成传授知识原理与立德树人任务。课程思政的目的就是结合课程特点,实现各类课程与思想政治理论课的同向同行与协同育人,就是要解决"培养什么人、怎样培养人以及为谁培养人"这一人才培养的根本问题。根据课程内容,适时与思政理论进行结合。

(2)丰富了随机利率内容,新增了随机利率模型及其应用。

(3)丰富与完善了金融衍生工具内容。

(4)优化了一些例题与习题,使其更具挑战性与实用性。

(5)以附录形式展示了最新研究成果,从而体现对传统金融数学理论更加深刻的认识,具体包括单贴现与复贴现有关问题的理论与应用探讨、三级级差利率探讨。

(6)修正了原版教材中一些不妥当的提法,使内容表述更加严谨务实。

本教材适合于本科、研究生精算学、保险学、金融学、数学、统计学等专业利息理论、金融数学、精算数学等课程的相关内容的教学,是后继课程寿险精算、精算数学、社会保险精算的核心基础;也是各类精算师资格考试的重要参考材料。

本教材编写获2022年度西南财经大学"中央高校基本科研业务费"项目支持,特此致谢。

在本教材编写过程中,自始至终得到了西南财经大学出版社编辑金欣蕾女士的大力支持,她认真负责与精益求精的工作作风确保了高质量完成编写与修订任务。

本教材在编写过程中得到了保险学(精算方向)研究生朱慧琳、秦鹤菲、王瑀诗的大力支持,她们帮助搜集并整理了一些原始资料,丰富了教材的内容,提高了教材编写质量,特此致谢。

在本教材编写过程中,尽管笔者做了不少工作,尽力完善内容,但错误与遗漏在所难免,恳请读者批评指正,以便将来有机会进一步修订与完善。欢迎读者致信:zhangyg@ swufe.edu.cn。

张运刚

2023 年 8 月

目　录

第一章 利息的度量及其基本计算

本章主要研究与利息有关的概念、利息的三种度量方式，以及现值、终值、投资期限、利率等的基本计算。

第一节 利息的度量

一、利息

（一）利息的定义

利息是资金的价格，是借款者支付给贷款者使用其资金的代价。换言之，利息是指在一定时期内，资金的所有人将使用资金的自由权转让给借款人之后所得到的报酬。通常，利息按存款或贷款的本金、利息率与期限的乘积计算而得，然而在利息理论、金融数学、寿险精算中，利息的多少还与利息的度量方式有关。利息是在信用的基础上产生的一个经济范畴。

（二）利息的来源与意义

借款人支付利息给贷款人在当代经济生活中相当普遍，很难想象没有利息经济该怎样运行。然而，历史上并不总是这样认为的。哲学家亚里士多德曾经谴责取得利息是一种非生产性和不道德的行为；在中世纪，所有的高利贷被天主教禁止。今天，只有"过多"的利息才被禁止。

西方经济学有关利息来源的解释很多。如"节欲论"认为利息是资本所有者不将资本用于当前生活消费而得到的报酬，或者等待将来消费而得到的报酬。"时差利息论"认为，利息产生于人们对现有财货的评价大于对未来财货的评价，现在的一元比未来的一元更值钱，利息是价值时差的贴水。大多数企业和个人更愿意今天有钱，而不是明天拥有同样多的货币，利息不过是对放弃当前货币的一种补偿。"流动偏好论"认为,利息是放弃流动偏好所得到的报酬。

马克思的劳动价值论认为一切价值都是劳动创造的,节欲、等待、对财货时间价值的主观评价以及资本本身,都不会使价值增大。贷款人之所以愿意支付利息,是因为他能将借来的货币投入生产中,能取得一定的利润,利息只不过是利润的一部分。利息是剩余产品的价值形态,因而利息来源于剩余产品。

关于劳动创造价值,新中国历代领导人都发表过相关论述,这些论述是对马克思劳动价值论的创新与发展。毛泽东同志于1939年2月发出了"自己动手,丰衣足食"的号召,随后各根据地开展大生产运动,解决了经济困难,这一号召仍具有重大的现实意义与深远的历史意义。1957年2月,毛泽东在《关于正确处理人民内部矛盾的问题》中提出:"我们的教育方针,应该使受教育者在德育、智育、体育几方面都得到发展,成为有社会主义觉悟的有文化的劳动者。"邓小平在1978年4月召开的全国教育工作会议上重申了这一方针:"我们的学校是为社会主义建设培养人才的地方。培养人才有没有质量标准呢?有的。这就是毛泽东同志说的,应该使受教育者在德育、智育、体育几方面都得到发展,成为有社会主义觉悟的有文化的劳动者。"江泽民同志在党的十六大报告中指出,"必须尊重劳动、尊重知识、尊重人才、尊重创造,这要作为党和国家的一项重大方针在全社会认真贯彻","放手让一切劳动、知识、技术、管理和资本的活力竞相迸发,让一切创造社会财富的源泉充分涌流,以造福于人民"。2010年4月,在全国劳动模范和先进工作者表彰大会上,胡锦涛同志指出,"成就任何一项伟业都离不开劳动。要实现全面建设小康社会进而基本实现现代化的宏伟目标,必须依靠全体人民热爱劳动、勤奋劳动,必须依靠全社会尊重劳动、保护劳动,必须使通过诚实劳动创造美好生活成为亿万人民的共同追求""劳动是人类文明进步的源泉,劳动创造世界"。习近平总书记于2018年9月在全国教育大会上强调,在党的坚强领导下,全面贯彻党的教育方针,坚持马克思主义指导地位,坚持中国特色社会主义教育发展道路,坚持社会主义办学方向,立足基本国情,遵循教育规律,坚持改革创新,以凝聚人心、完善人格、开发人力、培育人才、造福人民为工作目标,培养德智体美劳全面发展的社会主义建设者和接班人,加快推进教育现代化、建设教育强国、办好人民满意的教育。2021年4月,在向广大劳动者致以节日祝贺时,习近平总书记指出:"劳动创造幸福,实干成就伟业。希望广大劳动群众大力弘扬劳模精神、劳动精神、工匠精神,勤于创造、勇于奋斗,更好发挥主力军作用,满怀信心投身全面建设社会主义现代化国家、实现中华民族伟大复兴中国梦的伟大事业。"习近平总书记又指出,"劳动是一切幸福的源泉","劳动是一切成功的必经之路"。

不同社会制度下的利息体现着不同的生产关系。在前资本主义社会,高利贷者以利息的形式,不仅榨取生产者的剩余劳动,而且也榨取一部分必要劳动。

在资本主义社会,利息是职能资本家为取得借贷资本家或银行资本家的货币资本而付给借贷资本家或银行资本家的一部分利润,利润只不过是剩余价值的转化形式。因此,从本质上讲,资本主义利息是工人在生产过程中创造的一部分剩余价值,它体现着资产阶级剥削无产阶级的生产关系,也体现着借贷资本家、银行资本家同职能资本家共同瓜分剩余价值的关系。

在社会主义社会,利息是指社会主义信贷关系中借方因使用贷款而付给贷方的一种报酬。利息仍然产生于生产过程，源于劳动者所创造的价值,是国民收入再分配的一种形式,体现着国家、企业、个人之间在资金上互通有无、调节余缺的互助合作关系,不具有剥削性质。

利息,特别是利率,还是合理配置资源、提高资源利用效率、调节国民经济活动的重要杠杆。

从理论上讲,资本和利息可以是货币,也可以不是货币,但本教材所说的资本和利息均限于货币或以货币进行度量的资产或负债。

二、现值函数与终值函数

(一) 本金、利息与积累值的关系

任何一项普通的金融业务都可被视为投资一定数量的资金以产生一定的利息。我们把每项业务开始时投资的金额即初始投资的金额称为本金(或俗称母金),而把经过一段时期后连本带利收回的总金额称为在该时刻的积累值。积累值与本金的差额就是这一段时期产生的利息,也就是投资期间得到的利息报酬。显然,本金 + 利息 = 积累值。

在整个投资期间的任何时刻收回的金额都是积累值,特别地,在整个投资期结束时的积累值称为终值。同时,积累值也可以看成终值,只需把所考察的期间当成整个投资期来处理。因此,为了叙述方便起见,本书不区分积累值与终值。

决定终值大小的因素有三个:① 本金;② 投资期限(投资所经历的时间长度);③ 利息的度量方式。在本金、利息的度量方式都确定的条件下,终值则是所经历的时间的函数。这里的时间长度的度量单位,可以是年、半年、季度、月、天,究竟选择多长时间取决于研究的目的。为了方便起见,我们将这样的时间长度单位称为“时期”或“期”。

思考:从终值与本金的关系角度分析人生价值与投入的关系。

(二) 终值函数与总量函数

1. 终值函数 $a(t)$

1 单位本金从投资之时起,经过 t 期后的积累值或终值,记为 $a(t)$。在利息度量方式一定的条件下,$a(t)$ 是所经历的时期 t 的函数,称为终值函数或积累值函数。它具有如下性质:

(1) $a(0)=1$。

(2) 一般地,$a(t)$ 为 t 的增函数(未必是严格的)。$a(t)$ 也可能在某个时期递减,但正常情形下或者投资者的愿望应该是随着投资期间的延长,利息逐渐积累,因而收回的金额应越来越多,故有此性质。

(3) 当利息连续产生时,$a(t)$ 为 t 的连续函数。但若认为利息仅在付息日产生,$a(t)$ 就为 t 的非连续函数,不过这种假设是不合理的。

2. 总量函数 $A(t)$

$K(K>0)$ 个单位本金,经历 t 期后的积累值或终值,记为 $A(t)$。在利息度量方式一定的条件下,它同样是所经历的时期 t 的函数,称为总量函数。在现实生活中,本金不为 1 的情形是客观存在的,因此研究 $A(t)$ 更具有普遍的现实意义。不过也可以将 K 个单位本金视为 1 个单位本金,此时就成为上面所述的积累值或终值函数的情形了。

$A(t)$ 具有与 $a(t)$ 类似的性质:

(1) $A(0)=K$。

(2) 一般地,$A(t)$ 为 t 的增函数。

(3) 当利息连续产生时,$A(t)$ 为 t 的连续函数。

3. 总量函数与终值函数的关系

$$A(t)=Ka(t) \quad 或 \quad A(t)=A(0)a(t) \tag{1.1.1}$$

即 $K \xrightarrow{\times a(t)} Ka(t)$,因此称 $a(t)$ 为积累因子,称该过程为积累过程。

(三) 现值函数

现值是指为了获得未来一定数量的货币而在现在必须投入的金额或本金,这个金额称为未来一定数量的货币在现在时刻的价值。简言之,将未来一定数量的货币按一定方式折算为现在的价值,称为现值。

为了获得 t 期后的 1 个单位货币,现在必须投入的金额记为 $a^{-1}(t)$,即现值函数。显然,$a^{-1}(t)$ 经过 t 期的积累可以达到终值 1,即 $a^{-1}(t)\cdot a(t)=1$,从而 $a^{-1}(t)=\dfrac{1}{a(t)}$。这里可以看出,记号 $a^{-1}(t)$ 中的 -1 实际上就是幂指数。在利息度量方式一定的条件下,$a^{-1}(t)$ 是 t 的函数;因为 t 期后的 1 个单位货币的现值为 $a^{-1}(t)$,所以 t 期后 B 个单位货币的现值为 $Ba^{-1}(t)$,即 $Ba^{-1}(t) \xleftarrow{\times a^{-1}(t)} B$,因此称 $a^{-1}(t)$ 为折现因子,称该过程为折现过程。

从上面的分析不难看出,积累与折现是两个互逆的过程。注意:这里的箭头方向是由右方指向左方,寓意将未来值折算为现值。

综上所述,积累值与过去有关,现值与未来相联系,既与过去又与现在相联系的值称为当前值。实际上,这些概念都是一些相对概念,即相对于我们考察问题的时点而言的概念。在利息理论、金融数学、寿险精算等理论与实务中,由于货币在不同时点具有不同的价值,不同时点发生的金额不能直接比较,也不能直接运算,因此,我们首先必须明确站在哪个时点来考虑问题。为简便起见,以后把这样的时点称为观察时点,简称"观察点"。虽然有些书将其称为可比日或可比点,但笔者更愿意形象地称之为观察点。于是,不同时点发生的金额,要么通过积累,要么通过折现,换算为在观察点的值,这样就可以比较和运算了。

今后,凡涉及资金的运动,可以按资金的流入与流出、借款与偿还或投资与收回来分清运动方向,并用"收支平衡原则"进行分析。因此,笔者将"观察点""时期”“收支平衡原则”称为利息理论或金融数学的“三大法宝”,当然它也是寿险精算的“三大法宝”。掌握了这“三大法宝”,解决利息理论、金融数学、寿险精算等课程中的有关问题将变得轻松自如。

例 1.1.1 已知 $a(t)=\alpha t^2+\beta$,在时刻 0 投资 1 000 元,能在时刻 5 积累到 1 800 元。(1) 求 α 与 β 的值;(2) 如果在时刻 4 投资 4 000 元,那么能在时刻 8 积累到多少元?

解:由已知条件可得

$$\begin{cases}\alpha\times 0^2+\beta=1\\ 1\ 000(\alpha\times 5^2+\beta)=1\ 800\end{cases}$$

解之,得

$$\begin{cases}\alpha=0.032\\ \beta=1\end{cases}$$

在时刻 4 投资 4 000 元相当于在时刻 0 时投资 $A(0)=\dfrac{4\ 000}{a(4)}$ 元,因此所求的积累值为

$$A(0)a(8)=\frac{4\ 000}{a(4)}\cdot a(8)=4\ 000\times\frac{0.032\times 8^2+1}{0.032\times 4^2+1}\approx 8\ 063.49(元)$$

三、利息的度量

利息可以用三种方式来度量:一是用利息率来直接度量利息,二是用贴现率来间接度量利息,三是用利息力来度量瞬间利息产生的强度。

(一) 利息率

利息率简称“利率”,它是一定时期内产生的利息与投入或贷出的本金之比,反映了单位本金在单位时期内产生利息的多少,通常有年利率、月利率和日利率三种具体形式。年利率用本金的百分率表示,月利率用本金的千分率表示,日利率用本金的万分率表示。在利息理论、金融数学、寿险精算等著作中,按每期是否计息一次将利息率区分为实际利率与名义利率,从而可使许多公式(如年金的现值与终值公式)表现形式简明且统一。

1. 实际利率

所谓实际利率就是一个时期内实际产生的利息与期初投入的本金之比,它反映了单位本金在单位时期内产生利息的水平。通常把一年结算一次的年利率称为年实际利率,或者将每期结算一次的利率称为实际利率,如果利率后面不涉及结转次数时就默认为实际利率。注意:在实际利率所涉及的时期内中途不结转利息,而是到期满时刻才结算该期利息。

假设某投资在第 t 期末的积累值为 $A(t)$ 或 $a(t)$,第 t 期的实际利率为 i_t,则

$$i_t=\frac{A(t)-A(t-1)}{A(t-1)}=\frac{a(t)-a(t-1)}{a(t-1)},t\in N \tag{1.1.2}$$

显然,下列关系式成立:

$$A(t)=A(t-1)(1+i_t) \tag{1.1.3}$$

$$a(t)=a(t-1)(1+i_t) \tag{1.1.4}$$

$$A(t)=A(0)(1+i_1)(1+i_2)\cdots(1+i_t) \tag{1.1.5}$$

$$a(t)=(1+i_1)(1+i_2)\cdots(1+i_t) \tag{1.1.6}$$

例 1.1.2　今有某项1 500元的投资,若在第1年年末收回,则可以收回1 700元;若在第2年年末收回,则可以收回2 000元;若在第3年年末收回,则可以收回2 500元。求各年的实际利率。

解:由题意知,$A(0)=1\ 500$;$A(1)=1\ 700$;$A(2)=2\ 000$;$A(3)=2\ 500$;因此

$$i_1=\frac{A(1)-A(0)}{A(0)}=\frac{1\ 700-1\ 500}{1\ 500}\approx 13.33\%$$

$$i_2=\frac{A(2)-A(1)}{A(1)}=\frac{2\ 000-1\ 700}{1\ 700}\approx 17.65\%$$

$$i_3=\frac{A(3)-A(2)}{A(2)}=\frac{2\ 500-2\ 000}{2\ 000}=25\%$$

所以,第1年、第2年、第3年的年实际利率分别为13.33%、17.65%和25%。

当投资期包含若干个时期或若干年(不一定为整数)时,在实务中如何来度量利息就涉及单利和复利问题。

(1) 单利

单利指的是按本金计算出的利息不再加入本金之中,即不在下一期产生新的利息,即利上无利。其计算公式为:利息 = 本金 × 利率 × 时间。

假设每期利率为i,在时刻t(刚刚经历t期后的那一时刻,后文不再特别声明)按单利计算的终值$a(t)$为

$$a(t)=1+it\ (t\geqslant 0) \tag{1.1.7}$$

显然,(1.1.7)式对整数t成立,下面只需说明该等式对非整数的正实数t也成立。

事实上,根据单利的定义可知

$$i(t+s)=it+is \tag{1.1.8}$$

即1单位本金在$t+s$期上产生的利息等于在t期上产生的利息与在s期上产生的利息之和;从数学上看,只不过是乘法分配律的应用。由于1单位本金在t期内产生的利息可以表示为$a(t)-1$,因而(1.1.8)式也可以表示为

$$a(t+s)-1=[a(t)-1]+[a(s)-1]$$

即

$$a(t+s)=a(t)+a(s)-1 \tag{1.1.9}$$

(1.1.9)式对非负整数t和s显然是成立的,我们可以合理地认为它对一切非负实数t和s也成立。

假设$a(t)$可导,由导数的定义有

$$a'(t)=\lim_{s\to 0}\frac{a(t+s)-a(t)}{s}=\lim_{s\to 0}\frac{[a(t)+a(s)-1]-a(t)}{s}$$
$$=\lim_{s\to 0}\frac{a(s)-a(0)}{s}=a'(0)$$

这是一个与 t 无关的常数。

显然

$$\int_0^t a'(r)\,\mathrm{d}r=\int_0^t a'(0)\,\mathrm{d}r$$
$$a(t)-a(0)=a'(0)t$$

即

$$a(t)=1+a'(0)t$$

令 $t=1$,由于 $a(1)=1+i$,因此,$a'(0)=i$。从而,$a(t)=1+it$,这里 t 为非负实数,即(1.1.7)式得证。

(2)复利

复利即按本金计算出的利息加入本金之中以在下一期产生新的利息,即利上加利,俗称“利滚利”。

假设每期利率为 i,在时刻 t 按复利计算的终值 $a(t)$ 为

$$a(t)=(1+i)^t\qquad(t\geqslant 0)\tag{1.1.10}$$

不难看出(1.1.10)式对整数 t 是成立的,下面只需说明等式对非整数的正实数 t 也成立。

容易知道

$$(1+i)^{t+s}=(1+i)^t(1+i)^s$$

即

$$a(t+s)=a(t)a(s)\tag{1.1.11}$$

(1.1.11)式对非负整数 t 和 s 显然是成立的,且是有意义的,它反映了现在投资 1 个单位的货币,经历 $t+s$ 期的积累而获得的积累值等于这 1 个单位的货币先经历 t 期的积累再经历 s 期的积累而获得的积累值。自然我们可以合理地认为它对一切非负实数 t 和 s 也成立。

现在我们将从(1.1.11)式出发,证明(1.1.10)式对一切非负实数也成立。

事实上,假设 $a(t)$ 可导,由导数的定义有

$$a'(t)=\lim_{s\to 0}\frac{a(t+s)-a(t)}{s}=\lim_{s\to 0}\frac{a(t)a(s)-a(t)}{s}$$
$$=a(t)\cdot\lim_{s\to 0}\frac{a(s)-a(0)}{s}=a(t)\cdot a'(0)$$
$$\frac{a'(t)}{a(t)}=\frac{\mathrm{d}}{\mathrm{d}t}\ln a(t)=a'(0)$$
$$\therefore\ \int_0^t\frac{\mathrm{d}}{\mathrm{d}r}\ln a(r)\,\mathrm{d}r=\int_0^t a'(0)\,\mathrm{d}r$$

即

$$\ln a(t) - \ln a(0) = t \cdot a'(0)$$

令 $t = 1$,并由 $a(1) = 1 + i$,可得 $a'(0) = \ln(1 + i)$,从而有 $a(t) = (1 + i)^t$,即(1.1.10)式对一切非负实数 t 都成立。

(3)单利、复利条件下的现值

单利条件下的现值为

$$a^{-1}(t) = \frac{1}{1 + it} \tag{1.1.12}$$

复利条件下的现值为

$$a^{-1}(t) = \frac{1}{(1 + i)^t} \tag{1.1.13}$$

例 1.1.3 已知每期利率为 i,分别求在单利、复利条件下第 n 期的实际利率。

解:在单利条件下

$$\because a(t) = 1 + it$$

$$\therefore i_n = \frac{a(n) - a(n - 1)}{a(n - 1)} = \frac{(1 + ni) - [1 + (n - 1)i]}{1 + (n - 1)i} = \frac{i}{1 + (n - 1)i}$$

显然,i_n 是 n 的减函数,即常数的单利意味着递减的实际利率。

在复利条件下

$$\because a(t) = (1 + i)^t$$

$$\therefore i_n = \frac{a(n) - a(n - 1)}{a(n - 1)} = \frac{(1 + i)^n - (1 + i)^{n-1}}{(1 + i)^{n-1}} = i$$

显然,常数的复利意味着常数的实际利率。

说明:鉴于复利条件下每期的实际利率为常数,而且复利条件下观察点可任意选取,只影响表达式繁简程度,不影响结论,因此,除非特别声明用单利,我们默认在复利条件下求解问题。

例 1.1.4 证明:

$$(1)(1 + i)^n > 1 + ni \quad (n > 1, \; -1 < i \neq 0) \tag{1.1.14}$$

$$(2)(1 + i)^n < 1 + ni \quad (0 < n < 1, \; -1 < i \neq 0) \tag{1.1.15}$$

证明:

考虑函数 $f(i) = (1 + i)^n - (1 + ni)$

$$f'(i) = n[(1 + i)^{n-1} - 1]$$

(1)$\because f'(i) < 0 \quad (-1 < i < 0)$ 且 $f'(i) > 0 \quad (i > 0)$

$\therefore f(i)$ 在 $i = 0$ 时取得最小值,即 $f(i) > f(0)(-1 < i \neq 0)$,从而(1.1.14)式得证。

(2)$\because f'(i) > 0(-1 < i < 0)$ 且 $f'(i) < 0(i > 0)$

$\therefore f(i)$ 在 $i = 0$ 时取得最大值,即 $f(i) < f(0)(-1 < i \neq 0)$,从而(1.1.15)式得证。

说明：

(1) 现在可以断言，命题“在本金、利率、期限均一定的条件下，按复利计算的终值一定大于按单利计算的终值”为假命题。

(2) 不少书籍将 i 的取值范围限定在 $0 < i < 1$。笔者认为，这有一定的缺陷。事实上，i 可以为负数，甚至可以为 -1，只不过意味着有一部分甚至全部本金都收不回来，因而不能否认 $i < 0$ 这种情形的客观存在性。从数学上看，$f(i)$ 的定义域为 $(-1, +\infty)$，从理论上讲，i 是可以大于或等于 -1 的，只不过 $0 < i < 1$ 似乎更合理些罢了。

(3) 当积累期限超过 1 期时，复利终值大于单利终值；当积累期限短于 1 期时，复利终值小于单利终值。显然，当积累期限等于 1 期时，复利终值等于单利终值。

(4) 读者可以用实例去验证。如年利率为 6%，在单利和复利的条件下，分别比较 20 000 元本金在 8 个月后、3 年后的终值大小。

例 1.1.5 (1) 某银行以单利计息，年利率为 6%。某人存入银行 5 000 元，5 年后积累值是多少？如果以复利计息，在其他条件不变时，结果又如何？

(2) 已知年实际利率为 8%，求 4 年后支付的 10 000 元的现值。

解：(1) 对于单利情形

$$A(5) = 5\,000a(5) = 5\,000(1 + 5 \times 6\%) = 6\,500(\text{元})$$

对于复利情形

$$\tilde{A}(5) = 5\,000\tilde{a}(5) = 5\,000(1 + 6\%)^5 \approx 6\,691.13(\text{元})$$

注意：$\tilde{A}(5)$ 与 $A(5)$、$a(5)$ 与 $a(5)$ 没有本质区别，含义均一样，都表示第 5 年年末的积累值。在其头上加上波浪线，仅仅是为了区分单利与复利情形。今后，在同一例题解答中，出现类似情形而又没有特别指出其含义时，均是出于区分的目的。

(2) 设所求现值为 x 元，则

$$xa(4) = 10\,000$$

即

$$x(1 + 8\%)^4 = 10\,000$$

$$\therefore x \approx 7\,350.30(\text{元})$$

或

$$10\,000a^{-1}(4) = 10\,000(1 + 8\%)^{-4} \approx 7\,350.30(\text{元})$$

2. 名义利率

假设年利率为 6%，每 1 年结转利息 4 次，那么每一季的利率为 $\frac{6\%}{4} = 1.5\%$。若现在投入本金 1，则在 1 年后的终值为 $\left(1 + \frac{6\%}{4}\right)^4 = (1 + 1.5\%)^4 \approx 1.061\,4 = 1 + 6.14\%$，即年初的单位 1 按照 1 年结息 4 次的方式，在年末将增值 6.14%，这 6.14% 就称为年实际利率，而计算所采用的初始年利率 6% 则称为年计息 4 次的年名义利率，1.5% 称为季实际利率。显然，年名义利率是季实际利率的 4 倍。换言之，将不足 1 年的实际利率按单纯的比例关系换算成 1 年的利率就是名义利率，也称为年化利率。

一般地，如果一期结息 m 次，那么称 $\frac{1}{m}$ 期的实际利率的 m 倍为该期的名义利率，记为 $i^{(m)}$。由此可得，$\frac{1}{m}$ 期的实际利率为 $\frac{i^{(m)}}{m}$。

设一期计算 m 次利息的名义利率为 $i^{(m)}$，该期的实际利率为 i，下面将推导出二者的关系。假设期初投入的本金为单位 1，按名义利率方式积累到期末的过程如表 1－1－1 所示。该表反映了在按每期计算利息 m 次的名义利率方式下期初的本金 1 在期末的终值为 $\left(1+\frac{i^{(m)}}{m}\right)^m$，将其写成 $1+i$ 的形式，这里的 i 就为实际利率；因为如果按每期计算利息 1 次，每期实际利率为 i，那么期初的本金 1 在期末的终值为 $1+i$，因此，

$$\left(1+\frac{i^{(m)}}{m}\right)^m = 1+i \tag{1.1.16}$$

我们称满足（1.1.16）式的 $i^{(m)}$ 与 i 具有等价关系，即相同的本金经历相同的时间可以得到相同的终值。换言之，获得的效果一样，而二者并非大小相等。

表 1－1－1　按名义利率方式的积累过程

时点	0	$\frac{1}{m}$	$\frac{2}{m}$	…	$\frac{m-1}{m}$	$\frac{m}{m}$
利息		$1\cdot\frac{i^{(m)}}{m}$	$\left(1+\frac{i^{(m)}}{m}\right)\frac{i^{(m)}}{m}$	…	$\left(1+\frac{i^{(m)}}{m}\right)^{m-2}\frac{i^{(m)}}{m}$	$\left(1+\frac{i^{(m)}}{m}\right)^{m-1}\frac{i^{(m)}}{m}$
余额	1	$1+\frac{i^{(m)}}{m}$	$\left(1+\frac{i^{(m)}}{m}\right)^2$	…	$\left(1+\frac{i^{(m)}}{m}\right)^{m-1}$	$\left(1+\frac{i^{(m)}}{m}\right)^m$

由（1.1.16）式可得用名义利率表示实际利率的公式：

$$i = \left(1+\frac{i^{(m)}}{m}\right)^m - 1 \tag{1.1.17}$$

或者用实际利率表示名义利率的公式为

$$i^{(m)} = m\left[(1+i)^{\frac{1}{m}} - 1\right] \tag{1.1.18}$$

对于（1.1.16）式、（1.1.17）式、（1.1.18）式，只需掌握（1.1.16）式，另外两个式子可直接由其推导出来。（1.1.16）式反映了期初本金 1 分别在名义利率与实际利率作用下在期末的终值相等。

顺便说一句，（1.1.16）式的左边也可这样得到：以 $\frac{1}{m}$ 期作为新的一期，简称“新期”，每“新期”的实际利率为 $\frac{i^{(m)}}{m}$，期初的本金 1 积累到期末意味着本金 1 经过 m 个“新期”的积累，于是，由复利公式可以得终值 $\left(1+\frac{i^{(m)}}{m}\right)^m$。

例 1.1.6　求与年实际利率 8%等价的每年计息 2 次、4 次、8 次 …… 的年名义利率。

解:$\because \left(1+\frac{i^{(m)}}{m}\right)^{m}=1+i$

$$\therefore i^{(m)}=m[(1+i)^{\frac{1}{m}}-1]$$

$$\therefore i^{(2)}=2[(1+8\%)^{\frac{1}{2}}-1]\approx 7.85\%$$

$$i^{(4)}=4[(1+8\%)^{\frac{1}{4}}-1]\approx 7.77\%$$

$$i^{(8)}=8[(1+8\%)^{\frac{1}{8}}-1]\approx 7.73\%$$

……

$$i^{(+\infty)}=\lim_{m\to+\infty}m[(1+8\%)^{\frac{1}{m}}-1]$$

$$=\lim_{t\to0+}\frac{(1+8\%)^{t}-1}{t}\quad(\text{其中},t=\frac{1}{m})$$

$$=\lim_{t\to0+}(1+8\%)^{t}\ln(1+8\%)$$

$$=\ln(1+8\%)\approx 7.70\%$$

结论:当实际利率一定时,名义利率随结转利息次数的增加而减少,且存在下确界。

例 1.1.7　求与年名义利率 8%等价的每年计息 2 次、4 次、8 次 …… 的年实际利率。

解:$\because \left(1+\frac{i^{(m)}}{m}\right)^{m}=1+i$

$$\therefore i=\left(1+\frac{i^{(m)}}{m}\right)^{m}-1$$

每年计息 2 次的年实际利率为

$$\left(1+\frac{8\%}{2}\right)^{2}-1\approx 8.16\%$$

每年计息 4 次的年实际利率为

$$\left(1+\frac{8\%}{4}\right)^{4}-1\approx 8.24\%$$

每年计息 8 次的年实际利率为

$$\left(1+\frac{8\%}{8}\right)^{8}-1\approx 8.29\%$$

……

每年计息 $+\infty$ 次的年实际利率为

$$\lim_{m\to+\infty}\left[\left(1+\frac{i^{(m)}}{m}\right)^{m}-1\right]=\lim_{m\to+\infty}\left[\left(1+\frac{8\%}{m}\right)^{m}-1\right]$$

$$= \lim_{m \to +\infty} \left[\left(1 + \frac{8\%}{m}\right)^{\frac{m}{8\%}} \right]^{8\%} - 1$$

$$= e^{8\%} - 1 \approx 8.33\%$$

结论:当名义利率一定时,实际利率随结转利息次数的增加而增加,且存在上确界。

例 1.1.8　求1万元本金按每年计息4次的年名义利率6%投资3年的积累值。

解:以一季为一期,则每期的实际利率为6%/4 = 1.5%,因此所求的积累值为

$$a(12) = (1 + 1.5\%)^{12} \approx 1.195\ 618(\text{万元})$$

另解:以一年为一期,设每期实际利率为 i,则

$$i = \left(1 + \frac{6\%}{4}\right)^4 - 1 \approx 0.061\ 363\ 351$$

$$\therefore a(3) = (1 + i)^3 = (1 + 0.061\ 363\ 351)^3 \approx 1.195\ 618(\text{万元})$$

例题结论推广:已知每期名义利率为 $i^{(m)}$,则第 t 期期末的终值为

$$a(t) = (1 + i)^t = \left(1 + \frac{i^{(m)}}{m}\right)^{mt} \tag{1.1.19}$$

第 t 期期末单位1的现值为

$$a^{-1}(t) = (1 + i)^{-t} = \left(1 + \frac{i^{(m)}}{m}\right)^{-mt} \tag{1.1.20}$$

(二) 贴现率

在利息理论、金融数学、寿险精算等著作中将贴现率按每期是否计算贴息一次区分为实际贴现率与名义贴现率,这使许多公式的表现形式简单而统一。

1. 实际贴现率

贴现是商业银行的放款形式之一。票据持有人为了取得现金,以未到期的票据向银行申请贴现以融通资金;银行按照市场利息率以及票据的信誉,给出某一贴现率,扣除自贴现日至到期日的贴现利息,然后将票面余额支付给票据持有人;银行再持票据向最初的出票人或背书人兑取现款;或经过一段时间后,如银行需要流动性,可以将此票据向中央银行申请再贴现或向其他银行转让即转贴现。

例如,某人将一张面额为10 000元、还有一年才到期的票据向银行申请贴现,银行确定该票据的年贴现率为2.5%,银行扣除贴息250元(10 000 × 2.5% × 1)后,将票面余额9 750元(10 000 − 250)支付给票据持有人;银行持有该票据,在票据到期日就可收回资金10 000元。在这个过程中,原票据持有人由于提前1年获得了现款,因而在着眼于到期日应得款项10 000元的基础上损失了利息或支付了贴息250元,因而年贴现率为 $\frac{250}{10\ 000} = 2.5\%$,且在贴现之时(或贴现期之初)就支付了贴息250元。从银行的角度来看,投资9 750元,1年期满收回10 000元,获得利息250元,年实际利率为 $\frac{250}{9\ 750} \approx 2.56\%$,且在贴现期之末或票据到期之时获得利息250元。

因此,贴现率就是贴息与票据到期应得金额之比,而实际贴现率则是在一期内贴息的金额(或损失的利息金额)与期末的应得金额之比,记实际贴现率为 d,它反映了单位到期值因提前1期而损失的利息。换言之,实际贴现率就是一期内贴现1次的贴现率,或者说如果贴现率后面不涉及贴息次数时均默认为实际贴现率。

若甲以年实际利率6%到一家银行借款100万元,期限1年,则银行将给甲100万元;1年后,甲将还给银行原始贷款100万元,外加6%的利息6万元,共计106万元。假设甲以6%的实际贴现率借款100万元,为期1年,则银行只给甲94万元,1年后甲将还给银行100万元,银行在贷款期初预收了当期利息6万元。

利息率与贴现率的比较:

(1) 利息率为利息金额与期初投入的本金之比,贴现率为利息金额与期末投资收回额之比。

(2) 利息是按期初金额来计算的,并在期末支付;而贴息是按期末积累额计算的且在期初支付。这里,利息 = 贴息。

实际贴现率也可以有单贴现率与复贴现率之分。

在单贴现情形下,假设每期贴现率为 d,最后一期的终值为1(以后未做特别声明的,都可认为是这样的),于是 $a^{-1}(t)=1-dt$,其中 $0\leqslant t\leqslant \frac{1}{d}$。贴息不从期末值扣除后再计算贴息,即每期贴息计算都以1为基准,扣除贴息 d。

在复贴现情形下,假设每期贴现率为 d,则 $a^{-1}(t)=(1-d)^t$,即从期末终值扣除贴息之后,作为前一期的期末终值,并在此基础上,计算更前一期的贴息,直到求得所需的现值,通常称之为"折上折"。其推导方向刚好与按复利求终值相反,即由未来推算到现在。

利息率与贴现率的关系:

$1 \xrightarrow{\text{在利率 } i \text{ 作用下}} 1+i$,即1单位本金在期末的终值为 $1+i$,由此可计算出实际贴现率

$$d=\frac{i}{1+i} \tag{1.1.21}$$

从本金1经过先积累后贴现又还原到1可得

$$(1+i)(1-d)=1 \tag{1.1.22}$$

$1-d \xleftarrow{\text{在贴现率 } d \text{ 作用下}} 1$,即期末1单位终值在期初的现值为 $1-d$,由此可计算出实际利率

$$i=\frac{d}{1-d} \tag{1.1.23}$$

从终值1经过先贴现后积累也可得到(1.1.22)。

按照利率方式,期末的终值1对应于期初的现值为

$$v=\frac{1}{1+i} \tag{1.1.24}$$

由此可得

$$1 - d = v \tag{1.1.25}$$

在上面(1.1.21)式、(1.1.22)式、(1.1.23)式或(1.1.25)式中的i与d数值大小不相同,但满足其中之一,也就满足其他等式,此时称i与d具有等价关系。

由(1.1.25)式可得

$$d = 1 - v = \frac{i}{1+i} = iv \tag{1.1.26}$$

由此也可看出,贴息只不过是利息的现值而已。相应地,利息就是贴息的终值。

由(1.1.22)式容易得出

$$i - d = id \tag{1.1.27}$$

下面对(1.1.27)式进行解释。考虑两种投资。投资方式1:期初投资单位1,期末收回$1+i$,获得利息i。投资方式2:按贴现方式期初投资$1-d$,期末收回1,获得利息d。投资方式1比投资方式2多获得利息$i-d$,这是由于投资方式1比投资方式2多投入了本金d,由于1单位投资经过1期可获得利息i,因而就多获得利息id,从而(1.1.27)式成立。

由于实际贴现率是一个时期内贴息额(或利息额)与到期日应得金额之比,因而可用积累值函数与总量函数来表示第t期的实际贴现率d_t

$$d_t = \frac{A(t) - A(t-1)}{A(t)} = \frac{a(t) - a(t-1)}{a(t)} \tag{1.1.28}$$

于是

$$A(t-1) = A(t)(1-d_t) \tag{1.1.29}$$

$$a(t-1) = a(t)(1-d_t) \tag{1.1.30}$$

$$a^{-1}(n) = (1-d_1)(1-d_2)\cdots(1-d_n) \tag{1.1.31}$$

特别地,当$d_1 = d_2 = \cdots = d_n$时,$a^{-1}(t) = (1-d)^t$。

例1.1.9 (1)在每期单贴现率均为d的条件下,求在整个贴现期间每期的实际贴现率。

(2)设每期的复贴现率均为d,求每期的实际贴现率。

解:假设整个贴现期间的期末终值为1,则

(1)在单贴现条件下

$$\begin{aligned} d_n &= \frac{a(n) - a(n-1)}{a(n)} \\ &= \frac{(1-nd)^{-1} - [1-(n-1)d]^{-1}}{(1-nd)^{-1}} \\ &= \frac{d}{1-(n-1)d} \end{aligned}$$

它表明常数的单贴现率意味着实际贴现率是单调递增的。

(2) 在复贴现条件下

$$d_n = \frac{a(n) - a(n-1)}{a(n)} = \frac{(1-d)^{-n} - (1-d)^{-(n-1)}}{(1-d)^{-n}} = d$$

它表明常数的复贴现率意味着常数的实际贴现率。

说明:(1) 对于单贴现情形,显然 $n=1$ 时,$d_1 = d$,意味着贴现是从未来倒推到现在,与单利过程相反。然而,计时又是从现在开始的,这就存在矛盾,更详细的讨论放在附录。

(2) 对于复贴现情形,每期实际贴现率为常数。而且,在复贴现条件下,观察点可以任意选取,只影响繁简程度,不影响结论,因此,未做特别声明采用单贴现方式时,都默认按复贴现方式处理。

例 1.1.10 设 $0 < d < 1$,证明:

(1) $(1-d)^n > 1 - dn \quad (n > 1)$;

(2) $(1-d)^n < 1 - dn \quad (0 < n < 1)$。

证明:考虑函数 $f(d) = (1-d)^n - (1-dn)$

$$f'(d) = -n[(1-d)^{n-1} - 1] = n[1 - (1-d)^{n-1}]$$

(1) 当 $n > 1$ 时,由于 $0 < d < 1$,$f'(d) > 0$,从而 $f(d) > f(0)$,即 $(1-d)^n > 1 - dn$。

(2) 当 $0 < n < 1$ 时,由于 $0 < d < 1$,$f'(d) < 0$,从而 $f(d) < f(0)$,即 $(1-d)^n < 1 - dn$。

说明:

(1) 纯粹从数学的角度去考虑,例 1.1.10 的结论对 d 为负数也成立,留给读者去思考。读者还可以以具体实例去验证。如年贴现率为 6%,在单贴现和复贴现条件下,分别比较终值 20 000 元在 8 个月前、3 年前的现值大小。

(2) 当贴现期限超过 1 期时,复贴现现值大于单贴现现值;当贴现期限短于 1 期时,复贴现现值小于单贴现现值;显然,当贴现期限等于 1 期时,复贴现现值等于单贴现现值。

(3) 结合例 1.1.4,有如下结论:当期限超过 1 期时,复利或复贴现产生更大的终值或现值;当期限短于 1 期时,单利或单贴现产生更大的终值或现值。

2. 名义贴现率

我们可以仿照名义利率那样去定义名义贴现率。例如,某一笔贴现业务,年贴现率为 6%,每季初计算一次贴息,求 1 年后到期票面金额 1 的现值。

由于在每季度初支付一次贴息。假设年末的票面金额为 1,那么第四季度初支付贴息后应得的款项为 $1 - \frac{6\%}{4}$,第三季度初支付贴息后应得的款项为 $\left(1 - \frac{6\%}{4}\right)^2$,第二季度初支付贴息后应得的款项为$\left(1-\frac{6\%}{4}\right)^3$，第一季度初即年初支付贴息后应得的款项为$\left(1-\frac{6\%}{4}\right)^4$。

由于$\left(1-\frac{6\%}{4}\right)^4=(1-1.5\%)^4\approx0.9413=1-0.0587=1-5.87\%$，即在1年支付4次贴息后所能获得的款项为$1-5.87\%$，相当于支付了5.87%的贴息，所以把5.87%称为年实际贴现率，把6%称为年贴息4次的年名义贴现率，把1.5%称为季实际贴现率。不难发现，将不足一年的实际贴现率按单纯的比例关系换算成一年的贴现率就是年名义贴现率。

一般地，如果一期计算m次贴息，那么称$\frac{1}{m}$期的实际贴现率的m倍为该期的名义贴现率，记为$d^{(m)}$。由此可得$\frac{1}{m}$期的实际贴现率为$\frac{d^{(m)}}{m}$。

设一期内支付m次贴息，名义贴现率为$d^{(m)}$，实际贴现率为d，试推导出二者的关系。假设期末的终值为单位1，按名义贴现率方式，贴现到期初的贴现过程如表1－1－2所示。

表1－1－2　按名义贴现率方式的贴现过程

时点	0	$\frac{1}{m}$	…	$\frac{m-2}{m}$	$\frac{m-1}{m}$	$\frac{m}{m}$
贴息	$\frac{d^{(m)}}{m}\left(1-\frac{d^{(m)}}{m}\right)^{m-1}$	$\frac{d^{(m)}}{m}\left(1-\frac{d^{(m)}}{m}\right)^{m-2}$	…	$\frac{d^{(m)}}{m}\left(1-\frac{d^{(m)}}{m}\right)$	$\frac{d^{(m)}}{m}\cdot1$	
余额	$\left(1-\frac{d^{(m)}}{m}\right)^{m}$	$\left(1-\frac{d^{(m)}}{m}\right)^{m-1}$	…	$\left(1-\frac{d^{(m)}}{m}\right)^{2}$	$1-\frac{d^{(m)}}{m}$	1

表1－1－2表明，按1期计算贴息m次，那么期末的终值1在期初的现值为$\left(1-\frac{d^{(m)}}{m}\right)^m$，将其写成$1-d$的形式，这里的$d$就为实际贴现率；因为如果按1期计算贴息1次，那么期末的终值1在扣除贴息d后在期初的现值为$1-d$，因此

$$\left(1-\frac{d^{(m)}}{m}\right)^m=1-d \tag{1.1.32}$$

由(1.1.32)式可得用名义贴现率表示实际贴现率的公式：

$$d=1-\left(1-\frac{d^{(m)}}{m}\right)^m \tag{1.1.33}$$

或用实际贴现率表示名义贴现率的公式：

$$d^{(m)}=m\left[1-(1-d)^{\frac{1}{m}}\right] \tag{1.1.34}$$

$$=m\left(1-v^{\frac{1}{m}}\right) \tag{1.1.35}$$

由(1.1.35)式容易得到:

$$\frac{d^{(m)}}{m}=1-v^{\frac{1}{m}} \tag{1.1.36}$$

(1.1.36)式的左边为$\frac{1}{m}$期的实际贴现率,而右边为$\frac{1}{m}$期末领取的金额1提前在$\frac{1}{m}$期初只能领取现值$v^{\frac{1}{m}}$,损失利息或贴息$1-v^{\frac{1}{m}}$,它与$\frac{1}{m}$期末终值1之比得到该$\frac{1}{m}$期的实际贴现率,故(1.1.36)式成立。

在(1.1.32)式、(1.1.33)式、(1.1.34)式中,(1.1.32)式是基本的,其余两式是派生的,满足三式中任何一式的$d^{(m)}$与d具有等价关系。(1.1.32)式反映左右两边分别在名义贴现率与实际贴现率的作用下期末1单位终值在期初的现值相等。

由(1.1.16)式、(1.1.24)式、(1.1.25)式和(1.1.32)式可得

$$\left(1+\frac{i^{(m)}}{m}\right)^{m}=1+i=(1-d)^{-1}=\left(1-\frac{d^{(n)}}{n}\right)^{-n} \tag{1.1.37}$$

或

$$\left(1+\frac{i^{(m)}}{m}\right)^{-m}=(1+i)^{-1}=1-d=\left(1-\frac{d^{(n)}}{n}\right)^{n} \tag{1.1.38}$$

下面对(1.1.37)式与(1.1.38)式进行解释:从数学上看,二者互为倒数关系;从经济学意义上看,(1.1.37)式反映了期初的本金1在期末的终值相等关系,(1.1.38)式反映了期末的终值1在期初的现值相等关系;并且二者的每一边都可看成幂的形式,且幂的底数为$1+b$形式,当与利率有关时,b的符号为正;当与贴现率有关时,b的符号为负。幂指数与幂底数中第二项b之积在(1.1.37)式中均为正数,而在(1.1.38)式中均为负数。满足(1.1.37)式或(1.1.38)式中的$i^{(m)}$、i、d与$d^{(n)}$具有等价关系。

例1.1.11 已知年名义贴现率为8%,求与之等价的每年计算贴息2次、4次、8次……的年实际贴现率。

解:$\because \left(1-\frac{d^{(m)}}{m}\right)^{m}=1-d$

$\therefore d=1-\left(1-\frac{d^{(m)}}{m}\right)^{m}$

每年计算贴息2次的年实际贴现率为

$$1-\left(1-\frac{8\%}{2}\right)^{2}\approx 7.84\%$$

每年计算贴息4次的年实际贴现率为

$$1-\left(1-\frac{8\%}{4}\right)^{4}\approx 7.76\%$$

每年计算贴息8次的年实际贴现率为

$$1-\left(1-\frac{8\%}{8}\right)^{8}\approx 7.73\%$$

……

每年计算贴息无穷多次的年实际贴现率为

$$\lim_{m\to+\infty}\left[1-\left(1-\frac{d^{(m)}}{m}\right)^{m}\right]=1-\lim_{m\to+\infty}\left[\left(1-\frac{8\%}{m}\right)^{-\frac{m}{8\%}}\right]^{-8\%}$$
$$=1-e^{-8\%}\approx 7.69\%$$

结论:当名义贴现率一定时,实际贴现率随着贴现次数的增加而减少,且有下确界。

例 1.1.12　已知年实际贴现率为 8%,求与之等价的每年计算贴息 2 次、4 次、8 次 …… 的年名义贴现率。

解: $\because \left(1-\frac{d^{(m)}}{m}\right)^{m}=1-d$

$\therefore d^{(m)}=m[1-(1-d)^{\frac{1}{m}}]$

$\therefore d^{(2)}=2[1-(1-8\%)^{\frac{1}{2}}]\approx 8.17\%$

$d^{(4)}=4[1-(1-8\%)^{\frac{1}{4}}]\approx 8.25\%$

$d^{(8)}=8[1-(1-8\%)^{\frac{1}{8}}]\approx 8.29\%$

……

$$d^{(+\infty)}=\lim_{m\to+\infty}m[1-(1-8\%)^{\frac{1}{m}}]$$
$$=\lim_{t\to0+}\frac{1-(1-8\%)^{t}}{t}\quad(其中,t=\frac{1}{m})$$
$$=\lim_{t\to0+}[-(1-8\%)^{t}\ln(1-8\%)]$$
$$=-\ln(1-8\%)\approx 8.34\%$$

结论:当实际贴现率一定时,名义贴现率随着贴现次数的增加而增加,且有上确界。

例 1.1.13　设每年计算贴息 2 次的年名义贴现率为 10%,求 7 年后的 1 万元的现值。

解:所求现值为

$$a^{-1}(7)=(1-d)^{7}=\left(1-\frac{10\%}{2}\right)^{2\times7}=0.95^{14}\approx 0.487\ 675(万元)$$

另解:以一年为一期,则每期的实际贴现率为

$$d=1-\left(1-\frac{10\%}{2}\right)^{2}=0.097\ 5$$

因此,所求现值为

$$a^{-1}(7)=(1-d)^{7}=(1-0.097\ 5)^{7}\approx 0.487\ 675(万元)$$

思考:如果以半年为一期,那么写出求解过程。

本例题结论的推广:已知每期名义贴现率为 $d^{(m)}$,则第 t 期末的终值为

$$a(t)=(1+i)^{t}=\left(1-\frac{d^{(m)}}{m}\right)^{-mt} \tag{1.1.39}$$

第 t 期末终值 1 的现值为

$$a^{-1}(t)=(1+i)^{-t}=\left(1-\frac{d^{(m)}}{m}\right)^{mt} \tag{1.1.40}$$

为了更好地理解由名义利率、名义贴现率表示的现值与终值公式，请参考对(1.1.37)式与(1.1.38)式的解释。

例 1.1.14　证明：$\frac{i^{(m)}}{m}-\frac{d^{(m)}}{m}=\frac{i^{(m)}}{m}\cdot\frac{d^{(m)}}{m}$　(1.1.41)

证明：在(1.1.37)式中令 $n=m$，得

$$\left(1+\frac{i^{(m)}}{m}\right)^{m}=\left(1-\frac{d^{(m)}}{m}\right)^{-m}$$

两边 $\frac{1}{m}$ 次方得

$$1+\frac{i^{(m)}}{m}=\left(1-\frac{d^{(m)}}{m}\right)^{-1}$$

即

$$\left(1+\frac{i^{(m)}}{m}\right)\left(1-\frac{d^{(m)}}{m}\right)=1$$

$$\therefore\ \frac{i^{(m)}}{m}-\frac{d^{(m)}}{m}=\frac{i^{(m)}}{m}\cdot\frac{d^{(m)}}{m}$$

即(1.1.41)式成立。

不难发现(1.1.41)式与(1.1.27)式的实质一样，因为它们都反映了这样一个等量关系：一个时间段上的实际利率与实际贴现率之差等于它们之积。只不过前者涉及的时间段为 $\frac{1}{m}$ 期，后者为 1 期。

(三) 利息力

1. 利息力(利息强度)的概念

前面我们所讲的利息率、贴现率都是度量在一个规定时间段上产生或损失的利息。实际利率和实际贴现率度量在一期内产生或损失利息的多少，而名义利率和名义贴现率可直接度量 $\frac{1}{m}$ 期实际产生或损失利息的多少。有时，需要度量在一个时点上产生利息的多少，或者度量某一时刻产生利息的强弱程度，这就可用利息力(或称为利息强度，简称"息力")来刻画。

设一笔投资在时刻 t 的积累值为 $A(t)$，定义该投资在时刻 t 的利息力为

$$\delta_{t}=\frac{\frac{\mathrm{d}}{\mathrm{d}t}A(t)}{A(t)}=\frac{A'(t)}{A(t)} \tag{1.1.42}$$

或用积累值函数 $a(t)$ 来定义在时刻 t 的利息力为

$$\delta_t = \frac{\frac{\mathrm{d}}{\mathrm{d}t}a(t)}{a(t)} = \frac{a'(t)}{a(t)} \tag{1.1.43}$$

由于 $A(t)=Ka(t)$，且 K 为常数，因此(1.1.42) 式与(1.1.43) 式等价。

为了正确理解利息力的含义，需要对(1.1.42) 式进行分析。我们分两种情况：

(1) 当 $h>0$ 时

由 $\frac{\mathrm{d}}{\mathrm{d}t}A(t)=\lim\limits_{h\to0+}\frac{A(t+h)-A(t)}{h}$ 可知，$\frac{\mathrm{d}}{\mathrm{d}t}A(t)$ 反映了 $A(t)$ 在时刻 t 的变化率，或者在时刻 t 的瞬间利息变动情况，即单位时间内产生利息的多少。显然它与"本金"$A(t)$ 有关，因为本大利大、本小利小。将 $\frac{\mathrm{d}}{\mathrm{d}t}A(t)$ 除以 $A(t)$，即 δ_t^+ 消除了"本金"差异大小对产生利息多少的影响。换言之，它反映了该投资在时刻 t 单位"本金" 在单位时期内产生利息的多少，即反映了产生利息的强弱程度或力度，故称为利息强度或利息力，它本质上是一个利率概念，见(1.1.44) 式。那么，它是实际利率还是名义利率呢?

依利息力定义

$$\delta_t^+ = \lim_{h\to0+}\frac{A(t+h)-A(t)}{hA(t)} \tag{1.1.44}$$

$$= \lim_{h\to0+}\frac{\frac{A(t+h)-A(t)}{A(t)}}{h} \tag{1.1.45}$$

由(1.1.45) 式知，分子 $\frac{A(t+h)-A(t)}{A(t)}$ 表示在区间 $[t,t+h]$ 上的实际利率，将其除以 h 后，即 $\frac{\frac{A(t+h)-A(t)}{A(t)}}{h}$ 就是按单纯的比例关系换算成 1 期的利率，即名义利率，然后取极限值，结果仍是名义利率，因而 δ_t^+ 本质上属于名义利率概念范畴。

(2) 当 $h<0$ 时

类似于(1) 的分析，$\delta_t^-=\lim\limits_{h\to0-}\frac{A(t)-A(t+h)}{-hA(t)}$ 本质上为名义贴现率。依据极限的定义，当 δ_t 存在时，δ_t^+ 与 δ_t^- 均存在且相等，即 $\delta_t^+=\delta_t^-=\delta_t$。换言之，当 $h\to0$ 时，名义利率、名义贴现率都统一到了利息力这一概念上。

2. 贴息力(贴息强度)

设 t 期后 1 单位终值的现值为 $a^{-1}(t)$，定义

$$\tilde{\delta}_t = -\frac{\frac{\mathrm{d}}{\mathrm{d}t}a^{-1}(t)}{a^{-1}(t)} \tag{1.1.46}$$

为在时刻 t 的贴息力或贴息强度，显然它非负。

(1) 当 $h>0$ 时

$$\tilde{\delta}_t^+ = -\lim_{h\to 0+}\frac{a^{-1}(t+h)-a^{-1}(t)}{ha^{-1}(t)} = \lim_{h\to 0+}\frac{a(t+h)-a(t)}{ha(t+h)}$$

这里 $\tilde{\delta}_t^+$ 反映了在时刻 t 提前单位时期收回单位终值所必须损失的利息的多少，即反映了损失利息的强弱程度或力度，故称为贴息强度或贴息力，它本质上属于贴现率概念。

$\tilde{\delta}_t^+$ 可以写成如下形式：

$$\tilde{\delta}_t^+ = \lim_{h\to 0+}\frac{\dfrac{a(t+h)-a(t)}{a(t+h)}}{h}$$

上式中分子$\dfrac{a(t+h)-a(t)}{a(t+h)}$就是在区间$[t,t+h]$上的实际贴现率，将其除以 h 后，即$\dfrac{\dfrac{a(t+h)-a(t)}{a(t+h)}}{h}$就是按单纯的比例关系换算成 1 期的贴现率，即名义贴现率，然后取极限值，结果仍是名义贴现率，因而 $\tilde{\delta}_t^+$ 本质上属于名义贴现率概念范畴。

(2) 当 $h<0$ 时

类似于(1) 的分析，

$$\tilde{\delta}_t^- = -\lim_{h\to 0-}\frac{a^{-1}(t+h)-a^{-1}(t)}{ha^{-1}(t)} - \lim_{h\to 0-}\frac{a(t)-a(t+h)}{-ha(t+h)}$$

$\tilde{\delta}_t^-$ 本质上属于名义利率概念的范畴。容易发现 $\tilde{\delta}_t^-$ 本质上属于名义利率概念范畴。

依据极限的定义，当$\tilde{\delta}_t$存在时，$\tilde{\delta}_t^+$ 与$\tilde{\delta}_t^-$ 均存在且相等，即$\tilde{\delta}_t=\tilde{\delta}_t^+=\tilde{\delta}_t^-$。换言之，当 $h\to 0$ 时，名义利率、名义贴现率都统一到了贴息力这一概念上。

例 1.1.15 证明 $\tilde{\delta}_t=\delta_t$。

证明：$\because$ $\tilde{\delta}_t = -\dfrac{\dfrac{\mathrm{d}}{\mathrm{d}t}a^{-1}(t)}{a^{-1}(t)} = -\dfrac{-1\times a^{-2}(t)\cdot a'(t)}{a^{-1}(t)} = \dfrac{a'(t)}{a(t)} = \delta_t$

$\therefore$ 所证等式成立，即贴息强度等于利息强度。

说明：今后我们不特意区分贴息力与利息力，或笼统表述成利息力。

3. 用利息力 δ_t 表示 $a(t)$ 或 $A(t)$

由利息力 δ_t 的定义

$$\delta_t = \frac{\dfrac{\mathrm{d}}{\mathrm{d}t}a(t)}{a(t)} = \frac{\mathrm{d}}{\mathrm{d}t}\ln a(t)$$

可得

$$\mathrm{d}\ln a(t) = \delta_t\mathrm{d}t$$

两边从 0 到 t 积分，并改变积分变量记号可得

$$\int_0^t \mathrm{d}\ \ln a(s) = \int_0^t \delta_s \mathrm{d}s$$

$$\therefore a(t) = \mathrm{e}^{\int_0^t \delta_s \mathrm{d}s} \tag{1.1.47}$$

$$a^{-1}(t) = \mathrm{e}^{\int_0^t \delta_s \mathrm{d}s} \tag{1.1.48}$$

$$\therefore A(t) = A(0)a(t) = A(0)\mathrm{e}^{\int_0^t \delta_s \mathrm{d}s} \tag{1.1.49}$$

由 δ_t 的定义可得

$$\mathrm{d}A(t) = A(t)\delta_t \mathrm{d}t$$

两边从 0 到 n 积分得

$$A(n) - A(0) = \int_0^n A(t)\delta_t \mathrm{d}t \tag{1.1.50}$$

(1.1.50) 式左边表示某项投资在 n 期内总共产生的利息,而右边表示该投资在 n 期内每时每刻产生的利息的累加,因而等式成立。

更一般地,对于任意的时刻 t_1、t_2,有公式:

$$A(t_2) = A(t_1)\exp\left(\int_{t_1}^{t_2} \delta_t \mathrm{d}t\right)。 \tag{1.1.51}$$

思考:上式中 t_1 一定比 t_2 小吗?

例 1.1.16 已知利息力在$[0,n]$上为常数 δ,求 $a(t)$。

解: $\because$ 利息力在$[0,n]$上为常数 δ,即 $\delta_t = \delta$

$$\therefore a(t) = \mathrm{e}^{\int_0^t \delta_s \mathrm{d}s} = \mathrm{e}^{\int_0^t \delta \mathrm{d}s} = \mathrm{e}^{\delta t}$$

$$\because \delta \geqslant 0$$

$$\therefore \mathrm{e}^{\delta} \geqslant 1$$

这样可以将 e^{δ} 写成

$$\mathrm{e}^{\delta} = 1 + i \tag{1.1.52}$$

或

$$i = \mathrm{e}^{\delta} - 1 \tag{1.1.53}$$

或

$$\delta = \ln(1 + i) \tag{1.1.54}$$

显然,这里的 $i \geqslant 0$。

$$\therefore a(t) = (1 + i)^t$$

这实际上具有按复利公式计算的积累值形式。换言之,这里的 i 就是按复利计算的每期实际利率。

例题推导蕴涵着这样一个命题:常数利息力意味着每期常数的实际利率,其逆命题不成立,即常数利息力意味着每时每刻产生利息的强弱程度是一样的,意味着每期单位本金将产生相同的利息,即每期实际利率相同。反之,当每期实际利率相同时,并不意味着每时每刻产生利息的强弱程度相同,很可能在一些时点大一些,而在另一些时点小一些,但每期单位本金将产生相同的利息。下面举例予以说明。

一方面，设每期实际利率为 10%，则 $a(1)=1+10\%$；另一方面，设利息力函数为 $\delta_t=\begin{cases}\delta_1,\text{当 } t\in[0,0.5)\text{ 时}\\ \delta_2,\text{当 } t\in[0.5,1]\text{ 时}\end{cases}$，其中 δ_1,δ_2 为常数，则

$$a(1)=e^{\int_0^1\delta_s ds}=e^{0.5(\delta_1+\delta_2)}$$

$$\therefore 1+10\%=e^{0.5(\delta_1+\delta_2)}$$

即 $\delta_1+\delta_2=2\ln(1+10\%)\approx 19.06\%$，显然满足该等式的 δ_1、δ_2 组合有无穷多种，如 $\delta_1=8\%$，$\delta_2=11.06\%$；或 $\delta_1=13\%$，$\delta_2=6.06\%$。这实际上已表明在[0,1]上利息力不为常数。因此，当我们使用公式(1.1.53)或(1.1.54)时，已默认利息力为常数。

说明：由(1.1.52)式及(1.1.37)式或(1.1.38)式可以将实际利率、名义利率、实际贴现率、名义贴现率和利息力联系起来。

例 1.1.17 已知 $\delta_t=0.02t\ (0\leqslant t\leqslant 3)$，若现在投资 5 000 元，求第 3 年产生的利息、第 3 年的实际利率与实际贴现率。

解： $\because \delta_t=0.02t\ (0\leqslant t\leqslant 3)$，且 $A(0)=5\,000$

$$\therefore A(t)=A(0)e^{\int_0^t\delta_s ds}=5\,000e^{\int_0^t 0.02s ds}=5\,000e^{0.01t^2}$$

$$A(3)=5\,000e^{0.01\times 3^2}=5\,000e^{0.09}\approx 5\,470.87$$

$$A(2)=5\,000e^{0.01\times 2^2}=5\,000e^{0.04}\approx 5\,204.05$$

因此，第 3 年产生的利息为

$$I_3=A(3)-A(2)\approx 5\,470.87-5\,204.05=266.82(\text{元})$$

第 3 年的实际利率为

$$i_3=\frac{I_3}{A(2)}\approx 5.13\%$$

第 3 年的实际贴现率为

$$d_3=\frac{I_3}{A(3)}\approx 4.88\%$$

例 1.1.18 在利息力 $\delta_t=Kt^2$（K 为常数）的作用下，100 万元的投资在第 10 年年末的终值为 500 万元，求 K。

解： $\because A(t)=A(0)e^{\int_0^t\delta_s ds}$

$$\therefore 500=100e^{\int_0^{10}Ks^2 ds}$$

$$\therefore K=\frac{3\ln 5}{1\,000}\approx 0.004\,828$$

例 1.1.19 一笔投资业务，按利息力年 5%计息，求 500 万元的投资在第 8 年年末的积累值。

解： $A(8)=500(1+i)^8=500(e^{5\%})^8\approx 745.91$（万元）

例 1.1.20 证明：(1) $d=iv$；(2) $d^{(m)}=i^{(m)}\cdot v^{\frac{1}{m}}$

证明：(1) $\because d = 1 - v = 1 - \dfrac{1}{1+i} = \dfrac{i}{1+i} = iv$

$\therefore$ (1) 式成立。

(2) $\because i^{(m)} = m[(1+i)^{\frac{1}{m}} - 1]$

$\therefore d^{(m)} = m[1 - (1-d)^{\frac{1}{m}}] = m(1 - v^{\frac{1}{m}})$

$= m[(1+i)^{\frac{1}{m}} - 1] \cdot v^{\frac{1}{m}} = i^{(m)} \cdot v^{\frac{1}{m}}$

$\therefore$ (2) 式得证。

例 1.1.21 已知每期实际利率为 i，且 $1 + \dfrac{i^{(n)}}{n} = \dfrac{1 + \dfrac{i^{(5)}}{5}}{1 + \dfrac{i^{(6)}}{6}}$，求 n。

解： $\because \left(1 + \dfrac{i^{(n)}}{n}\right)^n = 1 + i$

$\therefore 1 + \dfrac{i^{(n)}}{n} = (1+i)^{\frac{1}{n}}$

由已知条件得

$$(1+i)^{\frac{1}{n}} = \frac{(1+i)^{\frac{1}{5}}}{(1+i)^{\frac{1}{6}}}$$

$\therefore \dfrac{1}{n} = \dfrac{1}{5} - \dfrac{1}{6}$

$\therefore n = 30$。

例 1.1.22 已知 $i^{(m)} = 0.184\,414\,4$，$d^{(m)} = 0.180\,260\,8$，试确定 m。

解： $\because \dfrac{i^{(m)}}{m} - \dfrac{d^{(m)}}{m} = \dfrac{i^{(m)}}{m} \cdot \dfrac{d^{(m)}}{m}$

$\therefore m = \dfrac{i^{(m)} d^{(m)}}{i^{(m)} - d^{(m)}} = \dfrac{0.184\,414\,4 \times 0.180\,260\,8}{0.184\,414\,4 - 0.180\,260\,8} \approx 8$

例 1.1.23 证明：$\dfrac{\mathrm{d}}{\mathrm{d}t}\delta_t = \dfrac{A''(t)}{A(t)} - \delta_t^2$

证明：$\because \delta_t = \dfrac{A'(t)}{A(t)}$

$\therefore \dfrac{\mathrm{d}}{\mathrm{d}t}\delta_t = \dfrac{\mathrm{d}}{\mathrm{d}t}\left(\dfrac{A'(t)}{A(t)}\right) = \dfrac{A(t)A''(t) - A'(t)A'(t)}{A^2(t)}$

$= \dfrac{A''(t)}{A(t)} - \left(\dfrac{A'(t)}{A(t)}\right)^2 = \dfrac{A''(t)}{A(t)} - \delta_t^2$

$\therefore$ 所证等式成立。

例 1.1.24 (1) 求本金 1 在第 n 期期末的积累值，其中在第 $k(1 \leqslant k \leqslant n)$ 期的实

际利率为 $i_k=(1+r)^k(1+i)-1$。

(2) 证明(1) 的答案可以写成$(1+j)^n$ 的形式,并求j。

解:(1) $\because\ i_k=(1+r)^k(1+i)-1\quad(1\leqslant k\leqslant n)$

$$\begin{aligned}\therefore a(n)&=(1+i_1)(1+i_2)\cdots(1+i_n)\\&=(1+r)(1+i)(1+r)^2(1+i)\cdots(1+r)^n(1+i)\\&=(1+r)^{1+2+\cdots+n}(1+i)^n=(1+r)^{\frac{n(n+1)}{2}}(1+i)^n\end{aligned}$$

$$\begin{aligned}(2)a(n)&=(1+r)^{\frac{n(n+1)}{2}}(1+i)^n\\&=[(1+r)^{\frac{n+1}{2}}(1+i)]^n\triangleq(1+j)^n\end{aligned}$$

上式中,$1+j=(1+r)^{\frac{n+1}{2}}(1+i)$,或$j=(1+r)^{\frac{n+1}{2}}(1+i)-1$。

例 1.1.25 已知 $\delta_t=\dfrac{t^3}{1\ 000}(0\leqslant t\leqslant 5)$,求 $a^{-1}(5)$ 及与之等价的年利率。

解:$\because\ \delta_t=\dfrac{t^3}{1\ 000}$

$$\therefore\ a^{-1}(5)=e^{-\int_0^5\delta_s ds}=e^{-\int_0^5\frac{s^3}{1\ 000}ds}=e^{-0.156\ 25}\approx 0.86$$

设与之等价的年利率为 i,则有

$$a^{-1}(5)=(1+i)^{-5}$$

解得

$$i=e^{0.312\ 5}\approx 0.031\ 743$$

例 1.1.26 证明:$\sum\limits_{m-1}^{+\infty}(-1)^{m-1}i^m\left[\dfrac{1}{d^{(m)}}-\dfrac{1}{i^{(m)}}\right]=\delta$

证明:$\because\ \dfrac{i^{(m)}}{m}-\dfrac{d^{(m)}}{m}=\dfrac{i^{(m)}}{m}\cdot\dfrac{d^{(m)}}{m}$

$$\therefore\ \frac{i^{(m)}-d^{(m)}}{i^{(m)}d^{(m)}}=\frac{1}{m}$$

即

$$\frac{1}{d^{(m)}}-\frac{1}{i^{(m)}}=\frac{1}{m}$$

$$\therefore\ \sum_{m=1}^{+\infty}(-1)^{m-1}i^m\cdot\left[\frac{1}{d^{(m)}}-\frac{1}{i^{(m)}}\right]=\sum_{m=1}^{+\infty}(-1)^{m-1}\frac{i^m}{m}=\ln(1+i)=\delta$$

$\therefore$ 所证等式成立。

例 1.1.27 (1) 用 $i^{(3)}$ 表示 $d^{(4)}$;(2) 用 $d^{(2)}$ 表示 $i^{(6)}$;(3) 用δ表示 $d^{(5)}$。

解:(1) $\because\left(1+\dfrac{i^{(3)}}{3}\right)^3=\left(1-\dfrac{d^{(4)}}{4}\right)^{-4}$

$$\therefore d^{(4)}=4\left[1-\left(1+\frac{i^{(3)}}{3}\right)^{-\frac{3}{4}}\right]$$

(2) $\because \left(1-\frac{d^{(2)}}{2}\right)^{2}=\left(1+\frac{i^{(6)}}{6}\right)^{-6}$

$\therefore i^{(6)}=6\left[\left(1-\frac{d^{(2)}}{2}\right)^{-\frac{1}{3}}-1\right]$

(3) $\because \left(1-\frac{d^{(5)}}{5}\right)^{5}=e^{-\delta}$

$\therefore d^{(5)}=5(1-e^{-\frac{\delta}{5}})$

例 1.1.28　假设σ_k是从投资日算起的第k期的利息力，且为常数(其中$k=1,2,3,\cdots,n$)，求1单位投资在第n期期末的终值，并求第n期的实际利率。

解：$\because \delta_t=\sigma_k(k-1<t\leqslant k$，且$k=1,2,3,\cdots,n)$，$\sigma_k$为依赖于$k$而不依赖于$t$的常数。

$$\therefore\ a(n)=e^{\int_0^n\delta_s ds}=e^{\int_0^1\delta_s ds+\int_1^2\delta_s ds+\cdots+\int_{n-1}^n\delta_s ds}$$

$$=e^{\int_0^1\sigma_1 ds+\int_1^2\sigma_2 ds+\cdots+\int_{n-1}^n\sigma_n ds}=e^{\sigma_1+\sigma_2+\cdots+\sigma_n}$$

显然

$$a(n)=a(n-1)e^{\sigma_n} \tag{1.1.55}$$

第n期的实际利率为

$$i_n=\frac{a(n)-a(n-1)}{a(n-1)}=e^{\sigma_n}-1$$

进一步思考，(1.1.55)式左边表示1单位本金在第n期期末的积累值，右边表示1单位本金在第$n-1$期期末的积累值的基础上，再经过第n期积累，因而乘以该期的积累因子e^{σ_n}，就得到第n期期末的积累值，显然左右两边含义一致，故等式成立。

另外，由$\delta_t=\frac{d}{dt}\ln A(t)$可得

$$d\ln A(t)=\delta_t dt$$

两边从$n-1$到n积分，并改变积分变量记号可得

$$\int_{n-1}^n d\ln A(s)=\int_{n-1}^n\delta_s ds$$

$$A(n)=A(n-1)e^{\int_{n-1}^n\delta_s ds}$$

特别地，当$\delta_t=\sigma_k\quad(k-1<t\leqslant k$，且$k=1,2,3,\cdots,n)$，这里$\sigma_k$为依赖于$k$而不依赖于$t$的常数时，$A(n)=A(n-1)e^{\sigma_n}$，由此可得第$n$期的实际利率为$i_n=\frac{A(n)-A(n-1)}{A(n-1)}=e^{\sigma_n}-1$。

思考：试求第n期的实际贴现率。

例 1.1.29　基金A以年计息12次的12%的年名义利率积累，基金B以利息力$\delta_t=\frac{t}{6}$进行积累。在时刻$t=0$时，两笔基金存入的款项相同，试确定两基金金额再次

相等的下一时刻。

解:设经过 n 年两基金积累值再次相等,则

$$\left(1+\frac{12\%}{12}\right)^{12n}=e^{\int_0^n \frac{t}{6}dt}$$

即

$$1.01^{12n}=e^{\frac{n^2}{12}}$$

$\therefore n=144\ln 1.01\approx 1.43$(年)

例 1.1.30　某投资者在一家银行存款 10 000 元,第 1 年年实际利率为 i;第 2 年年实际利率为 $i-0.05$,到第 2 年年末余额为 12 093.75 元。如果第 3 年的年实际利率为 $i+0.03$ 的话,那么此投资账户在第 3 年年末的余额应为多少?

解:$\because 10\ 000(1+i)[1+(i-0.05)]=12\ 093.75$

$\therefore i=0.125$

$\therefore A(3)=A(2)(1+i+0.03)=12\ 093.75\times 1.155\approx 13\ 968.28$(元)

第二节　利息问题的基本计算

一、利息问题的有关概念

(一) 价值等式

在前一节的学习中,我们发现:任何时刻资金的积累值依赖于所经历的时间;不同时点,其资金积累值不同。因此,在考察利息问题时,必须首先确定观察时点,也就是前面所讲的观察点。只有将不同时点发生的金额换算到观察点的价值,才能进行比较与运算。于是,相对于观察点来讲,过去发生的资金经历一个积累过程达到观察点的值,即形成积累值或终值;未来发生的金额则经历一个折现过程达到观察点的值,即形成现值。将不同时点发生的金额换算到观察点的值,并依据收支平衡原则而建立的等式,叫作价值等式,又称为等值方程。利用等值方程可以求解未知变量。

(二) 利息问题中的基本要素

一个简单的利息问题通常包含四个基本要素:① 本金;②(投资)时间长度;③ 利息的度量方式(利率、贴现率、利息力);④ 终值。已知其中三个量,通过所建立的价值等式可以求出第四个量。求本金属于折现问题,求终值属于积累问题,这些问题前面已探讨过,求 ②③ 两个问题放在后面研究。

观察点通常可以任意选取,选取的一般原则是方便和易于计算。在复利或复贴现条件下,其结果不变,但在单利或单贴现条件下,会导致不同的结果。

通常可以画一个时间轴来帮助理解。上方标注一个方向的金额,如收入性质的金额,下方则标注另一个方向发生的金额,如支出性质的金额;或者在时间轴的上方的一行标注收入,另一行则标注支出;这样建立价值等式就比较方便了。也可以画一

张表格，第一行表示时点，可用 0 表示计时开始的时刻，时点 1 表示第 1 期期末，时点 5 表示第 5 期期末，等等；第二行在对应时点标注收入金额；第三行在对应时点标注支出金额。任何两个时点数字之差就是它们间隔的期数。这里采用第二种方法。

例 1.2.1 某人在第 3 年年末存入 3 000 元，第 5 年年末存入 4 000 元，第 6 年年末取出 2 000 元，第 8 年年末还可领取多少元就刚好取完？假设年利率为 5%。

解：设第 8 年年末还可领取 x 元，以 0 点作为观察点，以 1 年作为 1 期，每期实际利率为 5%，于是价值等式为

$$2\,000v^6 + xv^8 = 3\,000v^3 + 4\,000v^5$$

解得

$$x = \frac{3\,000v^3 + 4\,000v^5 - 2\,000v^6}{v^8} = \frac{3\,000 + 4\,000v^2 - 2\,000v^3}{v^5}$$

$$\approx 6\,254.35(\text{元})$$

本题实际上属于有关现值的收支平衡问题。如表 1 - 2 - 1 所示。

表 1 - 2 - 1 收支情况表

时点	0	1	2	3	4	5	6	7	8
收入							2 000		x
支出				3 000		4 000			

本题也可以以其他时点作为观察点，甚至可以以表外其他时点，如 15 作为观察点，但通常以表内时点且发生过收支金额的时点作为观察点，如 3、5、6、8。若以时点 6 作为观察点，则依据收支平衡原则有

$$2\,000 + xv^2 = 3\,000(1+i)^3 + 4\,000(1+i)$$

因此

$$x = \frac{3\,000(1+i)^3 + 4\,000(1+i) - 2\,000}{v^2} = \frac{3\,000 + 4\,000v^2 - 2\,000v^3}{v^5}$$

$$\approx 6\,254.35(\text{元})$$

显然，以时刻 8 作为观察点来计算时最简便。

二、投资年数的确定

（一）投资年数的计算公式

在利息问题中，我们常常以年作为时间单位，但经常会遇到投资期不为整数的情形。为此，需先算出年数，再计算利息。其中：

$$\text{投资年数} = \frac{\text{投资期天数}}{\text{基础天数}}$$

$$\text{利息} = \text{本金} \times \text{利率} \times \text{投资年数(单利情形)}$$

或

利息 = 本金 × [(1 + 利率)^{投资年数} - 1]

这里,对于不同的方法,有不同的投资期天数和基础天数,因而计算出的年数有一定的差异。

(二) 常用的计算方法

1. 严格单利法

严格单利法亦称英国法,因为主要在英国使用,简记为“实际/实际”。计算天数时往往是算头不算尾。即

$$投资年数 = \frac{投资的实际天数}{1\ 年的实际天数(365\ 天或\ 366\ 天)}$$

2. 常规单利法

常规单利法亦称大陆法,因为在欧洲大陆许多国家流行,简记为“30/360”。计算时,将每月都视为 30 天,因而每年都为 360 天。

首先,计算出两个给定日期之间的天数。记起点年月日为(Y_1,M_1,D_1),终点年月日为(Y_2,M_2,D_2),因而

$$天数 = 360(Y_2 - Y_1) + 30(M_2 - M_1) + (D_2 - D_1)$$

然后,计算出投资年数:

$$投资年数 = \frac{天数}{360}$$

3. 银行家法则

银行家法则适用于混合型或欧洲货币型,简记为“实际/360”。

用实际天数作为投资天数,一年以 360 天作为基础天数,显然它对投资人有利。于是有

$$投资年数 = \frac{实际天数}{360}$$

三、未知时间问题求解

例 1.2.2 投资 1 万元,每月计息 1 次的年名义利率为 12%,若欲积累到 3 万元,则要经过多少年?

解:设需要 n 年,则价值等式为

$$10\,000\left[\left(1 + \frac{12\%}{12}\right)^{12}\right]^n = 30\,000$$

即

$$1.01^{12n} = 3$$

$$\therefore n = \frac{\ln 3}{12\ln 1.01} \approx 9.20(年)$$

例 1.2.3 设在时刻 $t_1,t_2,\cdots,t_n$ 分别付出款项 $s_1,s_2,\cdots,s_n$,问它们等价于在何时一次性付出款项 $s_1 + s_2 + \cdots + s_n$?

第一章 利息的度量及其基本计算

解:设等价于在时刻 t 付出款项 $s_1 + s_2 + \cdots + s_n$,根据在0点时的现值相等可以得到价值等式

$$(s_1 + s_2 + \cdots + s_n)v^t = s_1 v^{t_1} + s_2 v^{t_2} + \cdots + s_n v^{t_n} \tag{1.2.1}$$

$$\therefore\ t = \frac{\ln(s_1 v^{t_1} + s_2 v^{t_2} + \cdots + s_n v^{t_n}) - \ln(s_1 + s_2 + \cdots + s_n)}{\ln v} \tag{1.2.2}$$

由于

$$v^t = \mathrm{e}^{-\delta t} = 1 - \delta t + \frac{1}{2!}(\delta t)^2 - \frac{1}{3!}(\delta t)^3 + \cdots \approx 1 - \delta t$$

(1.2.1) 式可转化为

$$(s_1 + s_2 + \cdots + s_n)(1 - \delta t) \approx s_1(1 - \delta t_1) + s_2(1 - \delta t_2) + \cdots + s_n(1 - \delta t_n)$$

$$\therefore t \approx \frac{s_1 t_1 + s_2 t_2 + \cdots + s_n t_n}{s_1 + s_2 + \cdots + s_n} = \frac{\sum_{r=1}^{n} s_r t_r}{\sum_{r=1}^{n} s_r} \triangleq \bar{t} \tag{1.2.3}$$

这种以各次付款额为权重,各次付款时间的加权平均数($\bar{t}$) 作为一次付出所有应付款项的时间的方法,称为等时间法。

例 1.2.4　证明例1.2.3中的 t 与 $\bar{t}$ 有关系式:$t < \bar{t}$,即精确值总小于近似值,假设 $i > 0$。

证明: $\because$ 若函数 $f(x)$ 满足 $f''(x) > 0$,则

$$f\left(\frac{p_1 a_1 + p_2 a_2 + \cdots + p_n a_n}{p_1 + p_2 + \cdots + p_n}\right) \leqslant \frac{p_1 f(a_1) + p_2 f(a_2) + \cdots + p_n f(a_n)}{p_1 + p_2 + \cdots + p_n} \tag{1.2.4}$$

其中,$p_1, p_2, \cdots, p_n$ 为正数,当且仅当 $a_1 = a_2 = \cdots = a_n$ 时,等式成立。

取 $f(x) = -\ln x$,显然 $f''(x) > 0$。取 $p_k = s_k, a_k = v^{t_k}$,其中 $k = 1, 2, \cdots, n$,则由 (1.2.4) 式可得

$$\left(\frac{s_1 v^{t_1} + s_2 v^{t_2} + \cdots + s_n v^{t_n}}{s_1 + s_2 + \cdots + s_n}\right)^{s_1 + s_2 + \cdots + s_n} > (v^{t_1})^{s_1}(v^{t_2})^{s_2}\cdots(v^{t_n})^{s_n}$$

$\because t_1, t_2, \cdots, t_n$ 各不相等

$\therefore (v^t)^{s_1 + s_2 + \cdots + s_n} > v^{s_1 t_1 + s_2 t_2 + \cdots + s_n t_n}$

即

$$v^t > v^{\bar{t}}$$

由于当 $i > 0$ 时,$0 < v < 1$,因此 $t < \bar{t}$。

例 1.2.5　一项贷款的年实际利率为6%,原计划在第1年年末还款3 000元,第3年年末还款4 000元,第5年年末还款6 000元,第8年年末还款2 000元,问借款人可以在何时一次性还清这总额为15 000元的贷款?

解:(1) 精确法:

$$t=\frac{\ln(3\,000v+4\,000v^{3}+6\,000v^{5}+2\,000v^{8})}{\ln v}-\frac{\ln(3\,000+4\,000+6\,000+2\,000)}{\ln v}$$

$$\approx 3.96(\text{年})\quad \text{其中},v=\frac{1}{1+6\%}$$

(2) 近似法:

$$\bar{t}=\frac{3\,000\times 1+4\,000\times 3+6\,000\times 5+2\,000\times 8}{3\,000+4\,000+6\,000+2\,000}\approx 4.07(\text{年})$$

显然,3.96 < 4.07,这从实例的角度验证了例 1.2.4 中的结论成立。

例 1.2.6　求存款翻倍所需的时间。

解:设本金为 1,每期利率为 i,在复利的作用下,经过 t 期后,存款余额达到 2,因此

$$(1+i)^{t}=2$$

$$\therefore t=\frac{\ln 2}{\ln(1+i)} \tag{1.2.5}$$

$$\approx\frac{0.69}{i}=\frac{69}{100i} \tag{1.2.6}$$

$$\approx\frac{0.70}{i}=\frac{70}{100i} \tag{1.2.7}$$

(1.2.5) 式是精确算法计算公式,(1.2.6) 式、(1.2.7) 式是近似算法公式,并分别称之为 69 法则、70 法则。当年利率为 5%时,按精确法计算,大约需要 14.21 年才能实现存款翻倍;按 69 法则、70 法则计算,则分别需要 13.8 年和 14 年。显然,误差较大,我们需要探讨其他法则。

由(1.2.5) 式可得

$$t=\frac{\dfrac{i\ln 2}{\ln(1+i)}}{i}$$

当 $i=5\%$时,

$$\frac{i\ln 2}{\ln(1+i)}=\frac{5\%\ln 2}{\ln(1+5\%)}\approx 0.71$$

于是,得到 71 法则:

$$t\approx\frac{0.71}{i}=\frac{71}{100i} \tag{1.2.8}$$

当 $i=8\%$时,

$$\frac{i\ln 2}{\ln(1+i)}=\frac{8\%\ln 2}{\ln(1+8\%)}\approx 0.72$$

这样我们就得到了 72 法则:

$$t \approx \frac{0.72}{i} = \frac{72}{100i} \tag{1.2.9}$$

有这么多法则来计算存款翻倍所需的时间,在实际应用中究竟应当选取哪个法则？这主要看哪一法则计算的结果误差较小。从上面关于这些法则的推导过程来看,不同法则有不同的适用范围。69 法则、70 法则主要适用于利率比较小即利率靠近 0 的情形,71 法则适用于利率靠近 5%的情形,72 法则适用于利率靠近 8%的情形。当然还可以按 72 法则的推导方法推导出更多类似法则。当利率为 5%时,按 71 法则计算出的存款翻倍时间为 14.2 年,与用精确算法得到的值相当接近。

从上面的推导过程还可以看出:69 法则和 70 法则分别使用了 0.69 与 0.70,这只不过是 ln2 的不足近似值与过剩近似值,而且 0.69 与 ln2 误差更小一些,且当 i 非常小时,$\ln(1+i) \approx i$,因此 69 法则更适用于利率接近于 0 的情形,而 70 法则更适用于利率接近 2%的情形(参见表 1-2-2)。

存款翻倍所需要时间问题在人口统计学中也有重要应用。按现有人口自然增长率发展下去,我们可以计算出现有人口规模翻一番所需要的时间,如年自然增长率为 1%,大约需要 69 年;若年自然增长率为 2%,则大约只需 35 年。

表 1-2-2　存款翻倍所需时间表　　单位:年

利率	1%	2%	3%	4%	5%	6%	7%	8%	9%	10%	11%
精确值	69.661	35.003	23.450	17.673	14.207	11.896	10.245	9.006	8.043	7.273	6.642
69 法则	69	34.500	23.000	17.250	13.800	11.500	9.857	8.625	7.667	6.900	6.273
70 法则	70	35.000	23.333	17.500	14.000	11.667	10.000	8.750	7.778	7.000	6.364
71 法则	71	35.500	23.667	17.750	14.200	11.833	10.143	8.875	7.889	7.100	6.455
72 法则	72	36.000	24.000	18.000	14.400	12.000	10.286	9.000	8.000	7.200	6.545

思考:要在 15 年间实现国内生产总值翻一番,求年平均增长率。

四、未知利率问题求解

一般地,求利率问题比求时间、现值、终值问题要复杂得多。对于只有单次收入、单次支出情形,通过价值等式容易求出利率。对于收入或支出达到两次或以上的,问题求解就变得困难得多,往往需要用线性插值法或迭代法。换言之,需要求出方程 $f(i)=0$ 的解。

线性插值法与迭代法的基本原理:若函数 $f(i)$ 在 $[\tilde{i}_1, \tilde{i}_2]$ 上连续,且 $f(\tilde{i}_1)f(\tilde{i}_2) < 0$,则在 $(\tilde{i}_1, \tilde{i}_2)$ 上存在 i_0 使 $f(i_0)=0$。首先,通过实验,容易找出符合上述条件的 $\tilde{i}_1$、$\tilde{i}_2$。其次,用 $\tilde{i}_1$、$\tilde{i}_2$ 的值去估计 i_0 的值。方法就是:通过 $(\tilde{i}_1, f(\tilde{i}_1))$、$(\tilde{i}_2, f(\tilde{i}_2))$ 两点的直线必然与横坐标轴 i 轴相交,设交点为 $(\hat{i}_k, 0)$,这样就可将 $\hat{i}_k$ 的值作为 i_0 的近似

值，即 $i_0 \approx \hat{i}_k$。由于三点 $(\tilde{i}_1, f(\tilde{i}_1))$、$(\tilde{i}_2, f(\tilde{i}_2))$、$(\hat{i}_k, 0)$ 共线，所以有

$$\frac{\hat{i}_k - \tilde{i}_1}{\tilde{i}_2 - \tilde{i}_1} = \frac{0 - f(\tilde{i}_1)}{f(\tilde{i}_2) - f(\tilde{i}_1)}$$

由此可得

$$\hat{i}_k = \tilde{i}_1 - (\tilde{i}_2 - \tilde{i}_1)\frac{f(\tilde{i}_1)}{f(\tilde{i}_2) - f(\tilde{i}_1)} \tag{1.2.10}$$

上述求 $\hat{i}_k$ 的方法称为线性插值法。具体而言，运用第 $k(k=1,2,\cdots)$ 次线性插值法的计算结果为 $\hat{i}_k$。如果 $f(\hat{i}_1)=0$，那么 $i_0=\hat{i}_1$，求解过程结束。如果 $f(\hat{i}_1)\neq 0$，那么选择 $(\hat{i}_1, f(\hat{i}_1))$ 作为一个点，并在 $(\tilde{i}_1, f(\tilde{i}_1))$、$(\tilde{i}_2, f(\tilde{i}_2))$ 两点中选择纵坐标与 $f(\hat{i}_1)$ 异号的点作为第二个点，将 $(\hat{i}_2, 0)$ 作为第三个点，重复利用上面的线性插值方法得到 i_0 的第二次近似值 $\hat{i}_2$，即再次运用(1.2.10)式求得 $\hat{i}_2$，显然 $\hat{i}_2$ 比 $\hat{i}_1$ 有更高的精确度。如此继续进行下去，直至得到 i_0 的满意近似值为止，如图 1-2-1 所示。这种后一次计算需要利用前一次结果的方法，被称为迭代法。为方便起见，我们称之为线性插值迭代法，尽管其收敛速度低于牛顿迭代法下的收敛速度，但避免了求函数的导数问题。关于线性插值迭代法的上机实验留在附录中讨论。

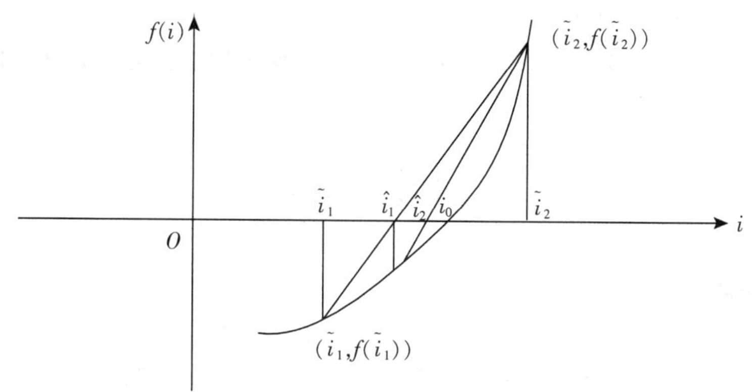

图 1-2-1　线性插值迭代法示意图

例 1.2.7　某人现在投资 5 000 元，欲在 5 年后积累到 8 000 元，那么每月计息 1 次的年名义利率应为多少？

解：设所求的名义利率为 $i^{(12)}$，于是由题意可得

$$5\,000\left(1+\frac{i^{(12)}}{12}\right)^{12\times 5} = 8\,000$$

$$i^{(12)} = 12(1.6^{\frac{1}{60}} - 1) \approx 9.44\%$$

例 1.2.8　某投资者在期初投资 1 000 元，第 3 年年末投资 3 000 元，第 5 年年末投资 1 000 元，到第 6 年年末时已积累到 7 000 元。假设每半年结转一次利息，求年名

义利率。

解：以半年为一期，设每期利率为 i，则所求的年名义利率为 $2i$，于是可得关于 i 的方程：

$$1\,000(1+i)^{12}+3\,000(1+i)^{6}+1\,000(1+i)^{2}=7\,000$$

即

$$(1+i)^{12}+3(1+i)^{6}+(1+i)^{2}-7=0$$

记

$$f(i)=(1+i)^{12}+3(1+i)^{6}+(1+i)^{2}-7$$

试算得

$$f(0.05)\approx-0.081\,356\,752,\ f(0.06)\approx0.391\,353\,809$$

$$\therefore\ \hat{i}_1=0.05-(0.06-0.05)\times\frac{-0.081\,356\,752}{0.391\,353\,809-(-0.081\,356\,752)}\approx0.051\,721\,07$$

由于 $f(\hat{i}_1)\approx-0.002\,395\,40$，因此 $\hat{i}_1$ 与0.6搭配，重复运用上面线性插值法，可以得到所求方程的如下系列近似根：

$$\hat{i}_2\approx0.051\,771\,43,\ \hat{i}_3\approx0.051\,772\,91,\ \hat{i}_4\approx0.051\,772\,95$$

并且

$$f(\hat{i}_4)\approx-0.000\,000\,06$$

因此，$i\approx0.051\,772\,95$，$2i\approx0.103\,5$。于是，所求的年名义利率约为10.35%。

本章小结

1. 内容概要

本章主要介绍了利息的三种度量方式以及现值与终值。

利息的三种度量方式是指利息率、贴现率和利息力，其中利息率分为实际利率和名义利率，贴现率分为实际贴现率和名义贴现率。实际利率和名义利率的最大差别在于前者在一期内结算利息一次，而后者在一期内结算利息多次。实际贴现率和名义贴现率的最大差别在于前者在一期内计算贴息一次，而后者在一期内计算贴息多次。利息力实际度量了一项投资在一个时点上产生利息的强弱程度，或者度量了提前收回投资所导致的利息损失的强弱程度。

现值与终值始终是利息理论或金融数学所要讨论的中心问题。终值就是投入一定本金后在投资终了之时收回的金额，这里的本金就是该终值的现值。

利息理论或金融数学中的“三大法宝”是指观察点、时期和收支平衡原则。掌握了这“三大法宝”，解决利息问题将轻松自如。

2. **重要公式**

(1) $\left(1+\frac{i^{(m)}}{m}\right)^{m}=1+i$

(2) $\left(1-\frac{d^{(m)}}{m}\right)^{m}=1-d$

(3) $v=\frac{1}{1+i}=1-d$

(4) $\delta=\ln(1+i)$

(5) 终值函数:$a(t)=(1+i)^{t}$

(6) 现值函数:$a^{-1}(t)=(1+i)^{-t}$

习题 1

1-1　年利率为7%,10年后可获得10万元,问现在必须投入多少本金?

1-2　若 $A(4)=1\ 000$ 元及 $i_n=0.01n(n=1,2,\cdots,10)$,求 $A(7)$。

1-3　若第1年、第2年和第3年的实际贴现率分别为6%、7%和8%,试求平均每年的实际利率。

1-4　若每年计息2次的年名义利率为5%,现在投资1万元,在第7年年末可获得多少金额?

1-5　已知每期实际利率为 i,求 $\lim\limits_{m\to+\infty}i^{(m)}$、$\lim\limits_{m\to+\infty}d^{(m)}$。

1-6　已知年实际利率为6%,求与之等价的年利息力、年贴息4次的年名义贴现率、年实际贴现率、年计息12次的年名义利率。

1-7　证明:当 $m>1$ 且 $-1<i\neq0$ 时,$d<d^{(m)}<\delta<i^{(m)}<i$。

1-8　利息力的 Stoodley 公式是 $\delta_t=p+\frac{s}{1+re^{st}}$,试证明:

$$a^{-1}(t)=\frac{1}{1+r}v_1^t+\frac{r}{1+r}v_2^t,$$

其中 $v_1=\mathrm{e}^{-(p+s)}$,$v_2=\mathrm{e}^{-p}$。

1-9　两项基金A和B从相同的金额开始运行,且满足下列条件:(1)基金A以6%的利息力计息;(2)基金B以每年计息4次的年名义利率 j 计息;(3)第10年年末基金A中的积累值是B中积累值的1.25倍。求 j。

1-10　(1)已知 $A(t)=Ka^tb^{t^2}d^{c^t}$,其中 a、b、c、d、K 为常数,求利息力 δ_t。

(2)设每年利率为5.67%,现在存入1万元,经过多少年存款余额可达到3万元?

1-11　某五年期投资项目的本金为10万元,第一年年结转利息2次的年名义利率为5%,第二年年实际利率为5%,第三年年计算贴息4次的年名义贴现率为5%,第四年的年实际贴现率为5%,第五年连续计息的年利息力为5%,求第五年年末该项投资的终值。

1-12　一项贷款的年实际利率为5%,原还款计划为第1年年末偿还5 000元,第2年年末偿还6 000元,第4年年末再偿还5 000元,正好还清全部贷款。如果借款人希望一次性还清所有贷款,试用精确法和近似法分别计算合理的还款时间。

1-13　已知$\delta_t=\dfrac{0.2t}{1+t^2}(0\leqslant t\leqslant 10)$,现在投入本金5万元,第3年年末再投入本金4万元,求第7年年末的终值。如果要达到同样的效果,那么年平均利率应为多少呢?

1-14　如果现在投资1 000元,5年后再投资2 000元,每半年计息一次的年名义利率应为多少时,才能在第10年年末积累到5 000元?

1-15　如果现在投资3 000元,第3年年末投资2 000元,第4年年末投资1 000元,那么到第5年年末时积累值将达到7 000元,求每年的实际利率。

1-16　一项投资基金在时刻0投入本金1,在以后的n年间,新的储蓄在时刻t将以年率$1+t$连续投入,利息力为$\delta_t=(1+t)^{-1}$,其中$0\leqslant t\leqslant n$,求该基金在第n年年末的积累值。

1-17　用Excel程序分别做出现值系数(v^n)表、终值系数$(1+i)^n$表。

1-18　用Excel程序分别做出名义利率($i^{(m)}$)表、名义贴现率($d^{(m)}$)表。

1-19　用Excel程序验证关于复利终值与单利终值大小的论断。

1-20　用Excel程序验证关于复贴现现值与单贴现现值大小的论断。

第二章 确定年金

所谓年金,从最狭义的角度来看,就是一系列按照相等时间间隔支付的款项。在经济生活中,年金是普遍存在的。如每隔一段时间到银行存入一笔款项,存入的资金形成一个年金;又如在住房按揭还款中,每月偿还一定数额的款项,各次偿还额构成一个年金;购物分期付款、保险合同中养老金给付及分期交付保险费、银行中的存本取息或零存整取都构成了年金的实例。因此,学习和研究年金具有现实意义。

以前认为年金似乎就是每年领取一定的金额,现在来看,年金已经超出了这个范围,每季给付一次或每月给付一次,甚至每周给付一次,只要是间隔相等的收付,都形成一个年金。学术界已将年金概念放宽到更一般的情形,即年金就是一系列的付款或收款,尽管我们更多地研究按相等时间间隔支付款项的年金。

年金按不同标准,有不同的分类。按支付是否与约定人的生死发生关联而分为生存年金和确定年金。生存年金又称为风险年金,它在被保险人或约定的人生存期间,且在规定的时间范围内才给付,当其死亡或约定期满时,给付结束,该年金实际给付的次数事先无法确定,因而支付的总量也无法确定。按月领取养老金、按年缴纳保险费,就是生存年金的例子。在生存年金的计算中,除了要考虑利率因素外,还要考虑年金约定人的生存概率,也就是说要依据生命表,因而计算就比较复杂。所谓确定年金就是与约定人的生死无关而进行支付的年金,其每次给付金额、给付时间、给付期限已事先确定。该年金纯粹以预定利率作为积累基础或计算基础。本书仅研究确定年金,对生存年金感兴趣的读者可查阅寿险精算方面的著作。

确定年金有如下几种分类方法:

(1) 按是否期初给付,可以分为期初付年金和期末付年金。在每期期初给付的年金叫期初付年金,在每期期末给付的年金叫期末付年金。

(2) 按签约后是否立即开始给付期,可以分为即期年金和延期年金。立即开始给付期的年金叫即期年金,需等待一段时间才开始给付期的年金叫延付年金或延期年金。注意:“立即开始给付期” 指的是立即开始给付期计时,显然不同于“立即开始给付”。

(3) 按各次给付额是否相等,可以分为等额年金和非等额年金。前者的各次给付额相等,而后者的各次给付额不完全相等。

(4) 按给付期限是否有限,可以分为定期年金(或有限年金)和永续年金(或永久年金)。给付期限为有限的叫定期年金,反之则称为永续年金。

(5) 按每期支付次数的多少,可以分为多期给付一次的年金、每期给付一次的年金、每期给付多次的年金和每期给付无穷多次的年金(连续年金)。

本章知识结构体系概括如下:

(1) 每期给付一次的等额确定年金;

(2) 每期给付 m 次的等额确定年金;

(3) 每 k 期给付一次的等额确定年金;

(4) 每期连续给付的等额确定年金;

(5) 非等额确定年金,主要考虑给付额按等差数列、等比数列变化的年金。

注意:这里以利息结算期作为一期,并假定每期(实际)利率为 i,$k>1$,$m>1$。也可将第五部分内容分解到前面四个部分中去,即按支付频率划分成若干节,每节分为等额年金与非等额年金。

本章的主要内容为求年金的现值或年金的终值。年金的现值就是各次给付额在过去观察点的现值之和,而年金的终值就是各次给付额在未来观察点的终值之和。这里,过去观察点是指这样一个观察点,即所有给付的发生在不早于该观察点所代表的时刻,一般以计时开始的0时刻或给付期开始的时刻作为现值观察点;而未来观察点则是指这样一个观察点,即所有给付的发生在不迟于该观察点所代表的时刻,一般以给付期结束或给付结束的时刻为终值观察点。

第一节　每期给付一次的等额确定年金

本节主要内容有期末付年金、期初付年金、延期年金、永久年金以及一些近似计算。

一、期末付年金

(一) 现值与终值

这里的期末付年金是在本节大标题限定条件下的一种特殊年金,以后遇到类似情形,不再说明。

每期期末付款1、给付 n 期的年金在0点的现值记为 $a_{\overline{n}|}$ 或 $a_{\overline{n}|i}$;该年金在 n 点的终值记为 $s_{\overline{n}|}$ 或 $s_{\overline{n}|i}$,它们分别被称为该期末付年金的现值或终值。

依年金现值与终值的定义可得

$$a_{\overline{n}|}=v+v^2+\cdots+v^n \tag{2.1.1}$$

$$=\frac{1-v^n}{i} \tag{2.1.2}$$

$$s_{\overline{n}|} = (1+i)^{n-1} + (1+i)^{n-2} + \cdots + (1+i) + 1 \tag{2.1.3}$$

$$= \frac{(1+i)^n - 1}{i} \tag{2.1.4}$$

(2.1.1) 式、(2.1.3) 式是依据年金现值与终值定义直接表述出来的,(2.1.2) 式、(2.1.4) 式是年金现值、终值的基本形式,读者都必须熟练地掌握,其中基本形式由定义形式依据等比数列的求和公式而得。今后,我们在讨论其他形式的年金的现值或终值时,一是要求能用定义直接表述出来,二是要求能用形如(2.1.2) 式或(2.1.4) 式的基本形式表达出来。年金现值 $a_{\overline{n}|}$ 可以理解为:为了获得在未来 n 期内每期期末单位 1 的给付而在现在时刻必须投入的本金,即可视为购买该年金的理论价格,这里未考虑年金经营者的经营费用。年金终值 $s_{\overline{n}|}$ 可以看成每期期末投资单位 1,投资 n 期,在第 n 期期末所积累的金额或所能获得的回报。以后年金现值与终值的含义均可以这样理解;也可将资金运动方向转向,即先借入后偿还,从这个角度去理解。

(2.1.2) 式可变形为

$$1 = ia_{\overline{n}|} + v^n \tag{2.1.5}$$

解释(2.1.5) 式:该式可理解为在 0 点的一个收支平衡等式。具体而言,现在投资 1,投资 n 期,显然投资的现值为 1,那么在每期期末可收回当期利息 i,投资期满时再收回本金 1,收回的现值为 $ia_{\overline{n}|} + v^n$,由收支平衡原则可得(2.1.5) 式。

(2.1.4) 式可变形为

$$(1+i)^n = is_{\overline{n}|} + 1 \tag{2.1.6}$$

解释(2.1.6) 式:该式可理解为在 n 点的一个收支平衡等式。具体而言,现在投资 1,投资 n 期,投资的终值为 $(1+i)^n$,那么在每期期末可收回当期利息 i,投资期满时可收回本金 1,收回的终值为 $is_{\overline{n}|} + 1$,由收支平衡原则可得(2.1.6) 式。

不难发现,(2.1.5) 式和(2.1.6) 式都反映了同样一个投资收回过程,只不过观察点不同,这两个式子也可从相反的资金运动方向去理解。

例 2.1.1 (1) 已知年利率为 4%,某人现在向银行存入 100 000 元,在未来 10 年间,每年年末可等额领取多少元?

(2) 某客户想要通过零存整取的方式在 3 年后达到 10 万元。在月实际率为 0.3% 的情况下,问每月月末需要存入多少钱?

解:(1) 设每年年末可领取 x 元,则依据收支平衡原则有

$$100\,000 = xa_{\overline{10}|}$$

$$\therefore x = \frac{100\,000}{a_{\overline{10}|}} \approx \frac{100\,000}{8.110\,895\,78} \approx 12\,329.09(\text{元})$$

(2) 设每月月末需要存入 D 元,于是

$$Ds_{\overline{36}|0.3\%} = 100\,000$$

解得

$$D=\frac{100\ 000}{s_{\overline{36}|0.3\%}}\approx 2\ 634.64(\text{元})$$

例 2.1.2 已知年利率为 4%,某人每年年末向银行存入 3 000 元,存入 10 次,最后 1 次存入后的存款余额是多少?

解:最后 1 次存入后的存款余额为

$$3\ 000s_{\overline{10}|}\approx 3\ 000\times 12.006\ 107\ 12\approx 36\ 018.32(\text{元})$$

(二)$a_{\overline{n}|}$ 与 $s_{\overline{n}|}$ 的关系

1. 等价关系

$a_{\overline{n}|}$ 与 $s_{\overline{n}|}$ 表示每期期末给付 1、给付 n 期的年金,即提供同样的一系列给付,因而具有等价关系。它们的差异在于观察点相差 n 期,因而有如下的数量关系:

$$a_{\overline{n}|}=v^n s_{\overline{n}|} \tag{2.1.7}$$

$$s_{\overline{n}|}=(1+i)^n a_{\overline{n}|} \tag{2.1.8}$$

2. 倒数关系

容易计算出(以万元为单位,请读者解释下面计算结果的实际意义):

$$a_{\overline{10}|6\%}\approx 7.360\ 087,\quad \frac{1}{a_{\overline{10}|6\%}}\approx 0.135\ 868$$

$$s_{\overline{10}|6\%}\approx 13.180\ 795,\quad \frac{1}{s_{\overline{10}|6\%}}\approx 0.075\ 868$$

显然有

$$\frac{1}{a_{\overline{10}|6\%}}=6\%+\frac{1}{s_{\overline{10}|6\%}}$$

一般地

$$\frac{1}{a_{\overline{n}|}}=i+\frac{1}{s_{\overline{n}|}} \tag{2.1.9}$$

事实上,左边 $=\dfrac{1}{\dfrac{1-v^n}{i}}=\dfrac{i}{1-v^n}=\dfrac{i(1-v^n)+iv^n}{1-v^n}$

$$=i+\frac{1}{\dfrac{(1+i)^n-1}{i}}=\text{右边}$$

解释(2.1.9)式:现在投资 1、投资 n 期,可按如下两种方法收回:

方法 1:每期期末等额收回$\dfrac{1}{a_{\overline{n}|}}$。

方法 2:每期期末先收回当期利息 i,到期满时收回本金 1。到期满时收回本金 1 相当于每期期末收回$\dfrac{1}{s_{\overline{n}|}}$,因而每期期末可等额收回 $i+\dfrac{1}{s_{\overline{n}|}}$,故(2.1.9)式成立。

说明:(2.1.9)式成立的观察点为任意一期期末。也可从资金运动方向相反的

角度去理解：现在贷款 1、贷款 n 期，那么每期期末需偿还$\frac{1}{a_{\overline{n}|}}$；或者每期期末偿还当期利息 i，并在期满时偿还本金 1，后者等价于每期期末偿还本金$\frac{1}{s_{\overline{n}|}}$。

例 2.1.3 如果某人现有 200 000 元存款，年利率为 5%，每半年结算利息一次，那么这个人每半年可提取一笔多大金额，刚好在第 20 年年末提取完毕？假设每次提款金额相等。

解：以半年为一期，则每期实际利率为 5%/2 = 2.5%，并设每期期末可提款 x 元，于是所有提款构成一个 40 期的期末付年金，在 0 点依据收支平衡原则有

$$xa_{\overline{40}|2.5\%} = 200\ 000$$

解得

$$x = \frac{200\ 000}{a_{\overline{40}|2.5\%}} \approx \frac{200\ 000}{25.102\ 775\ 05} \approx 7\ 967.25(\text{元})$$

二、期初付年金

(一) 现值与终值

每期期初给付 1、给付 n 期的年金，在 0 点的现值记为 $\ddot{a}_{\overline{n}|}$ 或 $\ddot{a}_{\overline{n}|i}$，在 n 点的终值记为 $\ddot{s}_{\overline{n}|}$ 或 $\ddot{s}_{\overline{n}|i}$，它们分别被称为该期初付年金的现值或终值。

依年金现值、终值的定义，有

$$\ddot{a}_{\overline{n}|} = 1 + v + \cdots + v^{n-1} \tag{2.1.10}$$

$$= \frac{1 - v^n}{d} \tag{2.1.11}$$

$$\ddot{s}_{\overline{n}|} = (1 + i)^n + (1 + i)^{n-1} + \cdots + (1 + i) \tag{2.1.12}$$

$$= \frac{(1 + i)^n - 1}{d} \tag{2.1.13}$$

(2.1.11) 式可变形为

$$1 = d\ddot{a}_{\overline{n}|} + v^n \tag{2.1.14}$$

解释(2.1.14) 式：该式可理解为在 0 点的一个收支平衡等式。具体而言，现在投资 1、投资 n 期，投资的现值为 1，那么在每期期初可预收当期利息 d，并在投资期满时可收回本金 1，收回的现值为 $d\ddot{a}_{\overline{n}|} + v^n$，由收支平衡原则可得(2.1.14) 式。

(2.1.13) 式可变形为

$$(1 + i)^n = d\ddot{s}_{\overline{n}|} + 1 \tag{2.1.15}$$

解释(2.1.15) 式：该式可理解为在 n 点的一个收支平衡等式。具体而言，现在投资 1、投资 n 期，投资的终值为$(1 + i)^n$，那么在每期期初可预收当期利息 d，并在投资期满时可收回本金 1，收回的终值为 $d\ddot{s}_{\overline{n}|} + 1$，由收支平衡原则可得(2.1.15) 式。

不难发现，(2.1.14) 式和(2.1.15) 式都反映了同样一个投资收回过程，只不过观察点不同。当然，也可改变资金流向，如先借款，后偿还。

(二)$\ddot{a}_{\overline{n}|}$与$\ddot{s}_{\overline{n}|}$的关系

1. 等价关系

$\ddot{a}_{\overline{n}|}$与$\ddot{s}_{\overline{n}|}$表示每期期初给付1、给付n期的年金,都提供同样的一系列给付,因而具有等价关系。它们的差异在于观察点相差n期,因而有如下的数量关系:

$$\ddot{a}_{\overline{n}|}=v^n\ddot{s}_{\overline{n}|} \tag{2.1.16}$$

$$\ddot{s}_{\overline{n}|}=(1+i)^n\ddot{a}_{\overline{n}|} \tag{2.1.17}$$

2. 倒数关系

$$\frac{1}{\ddot{a}_{\overline{n}|}}=d+\frac{1}{\ddot{s}_{\overline{n}|}} \tag{2.1.18}$$

解释(2.1.18)式:现在投资1、投资n期,可按如下两种方法收回:

方法1:每期期初可等额收回$\frac{1}{\ddot{a}_{\overline{n}|}}$。

方法2:每期期初先预收当期利息d,到期满时收回本金1。由于到期满时收回本金1,相当于每期期初收回$\frac{1}{\ddot{s}_{\overline{n}|}}$,因而每期期初实际上可等额收回$d+\frac{1}{\ddot{s}_{\overline{n}|}}$,故(2.1.18)式成立。

说明:(2.1.18)式成立的观察点为任意一期期初,也可从与上面资金运动方向相反的角度去理解。

(三)期初付年金与期末付年金的关系

两者的关系有如下几种:

(1)
$$\ddot{a}_{\overline{n}|}=a_{\overline{n}|}(1+i) \tag{2.1.19}$$

$$\ddot{s}_{\overline{n}|}=s_{\overline{n}|}(1+i) \tag{2.1.20}$$

解释:因为期初付年金比期末付年金每次都早一期支付,故期初付年金无论是现值还是终值均为期末付年金的相应值的$(1+i)$倍。

(2)
$$\ddot{a}_{\overline{n}|}=a_{\overline{n-1}|}+1 \tag{2.1.21}$$

$$a_{\overline{n}|}=\ddot{a}_{\overline{n+1}|}-1 \tag{2.1.22}$$

$$\ddot{s}_{\overline{n}|}=s_{\overline{n+1}|}-1 \tag{2.1.23}$$

$$s_{\overline{n}|}=\ddot{s}_{\overline{n-1}|}+1 \tag{2.1.24}$$

说明:该组公式表明期初付或期末付年金的现值或终值可以由另一种年金的现值或终值表示出来。在实际应用中,主要是为了方便计算,通常对于常用的利率i与期限n,将$\ddot{a}_{\overline{n}|}$与$\ddot{s}_{\overline{n}|}$或者$a_{\overline{n}|}$与$s_{\overline{n}|}$的值做成年金现值表和终值表,然后利用上面公式,就能很容易地通过查表计算出另一种性质年金的现值或终值。

现在,我们可以观察上面这组公式的特点:等式左边是某n年期年金的现值或终值;等式右边第二项是"+1"或"-1",第一项是另一种性质年金的现值或终值,其期限与第二项合计就为左边年金的期限,因此只要能确定第二项是"+1"还是"-1",那么公式就容易写出来了。注意左边年金现值的观察点在0点,终值的观察点在n点,右边第二项取"+1"时,对应左边的年金在观察点刚好有一次给付,且给付的金额为 1;而右边第二项取“-1”时,对应左边的年金在观察点没有资金给付。因此,以左边为基础,可将上面四个公式总结为“有 1 加 1,无 1 减 1”,即左边在观察点若有 1 次支付,则右边第二项为加上一次支付的金额 1,否则,就减去一次支付的金额 1。这一结论适用于每期支付多次的情形,以后不再多讲,请读者自己留心。

例 2.1.4 有一位 35 岁的职工打算通过在 25 年内每年年初存款 10 000 元来积累一笔退休金,以便从 60 岁开始在以后的 15 年内每年年初取款一次。假设所有存款都存了,他从 60 岁开始每次可领取多少金额?其中在头 25 年的年实际利率为 8%,而此后仅为 7%。

解:设该职工退休后每年年初可领取 x 元的退休金。以 60 岁作为观察点,于是依收支平衡原则有

$$10\,000\ddot{s}_{\overline{25}|8\%} = x\ddot{a}_{\overline{15}|7\%}$$

$$x \approx \frac{10\,000 \times 78.954\,415\,15}{9.745\,467\,99} \approx 81\,016.55(\text{元})$$

例 2.1.5 一笔贷款 100 000 元,为期 10 年。如果年实际利率为 5%,比较如下三种还款方式中,哪种还款方式利息负担最重?

(1) 在第 10 年年末一次性偿还所有本息;

(2) 每年年末支付当年利息,第 10 年年末再偿还本金;

(3) 10 年内,每年年末均匀偿还,刚好在第 10 年年末还清贷款。

解:

(1) 这笔贷款在第 10 年年末一次性还款,支付的利息为

$$100\,000[(1+5\%)^{10}-1] \approx 62\,889.46(\text{元})$$

(2) 由于每年年末支付的利息为 100 000 × 5% = 5 000(元),因而 10 年间共支付利息 50 000 元。

(3) 10 年内,每年年末均匀偿还,设每次还款 x 元,则

$$xa_{\overline{10}|} = 100\,000$$

解得

$$x \approx 12\,950.46(\text{元})$$

因而 10 年间共还款 129 504.60 元,扣除 100 000 元的本金后,负担的利息为 29 504.60 元。

从上面的计算结果容易看出,第一种还款方式利息负担最重,而第三种还款利息负担最轻。其实不难看出,还款越早且数额越大,利息负担越轻;还款越迟且数额越小,利息负担越重。

需要注意的是:在上面的利息计算过程中,我们实际上将不同时点的金额加在了一起,平时我们往往也这样计算,但这在金融数学或利息理论的原理中是不允许的。因此,我们将不同时点支付的利息都按年利率折算到同一时点,然后进行比较,先计算利息的现值,再计算其终值。

还款方式(1):偿还的利息现值 $= \dfrac{62\ 889.46}{(1+5\%)^{10}} \approx 38\ 608.67$(元)

还款方式(2):偿还的利息现值 $= 5\ 000a_{\overline{10|}} \approx 38\ 608.67$(元)

还款方式(3):偿还的利息现值 $= xa_{\overline{10|}} - \dfrac{100\ 000}{(1+5\%)^{10}}$

$\approx 100\ 000 - 61\ 391.33 = 38\ 608.67$(元)

还款方式(1):偿还的利息终值 $\approx 62\ 889.46$(元)

还款方式(2):偿还的利息终值 $= 5\ 000s_{\overline{10|}} \approx 62\ 889.46$(元)

还款方式(3):偿还的利息终值 $= xs_{\overline{10|}} - 100\ 000$

$\approx 162\ 889.46 - 100\ 000 = 62\ 889.46$(元)

因此,在年利率为5%的条件下,无论是从现值还是从终值的角度来看,利息负担与还款方式无关。当然,如果借款人借来的钱获得的年收益率低于5%,那么借款人应当尽可能地提前还款且多还款,此时第三种偿还方式负担最轻;若年收益率高于5%,则可推迟还款且少还款,此时第一种还款方式的利息负担最轻。

三、延期年金

(一) 延期期末付年金

令 ${}_{f|}a_{\overline{n|}}$ 表示延期 f 期、给付 n 期、每期期末给付 1 的年金的现值,则

$$ {}_{f|}a_{\overline{n|}} = v^{f+1} + v^{f+2} + \cdots + v^{f+n} \tag{2.1.25} $$

$$ = v^f a_{\overline{n|}} \tag{2.1.26} $$

$$ = a_{\overline{f+n|}} - a_{\overline{f|}} \tag{2.1.27} $$

(2.1.25) 式是依据延期年金现值的定义直接表达出来的结果,接着可按等比数列求和公式求和。(2.1.26) 式可以理解为延期年金在新观察点(第 f 期期末) 的现值为 $a_{\overline{n|}}$,然后再折算到原观察点(0 点),故需要乘以折现因子 v^f,从而得到延期年金的现值。(2.1.27) 式可以这样理解:首先按后面给付期内年金额给付方式补充等待期或延付期内的给付,因而补充后的年金的现值为 $a_{\overline{f+n|}}$,然后扣除已补充的年金现值 $a_{\overline{f|}}$,从而得到延期年金的现值。

(二) 延期期初付年金

令 ${}_{f|}\ddot{a}_{\overline{n|}}$ 表示延期 f 期、给付 n 期、每期期初给付 1 的年金的现值,则

$$ {}_{f|}\ddot{a}_{\overline{n|}} = v^{f} + v^{f+1} + \cdots + v^{f+n-1} \tag{2.1.28} $$

$$ = v^f \ddot{a}_{\overline{n|}} \tag{2.1.29} $$

$$ = \ddot{a}_{\overline{f+n|}} - \ddot{a}_{\overline{f|}} \tag{2.1.30} $$

请读者思考:按上述延期年金中每次支付款项 1,那么支付期期满时的终值是多少? 如果支付期期满不提取款项,而是再经过 m 期的积累,那么到期可获得多少款项?

例 2.1.6　现在贷款 100 000 元，年利率为 5%，5 年后才进入还款期，在接下来的 10 年内还清，每年年末等额还款，求每次还款额。

解：设每次还款额为 x 元，各次还款构成一个延期 5 年，给付 10 年的延期期末付年金，依收支平衡原则有

$$x \cdot {}_{5|}a_{\overline{10}|} = 100\ 000$$

$$\therefore x = \frac{100\ 000}{{}_{5|}a_{\overline{10}|}} = \frac{100\ 000}{v^5 a_{\overline{10}|}}$$

$$\approx \frac{100\ 000}{0.783\ 526\ 17 \times 7.721\ 734\ 93} \approx 16\ 528.43\text{（元）}$$

四、永久年金

年金给付的期限为无限的年金，或年金给付延续到永远的年金，称为永久年金或永续年金。如未附偿还条件的优先股的红利给付，便形成一种永久年金（假设公司不破产，能永久经营）。研究永久年金更多的是理论上的需要。

每期给付额为 1 的期末付永久年金的现值记为 $a_{\overline{\infty}|}$，即

$$a_{\overline{\infty}|} = v + v^2 + v^3 + \cdots = \frac{v}{1-v} = \frac{1}{i} \quad (i > 0) \tag{2.1.31}$$

或者

$$a_{\overline{\infty}|} = \lim_{n\to\infty} a_{\overline{n}|} = \lim_{n\to\infty}\frac{1-v^n}{i} = \frac{1}{i} \quad (i > 0)$$

（2.1.31）式可以这样理解：现在投入本金 $\frac{1}{i}$，在利率 i 的作用下，每期期末可获得当期利息 1，并可以永远地投资下去。

同样地，每期给付额为 1 的期初付永久年金的现值记作 $\ddot{a}_{\overline{\infty}|}$，即

$$\ddot{a}_{\overline{\infty}|} = 1 + v + v^2 + v^3 + \cdots = \frac{1}{1-v} = \frac{1}{d} \quad (i > 0) \tag{2.1.32}$$

或者

$$\ddot{a}_{\overline{\infty}|} = \lim_{n\to\infty} \ddot{a}_{\overline{n}|} = \lim_{n\to\infty}\frac{1-v^n}{d} = \frac{1}{d} \quad (i > 0)$$

容易求得延期永久年金的现值：

$${}_{f|}a_{\overline{\infty}|} = v^{f+1} + v^{f+2} + v^{f+3} + \cdots = v^f a_{\overline{\infty}|} = \frac{v^f}{i} \quad (i > 0)$$

$${}_{f|}\ddot{a}_{\overline{\infty}|} = v^f + v^{f+1} + v^{f+2} + \cdots = v^f \ddot{a}_{\overline{\infty}|} = \frac{v^f}{d} \quad (i > 0)$$

五、年金问题中有关利率与期限问题求解

任何一个年金问题都包含四个变量：① 现值；② 期限 n（或给付次数）；③ 利息的

度量(主要是利率);④终值。已知利率 i 和年金期限 n,可以求出年金的现值或终值,这在前面已经研究过。这里,我们将讨论两类问题:一是已知年金的现值(或终值)和年金期限 n,求利率 i;二是已知年金的现值(或终值)和利率 i,求年金期限 n。

(一) 求利率 i

有三种方法求利率 i:一是解析法,依收支平衡原则,通过包含利率的解析表达式来求解;二是线性插值迭代法;三是普通迭代法。下面将主要讨论普通迭代法。

定理 2.1.1 对于方程 $x=\varphi(x)$,只要 $\varphi(x)$ 在 $[a,b]$ 上连续,$|\varphi'(x)|\leqslant q<1$,那么它的根可由 $x_1=\varphi(x_0), x_2=\varphi(x_1), x_3=\varphi(x_2), \cdots, x_{n+1}=\varphi(x_n), \cdots$ 来接近。

由定理 2.1.1 可以总结出普通迭代法的基本思路:

(1) 将包含利率 i 的价值等式写成 $i=\varphi(i)$ 的形式;

(2) 写出迭代基本公式 $\hat{i}_{t+1}=\varphi(\hat{i}_t), t=0,1,2,\cdots$;

(3) 给出 i 的初值 $\hat{i}_0$,通过迭代公式,就可以得出 i 的一系列近似值:$\hat{i}_1, \hat{i}_2, \hat{i}_3, \cdots, \hat{i}_t$,直到精确度达到满意为止。具体地,当 $\hat{i}_{t+1}$ 与 $\hat{i}_t$ 近似相等时,就可停止迭代。

1. 已知年金现值,求利率问题

具体化:已知

$$a_{\overline{n|}}=A \tag{2.1.33}$$

求 i。

首先,由 $a_{\overline{n|}}=A$,即 $\dfrac{1-(1+i)^{-n}}{i}=A$ 可得 $i=\dfrac{1-(1+i)^{-n}}{A}$;

其次,选取迭代公式

$$\hat{i}_{t+1}=\frac{1-(1+\hat{i}_t)^{-n}}{A} \tag{2.1.34}$$

选取初值 $\hat{i}_0$,通过迭代公式(2.1.34)可得出 i 的一系列近似值:$\hat{i}_1, \hat{i}_2, \hat{i}_3, \cdots, \hat{i}_t$。该方法虽然简单,但收敛速度比较慢。对于不同初值 $\hat{i}_0$,达到同样精确度的近似值所需要的迭代次数也不一样,因此我们可以选择比较接近方程(2.1.33)的根的数作为 $\hat{i}_0$ 的值,这样可以减少迭代次数。运用迭代公式(2.1.34)求方程近似解的方法,称为普通迭代法。

由级数展开得

$$a_{\overline{n|}}=\frac{1-v^n}{i}=\frac{1-(1+i)^{-n}}{i}$$

$$=n-\frac{n(n+1)}{2!}i+\frac{n(n+1)(n+2)}{3!}i^2-\cdots \tag{2.1.35}$$

$$\frac{1}{a_{\overline{n}|}} = \frac{1}{n} \cdot \frac{1}{1 - \frac{n+1}{2!}i + \frac{(n+1)(n+2)}{3!}i^2 - \cdots}$$

$$= \frac{1}{n}\left(1 + \frac{n+1}{2}i + \frac{n^2-1}{12}i^2 + \cdots\right) \tag{2.1.36}$$

由(2.1.33)式知

$$\frac{1}{A} = \frac{1}{a_{\overline{n}|}} \approx \frac{1}{n}\left(1 + \frac{n+1}{2}i\right)$$

解得

$$i \approx \frac{2(n-A)}{A(n+1)}$$

因此可取

$$\hat{i}_0 = \frac{2(n-A)}{A(n+1)} \tag{2.1.37}$$

还可以选择比(2.1.34)式收敛速度更快的迭代公式。

定理2.1.2　(一般牛顿迭代法)设$f(x)$在$[a,b]$上连续,且$f'(x) \neq 0$, $f''(x) \neq 0$, $f(a)f(b) < 0$,用迭代公式$x_{n+1} = x_n - \frac{f(x_n)}{f'(x_n)}$,并取$x_0 = \begin{cases} a, 当 f''(x) < 0 时 \\ b, 当 f''(x) > 0 时 \end{cases}$,可以计算出$f(x)=0$的根的近似值,且$|\zeta - x_n| \leqslant \frac{|f(x_n)|}{\min\limits_{a \leqslant x \leqslant b} |f'(x)|}$,其中$f(\zeta) = 0$。

由$a_{\overline{n}|} = A$,即$\frac{1-(1+i)^{-n}}{i} = A$可得

$$1 - (1+i)^{-n} - Ai = 0 \tag{2.1.38}$$

记$f(i) = 1 - (1+i)^{-n} - Ai$,则

$$f'(i) = n(1+i)^{-n-1} - A = n(1+i)^{-n-1} - \frac{1-(1+i)^{-n}}{i}$$

$$= -\frac{1}{i}\{1 - (1+i)^{-n-1}[1+(n+1)i]\}$$

由牛顿迭代法,可以得到求方程(2.1.38)的根的迭代公式:

$$\hat{i}_{t+1} = \hat{i}_t - \frac{f(\hat{i}_t)}{f'(\hat{i}_t)}$$

$$= \hat{i}_t\left\{1 + \frac{1-(1+\hat{i}_t)^{-n} - A\hat{i}_t}{1-(1+\hat{i}_t)^{-n-1}[1+(n+1)\hat{i}_t]}\right\} \tag{2.1.39}$$

同时,选择(2.1.37)式作为$\hat{i}_0$的值,运用迭代公式(2.1.39),可以求出方程(2.1.38)的根的近似值,其收敛速度很快。这种运用迭代公式(2.1.39)求方程近似解的方法,称为 Newton-Raphson 迭代法。

例 2.1.7 已知 $a_{\overline{19}|}=10$,求利率 i。

解法 1:运用普通迭代法,即运用迭代公式(2.1.34)。

(1) 寻找迭代公式

$$\because a_{\overline{19}|}=10$$

$$\therefore \frac{1-(1+i)^{-19}}{i}=10$$

$$\therefore i=\frac{1-(1+i)^{-19}}{10}$$

$$\therefore \hat{i}_{t+1}=\frac{1-(1+\hat{i}_t)^{-19}}{10}$$

(2) 选择初值 $\hat{i}_0=\dfrac{2(n-A)}{A(n+1)}=\dfrac{2\times(19-10)}{10\times(19+1)}=0.09$

(3) 将初值代入迭代公式,得到一系列关于方程 $a_{\overline{19}|}=10$ 的近似解。通过 Excel 得 $\hat{i}_5\approx0.074\,673\,935$,$\hat{i}_{10}\approx0.074\,446\,717$,$\hat{i}_{15}\approx0.074\,442\,449$,$\hat{i}_{20}\approx0.074\,442\,369$,$\hat{i}_{23}\approx0.074\,442\,367$,即第 23 次迭代使方程的近似根达到了 9 位小数的精确度。

对于 $\hat{i}_0$ 取不同初值,达到同样精确度的近似值,所需迭代的次数各不相同。选择越靠近方程根的真实值的近似值,所需迭代次数就越少;反之,则需要更多的迭代次数,见表 2-1-1。

表 2-1-1 对于不同初值方程 $a_{\overline{19}|}=10$ 的根达到 9 位小数精确度所需迭代次数

$\hat{i}_0$	0.01	0.04	0.05	0.06	0.07	0.074 44	0.074	0.08	0.09	0.1	0.2	1
迭代次数	27	24	23	22	20	10	17	22	23	24	25	25

解法 2:运用 Newton-Raphson 迭代法。迭代公式为

$$\hat{i}_{t+1}=\hat{i}_t\left[1+\frac{1-(1+\hat{i}_t)^{-19}-10\hat{i}_t}{1-(1+\hat{i}_t)^{-20}(1+20\hat{i}_t)}\right]$$

且 $\hat{i}_0=0.09$,则

$$\hat{i}_1\approx0.073\,005\,235,\ \hat{i}_2\approx0.074\,430\,509,\ \hat{i}_3\approx0.074\,442\,367$$

由此可见,运用 Newton-Raphson 迭代法,第 3 次就可使近似根达到 9 位小数的精确度,显然,近似根数列收敛速度相当快。如果 $\hat{i}_0=0.07$,那么达到同样精确度仍需要 3 次迭代,但前两次精确度已提高;如果 $\hat{i}_0=0.074$ 或 0.074 4,那么达到同样精确度只需 2 次迭代;如果 $\hat{i}_0=0.074\,44$,那么第 1 次迭代就可达到所需要的精确度。

解法 3:运用线性插值迭代法。

$f(i)=a_{\overline{19}|}-10$,利用公式(1.2.10),即 $\hat{i}_k=\tilde{i}_1-(\tilde{i}_2-\tilde{i}_1)\dfrac{f(\tilde{i}_1)}{f(\tilde{i}_2)-f(\tilde{i}_1)}$,可以得到方程的根的第一次近似值 $\hat{i}_1$。重复上面方法,可以得到该方程的根的系列近似值 $\hat{i}_2$、$\hat{i}_3$ 等,运行 Excel 计算的结果见表 2-1-2。显然,第 5 次线性插值就可达到 9 位小数的精确度,这说明近似值的收敛速度也是比较快的。

表 2-1-2　运用线性插值法求出方程 $a_{\overline{19}|}=10$ 的根的各次近似值

k	$\tilde{i}_1$	$\tilde{i}_2$	$f(\tilde{i}_1)$	$f(\tilde{i}_2)$	$\hat{i}_k$
1	0.07	0.08	0.335 595 243	-0.396 400 800	0.074 584 659
2	0.074 584 659	0.07	-0.010 467 022	0.335 595 243	0.074 445 991
3	0.074 445 991	0.07	-0.000 266 770	0.335 595 243	0.074 442 460
4	0.074 442 460	0.07	-0.000 006 821	0.335 595 243	0.074 442 370
5	0.074 442 370	0.07	-0.000 000 195	0.335 595 243	0.074 442 367

2. 已知年金终值,求利率问题

具体化:已知

$$s_{\overline{n}|}=S \tag{2.1.40}$$

求 i。

由级数展开得

$$\frac{1}{s_{\overline{n}|}}=\frac{i}{(1+i)^n-1}=\frac{1}{n+\dfrac{n(n-1)}{2!}i+\dfrac{n(n-1)(n-2)}{3!}i^2+\cdots}$$

$$=\frac{1}{n}\left(1-\frac{n-1}{2}i+\frac{n^2-1}{12}i^2-\cdots\right) \tag{2.1.41}$$

由(2.1.40)式知

$$\frac{1}{S}=\frac{1}{s_{\overline{n}|}}\approx\frac{1}{n}\left(1-\frac{n-1}{2}i\right)$$

解得

$$i\approx\frac{2(S-n)}{S(n-1)}$$

因此可取

$$\hat{i}_0=\frac{2(S-n)}{S(n-1)} \tag{2.1.42}$$

由 $s_{\overline{n}|}=S$,即 $\dfrac{(1+i)^n-1}{i}=S$ 可得

$$(1+i)^n-Si-1=0 \tag{2.1.43}$$

第二章　确定年金

记$f(i)=(1+i)^n-Si-1$,则

$$f'(i)=n(1+i)^{n-1}-S$$

由牛顿迭代法可以得到求方程(2.1.40)的根的迭代公式:

$$\hat{i}_{t+1}=\hat{i}_t-\frac{f(\hat{i}_t)}{f'(\hat{i}_t)}=\hat{i}_t\left\{1+\frac{(1+\hat{i}_t)^n-1-S\hat{i}_t}{(1+\hat{i}_t)^{n-1}[1-(n-1)\hat{i}_t]-1}\right\} \tag{2.1.44}$$

同时,可以选择(2.1.42)式作为$\hat{i}_0$,运用迭代公式(2.1.44),可以求出方程(2.1.40)的根的近似值,其收敛速度很快。这里运用迭代公式(2.1.44)求方程近似解的方法,也称为Newton-Raphson迭代法。

需要说明的是,在由年金终值求利率问题时,没有像年金现值那样求利率的普通迭代法公式。

例 2.1.8 已知$\ddot{s}_{\overline{8}|}=11$,求利率。

解: $\because \ddot{s}_{\overline{8}|}=11$,且$\ddot{s}_{\overline{8}|}=s_{\overline{9}|}-1$

$\therefore s_{\overline{9}|}=12$

运用Newton-Raphson迭代法,迭代公式为

$$\hat{i}_{t+1}=\hat{i}_t\left[1+\frac{(1+\hat{i}_t)^9-1-12\hat{i}_t}{(1+\hat{i}_t)^8(1-8\hat{i}_t)-1}\right]$$

取初值

$$\hat{i}_0=\frac{2(S-n)}{S(n-1)}=\frac{2(12-9)}{12(9-1)}=0.062\,5$$

由此可得

$$\hat{i}_1\approx 0.070\,588\,524,\ \hat{i}_2\approx 0.070\,441\,634,\ \hat{i}_3\approx 0.070\,441\,584$$

上式中0.070 441 584是所求的达到9位小数精确度的每期利率。

(二)求年金期限

1. 已知年金现值及利率,求年金给付期限

(1)已知年金现值为$a_{\overline{n}|}=A$及利率i,求n。

$\because a_{\overline{n}|}=A$

$$\therefore \frac{1-(1+i)^{-n}}{i}=A$$

$$(1+i)^{-n}=1-Ai$$

$$\therefore n=-\frac{\ln(1-Ai)}{\ln(1+i)}$$

(2)已知年金现值为$\ddot{a}_{\overline{n}|}=B$及利率$i$,求$n$。

$\because \ddot{a}_{\overline{n}|}=B$

$$\therefore \frac{1-(1+i)^{-n}}{d}=B$$

$$(1+i)^{-n}=1-Bd$$

$$\therefore n=-\frac{\ln(1-Bd)}{\ln(1+i)}$$

2. 已知年金终值及利率,求年金给付期限

(1) 已知年金终值为 $s_{\overline{n}|}=S$ 及利率 i,求 n。

$$\because s_{\overline{n}|}=S$$

$$\therefore \frac{(1+i)^n-1}{i}=S$$

$$(1+i)^n=1+Si$$

$$\therefore n=\frac{\ln(1+Si)}{\ln(1+i)}$$

(2) 已知年金终值为 $\ddot{s}_{\overline{n}|}=T$ 及利率 i,求 n。

$$\because \ddot{s}_{\overline{n}|}=T$$

$$\therefore \frac{(1+i)^n-1}{d}=T$$

$$(1+i)^n=1+Td$$

$$\therefore n=\frac{\ln(1+Td)}{\ln(1+i)}$$

显然,期限长度能用解析法求得。

例 2.1.9 某投资者将 100 000 元存入某基金,希望以后每年年初能领取8 400元。假设基金年利率为 6%,计算投资者能领取的时间。

解:设该投资者能领取 n 年,由题意可得

$$8\,400\ddot{a}_{\overline{n}|}=100\,000$$

$$\therefore \frac{1-(1+6\%)^{-n}}{\dfrac{6\%}{1+6\%}}=\frac{250}{21}$$

即

$$(1+6\%)^{-n}=\frac{121}{371}$$

$$\therefore n=\frac{\ln371-\ln121}{\ln1.06}\approx 19.228\,290\,92(\text{年})$$

本题所计算出的期限是一个小数,意味着投资者有 19 次正常领取(每年年初领取 8 400 元),最后一次正常领取是在第 19 年年初,并在第 20 年中的 0.228 290 92 年(约 83.33 天,即在第 84 天),再领取一笔非正常款项,设为 w 元。这 w 元可提前到第 20 年年初领取 x 元,也可推迟到第 20 年年末领取 y 元。显然,$x<w<y$,并且 $x<8\,400$,因为若 $x\geqslant 8\,400$,则意味着第 20 年年初还有一次正常领取,这将与前面计算的结果矛盾。

下面分别求出 x、w、y 值。

以第 20 年年初(第 19 年年末)为观察点,依据收支平衡原则有

$$8\,400\ddot{s}_{\overline{19}|} + x = 100\,000(1+6\%)^{19}$$

$\therefore x \approx 1\,960.98$(元)

以第 19.228 290 92 年,即在第 20 年的第 84 天为观察点,依收支平衡原则有

$$8\,400\ddot{s}_{\overline{19}|}(1+6\%)^{0.228\,290\,92} + w = 100\,000(1+6\%)^{19.228\,290\,92}$$

$\therefore w \approx 1\,987.24$(元)

以第 20 年年末为观察点,依据收支平衡原则有

$$8\,400\ddot{s}_{\overline{19}|}(1+6\%) + y = 100\,000(1+6\%)^{20}$$

$\therefore y \approx 2\,078.64$(元)

上面的 x、w、y 只不过是在第 19 次正常支付后在不同时点进行的非正常支付的金额,因而具有等价关系。换言之,第 20 年年初支付的 x 元,相当于在该年中第 84 天支付的 w 元,也相当于在该年年末支付的 y 元,即有如下关系:

$$w = x(1+6\%)^{0.228\,290\,92}$$

$$y = w(1+6\%)^{0.771\,709\,08}$$

对于本题中的期初付年金,非正常支付最好在第 20 年年初支付。因为如果在第 20 年年末支付,那么意味着与上一次支付已间隔了两年。

请读者思考:若将本例中的 100 000 元改为 102 000 元,则结果如何?

六、可变利率的年金现值与终值

前面我们在考虑年金现值与终值的计算问题时,为简单起见,都假定在整个给付期内利率是保持不变的。然而,实际情况更多的可能是各年利率不尽相同。

(一)采用所经历时段的利率

这时根据一次给付所经历的时段不同而采取相应的利率。假设第 1 期,第 2 期,…,第 n 期的利率分别为 $i_1, i_2, \cdots, i_n$。在此背景下,设每期期末给付 1、给付 n 期的年金的现值与终值分别记为 $\tilde{a}_{\overline{n}|}$、$\tilde{s}_{\overline{n}|}$。于是

$$\tilde{a}_{\overline{n}|} = (1+i_1)^{-1} + (1+i_1)^{-1}(1+i_2)^{-1} + \cdots + (1+i_1)^{-1}(1+i_2)^{-1}\cdots(1+i_n)^{-1} \tag{2.1.45}$$

$$\tilde{s}_{\overline{n}|} = 1 + (1+i_n) + (1+i_n)(1+i_{n-1}) + \cdots + (1+i_n)(1+i_{n-1})\cdots(1+i_2) \tag{2.1.46}$$

同理,可写出期初付年金的现值与终值的表达式:

$$\tilde{\ddot{a}}_{\overline{n}|} = 1 + (1+i_1)^{-1} + (1+i_1)^{-1}(1+i_2)^{-1} + \cdots + (1+i_1)^{-1}(1+i_2)^{-1}\cdots(1+i_{n-1})^{-1} \tag{2.1.47}$$

$$\tilde{\ddot{s}}_{\overline{n}|} = (1+i_n) + (1+i_n)(1+i_{n-1}) + \cdots + (1+i_n)(1+i_{n-1})\cdots(1+i_1) \tag{2.1.48}$$

（二）不同时点给付额采取不同的利率

不同时点的投资或给付额约定不同的利率来计算也有其合理性。比如，第 1 次给付（无论是期初还是期末）采用利率 $\widehat{i}_1$，求其现值或终值所经历的每期的利率都采用利率 $\widehat{i}_1$，第 2 次给付采用利率 $\widehat{i}_2$…… 第 n 次给付采用利率 $\widehat{i}_n$。假设每期期末给付 1、给付 n 期的年金的现值与终值分别记为 $\widehat{a}_{\overline{n}|}$、$\widehat{s}_{\overline{n}|}$。于是

$$\widehat{a}_{\overline{n}|} = (1+\widehat{i}_1)^{-1} + (1+\widehat{i}_2)^{-2} + \cdots + (1+\widehat{i}_n)^{-n} \tag{2.1.49}$$

$$\widehat{s}_{\overline{n}|} = (1+\widehat{i}_1)^{n-1} + (1+\widehat{i}_2)^{n-2} + \cdots + (1+\widehat{i}_{n-1}) + 1 \tag{2.1.50}$$

同理，可写出期初付年金的现值与终值的表达式：

$$\widehat{\ddot{a}}_{\overline{n}|} = 1 + (1+\widehat{i}_2)^{-1} + \cdots + (1+\widehat{i}_n)^{-n+1} \tag{2.1.51}$$

$$\widehat{\ddot{s}}_{\overline{n}|} = (1+\widehat{i}_1)^{n} + (1+\widehat{i}_2)^{n-1} + \cdots + (1+\widehat{i}_n) \tag{2.1.52}$$

例 2.1.10 试确定一笔每年年末投入 10 000 元、为期 10 年的年金业务的终值。假设前 6 年每年的实际利率为 6%，后 4 年每年的实际利率为 5%。

解：可运用公式（2.1.46）来求终值，因而所求年金的终值为

$$\begin{aligned}&10\,000[1+(1+5\%)+(1+5\%)^2+(1+5\%)^3]\\&+10\,000(1+5\%)^4[1+(1+6\%)+(1+6\%)^2\\&+(1+6\%)^3+(1+6\%)^4+(1+6\%)^5]\\&\approx 127\,886.68(\text{元})\end{aligned}$$

也可将该 10 年期年金分为两段：前 6 年与后 4 年。对于前 6 年的年金部分，先以第 6 年年末为观察点，然后再积累到第 10 年年末，因而其终值为 $10\,000s_{\overline{6}|6\%}(1+5\%)^4$；后 4 年的年金部分的终值为 $s_{\overline{4}|5\%}$。因而所求年金的终值为

$$10\,000s_{\overline{6}|6\%}(1+5\%)^4 + 10\,000s_{\overline{4}|5\%} \approx 127\,886.68(\text{元})$$

例 2.1.11 试确定一项每年投资 10 000 元、为期 10 年的期末付年金的终值。假定前 6 次投资按年实际利率 6% 计算，后 4 次投资按年实际利率 5% 计算。

解：可以利用公式（2.1.50）来求解。即所求年金的现值为

$$\begin{aligned}&10\,000[(1+6\%)^9+(1+6\%)^8+(1+6\%)^7\\&+(1+6\%)^6+(1+6\%)^5+(1+6\%)^4]\\&+10\,000[(1+5\%)^3+(1+5\%)^2+(1+5\%)^1+1]\\&\approx 131\,163.04(\text{元})\end{aligned}$$

也可用下面的简便方法来计算，于是所求年金的终值为

$$10\,000s_{\overline{6}|6\%}(1+6\%)^4 + 10\,000s_{\overline{4}|5\%} \approx 131\,163.04(\text{元})$$

例 2.1.12 某人希望以零存整取方式积累存款 2 000 万元，前 n 年每年年末存入 50 万元，后 n 年每年年末存入 100 万元，不足部分在第 $2n+1$ 年年末存入，以正好达到 2 000 万元存款本利和。设年利率为 4.5%，计算 n 及不足部分。

解：设零头为 x 元，依收支平衡原则可得

$$50s_{\overline{n}|}(1+0.045)^{n+1} + 100s_{\overline{n}|}(1+0.045) + x = 2\,000$$

首先忽略 x,并设

$$50s_{\overline{m}|}(1+0.045)^{m+1}+100s_{\overline{m}|}(1+0.045)=2\,000$$

$$1.045(1.045)^{2m}+1.045\times 1.045^{m}-3.89=0$$

解得

$$m\approx 9.107\,0$$

所以

$$n=[m]=9$$

从而

$$x=2\,000-50s_{\overline{9}|}(1.045)^{10}-100\times 1.045s_{\overline{9}|}\approx 32.41(\text{万元})$$

思考:确定年金终值的应用之一就是零存整取,通过平时积攒小钱,长期积累必得巨款以办大事。进行延伸教育:崇尚节俭、防范风险。

第二节　每期给付 m 次的等额确定年金

每期给付 $m(m>1)$ 次的等额确定年金实际上就是通常所讲的年金给付间隔期小于利息结算期,即每个利息结算期进行多次给付的年金。本节主要考虑年金的现值与终值,且分期末付与期初付两种情况进行讨论。

一、期末付年金

(一) 现值与终值

设每期利率为 i、每期支付 m 次、每 $\frac{1}{m}$ 期期末给付 $\frac{1}{m}$、给付 n 期的年金的现值与终值分别记为 $a_{\overline{n}|}^{(m)}$、$s_{\overline{n}|}^{(m)}$ 或者 $a_{\overline{n}|i}^{(m)}$、$s_{\overline{n}|i}^{(m)}$。于是有

$$a_{\overline{n}|}^{(m)}=\frac{1}{m}(v^{\frac{1}{m}}+v^{\frac{2}{m}}+\cdots+v^{\frac{mn}{m}}) \tag{2.2.1}$$

$$=\frac{1}{m}\cdot\frac{v^{\frac{1}{m}}[1-(v^{\frac{1}{m}})^{mn}]}{1-v^{\frac{1}{m}}}=\frac{1-v^{n}}{i^{(m)}} \tag{2.2.2}$$

$$s_{\overline{n}|}^{(m)}=\frac{1}{m}[(1+i)^{\frac{mn-1}{m}}+(1+i)^{\frac{mn-2}{m}}+\cdots+(1+i)^{\frac{1}{m}}+1] \tag{2.2.3}$$

$$=\frac{1}{m}\cdot\frac{1-[(1+i)^{\frac{1}{m}}]^{mn}}{1-(1+i)^{\frac{1}{m}}}=\frac{(1+i)^{n}-1}{i^{(m)}} \tag{2.2.4}$$

这四个公式中的 n 不必为整数,只需为 $\frac{1}{m}$ 的整数倍即可。

(2.2.2) 式与(2.2.4) 式的推导实际上先依据了年金现值与终值的定义后运用等比数列求和公式。我们还可以将这个问题转化为每期给付一次的年金问题去处

理，具体说来有两种方法：一是期限分割法，二是给付额合并法。

1. 期限分割法

以每$\frac{1}{m}$期作为新的一期，设新的一期的实际利率为j，显然$j=\frac{i^{(m)}}{m}$，这样，原来的年金就转化为每期给付1次、每期期末给付$\frac{1}{m}$、给付mn期的年金问题，即

$$a_{\overline{n|}}^{(m)}=\frac{1}{m}a_{\overline{mn|}j}=\frac{1}{m}\cdot\frac{1-(1+j)^{-mn}}{j}$$

$$=\frac{1}{m}\cdot\frac{1-(1+\frac{i^{(m)}}{m})^{-mn}}{\frac{i^{(m)}}{m}}=\frac{1-v^n}{i^{(m)}}$$

$$s_{\overline{n|}}^{(m)}=\frac{1}{m}s_{\overline{mn|}j}=\frac{1}{m}\cdot\frac{(1+j)^{mn}-1}{j}$$

$$=\frac{1}{m}\cdot\frac{(1+\frac{i^{(m)}}{m})^{mn}-1}{\frac{i^{(m)}}{m}}=\frac{(1+i)^n-1}{i^{(m)}}$$

2. 给付额合并法

设每$\frac{1}{m}$期期末给付$\frac{1}{m}$，给付一期相当于期末给付x，则

$$x=\frac{1}{m}+\frac{1}{m}(1+i)^{\frac{1}{m}}+\frac{1}{m}(1+i)^{\frac{2}{m}}+\cdots+\frac{1}{m}(1+i)^{\frac{m-1}{m}}$$

$$=\frac{1}{m}\cdot\frac{1-[(1+i)^{\frac{1}{m}}]^m}{1-(1+i)^{\frac{1}{m}}}=\frac{i}{m[(1+i)^{\frac{1}{m}}-1]}=\frac{i}{i^{(m)}}$$

因此

$$a_{\overline{n|}}^{(m)}=xa_{\overline{n|}}=\frac{i}{i^{(m)}}\cdot\frac{1-v^n}{i}=\frac{1-v^n}{i^{(m)}}$$

$$s_{\overline{n|}}^{(m)}=xs_{\overline{n|}}=\frac{i}{i^{(m)}}\cdot\frac{(1+i)^n-1}{i}=\frac{(1+i)^n-1}{i^{(m)}}$$

（二）$a_{\overline{n|}}^{(m)}$与$s_{\overline{n|}}^{(m)}$的关系

1. 等价关系

$$a_{\overline{n|}}^{(m)}=v^n s_{\overline{n|}}^{(m)} \tag{2.2.5}$$

$$s_{\overline{n|}}^{(m)}=(1+i)^n a_{\overline{n|}}^{(m)} \tag{2.2.6}$$

2. 倒数关系

$$\frac{1}{a_{\overline{n|}}^{(m)}}=i^{(m)}+\frac{1}{s_{\overline{n|}}^{(m)}} \tag{2.2.7}$$

事实上，左边 $=\dfrac{1}{\dfrac{1-v^n}{i^{(m)}}}=\dfrac{i^{(m)}}{1-v^n}=\dfrac{i^{(m)}(1-v^n)+i^{(m)}v^n}{1-v^n}$

$$=i^{(m)}+\frac{1}{\dfrac{(1+i)^n-1}{i^{(m)}}}=\text{右边}$$

二、期初付年金

(一) 现值与终值

设每期利率为 i、每期给付 m 次、每 $\frac{1}{m}$ 期期初给付 $\frac{1}{m}$、给付 n 期的年金的现值与终值分别记为 $\ddot{a}_{\overline{n}|}^{(m)}$、$\ddot{s}_{\overline{n}|}^{(m)}$ 或者 $\ddot{a}_{\overline{n}|i}^{(m)}$、$\ddot{s}_{\overline{n}|i}^{(m)}$。于是

$$\ddot{a}_{\overline{n}|}^{(m)}=\frac{1}{m}(1+v^{\frac{1}{m}}+v^{\frac{2}{m}}+\cdots+v^{\frac{mn-1}{m}}) \tag{2.2.8}$$

$$=\frac{1-v^n}{d^{(m)}} \tag{2.2.9}$$

$$\ddot{s}_{\overline{n}|}^{(m)}=\frac{1}{m}[(1+i)^{\frac{mn}{m}}+(1+i)^{\frac{mn-1}{m}}+\cdots+(1+i)^{\frac{1}{m}}] \tag{2.2.10}$$

$$=\frac{(1+i)^n-1}{d^{(m)}} \tag{2.2.11}$$

上述公式中的 n 不必为整数，只需为 $\frac{1}{m}$ 的整数倍即可。(2.2.9) 式、(2.2.11) 式也可以用期限分割法、给付额合并法去推导，请读者自己思考。

(二) $\ddot{a}_{\overline{n}|}^{(m)}$ 与 $\ddot{s}_{\overline{n}|}^{(m)}$ 的关系

1. 等价关系

$$\ddot{a}_{\overline{n}|}^{(m)}=v^n\ddot{s}_{\overline{n}|}^{(m)} \tag{2.2.12}$$

$$\ddot{s}_{\overline{n}|}^{(m)}=(1+i)^n\ddot{a}_{\overline{n}|}^{(m)} \tag{2.2.13}$$

2. 倒数关系

$$\frac{1}{\ddot{a}_{\overline{n}|}^{(m)}}=d^{(m)}+\frac{1}{\ddot{s}_{\overline{n}|}^{(m)}} \tag{2.2.14}$$

三、期初付年金与期末付年金的关系

$$\ddot{a}_{\overline{n}|}^{(m)}=(1+i)^{\frac{1}{m}}a_{\overline{n}|}^{(m)} \tag{2.2.15}$$

$$a_{\overline{n}|}^{(m)}=v^{\frac{1}{m}}\ddot{a}_{\overline{n}|}^{(m)} \tag{2.2.16}$$

$$\ddot{s}_{\overline{n}|}^{(m)}=(1+i)^{\frac{1}{m}}s_{\overline{n}|}^{(m)} \tag{2.2.17}$$

$$s_{\overline{n}|}^{(m)}=v^{\frac{1}{m}}\ddot{s}_{\overline{n}|}^{(m)} \tag{2.2.18}$$

$$\ddot{a}_{\overline{n}|}^{(m)} = a_{\overline{n-\frac{1}{m}}|}^{(m)} + \frac{1}{m} \tag{2.2.19}$$

$$a_{\overline{n}|}^{(m)} = \ddot{a}_{\overline{n+\frac{1}{m}}|}^{(m)} - \frac{1}{m} \tag{2.2.20}$$

$$\ddot{s}_{\overline{n}|}^{(m)} = s_{\overline{n+\frac{1}{m}}|}^{(m)} - \frac{1}{m} \tag{2.2.21}$$

$$s_{\overline{n}|}^{(m)} = \ddot{s}_{\overline{n-\frac{1}{m}}|}^{(m)} + \frac{1}{m} \tag{2.2.22}$$

上面的公式都反映了一种年金的现值(或终值)可以由另一种年金的现值(或终值)表示。前面四个公式中,两种年金的期限相同,而后面四个公式中的期限不同。(2.2.19)式～(2.2.22)式有与(2.1.21)式～(2.1.24)式类似的形式,同样可用"有1加1、无1减1"来概括。

四、延期年金

${}_{f|}a_{\overline{n}|}^{(m)}$ 表示延期f期、给付n期、每期支付m次、每$\frac{1}{m}$期期末给付$\frac{1}{m}$的年金现值。因此

$$
\begin{aligned}
{}_{f|}a_{\overline{n}|}^{(m)} &= \frac{1}{m}\left(v^{f+\frac{1}{m}} + v^{f+\frac{2}{m}} + \cdots + v^{f+\frac{mn}{m}}\right) && (2.2.23)\\
&= v^f a_{\overline{n}|}^{(m)} && (2.2.24)\\
&= a_{\overline{f+n}|}^{(m)} - a_{\overline{f}|}^{(m)} && (2.2.25)
\end{aligned}
$$

${}_{f|}\ddot{a}_{\overline{n}|}^{(m)}$ 表示延期f期、给付n期、每期支付m次、每$\frac{1}{m}$期期初给付$\frac{1}{m}$的年金现值。因此

$$
\begin{aligned}
{}_{f|}\ddot{a}_{\overline{n}|}^{(m)} &= \frac{1}{m}\left(v^f + v^{f+\frac{1}{m}} + v^{f+\frac{2}{m}} + \cdots + v^{f+\frac{mn-1}{m}}\right) && (2.2.26)\\
&= v^f \ddot{a}_{\overline{n}|}^{(m)} && (2.2.27)\\
&= \ddot{a}_{\overline{f+n}|}^{(m)} - \ddot{a}_{\overline{f}|}^{(m)} && (2.2.28)
\end{aligned}
$$

五、永久年金

期末付永久年金的现值为

$$a_{\overline{\infty}|}^{(m)} = \lim_{n\to+\infty} a_{\overline{n}|}^{(m)} = \frac{1}{i^{(m)}} \tag{2.2.29}$$

期初付永久年金的现值为

$$\ddot{a}_{\overline{\infty}|}^{(m)} = \lim_{n\to+\infty} \ddot{a}_{\overline{n}|}^{(m)} = \frac{1}{d^{(m)}} \tag{2.2.30}$$

六、每期给付 m 次与每期给付一次的年金的关系

它们的关系如下:

$$\ddot{a}_{\overline{n}|}^{(m)} = \ddot{s}_{\overline{1}|}^{(m)} a_{\overline{n}|} = \ddot{a}_{\overline{1}|}^{(m)} \ddot{a}_{\overline{n}|} \tag{2.2.31}$$

$$a_{\overline{n}|}^{(m)} = s_{\overline{1}|}^{(m)} a_{\overline{n}|} = a_{\overline{1}|}^{(m)} \ddot{a}_{\overline{n}|} \tag{2.2.32}$$

$$\ddot{s}_{\overline{n}|}^{(m)} = \ddot{s}_{\overline{1}|}^{(m)} s_{\overline{n}|} = \ddot{a}_{\overline{1}|}^{(m)} \ddot{s}_{\overline{n}|} \tag{2.2.33}$$

$$s_{\overline{n}|}^{(m)} = s_{\overline{1}|}^{(m)} s_{\overline{n}|} = a_{\overline{1}|}^{(m)} \ddot{s}_{\overline{n}|} \tag{2.2.34}$$

上式中，$\ddot{a}_{\overline{1}|}^{(m)} = \dfrac{d}{d^{(m)}}$，$a_{\overline{1}|}^{(m)} = \dfrac{d}{i^{(m)}}$，$\ddot{s}_{\overline{1}|}^{(m)} = \dfrac{i}{d^{(m)}}$，$s_{\overline{1}|}^{(m)} = \dfrac{i}{i^{(m)}}$。

(2.2.31)式～(2.2.34)式反映了每期给付m次的年金现值(或终值)可以用每期给付一次且具有相同支付期的年金的现值(或终值)表示，同时配上每期给付m次、给付一期的年金现值或终值系数$\ddot{a}_{\overline{1}|}^{(m)}$、$a_{\overline{1}|}^{(m)}$、$\ddot{s}_{\overline{1}|}^{(m)}$、$s_{\overline{1}|}^{(m)}$；如果用期末付年金表示，那么采用终值系数；如果用期初付年金表示，那么采用现值系数；同时，系数的期初(期末)付属性与公式左边的期初(期末)付属性一致。而给付一期、给付m次的年金现值(终值)系数可事先做成一张表，以便简化每期给付m次的年金现值(终值)的计算，这种方法尤其是在计算技术不发达的时代更是经常使用。

例 2.2.1　在20年内，每月支付1 500元，年利率为7%。求：

(1) 这些付款在第一次付款的3年前的现值。

(2) 这些付款在最后一次付款后的第5年年末的积累值。

解：

(1) 所求年金现值为

$$1\,500 \times 12 \cdot {}_{3|}\ddot{a}_{\overline{20}|}^{(12)} = 1\,500 \times 12 v^3 \ddot{a}_{\overline{20}|}^{(12)} = 18\,000(\ddot{a}_{\overline{23}|}^{(12)} - \ddot{a}_{\overline{3}|}^{(12)}) \approx 161\,502.85(\text{元})$$

(2) 所求的积累值为

$$1\,500 \times 12 \cdot s_{\overline{20}|}^{(12)}(1+7\%)^5 = 18\,000(s_{\overline{25}|}^{(12)} - s_{\overline{5}|}^{(12)}) \approx 1\,067\,769.04(\text{元})$$

说明：每期支付多次的年金现值或终值的系数应为每期支付的总额，即简单加总即可。

例 2.2.2　有一笔200 000元的贷款在未来10年内采用每季末分期付款的方式偿还。假设贷款年利率8%，每年结转2次利息。每季末还款的金额是多少？

解：以半年为一期，则每期实际利率为8%/2 = 4%，所有还款构成每期给付2次、给付20期的确定年金。设每季末还款为x元，那么每期还款总额为$2x$元，由收支平衡原则得

$$2x a_{\overline{20}|4\%}^{(2)} = 200\,000$$

$$\therefore x = \frac{100\,000}{a_{\overline{20}|4\%}^{(2)}} \approx \frac{100\,000}{13.724\,897\,095} \approx 7\,286.03(\text{元})$$

另解：以一季为一期，设每期利率为j，则$(1+j)^2 = 1 + \dfrac{8\%}{2}$，解得$j \approx 0.019\,803\,903$，设每季末还款为$x$元，由收支平衡原则得

$$x a_{\overline{40}|j} = 200\,000$$

$$x \approx 7\,286.03(\text{元})$$

例 2.2.3 （1）已知某种年金年支付额为36 000元，分期于每月月末支付一次相等金额，支付期为10年，年实际利率5%，该年金的现值是多少？

（2）如果年利率是5%，每季结算一次利息，其余条件相同，此时年金的现值又是多少？

解：

（1）以一年为一期，则每期的实际利率为5%，本题中的年金就是每期给付12次的年金，于是所求现值为

$$36\ 000a_{\overline{10}|5\%}^{(12)} \approx 284\ 296.77（元）$$

（2）以一季为一期，则每期的实际利率为5%/4 = 1.25%，本题中的年金就是每期给付3次、每期给付总额为$\dfrac{36\ 000}{4}$元、给付40期的年金，于是所求年金的现值为

$$\frac{36\ 000}{4}\cdot a_{\overline{40}|1.25\%}^{(3)} \approx 283\ 113.92（元）$$

请读者思考：分别以一年为一期、一月为一期重解问题（2）。

第三节　每期连续给付的等额确定年金

一、连续年金

连续年金是指每期连续不断地给付的确定年金。显然，它可以看成每期给付m次（$m>1$）的确定年金在$m\to+\infty$时的极限情形。

令$\bar{a}_{\overline{n}|}$、$\bar{s}_{\overline{n}|}$分别表示每期连续给付（总额为）1、给付n期的连续年金的现值与终值，我们有如下结论：

$$\bar{a}_{\overline{n}|} = \lim_{m\to+\infty} a_{\overline{n}|}^{(m)} = \lim_{m\to+\infty}\frac{1}{m}\sum_{k=1}^{mn} v^{\frac{k}{m}} = \int_0^n v^t\mathrm{d}t \tag{2.3.1}$$

$$= \frac{1-v^n}{\delta} \tag{2.3.2}$$

$$\bar{s}_{\overline{n}|} = \lim_{m\to+\infty} s_{\overline{n}|}^{(m)} = \lim_{m\to+\infty}\frac{1}{m}\sum_{k=0}^{mn-1}(1+i)^{\frac{k}{m}} = \int_0^n (1+i)^t\mathrm{d}t \tag{2.3.3}$$

$$= \frac{(1+i)^n-1}{\delta} \tag{2.3.4}$$

同样，可由每期给付m次的期初付年金的现值与终值的极限来定义$\bar{a}_{\overline{n}|}$、$\bar{s}_{\overline{n}|}$，即$\bar{a}_{\overline{n}|} = \lim\limits_{m\to+\infty}\ddot{a}_{\overline{n}|}^{(m)}$，$\bar{s}_{\overline{n}|} = \lim\limits_{m\to+\infty}\ddot{s}_{\overline{n}|}^{(m)}$，上述（2.3.1）式～（2.3.4）式的结论仍成立，其中定积分表达式体现了数学中的“微元法”思想，即在时刻t开始的长度为$\mathrm{d}t$的微元上支付的年金数额为$\mathrm{d}t$，其现值为$v^t\mathrm{d}t$，t从0到n上“加总”，即为定积分表达式。

二、$\bar{a}_{\overline{n}|}$ 与 $\bar{s}_{\overline{n}|}$ 的关系

(一) 等价关系

$$\bar{a}_{\overline{n}|} = v^n \bar{s}_{\overline{n}|} \tag{2.3.5}$$

$$\bar{s}_{\overline{n}|} = (1+i)^n \bar{a}_{\overline{n}|} \tag{2.3.6}$$

(二) 倒数关系

$$\frac{1}{\bar{a}_{\overline{n}|}} = \delta + \frac{1}{\bar{s}_{\overline{n}|}} \tag{2.3.7}$$

三、连续年金与每期给付一次的年金的关系

其关系如下:

$$\bar{a}_{\overline{n}|} = \bar{s}_{\overline{1}|} a_{\overline{n}|} = \bar{a}_{\overline{1}|} \ddot{a}_{\overline{n}|} \tag{2.3.8}$$

$$\bar{s}_{\overline{n}|} = \bar{s}_{\overline{1}|} s_{\overline{n}|} = \bar{a}_{\overline{1}|} \ddot{s}_{\overline{n}|} \tag{2.3.9}$$

上式中,$\bar{a}_{\overline{1}|} = \frac{d}{\delta}$,$\bar{s}_{\overline{1}|} = \frac{i}{\delta}$。对(2.2.31)式 ~ (2.2.34)式特点的归纳适用于(2.3.8)式、(2.3.9)式,也可以将后者看成前者的极限。

四、其他连续年金

${}_{f|}\bar{a}_{\overline{n}|}$ 表示延期 f 期、给付 n 期、每期连续给付 1 的年金的现值。

$${}_{f|}\bar{a}_{\overline{n}|} = v^f \bar{a}_{\overline{n}|} \tag{2.3.10}$$

$$= \bar{a}_{\overline{f+n}|} - \bar{a}_{\overline{f}|} \tag{2.3.11}$$

$$\bar{a}_{\overline{\infty}|} = \frac{1}{\delta} \tag{2.3.12}$$

例 2.3.1 试确定利息力,使 $\bar{s}_{\overline{20}|} = 4\bar{s}_{\overline{10}|}$ 成立。

解: $\because \bar{s}_{\overline{20}|} = 4\bar{s}_{\overline{10}|}$,且 $1 + i = e^{\delta}$

$$\therefore \frac{e^{20\delta} - 1}{\delta} = 4\,\frac{e^{10\delta} - 1}{\delta}$$

$$\therefore (e^{10\delta} - 1)(e^{10\delta} - 3) = 0$$

$$\therefore \delta = 0 \text{ 或 } \delta = \frac{\ln 3}{10}$$

$\delta = 0$ 不符合题意,舍去,故 $\delta = \frac{\ln 3}{10} \approx 0.109\,9$。

例 2.3.2 已知 $\bar{a}_{\overline{n}|} = 15.497\,6$,$\bar{s}_{\overline{n}|} = 83.153\,4$,求利息力。

解: $\because \frac{1}{\bar{a}_{\overline{n}|}} = \delta + \frac{1}{\bar{s}_{\overline{n}|}}$

$$\therefore \delta = \frac{1}{\bar{a}_{\overline{n}|}} - \frac{1}{\bar{s}_{\overline{n}|}} = \frac{1}{15.497\,6} - \frac{1}{83.153\,4} \approx 5.25\%$$

第四节　每 k 期给付一次的等额确定年金

每 k 期给付一次的等额确定年金指的是每 k 个利息结算期才给付一次的年金。显然该年金给付次数比利息结算次数少，如每季结转一次利息、每年支付一次款项的年金；又如每月结转一次利息、每季支付一次款项的年金。它们都是每 k 期给付一次的年金的实例。对于这种年金，有三种方法求其现值与终值：一是定义法，二是期限合并法，三是给付额分解法。需要说明的是，本节现值与终值记号是为了方便起见，由笔者自行编制的。

一、定义法

所谓定义法，指的是直接依据年金现值与终值的定义来求其现值与终值，这也是求年金现值与终值的普遍而常用的方法。

（一）期末付年金

设每期利率为 i、每 k 期末给付 1、给付 n 期（n 为 k 的整数倍）的年金的现值、终值分别记为 $(ka)_{\overline{n}|}$、$(ks)_{\overline{n}|}$ 或者 $(ka)_{\overline{n}|i}$、$(ks)_{\overline{n}|i}$。

$$(ka)_{\overline{n}|} = v^k + v^{2k} + \cdots + v^{\frac{n}{k}\cdot k} \tag{2.4.1}$$

$$= v^k \cdot \frac{1-(v^k)^{\frac{n}{k}}}{1-v^k} = \frac{1-v^n}{(1+i)^k - 1} \tag{2.4.2}$$

$$= \frac{a_{\overline{n}|}}{s_{\overline{k}|}} = \frac{\ddot{a}_{\overline{n}|}}{\ddot{s}_{\overline{k}|}} \tag{2.4.3}$$

其特例：永续年金 $(ka)_{\overline{\infty}|} = \lim\limits_{n\to+\infty}(ka)_{\overline{n}|} = \dfrac{1}{(1+i)^k-1} = \dfrac{a_{\overline{\infty}|}}{s_{\overline{k}|}} = \dfrac{\ddot{a}_{\overline{\infty}|}}{\ddot{s}_{\overline{k}|}}\quad (i>0)$。

从(2.4.2)式到(2.4.3)式，只需分子、分母同时除以 i 或 d；当然还可以同时除以 $i^{(m)}$、$d^{(m)}$ 或 δ，从而得出 $(ka)_{\overline{n}|}$ 的其他年金现值、终值的表达形式。

$$(ks)_{\overline{n}|} = (1+i)^{(\frac{n}{k}-1)k} + (1+i)^{(\frac{n}{k}-2)k} + \cdots + (1+i)^k + 1 \tag{2.4.4}$$

$$= \frac{1-[(1+i)^k]^{\frac{n}{k}}}{1-(1+i)^k} = \frac{(1+i)^n - 1}{(1+i)^k - 1} \tag{2.4.5}$$

$$= \frac{s_{\overline{n}|}}{s_{\overline{k}|}} = \frac{\ddot{s}_{\overline{n}|}}{\ddot{s}_{\overline{k}|}} \tag{2.4.6}$$

$(ka)_{\overline{n}|}$ 与 $(ks)_{\overline{n}|}$ 的关系：

$$(ka)_{\overline{n}|} = v^n (ks)_{\overline{n}|} \tag{2.4.7}$$

$$(ks)_{\overline{n}|} = (1+i)^n (ka)_{\overline{n}|} \tag{2.4.8}$$

（二）期初付年金

设每期利率为 i、每 k 期初给付 1、给付 n 期（n 为 k 的整数倍）的年金的现值、终值

分别记为$(k\ddot{a})_{\overline{n}|}$、$(k\ddot{s})_{\overline{n}|}$或者$(k\ddot{a})_{\overline{n}|i}$、$(k\ddot{s})_{\overline{n}|i}$。

$$(k\ddot{a})_{\overline{n}|} = 1 + v^k + v^{2k} + \cdots + v^{(\frac{n}{k}-1)k} \tag{2.4.9}$$

$$= \frac{1 - v^n}{1 - v^k} \tag{2.4.10}$$

$$= \frac{a_{\overline{n}|}}{a_{\overline{k}|}} = \frac{\ddot{a}_{\overline{n}|}}{\ddot{a}_{\overline{k}|}} \tag{2.4.11}$$

其特例:永久年金$(k\ddot{a})_{\overline{\infty}|} = \lim\limits_{n\to+\infty}(k\ddot{a})_{\overline{n}|} = \dfrac{1}{1 - v^k} = \dfrac{a_{\overline{\infty}|}}{a_{\overline{k}|}} = \dfrac{\ddot{a}_{\overline{\infty}|}}{\ddot{a}_{\overline{k}|}}\ (i > 0)$。

$$(k\ddot{s})_{\overline{n}|} = (1+i)^{\frac{n}{k}\cdot k} + (1+i)^{(\frac{n}{k}-1)k} + \cdots + (1+i)^k \tag{2.4.12}$$

$$= (1+i)^k \cdot \frac{1 - [(1+i)^k]^{\frac{n}{k}}}{1 - (1+i)^k} = \frac{(1+i)^n - 1}{1 - v^k} \tag{2.4.13}$$

$$= \frac{s_{\overline{n}|}}{a_{\overline{k}|}} = \frac{\ddot{s}_{\overline{n}|}}{\ddot{a}_{\overline{k}|}} \tag{2.4.14}$$

$(k\ddot{a})_{\overline{n}|}$与$(k\ddot{s})_{\overline{n}|}$的关系:

$$(k\ddot{a})_{\overline{n}|} = v^n (k\ddot{s})_{\overline{n}|} \tag{2.4.15}$$

$$(k\ddot{s})_{\overline{n}|} = (1+i)^n (k\ddot{a})_{\overline{n}|} \tag{2.4.16}$$

现在可以总结出(2.4.3)式、(2.4.6)式、(2.4.11)式和(2.4.14)式的特点:每k期给付一次的年金可以用每期给付一次的年金以商的形式表达出来;是期初付还是期末付体现在分母上,期初付对应现值,期末付对应终值;年金现值与终值分别体现在分子上的现值与终值;分子为n期,分母为k期,且分子、分母同为期初付或同为期末付的年金。

二、期限合并法

所谓期限合并法,就是将k期合并成新的一期,从而将每k期给付一次的年金转化为每期给付一次的年金来求其现值与终值的方法。为此,需要由原来的每期利率计算出新的一期的利率,所以该法又称为利率转换法。

以k期作为新的一期,设新的一期的利率为j,显然$j = (1+i)^k - 1$,于是

$$(ka)_{\overline{n}|} = a_{\overline{\frac{n}{k}}|j} = \frac{1 - (1+j)^{-\frac{n}{k}}}{j} = \frac{1 - v^n}{(1+i)^k - 1}$$

$$(ks)_{\overline{n}|} = s_{\overline{\frac{n}{k}}|j} = \frac{(1+j)^{\frac{n}{k}} - 1}{j} = \frac{(1+i)^n - 1}{(1+i)^k - 1}$$

$$(k\ddot{a})_{\overline{n}|} = \ddot{a}_{\overline{\frac{n}{k}}|j} = \frac{1 - (1+j)^{-\frac{n}{k}}}{\dfrac{j}{1+j}} = \frac{1 - v^n}{1 - v^k}$$

$$(k\ddot{s})_{\overline{n}|} = \ddot{s}_{\overline{\frac{n}{k}}|j} = \frac{(1+j)^{\frac{n}{k}} - 1}{\frac{j}{1+j}} = \frac{(1+i)^n - 1}{1 - v^k}$$

三、给付额分解法

所谓给付额分解法，就是将 k 期给付一次分解为每期给付一次且支付 k 期，从而将每 k 期给付一次的年金问题转化为每期给付一次的年金问题来求解的方法。

(一) 期末付年金

设每 k 期期末给付 1 等价于(k 期中) 每期期末给付 x，那么 $1 = xs_{\overline{k}|}$，即 $x = \frac{1}{s_{\overline{k}|}}$，从而每 k 期期末给付一次、给付 n 期的年金相当于每期期末给付 x、给付 n 期的年金。因而

$$(ka)_{\overline{n}|} = xa_{\overline{n}|} = \frac{a_{\overline{n}|}}{s_{\overline{k}|}}$$

$$(ks)_{\overline{n}|} = xs_{\overline{n}|} = \frac{s_{\overline{n}|}}{s_{\overline{k}|}}$$

上面给付额还可这样分解：设每 k 期期末给付 1 等价于(k 期中) 每期期初给付 y，那么 $1 = y\ddot{s}_{\overline{k}|}$，即 $y = \frac{1}{\ddot{s}_{\overline{k}|}}$，从而每 k 期期末给付一次、给付 n 期的年金相当于每期期初给付 y、给付 n 期的年金。因而

$$(ka)_{\overline{n}|} = y\ddot{a}_{\overline{n}|} = \frac{\ddot{a}_{\overline{n}|}}{\ddot{s}_{\overline{k}|}}$$

$$(ks)_{\overline{n}|} = y\ddot{s}_{\overline{n}|} = \frac{\ddot{s}_{\overline{n}|}}{\ddot{s}_{\overline{k}|}}$$

(二) 期初付年金

设每 k 期期初给付 1 等价于(k 期中) 每期期末给付 X，那么 $1 = Xa_{\overline{k}|}$，即 $X = \frac{1}{a_{\overline{k}|}}$，从而每 k 期期初给付一次、给付 n 期的年金相当于每期期末给付 X、给付 n 期的年金。因而

$$(k\ddot{a})_{\overline{n}|} = Xa_{\overline{n}|} = \frac{a_{\overline{n}|}}{a_{\overline{k}|}}$$

$$(k\ddot{s})_{\overline{n}|} = Xs_{\overline{n}|} = \frac{s_{\overline{n}|}}{a_{\overline{k}|}}$$

上面给付额还可这样分解：设每 k 期期初给付 1 等价于(k 期中) 每期期初给付 Y，那么 $1 = Y\ddot{a}_{\overline{k}|}$，即 $Y = \frac{1}{\ddot{a}_{\overline{k}|}}$，从而每 k 期期初给付一次，给付 n 期的年金相当于每期期初给付 Y，给付 n 期的年金。因而

$$(k\ddot{a})_{\overline{n|}} = Y\ddot{a}_{\overline{n|}} = \frac{\ddot{a}_{\overline{n|}}}{\ddot{a}_{\overline{k|}}}$$

$$(k\ddot{s})_{\overline{n|}} = Y\ddot{s}_{\overline{n|}} = \frac{\ddot{s}_{\overline{n|}}}{\ddot{a}_{\overline{k|}}}$$

例 2.4.1 已知某投资者欲购买这样一种年金：3 年延期、20 年给付期、每 3 个月月初给付 18 000 元、年结转 12 次利息的年名义利率为 6%。该投资者的购买价格是多少元？

解：由题意知，月利率为 6%/12 = 0.5%，记 $v=\dfrac{1}{1+0.5\%}$，设年金的购买价格为 P 元。下面分别用定义法、期限合并法、给付额分解法来求 P 的值。

(1) 定义法

$$P = 18\,000(v^{36}+v^{39}+v^{42}+\cdots+v^{270}+v^{273})$$

$$= 18\,000\frac{v^{36}[1-(v^3)^{80}]}{1-v^3}$$

$$= 18\,000\frac{v^{36}-v^{276}}{1-v^3} \approx 706\,849.81(\text{元})$$

(2) 期限合并法

以 3 个月为一期，设每期利率为 j，则 $j=(1+0.5\%)^3-1=0.015\,075\,125$，于是本题所涉及的年金就是延期 12 期、支付 80 期、每期给付 18 000 元的期初付年金，因此

$$P = 18\,000_{12|}\ddot{a}_{\overline{80|}j} = 18\,000\ddot{a}_{\overline{92|}j} - 18\,000\ddot{a}_{\overline{12|}j}$$

$$\approx 906\,051.45 - 199\,201.64 = 706\,849.81(\text{元})$$

(3) 给付额分解法

设每 3 个月月初给付 18 000 元相当于 3 个月中每月月初给付 x 元，则

$$18\,000 = x\ddot{a}_{\overline{3|}0.5\%}$$

$$\therefore x \approx 6\,029.95$$

$$\therefore P = x_{36|}\ddot{a}_{\overline{240|}0.5\%} = x\ddot{a}_{\overline{276|}0.5\%} - x\ddot{a}_{\overline{36|}0.5\%}$$

$$\approx 906\,051.45 - 199\,201.64 = 706\,849.81(\text{元})$$

第五节　非等额确定年金

在前面四节中，我们所讨论的年金都有一个共同的特点，那就是各次给付额相等，即每期给付一次的等额确定年金、每期给付 m 次的等额确定年金、每 k 期给付一次的等额确定年金、每期连续给付的等额确定年金。在本节中，我们将讨论非等额确定年金，即各次给付额不完全相等的年金，并主要讨论两类特殊的非等额确定年金：一类是给付额按等差数列变化，另一类是给付额按等比数列变化。对于其他情形的一般年金，只能按定义来求其现值与终值。

一、给付额按等差数列变化的非等额确定年金

（一）每期支付一次的非等额确定年金

1. 递增年金

第1期期末给付1，第2期期末给付2……第n期期末给付n的年金的现值与终值分别记为$(Ia)_{\overline{n|}}$、$(Is)_{\overline{n|}}$或$(Ia)_{\overline{n|}i}$、$(Is)_{\overline{n|}i}$；第1期期初给付1，第2期期初给付2……第n期期初给付n的年金的现值与终值分别记为$(I\ddot{a})_{\overline{n|}}$、$(I\ddot{s})_{\overline{n|}}$或$(I\ddot{a})_{\overline{n|}i}$、$(I\ddot{s})_{\overline{n|}i}$。

$$(Ia)_{\overline{n|}} = v + 2v^2 + 3v^3 + \cdots + (n-1)v^{n-1} + nv^n \tag{2.5.1}$$

(2.5.1) 式 × $(1+i)$ 得

$$(1+i)(Ia)_{\overline{n|}} = 1 + 2v + 3v^2 + 4v^3 + \cdots + nv^{n-1} \tag{2.5.2}$$

(2.5.2) 式 − (2.5.1) 式得

$$i(Ia)_{\overline{n|}} = 1 + v + v^2 + \cdots + v^{n-1} - nv^n = \ddot{a}_{\overline{n|}} - nv^n$$

$$\therefore (Ia)_{\overline{n|}} = \frac{\ddot{a}_{\overline{n|}} - nv^n}{i} \tag{2.5.3}$$

说明：(2.5.3) 式是从年金现值的定义出发而得到的，也可以像下文那样，用将非等额年金分解为等额年金的方法来推导。本节大多数变额确定年金都可以这样处理，以后不再赘述。

$$\begin{aligned}(Ia)_{\overline{n|}} &= a_{\overline{n|}} + {}_{1|}a_{\overline{n-1|}} + {}_{2|}a_{\overline{n-2|}} + \cdots + {}_{n-1|}a_{\overline{1|}} \\ &= a_{\overline{n|}} + va_{\overline{n-1|}} + v^2a_{\overline{n-2|}} + \cdots + v^{n-1}a_{\overline{1|}} \\ &= \frac{1-v^n}{i} + v\cdot\frac{1-v^{n-1}}{i} + v^2\cdot\frac{1-v^{n-2}}{i} + \cdots + v^{n-1}\cdot\frac{1-v}{i} \\ &= \frac{1 + v + v^2 + \cdots + v^{n-1} - nv^n}{i} = \frac{\ddot{a}_{\overline{n|}} - nv^n}{i}\end{aligned}$$

$$(Is)_{\overline{n|}} = (1+i)^n(Ia)_{\overline{n|}} = \frac{\ddot{s}_{\overline{n|}} - n}{i} \tag{2.5.4}$$

$$= \frac{s_{\overline{n+1|}} - (n+1)}{i} \tag{2.5.5}$$

$$(I\ddot{a})_{\overline{n|}} = 1 + 2v + 3v^2 + \cdots + nv^{n-1} = \frac{\ddot{a}_{\overline{n|}} - nv^n}{d} \tag{2.5.6}$$

$$(I\ddot{s})_{\overline{n|}} = (1+i)^n(I\ddot{a})_{\overline{n|}} = \frac{\ddot{s}_{\overline{n|}} - n}{d} \tag{2.5.7}$$

特别地，永久年金的现值为

$$(Ia)_{\overline{\infty|}} = \lim_{n\to+\infty}(Ia)_{\overline{n|}} = \frac{1}{id} \quad (i > 0)$$

$$(I\ddot{a})_{\overline{\infty|}} = \lim_{n\to+\infty}(I\ddot{a})_{\overline{n|}} = \frac{1}{d^2} \quad (i > 0)$$

说明：(2.5.6) 式、(2.5.7) 式也可以根据$(I\ddot{a})_{\overline{n|}} = (1+i)(Ia)_{\overline{n|}}$，$(I\ddot{s})_{\overline{n|}} =$

$(1+i)(Is)_{\overline{n}|}$进行推导。(2.5.4)式、(2.5.6)式、(2.5.7)式也可以用推导(2.5.3)式的方法去推导,不过对于期初付年金,可以将等式两边同乘以 v,然后再错位相减,这样更简便一些。

例 2.5.1 某人欲购买一种年金,该年金在第一年年末给付 6 000 元,以后在每一年年末均比上一年年末多给 500 元,该年金给付期为 40 年。如果年利率为 6%,那么这项年金的现值是多少元?

解:本题所涉及的期末付年金可以分解为两种年金。年金 1:每年年末给付 5 500 元,给付 40 年,其现值为 $5\,500a_{\overline{40}|}$;年金 2:第 1 年年末给付 1 个单位(本例 1 个单位为 500 元),第 2 年年末给付 2 个单位……第 40 年年末给付 40 个单位,其现值为 $500(Ia)_{\overline{40}|}$。因此,该项年金的现值为

$$5\,500a_{\overline{40}|}+500(Ia)_{\overline{40}|}\approx 183\,256.19(\text{元})$$

2. 递减年金

第 1 期期末给付 n,第 2 期期末给付 $n-1$……第 n 期期末给付 1 的年金的现值与终值分别记为 $(Da)_{\overline{n}|}$、$(Ds)_{\overline{n}|}$ 或 $(Da)_{\overline{n}|i}$、$(Ds)_{\overline{n}|i}$;第 1 期期初给付 n,第 2 期期初给付 $n-1$……第 n 期期初给付 1 的年金的现值与终值分别记为 $(D\ddot{a})_{\overline{n}|}$、$(D\ddot{s})_{\overline{n}|}$ 或 $(D\ddot{a})_{\overline{n}|i}$、$(D\ddot{s})_{\overline{n}|i}$。

$$(D\ddot{a})_{\overline{n}|}=n+(n-1)v+\cdots+2v^{n-2}+v^{n-1} \tag{2.5.8}$$

(2.5.8)式 $\times v$ 得

$$v(D\ddot{a})_{\overline{n}|}=nv+(n-1)v^2+\cdots+2v^{n-1}+v^n \tag{2.5.9}$$

(2.5.9)式 $-$ (2.5.8)式得

$$d(D\ddot{a})_{\overline{n}|}=n-(v+v^2+\cdots+v^{n-1}+v^n)=n-a_{\overline{n}|}$$

$$\therefore\ (D\ddot{a})_{\overline{n}|}=\frac{n-a_{\overline{n}|}}{d} \tag{2.5.10}$$

$$(D\ddot{s})_{\overline{n}|}=(1+i)^n(D\ddot{a})_{\overline{n}|}=\frac{n(1+i)^n-s_{\overline{n}|}}{d} \tag{2.5.11}$$

$$(Da)_{\overline{n}|}=v(D\ddot{a})_{\overline{n}|}=\frac{n-a_{\overline{n}|}}{i} \tag{2.5.12}$$

$$(Ds)_{\overline{n}|}=v(D\ddot{s})_{\overline{n}|}=\frac{n(1+i)^n-s_{\overline{n}|}}{i} \tag{2.5.13}$$

说明:(2.5.11)式 ~ (2.5.13)式也可按定义与推导(2.5.10)式的方法获得。

依据年金的定义,容易验证下列各式成立:

$$(Ia)_{\overline{n}|}+(Da)_{\overline{n}|}=(n+1)a_{\overline{n}|} \tag{2.5.14}$$

$$(I\ddot{a})_{\overline{n}|}+(D\ddot{a})_{\overline{n}|}=(n+1)\ddot{a}_{\overline{n}|} \tag{2.5.15}$$

$$(Is)_{\overline{n}|}+(Ds)_{\overline{n}|}=(n+1)s_{\overline{n}|} \tag{2.5.16}$$

$$(I\ddot{s})_{\overline{n}|}+(D\ddot{s})_{\overline{n}|}=(n+1)\ddot{s}_{\overline{n}|} \tag{2.5.17}$$

例 2.5.2 一项年金在第 1 年年末付款 1,以后每年比上一年增加 1,直至第 n 年;从第 $n+1$ 年起,每年递减 1,直至最后一年年末付款 1。计算该期末付年金的现值。

解:所求年金可以分解为两种年金,即 n 年期递增期末付年金和延期 n 年的 $n-1$ 年期期末付递减年金,因而所求年金现值为

$$
\begin{aligned}
(Ia)_{\overline{n}|} + {}_{n|}(Da)_{\overline{n-1}|} &= (Ia)_{\overline{n}|} + v^n (Da)_{\overline{n-1}|} \\
&= \frac{\ddot{a}_{\overline{n}|} - nv^n}{i} + v^n \cdot \frac{(n-1) - a_{\overline{n-1}|}}{i} \\
&= \frac{\ddot{a}_{\overline{n}|} - nv^n}{i} + v^n \cdot \frac{(n-1) - (\ddot{a}_{\overline{n}|} - 1)}{i} \\
&= \ddot{a}_{\overline{n}|} \cdot \frac{1 - v^n}{i} = \ddot{a}_{\overline{n}|} \cdot a_{\overline{n}|}
\end{aligned}
$$

3. 递增水平永久年金

递增水平永久年金是指给付额在前 m 期从 1 递增到 m,并保持每期给付额 m 的水平给付下去的一种永久年金。这种年金又分为期初付与期末付两种年金,其现值分别记为 $(I_{\overline{m}|}\ddot{a})_{\overline{\infty}|}$、$(I_{\overline{m}|}a)_{\overline{\infty}|}$。

$$
\begin{aligned}
(I_{\overline{m}|}\ddot{a})_{\overline{\infty}|} &= 1 + 2v + \cdots + mv^{m-1} + mv^m + mv^{m+1} + \cdots \\
&= (I\ddot{a})_{\overline{m}|} + m\,{}_{m|}\ddot{a}_{\overline{\infty}|} = \frac{\ddot{a}_{\overline{m}|}}{d} \quad (i > 0)
\end{aligned}
$$

$$
\begin{aligned}
(I_{\overline{m}|}a)_{\overline{\infty}|} &= v + 2v^2 + \cdots + mv^m + mv^{m+1} + mv^{m+2} + \cdots \\
&= (Ia)a_{\overline{m}|} + m\,{}_{m|}a_{\overline{\infty}|} = \frac{\ddot{a}_{\overline{m}|}}{i} \quad (i > 0)
\end{aligned}
$$

还可以考虑更一般的情形:给付额在前 m 期从 1 递增到 m,并保持每期给付额 m 的水平的 n 期年金(其中 $m \leqslant n$)。这种年金可分为期初付与期末付两种年金,其现值分别记为 $(I_{\overline{m}|}\ddot{a})_{\overline{n}|}$、$(I_{\overline{m}|}a)_{\overline{n}|}$。

$$
(I_{\overline{m}|}\ddot{a})_{\overline{n}|} = (I\ddot{a})_{\overline{m}|} + m\,{}_{m|}\ddot{a}_{\overline{n-m}|} = \frac{\ddot{a}_{\overline{m}|} - mv^n}{d}
$$

$$
(I_{\overline{m}|}a)_{\overline{n}|} = (Ia)_{\overline{m}|} + m\,{}_{m|}a_{\overline{n-m}|} = \frac{\ddot{a}_{\overline{m}|} - mv^n}{i}
$$

请读者思考:当 $m = n$ 时结果如何?

4. 递减水平年金

递减水平年金是指给付额在前 m 期从 m 递减到 1,并保持每期给付额 1 的水平给付下去的一种永久年金。这种年金又分为期初付与期末付两种年金,其现值分别记为 $(D_{\overline{m}|}\ddot{a})_{\overline{\infty}|}$、$(D_{\overline{m}|}a)_{\overline{\infty}|}$。

$$
\begin{aligned}
(D_{\overline{m}|}\ddot{a})_{\overline{\infty}|} &= m + (m-1)v + \cdots + v^{m-1} + v^m + v^{m+1} + \cdots \\
&= (D\ddot{a})_{\overline{m}|} + {}_{m|}\ddot{a}_{\overline{\infty}|} = \frac{m - a_{\overline{m}|} + v^m}{d}
\end{aligned}
$$

$$
\begin{aligned}
(D_{\overline{m}|}a)_{\overline{\infty}|} &= mv + (m-1)v^2 + \cdots + v^m + v^{m+1} + \cdots \\
&= (Da)_{\overline{m}|} + {}_{m|}a_{\overline{\infty}|} = \frac{m - a_{\overline{m}|} + v^m}{i}
\end{aligned}
$$

还可以考虑更一般的情形：给付额在前 m 期从 m 递减到 1，并保持每期给付额 1 的水平的 n 期年金（其中 $m \leqslant n$）。这种年金可分为期初付与期末付两种年金，其现值分别记为 $(D_{\overline{m|}}\ddot{a})_{\overline{n|}}$、$(D_{\overline{m|}}a)_{\overline{n|}}$。

$$(D_{\overline{m|}}\ddot{a})_{\overline{n|}} = (D\ddot{a})_{\overline{m|}} + {}_{m|}\ddot{a}_{\overline{n-m|}} = \frac{m - a_{\overline{m|}} + v^m - v^n}{d}$$

$$(D_{\overline{m|}}a)_{\overline{n|}} = (Da)_{\overline{m|}} + {}_{m|}a_{\overline{n-m|}} = \frac{m - a_{\overline{m|}} + v^m - v^n}{i}$$

请读者思考：当 $m = n$ 时结果如何？

（二）每期给付 m 次的非等额确定年金

1. 各期内 m 次给付额保持不变

(1) 递增年金：每期给付 m 次，第 1 期内给付总额为 1，每次给付 $\frac{1}{m}$；第 2 期内给付总额为 2，每次给付 $\frac{2}{m}$……第 n 期内给付总额为 n，每次给付 $\frac{n}{m}$ 的 n 期期末付、期初付年金的现值分别记为 $(Ia)_{\overline{n|}}^{(m)}$、$(I\ddot{a})_{\overline{n|}}^{(m)}$，相应的终值分别记为 $(Is)_{\overline{n|}}^{(m)}$、$(I\ddot{s})_{\overline{n|}}^{(m)}$。于是

$$\begin{aligned}(Ia)_{\overline{n|}}^{(m)} &= \frac{1}{m}(v^{\frac{1}{m}} + v^{\frac{2}{m}} + \cdots + v^{\frac{m}{m}}) + \frac{2}{m}(v^{1+\frac{1}{m}} + v^{1+\frac{2}{m}} + \cdots + v^{1+\frac{m}{m}}) \\ &\quad + \cdots + \frac{n}{m}(v^{n-1+\frac{1}{m}} + v^{n-1+\frac{2}{m}} + \cdots + v^{n-1+\frac{m}{m}}) \qquad (2.5.18)\\ &= a_{\overline{1|}}^{(m)} + 2va_{\overline{1|}}^{(m)} + 3v^2a_{\overline{1|}}^{(m)} + \cdots + nv^{n-1}a_{\overline{1|}}^{(m)} \\ &= a_{\overline{1|}}^{(m)}(1 + 2v + 3v^2 + \cdots + nv^{n-1}) \\ &= a_{\overline{1|}}^{(m)}(I\ddot{a})_{\overline{n|}} = \frac{1-v}{i^{(m)}} \cdot \frac{\ddot{a}_{\overline{n|}} - nv^n}{d} = \frac{\ddot{a}_{\overline{n|}} - nv^n}{i^{(m)}} \qquad (2.5.19)\end{aligned}$$

同理可得

$$\begin{aligned}(I\ddot{a})_{\overline{n|}}^{(m)} &= \frac{1}{m}(1 + v^{\frac{1}{m}} + \cdots + v^{\frac{m-1}{m}}) + \frac{2}{m}(v + v^{1+\frac{1}{m}} + \cdots + v^{1+\frac{m-1}{m}}) \\ &\quad + \cdots + \frac{n}{m}(v^{n-1} + v^{n-1+\frac{1}{m}} + \cdots + v^{n-1+\frac{m-1}{m}}) \qquad (2.5.20)\\ &= \ddot{a}_{\overline{1|}}^{(m)}(I\ddot{a})_{\overline{n|}} = \frac{\ddot{a}_{\overline{n|}} - nv^n}{d^{(m)}} \qquad (2.5.21)\end{aligned}$$

$$(Is)_{\overline{n|}}^{(m)} = (1+i)^n(Ia)_{\overline{n|}}^{(m)} = \frac{\ddot{s}_{\overline{n|}} - n}{i^{(m)}} \qquad (2.5.22)$$

$$(I\ddot{s})_{\overline{n|}}^{(m)} = (1+i)^n(I\ddot{a})_{\overline{n|}}^{(m)} = \frac{\ddot{s}_{\overline{n|}} - n}{d^{(m)}} \qquad (2.5.23)$$

(2) 递减年金：每期给付 m 次，第 1 期内给付总额为 n，每次给付 $\frac{n}{m}$；第 2 期内给付总额为 $n-1$，每次给付 $\frac{n-1}{m}$……第 n 期内给付总额为 1，每次给付 $\frac{1}{m}$ 的 n 期期末付、

期初付年金的现值分别记为$(Da)_{\overline{n}|}^{(m)}$、$(D\ddot{a})_{\overline{n}|}^{(m)}$，相应的终值分别记为$(Ds)_{\overline{n}|}^{(m)}$、$(D\ddot{s})_{\overline{n}|}^{(m)}$。可以按递增年金现值与终值的推导方法进行推导，结果如下：

$$(Da)_{\overline{n}|}^{(m)}=\frac{n-a_{\overline{n}|}}{i^{(m)}} \tag{2.5.24}$$

$$(D\ddot{a})_{\overline{n}|}^{(m)}=\frac{n-a_{\overline{n}|}}{d^{(m)}} \tag{2.5.25}$$

$$(Ds)_{\overline{n}|}^{(m)}=\frac{n(1+i)^n-s_{\overline{n}|}}{i^{(m)}} \tag{2.5.26}$$

$$(D\ddot{s})_{\overline{n}|}^{(m)}=\frac{n(1+i)^n-s_{\overline{n}|}}{d^{(m)}} \tag{2.5.27}$$

2. 各期内给付额严格递增

(1) 递增年金：每期给付m次，给付n期，第1次给付$\frac{1}{m^2}$，第2次给付$\frac{2}{m^2}$，第3次给付$\frac{3}{m^2}$……第mn次给付$\frac{mn}{m^2}$的期末付、期初付年金的现值分别记为$(I^{(m)}a)_{\overline{n}|}^{(m)}$、$(I^{(m)}\ddot{a})_{\overline{n}|}^{(m)}$，相应的终值分别记为$(I^{(m)}s)_{\overline{n}|}^{(m)}$、$(I^{(m)}\ddot{s})_{\overline{n}|}^{(m)}$。

$$(I^{(m)}a)_{\overline{n}|}^{(m)}=\frac{1}{m^2}v^{\frac{1}{m}}+\frac{2}{m^2}v^{\frac{2}{m}}+\cdots+\frac{mn-1}{m^2}v^{\frac{mn-1}{m}}+\frac{mn}{m^2}v^{\frac{mn}{m}} \tag{2.5.28}$$

(2.5.28) 式 $\times(1+i)^{\frac{1}{m}}$ 得

$$(1+i)^{\frac{1}{m}}(I^{(m)}a)_{\overline{n}|}^{(m)}=\frac{1}{m^2}+\frac{2}{m^2}v^{\frac{1}{m}}+\cdots+\frac{mn}{m^2}v^{\frac{mn-1}{m}} \tag{2.5.29}$$

(2.5.29) 式 − (2.5.28) 式得

$$\begin{aligned}\left[(1+i)^{\frac{1}{m}}-1\right](I^{(m)}a)_{\overline{n}|}^{(m)}&=\frac{1}{m}\cdot\frac{1}{m}\left(1+v^{\frac{1}{m}}+\cdots+v^{\frac{mn-1}{m}}\right)-\frac{mn}{m^2}v^{\frac{mn}{m}}\\&=\frac{1}{m}\ddot{a}_{\overline{n}|}^{(m)}-\frac{n}{m}v^n\end{aligned}$$

$$\therefore (I^{(m)}a)_{\overline{n}|}^{(m)}=\frac{\ddot{a}_{\overline{n}|}^{(m)}-nv^n}{i^{(m)}} \tag{2.5.30}$$

同理可得

$$(I^{(m)}\ddot{a})_{\overline{n}|}^{(m)}=\frac{\ddot{a}_{\overline{n}|}^{(m)}-nv^n}{d^{(m)}} \tag{2.5.31}$$

容易得出：

$$(I^{(m)}s)_{\overline{n}|}^{(m)}=(1+i)^n(I^{(m)}a)_{\overline{n}|}^{(m)}=\frac{\ddot{s}_{\overline{n}|}^{(m)}-n}{i^{(m)}} \tag{2.5.32}$$

$$(I^{(m)}\ddot{s})_{\overline{n}|}^{(m)}=(1+i)^n(I^{(m)}\ddot{a})_{\overline{n}|}^{(m)}=\frac{\ddot{s}_{\overline{n}|}^{(m)}-n}{d^{(m)}} \tag{2.5.33}$$

(2) 递减年金：每期给付 m 次，给付 n 期，第 1 次给付 $\frac{mn}{m^2}$，第 2 次给付 $\frac{mn-1}{m^2}$，第 3 次给付 $\frac{mn-2}{m^2}$…… 第 mn 次给付 $\frac{1}{m^2}$ 的期末付、期初付年金的现值分别记为 $(D^{(m)}a)_{\overline{n}|}^{(m)}$、$(D^{(m)}\ddot{a})_{\overline{n}|}^{(m)}$，相应的终值分别记为 $(D^{(m)}s)_{\overline{n}|}^{(m)}$、$(D^{(m)}\ddot{s})_{\overline{n}|}^{(m)}$。于是，

$$(D^{(m)}\ddot{a})_{\overline{n}|}^{(m)} = \frac{mn}{m^2} + \frac{mn-1}{m^2}v^{\frac{1}{m}} + \frac{mn-2}{m^2}v^{\frac{2}{m}} + \cdots + \frac{1}{m^2}v^{\frac{mn-1}{m}} \tag{2.5.34}$$

(2.5.34) 式 $\times\, v^{\frac{1}{m}}$ 得

$$v^{\frac{1}{m}}(D^{(m)}\ddot{a})_{\overline{n}|}^{(m)} = \frac{mn}{m^2}v^{\frac{1}{m}} + \frac{mn-1}{m^2}v^{\frac{2}{m}} + \cdots + \frac{2}{m^2}v^{\frac{mn-1}{m}} + \frac{1}{m^2}v^{\frac{mn}{m}} \tag{2.5.35}$$

(2.5.34) 式 − (2.5.35) 式得

$$\begin{aligned}(1-v^{\frac{1}{m}})(D^{(m)}\ddot{a})_{\overline{n}|}^{(m)} &= \frac{mn}{m^2} - \frac{1}{m}\cdot\frac{1}{m}\left(v^{\frac{1}{m}} + v^{\frac{2}{m}} + \cdots + v^{\frac{mn-1}{m}} + v^{\frac{mn}{m}}\right)\\ &= \frac{n}{m} - \frac{1}{m}a_{\overline{n}|}^{(m)}\end{aligned}$$

$$(D^{(m)}\ddot{a})_{\overline{n}|}^{(m)} = \frac{n - a_{\overline{n}|}^{(m)}}{d^{(m)}} \tag{2.5.36}$$

同理可得

$$(D^{(m)}a)_{\overline{n}|}^{(m)} = \frac{n - a_{\overline{n}|}^{(m)}}{i^{(m)}} \tag{2.5.37}$$

容易得出：

$$(D^{(m)}\ddot{s})_{\overline{n}|}^{(m)} = (1+i)^n(D^{(m)}\ddot{a})_{\overline{n}|}^{(m)} = \frac{n(1+i)^n - s_{\overline{n}|}^{(m)}}{d^{(m)}} \tag{2.5.38}$$

$$(D^{(m)}s)_{\overline{n}|}^{(m)} = (1+i)^n(D^{(m)}a)_{\overline{n}|}^{(m)} = \frac{n(1+i)^n - s_{\overline{n}|}^{(m)}}{i^{(m)}} \tag{2.5.39}$$

3. 各期内给付额阶梯式变动

设每期给付 m 次、每 r 次给付作为一个片段；第 $1,2,3,\cdots,nq-1,nq$ 个片段中的各次给付分别为 $\frac{1}{mq},\frac{2}{mq},\frac{3}{mq},\cdots,\frac{nq-1}{mq},\frac{nq}{mq}$，且各片段内给付额保持不变，给付 n 期的期末付、期初付递增年金的现值分别记为 $(I^{(q)}a)_{\overline{n}|}^{(m)}$、$(I^{(q)}\ddot{a})_{\overline{n}|}^{(m)}$，相应的终值分别记为 $(I^{(q)}s)_{\overline{n}|}^{(m)}$、$(I^{(q)}\ddot{s})_{\overline{n}|}^{(m)}$。这里 $m=qr$，其中 q、r 均为整数，每期给付 q 个片段或递增 q 次，共给付 nq 个片段。

若第 $1,2,3,\cdots,nq-1,nq$ 个片段中的各次给付分别为 $\frac{nq}{mq},\frac{nq-1}{mq},\frac{nq-2}{mq},\cdots,\frac{2}{mq},\frac{1}{mq}$，且各片段内给付额保持不变，给付 n 期的期末付、期初付递减年金的现值分别记为 $(D^{(q)}a)_{\overline{n}|}^{(m)}$、$(D^{(q)}\ddot{a})_{\overline{n}|}^{(m)}$，相应的终值分别记为 $(D^{(q)}s)_{\overline{n}|}^{(m)}$、$(D^{(q)}\ddot{s})_{\overline{n}|}^{(m)}$。

上述期末付年金给付时点与各次给付的金额如表 2 - 5 - 1 所示，将给付时点依次前移一个$\frac{1}{m}$期就得到了期初付年金的给付情况。下面主要以期末付年金为例进行研究，显然，每一片段就是一个每期给付 m 次的等额年金，给付$\frac{1}{q}$期，且延付的期数分别为$\frac{0}{q},\frac{1}{q},\frac{2}{q},\cdots,\frac{nq-1}{q}$。

表 2 - 5 - 1　各期内给付额阶梯式变动的期末付年金给付情况表

年金支付时点	递增年金给付额	递减年金给付额
$\frac{1}{m},\frac{2}{m},\cdots,\frac{r}{m}$	$\frac{1}{mq}$	$\frac{nq}{mq}$
$\frac{r+1}{m},\frac{r+2}{m},\cdots,\frac{2r}{m}$	$\frac{2}{mq}$	$\frac{nq-1}{mq}$
$\frac{2r+1}{m},\frac{2r+2}{m},\cdots,\frac{3r}{m}$	$\frac{3}{mq}$	$\frac{nq-2}{mq}$
……	……	……
$\frac{(q-1)r+1}{m},\frac{(q-1)r+2}{m},\cdots,\frac{qr}{m}$	$\frac{q}{mq}$	$\frac{(n-1)q+1}{mq}$
$\frac{qr+1}{m},\frac{qr+2}{m},\cdots,\frac{(q+1)r}{m}$	$\frac{q+1}{mq}$	$\frac{(n-1)q}{mq}$
……	……	……
$\frac{(nq-1)r+1}{m},\frac{(nq-1)r+2}{m},\cdots,\frac{nqr}{m}$	$\frac{nq}{mq}$	$\frac{1}{mq}$

（1）递增年金

$$
\begin{aligned}
(I^{(q)}a)_{\overline{n}|}^{(m)} &= \frac{1}{q}a_{\overline{\frac{1}{q}}|}^{(m)} + \frac{2}{q}\ {}_{\frac{1}{q}|}a_{\overline{\frac{1}{q}}|}^{(m)} + \frac{3}{q}\ {}_{\frac{2}{q}|}a_{\overline{\frac{1}{q}}|}^{(m)} + \cdots + \frac{nq}{q}\ {}_{\frac{nq-1}{q}|}a_{\overline{\frac{1}{q}}|}^{(m)} \\
&= a_{\overline{\frac{1}{q}}|}^{(m)}\left(\frac{1}{q} + \frac{2}{q}v^{\frac{1}{q}} + \frac{3}{q}v^{\frac{2}{q}} + \cdots + \frac{nq}{q}v^{\frac{nq-1}{q}}\right) \\
&= a_{\overline{\frac{1}{q}}|}^{(m)}q\left(\frac{1}{q^2} + \frac{2}{q^2}v^{\frac{1}{q}} + \frac{3}{q^2}v^{\frac{2}{q}} + \cdots + \frac{nq}{q^2}v^{\frac{nq-1}{q}}\right) \\
&= a_{\overline{\frac{1}{q}}|}^{(m)}q\ (I^{(q)}\ddot{a})_{\overline{n}|}^{(q)} = \frac{1-v^{\frac{1}{q}}}{i^{(m)}}\cdot q\cdot\frac{\ddot{a}_{\overline{n}|}^{(q)} - nv^n}{d^{(q)}} \\
&= \frac{\ddot{a}_{\overline{n}|}^{(q)} - nv^n}{i^{(m)}}
\end{aligned}
\tag{2.5.40}
$$

同理可得

$$
(I^{(q)}\ddot{a})_{\overline{n}|}^{(m)} = \frac{\ddot{a}_{\overline{n}|}^{(q)} - nv^n}{d^{(m)}} \tag{2.5.41}
$$

容易得出：

$$(I^{(q)}s)_{\overline{n}|}^{(m)} = (1+i)^n (I^{(q)}a)_{\overline{n}|}^{(m)} = \frac{\ddot{s}_{\overline{n}|}^{(q)} - n}{i^{(m)}} \tag{2.5.42}$$

$$(I^{(q)}\ddot{s})_{\overline{n}|}^{(m)} = (1+i)^n (I^{(q)}\ddot{a})_{\overline{n}|}^{(m)} = \frac{\ddot{s}_{\overline{n}|}^{(q)} - n}{d^{(m)}} \tag{2.5.43}$$

(2) 递减年金

$$\begin{aligned}(D^{(q)}a)_{\overline{n}|}^{(m)} &= \frac{nq}{q}a_{\overline{\frac{1}{q}}|}^{(m)} + \frac{nq-1}{q}\,{}_{\frac{1}{q}|}a_{\overline{\frac{1}{q}}|}^{(m)} + \frac{nq-2}{q}\,{}_{\frac{2}{q}|}a_{\overline{\frac{1}{q}}|}^{(m)} + \cdots + \frac{1}{q}\,{}_{\frac{nq-1}{q}|}a_{\overline{\frac{1}{q}}|}^{(m)} \\ &= a_{\overline{\frac{1}{q}}|}^{(m)}\left(\frac{nq}{q} + \frac{nq-1}{q}v^{\frac{1}{q}} + \frac{nq-2}{q}v^{\frac{2}{q}} + \cdots + \frac{1}{q}v^{\frac{nq-1}{q}}\right) \\ &= a_{\overline{\frac{1}{q}}|}^{(m)}q\left(\frac{nq}{q^2} + \frac{nq-1}{q^2}v^{\frac{1}{q}} + \frac{nq-2}{q^2}v^{\frac{2}{q}} + \cdots + \frac{1}{q^2}v^{\frac{nq-1}{q}}\right) \\ &= a_{\overline{\frac{1}{q}}|}^{(m)}q\,(D^{(q)}\ddot{a})_{\overline{n}|}^{(q)} = \frac{1-v^{\frac{1}{q}}}{i^{(m)}}\cdot q\cdot\frac{n-a_{\overline{n}|}^{(q)}}{d^{(q)}} \\ &= \frac{n-a_{\overline{n}|}^{(q)}}{i^{(m)}}\end{aligned} \tag{2.5.44}$$

同理可得

$$(D^{(q)}\ddot{a})_{\overline{n}|}^{(m)} = \frac{n-a_{\overline{n}|}^{(q)}}{d^{(m)}} \tag{2.5.45}$$

容易得出：

$$(D^{(q)}s)_{\overline{n}|}^{(m)} = (1+i)^n (D^{(q)}a)_{\overline{n}|}^{(m)} = \frac{n(1+i)^n - s_{\overline{n}|}^{(q)}}{i^{(m)}} \tag{2.5.46}$$

$$(D^{(q)}\ddot{s})_{\overline{n}|}^{(m)} = (1+i)^n (D^{(q)}\ddot{a})_{\overline{n}|}^{(m)} = \frac{n(1+i)^n - s_{\overline{n}|}^{(q)}}{d^{(m)}} \tag{2.5.47}$$

请读者思考：每期给付一次与每期给付多次的非等额确定年金的计算公式能否归结为每期给付额阶梯式变动的非等额年金的计算公式？

(三) 连续给付的非等额确定年金

在时刻 t 每期给付总额（或年率）为 t，连续给付 n 期的递增年金的现值记为 $(\bar{I}\bar{a})_{\overline{n}|}$，则由“微元法”思想可得

$$(\bar{I}\bar{a})_{\overline{n}|} = \int_0^n tv^t\mathrm{d}t \tag{2.5.48}$$

$$= \int_0^n t\mathrm{d}\left(\frac{v^t}{\ln v}\right) = -\frac{v^t}{\delta}t\Big|_0^n + \frac{1}{\delta}\int_0^n v^t\mathrm{d}t = \frac{\bar{a}_{\overline{n}|} - nv^n}{\delta} \tag{2.5.49}$$

(2.5.49) 式也可按下面方法推导出来：

$$(\bar{I}\bar{a})_{\overline{n}|} = \lim_{m\to+\infty}(I^{(m)}a)_{\overline{n}|}^{(m)} = \lim_{m\to+\infty}\frac{\ddot{a}_{\overline{n}|}^{(m)} - nv^n}{i^{(m)}} = \frac{\bar{a}_{\overline{n}|} - nv^n}{\delta}$$

同样地，

$$(\bar{I}\bar{a})_{\overline{n}|} = \lim_{m\to+\infty}(I^{(m)}\ddot{a})_{\overline{n}|}^{(m)} = \frac{\bar{a}_{\overline{n}|} - nv^n}{\delta}$$

$$(\bar{D}\bar{a})_{\overline{n}|} = \lim_{m\to+\infty}(D^{(m)}a)_{\overline{n}|}^{(m)} = \lim_{m\to+\infty}(D^{(m)}\ddot{a})_{\overline{n}|}^{(m)} = \frac{n - \bar{a}_{\overline{n}|}}{\delta} \quad (2.5.50)$$

令$(I\bar{a})_{\overline{n}|}$、$(D\bar{a})_{\overline{n}|}$分别表示阶梯式递增与递减年金，其计算公式为

$$(I\bar{a})_{\overline{n}|} = \lim_{m\to+\infty}(Ia)_{\overline{n}|}^{(m)} = \lim_{m\to+\infty}(I\ddot{a})_{\overline{n}|}^{(m)} = \frac{\ddot{a}_{\overline{n}|} - nv^n}{\delta} \quad (2.5.51)$$

$$(D\bar{a})_{\overline{n}|} = \lim_{m\to+\infty}(Da)_{\overline{n}|}^{(m)} = \lim_{m\to+\infty}(D\ddot{a})_{\overline{n}|}^{(m)} = \frac{n - a_{\overline{n}|}}{\delta} \quad (2.5.52)$$

与(2.5.48)式类似，如果在时刻t每期给付总额为$f(t)$或以年率$f(t)$进行给付，那么连续给付n期的年金的现值可以表示为$\int_0^n f(t)v^t\mathrm{d}t$。如果利息力$\delta$为常数，那么年金现值就可表示为$\int_0^n f(t)\mathrm{e}^{-\delta t}\mathrm{d}t$。更一般地，年金的现值表达式为$\int_a^b f(t)a^{-1}(t)\mathrm{d}t$，其中$a^{-1}(t) = \exp(-\int_0^t \delta_s \mathrm{d}s)$，$0 \leqslant a < b$。

(四) 每k期给付一次的变额确定年金

1. 递增年金

第1个k期期末给付1，第2个k期期末给付2……第$\frac{n}{k}$个k期期末给付$\frac{n}{k}$的n期递增年金的现值记为$(kIa)_{\overline{n}|}$；若是期初付年金的现值，则记为$(kI\ddot{a})_{\overline{n}|}$。其中$n$为$k$的整数倍。

$$(kIa)_{\overline{n}|} = v^k + 2v^{2k} + \cdots + \left(\frac{n}{k} - 1\right)v^{\left(\frac{n}{k}-1\right)k} + \frac{n}{k}\cdot v^{\frac{n}{k}\cdot k} \quad (2.5.53)$$

(2.5.53)式$\times(1+i)^k$得

$$(1+i)^k(kIa)_{\overline{n}|} = 1 + 2v^k + 3v^{2k} + \cdots + \frac{n}{k}\cdot v^{\left(\frac{n}{k}-1\right)k} \quad (2.5.54)$$

(2.5.54)式$-$(2.5.53)式得

$$[(1+i)^k - 1](kIa)_{\overline{n}|} = 1 + v^k + v^{2k} + \cdots + v^{\left(\frac{n}{k}-1\right)k} - \frac{n}{k}v^n$$

$$= (k\ddot{a})_{\overline{n}|} - \frac{n}{k}v^n = \frac{a_{\overline{n}|}}{a_{\overline{k}|}} - \frac{n}{k}v^n$$

因此

$$(kIa)_{\overline{n}|} = \frac{\frac{a_{\overline{n}|}}{a_{\overline{k}|}} - \frac{n}{k}v^n}{(1+i)^k - 1} = \frac{\frac{a_{\overline{n}|}}{a_{\overline{k}|}} - \frac{n}{k}v^n}{is_{\overline{k}|}} \quad (2.5.55)$$

$$= \frac{\frac{\ddot{a}_{\overline{n}|}}{\ddot{a}_{\overline{k}|}} - \frac{n}{k}v^n}{is_{\overline{k}|}} \quad (2.5.56)$$

显然,当 $k=1$ 时,(2.5.56) 式就成为(2.5.3) 式。

对于期初付年金而言,我们有

$$(kI\ddot{a})_{\overline{n}|}=1+2v^{k}+3v^{2k}+\cdots+\frac{n}{k}\cdot v^{(\frac{n}{k}-1)k} \tag{2.5.57}$$

(2.5.57) 式 $\times v^{k}$ 得

$$v^{k}(kI\ddot{a})_{\overline{n}|}=v^{k}+2v^{2k}+\cdots+(\frac{n}{k}-1)v^{(\frac{n}{k}-1)k}+\frac{n}{k}\cdot v^{\frac{n}{k}\cdot k} \tag{2.5.58}$$

(2.5.57) 式 - (2.5.58) 式得

$$(1-v^{k})(kI\ddot{a})_{\overline{n}|}=1+v^{k}+v^{2k}+\cdots+v^{(\frac{n}{k}-1)k}-\frac{n}{k}v^{n}$$

$$=(k\ddot{a})_{\overline{n}|}-\frac{n}{k}v^{n}=\frac{a_{\overline{n}|}}{a_{\overline{k}|}}-\frac{n}{k}v^{n}$$

$$\therefore(kI\ddot{a})_{\overline{n}|}=\frac{\dfrac{a_{\overline{n}|}}{a_{\overline{k}|}}-\dfrac{n}{k}v^{n}}{d\ddot{a}_{\overline{k}|}} \tag{2.5.59}$$

$$=\frac{\dfrac{\ddot{a}_{\overline{n}|}}{\ddot{a}_{\overline{k}|}}-\dfrac{n}{k}v^{n}}{d\ddot{a}_{\overline{k}|}} \tag{2.5.60}$$

显然,当 $k=1$ 时,(2.5.60) 式就成为(2.5.6) 式。

2. 递减年金

第 1 个 k 期期末给付$\frac{n}{k}$,第 2 个 k 期期末给付$\frac{n}{k}-1$……第$\frac{n}{k}$个 k 期期末给付 1 的 n 期递减年金的现值记为$(kDa)_{\overline{n}|}$;若是期初付年金的现值,则记为$(kD\ddot{a})_{\overline{n}|}$。其中 n 为 k 的整数倍。于是

$$(kDa)_{\overline{n}|}=\frac{n}{k}v^{k}+(\frac{n}{k}-1)v^{2k}+\cdots+2v^{(\frac{n}{k}-1)k}+v^{\frac{n}{k}\cdot k} \tag{2.5.61}$$

(2.5.61) 式 $\times(1+i)^{k}$ 得

$$(1+i)^{k}(kDa)_{\overline{n}|}=\frac{n}{k}+(\frac{n}{k}-1)v^{k}+\cdots+v^{(\frac{n}{k}-1)k} \tag{2.5.62}$$

(2.5.62) 式 - (2.5.61) 式得

$$[(1+i)^{k}-1](kDa)_{\overline{n}|}=\frac{n}{k}-(ka)_{\overline{n}|}=\frac{n}{k}-\frac{a_{\overline{n}|}}{s_{\overline{k}|}}=\frac{n}{k}-\frac{\ddot{a}_{\overline{n}|}}{\ddot{s}_{\overline{k}|}}$$

$$\therefore(kDa)_{\overline{n}|}=\frac{\dfrac{n}{k}-\dfrac{a_{\overline{n}|}}{s_{\overline{k}|}}}{is_{\overline{k}|}} \tag{2.5.63}$$

$$=\frac{\dfrac{n}{k}-\dfrac{\ddot{a}_{\overline{n}|}}{\ddot{s}_{\overline{k}|}}}{is_{\overline{k}|}} \tag{2.5.64}$$

同理可得

$$(kD\ddot{a})_{\overline{n}|} = \frac{\dfrac{n}{k} - \dfrac{a_{\overline{n}|}}{s_{\overline{k}|}}}{d\ddot{a}_{\overline{k}|}} \tag{2.5.65}$$

$$= \frac{\dfrac{n}{k} - \dfrac{\ddot{a}_{\overline{n}|}}{\ddot{s}_{\overline{k}|}}}{d\ddot{a}_{\overline{k}|}} \tag{2.5.66}$$

例 2.5.3　有一项永久年金,在第3年年末给付1,第6年年末给付2,第9年年末给付3…… 已知年利率为5%,试求该年金的现值。

解:设该永久年金的现值为A,于是由定义有

$$A = v^3 + 2v^6 + 3v^9 + 4v^{12} + \cdots$$

两边同乘以v^3得

$$v^3A = v^6 + 2v^9 + 3v^{12} + \cdots$$

第一式减去第二式得

$$(1 - v^3)A = v^3 + v^6 + v^9 + \cdots = \frac{v^3}{1 - v^3}$$

$$A = \frac{v^3}{(1 - v^3)^2} = \frac{(1 + i)^3}{[(1 + i)^3 - 1]^2} = \frac{1.05^3}{(1.05^3 - 1)^2} \approx 46.59$$

二、给付额按等比数列变化的变额确定年金

(一) 期末付年金

设第1期期末给付1,第2期期末给付$1 + r$,第3期期末给付$(1 + r)^2$…… 第n期期末给付$(1 + r)^{n-1}$的年金的现值与终值分别为$(Ga)_{\overline{n}|}$、$(Gs)_{\overline{n}|}$。依定义得

$$(Ga)_{\overline{n}|} = v + (1 + r)v^2 + \cdots + (1 + r)^{n-1}v^n \tag{2.5.67}$$

当$r = i$时,

$$(Ga)_{\overline{n}|} = nv = \frac{n}{1 + i}$$

当$r \neq i$时,

$$(Ga)_{\overline{n}|} = v \cdot \frac{1 - [(1 + r)v]^n}{1 - (1 + r)v} = \frac{1 - \left(\dfrac{1 + r}{1 + i}\right)^n}{i - r} \tag{2.5.68}$$

显然,当$r < i$时,$\lim\limits_{n\to+\infty}(Ga)_{\overline{n}|} = \dfrac{1}{i - r}$,否则$\lim\limits_{n\to+\infty}(Ga)_{\overline{n}|}$不存在。

下面可以推导出年金终值的计算公式:

当$r \neq i$时,

$$(Gs)_{\overline{n}|} = (1 + i)^n(Ga)_{\overline{n}|} = \frac{(1 + i)^n - (1 + r)^n}{i - r}$$

当 $r = i$ 时，

$$(Gs)_{\overline{n|}} = n(1+i)^{n-1} \tag{2.5.69}$$

（二）期初付年金

设第1期期初给付1，第2期期初给付 $1+r$，第3期期初给付 $(1+r)^2$……第 n 期期初给付 $(1+r)^{n-1}$ 的年金的现值与终值分别为 $(G\ddot{a})_{\overline{n|}}$、$(G\ddot{s})_{\overline{n|}}$。按照与期末付年金的现值与终值相同的处理方法，可以得出如下公式：

当 $r = i$ 时，

$$(G\ddot{a})_{\overline{n|}} = n \tag{2.5.70}$$

$$(G\ddot{s})_{\overline{n|}} = n(1+i)^n \tag{2.5.71}$$

当 $r \neq i$ 时，

$$(G\ddot{a})_{\overline{n|}} = (1+i)\frac{1-\left(\frac{1+r}{1+i}\right)^n}{i-r} \tag{2.5.72}$$

$$(G\ddot{s})_{\overline{n|}} = (1+i)\frac{(1+i)^n-(1+r)^n}{i-r} \tag{2.5.73}$$

例2.5.4　一项年金提供20笔年末付款，一年以后的第一次付款为10 000元，付款额每一年比上一年增加5%，年利率为6%。求此项年金的现值。

解：所求年金的现值为

$$10\,000(Ga)_{\overline{20|}} = 10\,000\frac{1-\left(\frac{1+5\%}{1+6\%}\right)^{20}}{6\%-5\%} \approx 172\,689.23(\text{元})$$

例2.5.5　一项年金每半年初支付一次，一共支付5年。第一次付款为10 000元，以后每一次付款为前一次的95%。假设每个季度结转一次利息的年名义利率为6%，试计算该项年金的现值。

解：以一季为一期，则每期的实际利率为 $6\%/4 = 1.5\%$，记 $v = \frac{1}{1+1.5\%}$，因此所求年金现值为

$$10\,000 + 10\,000 \times 95\% v^2 + \cdots + 10\,000(95\%)^9 v^{18}$$

$$= 10\,000 \cdot \frac{1-(95\% v^2)^{10}}{1-95\% v^2} \approx 71\,329.91(\text{元})$$

例2.5.6　一项10年期年金，按以下时间表付款：每年1月1日付款10 000元；每年4月1日付款20 000元；每年7月1日付款30 000元；每年10月1日付款40 000元。试证明此项年金在第一年1月1日第一次付款时的现值为 $160\,000\ddot{a}_{\overline{10|}}(I^{(4)}\ddot{a})^{(4)}_{\overline{1|}}$。

证明：设此项年金的现值为 A，将每年的4次付款折现到当年年初的现值为 B，则

$$A = B\ddot{a}_{\overline{10|}}$$

上式中，

$$B = 10\,000 + 20\,000v^{\frac{1}{4}} + 30\,000v^{\frac{2}{4}} + 40\,000v^{\frac{3}{4}}$$

$$= 160\ 000\left(\frac{1}{4^2} + \frac{2}{4^2}v^{\frac{1}{4}} + \frac{3}{4^2}v^{\frac{2}{4}} + \frac{4}{4^2}v^{\frac{3}{4}}\right) = 160\ 000(I^{(4)}\ddot{a})_{\overline{1}|}^{(4)}$$

因此 $A = 160\ 000\ddot{a}_{\overline{10}|}(I^{(4)}\ddot{a})_{\overline{1}|}^{(4)}$，证毕。

若 $i = 5\%$，则现值为 791 301. 38 元。

例 2. 5. 7 已知某种 20 年期年金，每月末给付 1 次，每季中各月给付相等金额，第 1 季每次给付 1 000 元，第 2 季每次给付 2 000 元，第 3 季每次给付 3 000 元，如此继续下去。已知年利率为 6%，求该年金的现值与终值。

解：以一年为一期，本例题所涉及的年金属于各期内给付额阶梯式变动的递增年金。这里 $n = 20, m = 12, q = 4, r = 3$，即以一个季度作为一个给付片段。以 48 000 元作为一个单位，即第 1 季、第 2 季、第 3 季……第 80 季的各季中每次分别给付 $\frac{1}{48}$ 个单位、$\frac{2}{48}$ 个单位、$\frac{3}{48}$ 个单位……$\frac{80}{48}$ 个单位。因此，所求年金的现值为

$$48\ 000\ (I^{(4)}a)_{\overline{20}|}^{(12)} = 48\ 000 \times \frac{\ddot{a}_{\overline{20}|}^{(4)} - 20v^{20}}{i^{(12)}}$$

$$\approx 4\ 651\ 880.\ 650\ 15 \approx 4\ 651\ 880.\ 65(\text{元})$$

所求年金的终值为

$$4\ 651\ 880.\ 651\ 05 \times 1.\ 06^{20} \approx 14\ 919\ 211.\ 45(\text{元})$$

请读者思考：如何在 Excel 上利用年金现值与终值的定义验证例 2. 5. 7 的计算结果？提示：在输入给付额时，可利用 Excel 中的函数 INT( )。

第六节　本金偿还保险

投资人或投保人在银行、保险公司等金融机构定期存入相等的金额以便在一定时期后获得一定数额款项的合同，称为本金偿还保险或资本赎回保单，也称储蓄保险。投资人定期存入的相等金额称为“保险费”，而到期获得的金额称为“保险金”，存入的最长期限称为“保险期”，这里的“保险”并不是真正意义上的保险，而是确定性的收与支活动。下面，我们研究“保险费”和“责任准备金”的计算，有兴趣的读者可以发现后继课程寿险精算中有类似形式的保费与准备金公式。

一、保险费的计算

为了简便起见，不考虑银行、保险公司等经办机构的经办费用和利润，这样计算出的保险费就是所谓的纯保险费。

设保险金为 1，保险期为 n 年，年缴 m 次保险费，并设保险费的年额为 $P_{\overline{n}|}^{(m)}$，在到期日（或以其为观察点），由收支平衡原则可得

$$P_{\overline{n}|}^{(m)}\ddot{s}_{\overline{n}|}^{(m)} = 1$$

即

$$P_{\overline{n}|}^{(m)} = \frac{1}{\ddot{s}_{\overline{n}|}^{(m)}} \tag{2.6.1}$$

每$\frac{1}{m}$年初缴纳的保险费为

$$\frac{P_{\overline{n}|}^{(m)}}{m} = \frac{1}{m\ddot{s}_{\overline{n}|}^{(m)}}$$

若以投保日(或契约日)为观察点,则由收支平衡原则可得

$$P_{\overline{n}|}^{(m)}\ddot{a}_{\overline{n}|}^{(m)} = v^n$$

由此可得

$$P_{\overline{n}|}^{(m)} = \frac{v^n}{\ddot{a}_{\overline{n}|}^{(m)}} \tag{2.6.2}$$

显然,(2.6.2)式与(2.6.1)式表现形式不一样但实质相同。(2.6.2)式中的分子 v^n 可以视为 n 年后支付保险金 1 在投保日的现值,又称为趸缴纯保险费,可以采用符号 $A_{\overline{n}|}(=v^n)$ 表示,于是

$$P_{\overline{n}|}^{(m)} = \frac{A_{\overline{n}|}}{\ddot{a}_{\overline{n}|}^{(m)}} \tag{2.6.3}$$

特别地,当 $m=1$ 或 $m\to+\infty$ 时,(2.6.3)式可分别变为

$$P_{\overline{n}|} = \frac{1}{\ddot{s}_{\overline{n}|}} = \frac{v^n}{\ddot{a}_{\overline{n}|}} \tag{2.6.4}$$

$$\bar{P}_{\overline{n}|} = \frac{1}{\bar{s}_{\overline{n}|}} = \frac{v^n}{\bar{a}_{\overline{n}|}} \tag{2.6.5}$$

由(2.1.14)式即 $1 = d\ddot{a}_{\overline{n}|} + v^n$ 得

$$A_{\overline{n}|} = v^n = 1 - d\ddot{a}_{\overline{n}|}$$

将其代入(2.6.4)式可得

$$P_{\overline{n}|} = \frac{1}{\ddot{a}_{\overline{n}|}} - d \tag{2.6.6}$$

或者

$$\frac{1}{\ddot{a}_{\overline{n}|}} = P_{\overline{n}|} + d \tag{2.6.7}$$

由 $A_{\overline{n}|} = 1 - d^{(m)}\ddot{a}_{\overline{n}|}^{(m)}$, $A_{\overline{n}|} = 1 - \delta\bar{a}_{\overline{n}|}$ 分别可得

$$P_{\overline{n}|}^{(m)} = \frac{1}{\ddot{a}_{\overline{n}|}^{(m)}} - d^{(m)} \tag{2.6.8}$$

$$\bar{P}_{\overline{n}|} = \frac{1}{\bar{a}_{\overline{n}|}} - \delta \tag{2.6.9}$$

二、责任准备金的计算

(一) 年缴保费一次的责任准备金

对于年缴保费一次的情形,第 t 年年末已缴纳的保险费的积累值记为 ${}_tV_{\overline{n}|}$,称为第 t 年年末的责任准备金,其中 $0 \leqslant t \leqslant n$。责任准备金实际上就是为支付给投资人或投保人的待遇而做的资金准备。因此

$$ {}_tV_{\overline{n}|} = P_{\overline{n}|}\ddot{s}_{\overline{t}|} = \frac{\ddot{s}_{\overline{t}|}}{\ddot{s}_{\overline{n}|}} \tag{2.6.10} $$

责任准备金有两种最基本的计算方法:一是未来法,二是过去法。前者从未来的角度考虑所需要的资金准备,即未来保险金支付的现值减去未来保险费收入的现值;后者从过去的角度考虑所需要的资金准备,即过去已收保险费的终值减去过去已支付保险金的终值。在计算某一时点责任准备金时,若在该时点有保险费收入,则该收入计入未来而不是计入过去;若有保险金支付,则期末付年金的支付算在过去,期初付年金的支付算在未来,(2.6.10) 式实际上是用过去法计算的责任准备金。因此,下面考虑用未来法计算责任准备金:

$$ {}_tV_{\overline{n}|} = A_{\overline{n-t}|} - P_{\overline{n}|}\ddot{a}_{\overline{n-t}|} = v^{n-t} - P_{\overline{n}|}\ddot{a}_{\overline{n-t}|} \tag{2.6.11} $$

$$ = \frac{v^{n-t}\ddot{s}_{\overline{n}|} - \ddot{a}_{\overline{n-t}|}}{\ddot{s}_{\overline{n}|}} = \frac{v^{n-t}\dfrac{(1+i)^n - 1}{d} - \dfrac{1-v^{n-t}}{d}}{\ddot{s}_{\overline{n}|}} = \frac{\ddot{s}_{\overline{t}|}}{\ddot{s}_{\overline{n}|}} $$

上面的推导表明用未来法与用过去法计算的责任准备金相等,过去法相对简便一些,因为过去没有保险金支付。

对(2.6.11) 式变形可得责任准备金的不同表现形式:

$$ {}_tV_{\overline{n}|} = A_{\overline{n-t}|} - P_{\overline{n}|}\ddot{a}_{\overline{n-t}|} = (1 - d\ddot{a}_{\overline{n-t}|}) - P_{\overline{n}|}\ddot{a}_{\overline{n-t}|} $$

$$ = 1 - (P_{\overline{n}|} + d)\ddot{a}_{\overline{n-t}|} = 1 - \frac{\ddot{a}_{\overline{n-t}|}}{\ddot{a}_{\overline{n}|}} \tag{2.6.12} $$

$$ = \frac{A_{\overline{n-t}|} - A_{\overline{n}|}}{1 - A_{\overline{n}|}} \tag{2.6.13} $$

$$ = \frac{P_{\overline{n-t}|} - P_{\overline{n}|}}{d + P_{\overline{n-t}|}} \tag{2.6.14} $$

(二) 年缴保费 m 次的责任准备金

设年缴保险费 m 次在第 n 年年末支付保险金 1 的本金偿还保险在第 t 年年末的责任准备金为 ${}_tV_{\overline{n}|}^{(m)}$,根据过去法可得

$$ {}_tV_{\overline{n}|}^{(m)} = P_{\overline{n}|}^{(m)}\ddot{s}_{\overline{t}|}^{(m)} = \frac{\ddot{s}_{\overline{t}|}^{(m)}}{\ddot{s}_{\overline{n}|}^{(m)}} \tag{2.6.15} $$

根据未来法可得

$$ {}_tV_{\overline{n}|}^{(m)} = A_{\overline{n-t}|} - P_{\overline{n}|}^{(m)} \ddot{a}_{\overline{n-t}|}^{(m)} = v^{n-t} - P_{\overline{n}|}^{(m)} \ddot{a}_{\overline{n-t}|}^{(m)} \tag{2.6.16} $$

$$ = [1 - d^{(m)} \ddot{a}_{\overline{n-t}|}^{(m)}] - P_{\overline{n}|}^{(m)} \ddot{a}_{\overline{n-t}|}^{(m)} = 1 - [P_{\overline{n}|}^{(m)} + d^{(m)}] \ddot{a}_{\overline{n-t}|}^{(m)} $$

$$ = 1 - \frac{\ddot{a}_{\overline{n-t}|}^{(m)}}{\ddot{a}_{\overline{n}|}^{(m)}} = \frac{\ddot{a}_{\overline{n}|}^{(m)} - \ddot{a}_{\overline{n-t}|}^{(m)}}{\ddot{a}_{\overline{n}|}^{(m)}} = \frac{v^{n-t} \ddot{a}_{\overline{t}|}^{(m)}}{\ddot{a}_{\overline{n}|}^{(m)}} = \frac{\ddot{s}_{\overline{t}|}^{(m)}}{\ddot{s}_{\overline{n}|}^{(m)}} \tag{2.6.17} $$

上面的推导表明，用未来法计算的责任准备金的结果与用过去法计算的结果一致，且过去法相对简便一些。

顺便说一句，当 $m \to +\infty$ 时，上面的年缴保费 m 次的责任准备金就变成了连续缴费的责任准备金。其计算公式如下：

$$ {}_t\bar{V}_{\overline{n}|} = \frac{\bar{s}_{\overline{t}|}}{\bar{s}_{\overline{n}|}} = 1 - \frac{\bar{a}_{\overline{n-t}|}}{\bar{a}_{\overline{n}|}} = v^{n-t} - \bar{P}_{\overline{n}|} \bar{a}_{\overline{n-t}|} \tag{2.6.18} $$

三、年金保险

这里的年金保险指的是先缴纳一定年数的保险费后开始在一定期限内定期领取一定金额的保险。该保险与领取人的生死无关，其运作原理类似于通常的保险，故称为年金保险。

假设年缴保费一次，缴纳 m 年，缴费期结束就开始年金领取期，每年年初可领取 A 元的保险金，领取 n 年；同时，假设该年金保险的保费缴纳期与保险金支付期的年利率都为 i，该保险的年缴保险费为 P 元，第 t 年年末的责任准备金为 ${}_tV$ 元。以第 m 年年末作为观察点，依据收支平衡原则可得

$$ P\ddot{s}_{\overline{m}|} = A\ddot{a}_{\overline{n}|} $$

解得

$$ P = \frac{A\ddot{a}_{\overline{n}|}}{\ddot{s}_{\overline{m}|}} \tag{2.6.19} $$

$$ = \frac{v^m A\ddot{a}_{\overline{n}|}}{\ddot{a}_{\overline{m}|}} = \frac{A_{m|}\ddot{a}_{\overline{n}|}}{\ddot{a}_{\overline{m}|}} \tag{2.6.20} $$

(2.6.20) 式是以 0 点，即现在时刻，为观察点，依收支平衡原则而得的结果。

当 $0 \leqslant t \leqslant m$ 时，

$$ {}_tV = P\ddot{s}_{\overline{t}|} = A\ddot{a}_{\overline{n}|} \frac{\ddot{s}_{\overline{t}|}}{\ddot{s}_{\overline{m}|}} \tag{2.6.21} $$

$$ = A\ddot{a}_{\overline{n}|} v^{m-t} - P\ddot{a}_{\overline{m-t}|} \tag{2.6.22} $$

注意：规定 $\ddot{s}_{\overline{0}|} = 0$。(2.6.21) 式、(2.6.22) 式分别是过去法与未来法计算的结果，可证明二者相等。留给读者证明。

当 $m < t \leqslant m + n$ 时，

$$ {}_tV = P\ddot{s}_{\overline{m}|}(1+i)^{t-m} - A\ddot{s}_{\overline{t-m}|} \tag{2.6.23} $$

$$ = A\ddot{a}_{\overline{n}|}(1+i)^{t-m} - A\ddot{s}_{\overline{t-m}|} $$

$$ = A\ddot{a}_{\overline{m+n-t}|} \tag{2.6.24} $$

(2.6.23) 式、(2.6.24) 式分别是过去法与未来法计算的结果。同样可证明二者相等。这里规定 $\ddot{a}_{\overline{0}|} = 0$。

例 2.6.1 设本金偿还保险在第 t 年年末（t 为 $\frac{1}{m}$ 的整数倍）的责任准备金为 ${}_tV_{\overline{n}|}^{(m)}$，第 $t+\frac{1}{m}$ 年年末的责任准备金为 ${}_{t+\frac{1}{m}}V_{\overline{n}|}^{(m)}$，试证明二者的关系为

$$\left({}_tV_{\overline{n}|}^{(m)} + \frac{P_{\overline{n}|}^{(m)}}{m}\right)(1+i)^{\frac{1}{m}} = {}_{t+\frac{1}{m}}V_{\overline{n}|}^{(m)} \qquad (2.6.25)$$

证明：由 (2.6.15) 式得

$$\begin{aligned}\left({}_tV_{\overline{n}|}^{(m)} + \frac{P_{\overline{n}|}^{(m)}}{m}\right)(1+i)^{\frac{1}{m}} &= \left(P_{\overline{n}|}^{(m)}\ddot{s}_{\overline{t}|}^{(m)} + \frac{P_{\overline{n}|}^{(m)}}{m}\right)(1+i)^{\frac{1}{m}} \\ &= P_{\overline{n}|}^{(m)}\left(\ddot{s}_{\overline{t}|}^{(m)} + \frac{1}{m}\right)(1+i)^{\frac{1}{m}} \\ &= P_{\overline{n}|}^{(m)}\ddot{s}_{\overline{t+\frac{1}{m}}|}^{(m)} = {}_{t+\frac{1}{m}}V_{\overline{n}|}^{(m)}\end{aligned}$$

因此，所证等式成立。

顺便说一句，等式 (2.6.25) 反映了相邻两次缴费时责任准备金之间的关系。第 t 年年末责任准备金加上在该时刻收到的下一个 $\frac{1}{m}$ 年保险费 $\frac{P_{\overline{n}|}^{(m)}}{m}$ 后，在年利率 i 的作用下，经过 $\frac{1}{m}$ 年的积累，就得到第 $t+\frac{1}{m}$ 年年末的责任准备金。

例 2.6.2 某契约规定，甲从 10 年后开始的 15 年间每季初可领取 6 000 元。为此，甲必须在今后 10 年间每月初存入等额款项。假设年利率 $i=5\%$，每月初应存入多少元？

解：设每月初应存入 P 元，以契约签订时点为观察点，由收支平衡原则得

$$12P\ddot{a}_{\overline{10}|}^{(12)} = 6\,000 \times 4\ddot{a}_{\overline{15}|}^{(4)}v^{10}$$

解得

$$P = 2\,000\frac{\ddot{a}_{\overline{15}|}^{(4)}v^{10}}{\ddot{a}_{\overline{10}|}^{(12)}} \approx 1\,657.18(\text{元})$$

四、有附加费用的本金偿还保险

假设对一个给付额为 1 并采用年缴一次保费的 n 年期的本金偿还保险，计算营业保险费或毛保险费时，需要考虑到与每次保费的支付相关的年均衡附加费用 e 以及初始的附加费用 H。注意这里的 e 和 H 也可以用营业保险费或纯保险费的一定比例来量度。设每年年初缴纳的营业保险费为 $P_{\overline{n}|}^{*}$，第 t 年年末的毛保费责任准备金为 ${}_tV_{\overline{n}|}^{*}$。于是有

$$P_{\overline{n}|}^{*}\ddot{a}_{\overline{n}|} = v^n + H + e\ddot{a}_{\overline{n}|}$$

解得

第二章 确定年金

$$P^*_{\overline{n}|} = \frac{v^n + H + e\ddot{a}_{\overline{n}|}}{\ddot{a}_{\overline{n}|}} = P_{\overline{n}|} + \frac{H}{\ddot{a}_{\overline{n}|}} + e \tag{2.6.26}$$

用未来法可得毛保费责任准备金：

$$\begin{aligned} {}_tV^*_{\overline{n}|} &= v^{n-t} + e\ddot{a}_{\overline{n-t}|} - P^*_{\overline{n}|}\ddot{a}_{\overline{n-t}|} = v^{n-t} + e\ddot{a}_{\overline{n-t}|} - \left(P_{\overline{n}|} + \frac{H}{\ddot{a}_{\overline{n}|}} + e\right)\ddot{a}_{\overline{n-t}|} \\ &= (v^{n-t} - P_{\overline{n}|}\ddot{a}_{\overline{n-t}|}) + H\left(1 - \frac{\ddot{a}_{\overline{n-t}|}}{\ddot{a}_{\overline{n}|}}\right) - H \\ &= (1 + H)\,{}_tV_{\overline{n}|} - H \quad (0 \leqslant t \leqslant n) \end{aligned} \tag{2.6.27}$$

${}_tV^*_{\overline{n}|}$ 叫作 Zillmer 准备金，它是以德国精算师 August Zillmer（1831—1892 年）的名字命名的。注意：${}_0V^*_{\overline{n}|} = -H$，这是由于假定在时刻 0 的准备金是在费用 H 已经发生之后而在第一笔保险费收到之前的资金准备，负数表示已经发生了初始费用。Zillmer 准备金的作用在于精确地考虑了初始费用，并在保单续期内逐步收回初始费用。

${}_tV^*_{\overline{n}|}$ 还可由过去法求出，其结果与未来法得出的结果相同。

$${}_tV^*_{\overline{n}|} = P^*_{\overline{n}|}\ddot{s}_{\overline{t}|} - H(1+i)^t - e\ddot{s}_{\overline{t}|} \quad (0 \leqslant t \leqslant n) \tag{2.6.28}$$

例 2.6.3　某本金偿还保单，保险金为 10 000 元，期限为 15 年，采用年缴一次均衡保险费方法，保险费在期初缴纳，年利率为 8%。发生的附加费用如下：

（1）初始费用为 100 元，同时加上第 1 次年缴毛保险费的 10%；

（2）续期附加费用为每次毛保险费的 4%。

求该保险的年缴毛保险费。

解：设 P^* 为每年年初缴纳的毛保险费。在支付各项附加费用后，剩余的保险费用于投资积存，以便在保单到期时能支付保险金 10 000 元。于是，我们有如下等式

$$[(1 - 10\%)P^* - 100](1 + 8\%)^{15} + \sum_{t=1}^{14}(1 - 4\%)P^*(1 + 8\%)^{15-t} = 10\,000$$

即

$$0.9P^*(1 + 8\%)^{15} + 0.96P^*\ddot{s}_{\overline{14}|} = 10\,000 + 100(1 + 8\%)^{15}$$

$$0.96P^*\ddot{s}_{\overline{15}|} - 0.06P^*(1.08)^{15} = 10\,000 + 100(1.08)^{15}$$

解得

$$P^* = \frac{10\,000 + 100 \times 1.08^{15}}{0.96\ddot{s}_{\overline{15}|} - 0.06 \times 1.08^{15}} \approx 368.99(\text{元})$$

本章小结

1. 内容概要

本章的年金为与契约人的生死无关的确定年金，它可以分为两大类：一类是等额年金，另一类是非等额年金。就内容结构体系而言，依据每期年金给付频率可划分为多期给付一次的年金、每期给付一次的年金、每期给付多次的年金、每期连续给付的

年金，其中每期给付一次的年金为最基本的年金。本章主要内容是求年金的现值与终值。无论什么性质的年金，其现值与终值的计算都可依据其定义来计算，即年金的现值就是各次给付的现值之和、年金的终值就是各次给付的终值之和。

对于等额年金，其年金现值的分子为$(1-v^n)$，终值的分子为$[(1+i)^n-1]$。分母分不同情形取不同的值。其取值规律如下：每期给付一次时，期初付年金对应实际贴现率，期末付年金对应实际利率；每期给付多次时，则分别对应于相应的名义贴现率与名义利率；多期给付一次时，期初付年金对应于多期的实际贴现率，期末付年金对应于多期的实际利率；连续给付的年金则对应于利息力δ。

对于非等额年金，公式概括起来比较复杂。本书主要研究年金的现值公式，因为现值乘以积累因子$(1+i)^n$就可得到相应年金的终值。递增年金的现值的分子为$(\ddot{a}_{\overline{n}|}-nv^n)$，递减年金的现值的分子为$(n-a_{\overline{n}|})$。分母取值则这样选择：每期给付一次时，期初付年金、期末付年金分别取实际贴现率与实际利率；每期给付多次且给付额呈阶梯变化时，期初付年金、期末付年金分别取相应的名义贴现率与名义利率。若每期给付多次且给付额呈直线变化时，则递增年金的现值的分子为$(\ddot{a}_{\overline{n}|}^{(m)}-nv^n)$，期初付与期末付年金的现值的分母分别为相应的名义贴现率、名义利率。

本章介绍了本金偿还保险，探讨了有关保险费、责任准备金的概念与计算。责任准备金可用过去法与未来法来计算，其结果相同。同时，本章还介绍了在附加费用条件下有关保险费与责任准备金的计算。不难发现，本金偿还保险与普通保险在原理上一致，但这里的收与支是确定发生的。

2. 重要公式

(1) $a_{\overline{n}|}=\dfrac{1-v^n}{i}$　　$s_{\overline{n}|}=\dfrac{(1+i)^n-1}{i}$　　$\dfrac{1}{a_{\overline{n}|}}=i+\dfrac{1}{s_{\overline{n}|}}$

(2) $\ddot{a}_{\overline{n}|}=\dfrac{1-v^n}{d}$　　$\ddot{s}_{\overline{n}|}=\dfrac{(1+i)^n-1}{d}$　　$\dfrac{1}{\ddot{a}_{\overline{n}|}}=d+\dfrac{1}{\ddot{s}_{\overline{n}|}}$

(3) $a_{\overline{n}|}^{(m)}=\dfrac{1-v^n}{i^{(m)}}$　　$s_{\overline{n}|}^{(m)}=\dfrac{(1+i)^n-1}{i^{(m)}}$　　$\dfrac{1}{a_{\overline{n}|}^{(m)}}=i^{(m)}+\dfrac{1}{s_{\overline{n}|}^{(m)}}$

(4) $\ddot{a}_{\overline{n}|}^{(m)}=\dfrac{1-v^n}{d^{(m)}}$　　$\ddot{s}_{\overline{n}|}^{(m)}=\dfrac{(1+i)^n-1}{d^{(m)}}$　　$\dfrac{1}{\ddot{a}_{\overline{n}|}^{(m)}}=d^{(m)}+\dfrac{1}{\ddot{s}_{\overline{n}|}^{(m)}}$

(5) $\bar{a}_{\overline{n}|}=\dfrac{1-v^n}{\delta}$　　$\bar{s}_{\overline{n}|}=\dfrac{(1+i)^n-1}{\delta}$　　$\dfrac{1}{\bar{a}_{\overline{n}|}}=\delta+\dfrac{1}{\bar{s}_{\overline{n}|}}$

(6) $(ka)_{\overline{n}|}=\dfrac{1-v^n}{(1+i)^k-1}=\dfrac{a_{\overline{n}|}}{s_{\overline{k}|}}=\dfrac{\ddot{a}_{\overline{n}|}}{\ddot{s}_{\overline{k}|}}$　　$(ks)_{\overline{n}|}=\dfrac{(1+i)^n-1}{(1+i)^k-1}=\dfrac{s_{\overline{n}|}}{s_{\overline{k}|}}=\dfrac{\ddot{s}_{\overline{n}|}}{\ddot{s}_{\overline{k}|}}$

(7) $(k\ddot{a})_{\overline{n}|}=\dfrac{1-v^n}{1-v^k}=\dfrac{a_{\overline{n}|}}{a_{\overline{k}|}}=\dfrac{\ddot{a}_{\overline{n}|}}{\ddot{a}_{\overline{k}|}}$　　$(k\ddot{s})_{\overline{n}|}=\dfrac{(1+i)^n-1}{1-v^k}=\dfrac{s_{\overline{n}|}}{a_{\overline{k}|}}=\dfrac{\ddot{s}_{\overline{n}|}}{\ddot{a}_{\overline{k}|}}$

(8) $(Ia)_{\overline{n}|}=\dfrac{\ddot{a}_{\overline{n}|}-nv^n}{i}$　　$(Is)_{\overline{n}|}=\dfrac{\ddot{s}_{\overline{n}|}-n}{i}$

$$(Da)_{\overline{n}|}=\frac{n-a_{\overline{n}|}}{i} \qquad (Ds)_{\overline{n}|}=\frac{n(1+i)^n-s_{\overline{n}|}}{i}$$

(9) $$(I\ddot{a})_{\overline{n}|}=\frac{\ddot{a}_{\overline{n}|}-nv^n}{d} \qquad (I\ddot{s})_{\overline{n}|}=\frac{\ddot{s}_{\overline{n}|}-n}{d}$$

$$(D\ddot{a})_{\overline{n}|}=\frac{n-a_{\overline{n}|}}{d} \qquad (D\ddot{s})_{\overline{n}|}=\frac{n(1+i)^n-s_{\overline{n}|}}{d}$$

(10) $$(Ia)_{\overline{n}|}^{(m)}=\frac{\ddot{a}_{\overline{n}|}-nv^n}{i^{(m)}} \qquad (Is)_{\overline{n}|}^{(m)}=\frac{\ddot{s}_{\overline{n}|}-n}{i^{(m)}}$$

$$(Da)_{\overline{n}|}^{(m)}=\frac{n-a_{\overline{n}|}}{i^{(m)}} \qquad (Ds)_{\overline{n}|}^{(m)}=\frac{n(1+i)^n-s_{\overline{n}|}}{i^{(m)}}$$

(11) $$(I\ddot{a})_{\overline{n}|}^{(m)}=\frac{\ddot{a}_{\overline{n}|}-nv^n}{d^{(m)}} \qquad (I\ddot{s})_{\overline{n}|}^{(m)}=\frac{\ddot{s}_{\overline{n}|}-n}{d^{(m)}}$$

$$(D\ddot{a})_{\overline{n}|}^{(m)}=\frac{n-a_{\overline{n}|}}{d^{(m)}} \qquad (D\ddot{s})_{\overline{n}|}^{(m)}=\frac{n(1+i)^n-s_{\overline{n}|}}{d^{(m)}}$$

(12) $$(I^{(m)}a)_{\overline{n}|}^{(m)}=\frac{\ddot{a}_{\overline{n}|}^{(m)}-nv^n}{i^{(m)}} \qquad (I^{(m)}\ddot{a})_{\overline{n}|}^{(m)}=\frac{\ddot{a}_{\overline{n}|}^{(m)}-nv^n}{d^{(m)}}$$

$$(\bar{I}\bar{a})_{\overline{n}|}=\frac{\bar{a}_{\overline{n}|}-nv^n}{\delta} \qquad (D^{(m)}a)_{\overline{n}|}^{(m)}=\frac{n-a_{\overline{n}|}^{(m)}}{i^{(m)}}$$

$$(D^{(m)}\ddot{a})_{\overline{n}|}=\frac{n-a_{\overline{n}|}^{(m)}}{d^{(m)}} \qquad (\bar{D}\bar{a})_{\overline{n}|}=\frac{n-\bar{a}_{\overline{n}|}}{\delta}$$

$$(I\bar{a})_{\overline{n}|}=\frac{\ddot{a}_{\overline{n}|}-nv^n}{\delta} \qquad (D\bar{a})_{\overline{n}|}=\frac{n-a_{\overline{n}|}}{\delta}$$

(13) $$(I^{(q)}a)_{\overline{n}|}^{(m)}=\frac{\ddot{a}_{\overline{n}|}^{(q)}-nv^n}{i^{(m)}} \qquad (I^{(q)}\ddot{a})_{\overline{n}|}^{(m)}=\frac{\ddot{a}_{\overline{n}|}^{(q)}-nv^n}{d^{(m)}}$$

$$(D^{(q)}a)_{\overline{n}|}^{(m)}=\frac{n-a_{\overline{n}|}^{(q)}}{i^{(m)}} \qquad (D^{(q)}\ddot{a})_{\overline{n}|}^{(m)}=\frac{n-a_{\overline{n}|}^{(q)}}{d^{(m)}}$$

习题 2

2 - 1　某人在月初时购买了一处住宅,价值30万元,首付款为 A 元,余下的部分每月月末付款3 000元,共付10年,每年计息12次的年名义利率为6.21%,求首付款 A。

2 - 2　一台电脑价值15 000元,某人想以每月计息一次、13.2%的年利率分期付款来购买该电脑。若他在4年内每月月末偿还400元,首付款应是多少?

2 - 3　某人以9%的年利率贷款10万元,10年内偿还完毕。最初5年间每年偿还额是最后 5 年间每年偿还额的 2 倍,求各年偿还额。

2-4 (1) 已知 $a_{\overline{m}|}=x, a_{\overline{n}|}=y, a_{\overline{m+n}|}=z$,求 i。

(2) 已知$\dfrac{a_{\overline{7}|}}{a_{\overline{11}|}}=\dfrac{a_{\overline{3}|}+s_{\overline{x}|}}{a_{\overline{y}|}+s_{\overline{z}|}}$,试确定 x、y、z 的值。

2-5 证明并解释:$\dfrac{a_{\overline{n-t}|}}{a_{\overline{n}|}}+\dfrac{s_{\overline{t}|}}{s_{\overline{n}|}}=1$,其中 $t=0,1,2,\cdots,n$ 且 n 为自然数。

2-6 某人将在 20 年后退休,他打算从现在开始每年年初向某基金存入 4 000 元。如果基金年收益率为 6%,计算他在退休时可以积存多少退休金。

2-7 某 35 岁的工人打算在未来 25 年内每年年初存入 1 500 元以建立退休基金,计划从 60 岁开始每年年初领取一次款项,领取 15 年。他每次可以领取多少?假设前 25 年的年实际利率为 6%,此后 15 年的年实际利率为 5%。

2-8 某人将一笔遗产(每年年末可领取的永久年金)捐赠给了 A、B、C、D 四家慈善机构。在前 n 年,每次领取的款项由 A、B、C 三家平均分享,n 年以后,剩余部分均由 D 领取。试证明:当 $(1+i)^n=4$ 时,A、B、C、D 四家在该遗产中享有的现值相等。

2-9 已知年利率为 7%,为了在 10 年后得到 10 万元,每年年初应存入多少元?如果存入款项 4 年后,年利率下降到 6%,那么以后每年年初应存入多少元?

2-10 某 10 年期年金在时刻 t 以年率 $1+0.4t$ 万元进行支付,已知利息 $\delta_t=\dfrac{2t}{1+t^2}$,这里 $0\leqslant t\leqslant 10$,求该年金的现值与终值。

2-11 求每 10 年年额减半的 30 年期每年给付一次的期初付年金的现值与终值,其中年实际利率为 5.5%,最初 10 年的年额为 1 万元。

2-12 现有一项即期年金,每年年末支付一次,每次支付 1 万元,期限为 30 年。最初 10 年间,每年利率为 5%;在第 2 个 10 年间,每年利率为 4.5%;在第 3 个 10 年间,每年利率为 4%。求该年金的购买价格。

2-13 在某种利率环境下,已知 $\ddot{a}_{\overline{31}|}=18.292\,033$,$\ddot{s}_{\overline{29}|}=55.084\,938$,求该利率环境下每年支付 1 的期末付永久年金的现值。

2-14 已知 $\ddot{a}_{\overline{m}|}=x, s_{\overline{n}|}=y$,证明:$a_{\overline{m+n}|}=\dfrac{vx+y}{1+iy}$。

2-15 每年年末付款 1 万元的 10 年期年金,前 6 年年利率为 $i=0.04$,后 4 年年计息 4 次的年名义利率为 $i^{(4)}=0.04$,计算该年金的现值。

2-16 某人购房贷款 10 万元,其每月最大还款能力为 1 500 元,贷款年名义利率为 9.6%,每年计息 12 次。求正常还款次数和最后一次正常还款时所余零头。如果将正常还款后所余零头提前作为首付款来处理,那么首付款是多少?

2-17 一笔 1 000 万元的贷款,从第 5 年年末起,每年偿还 100 万元,直到还清为止。假设贷款年利率为 4.5%,求最后一次偿还的时间与金额,假设最后一次偿还额大于正常偿还额。

2 - 18　已知$\delta_t = \dfrac{1}{20-t}$,其中$0 \leqslant t \leqslant 10$,试求每期期末支付1的10年期期末付年金的终值。

2 - 19　试确定一笔每年年末投入10 000元、为期20年的年金业务的终值。假设前12年每年的实际利率为7%,后8年每年的实际利率为6%。

2 - 20　试确定一项每年投资10 000元、为期20年的期末付年金的终值。假定前12年投资按年实际利率7%计算,后8年投资按年实际利率6%计算。

2 - 21　证明:$s_{\overline{n|}}\ddot{a}_{\overline{n|}} > n^2$,其中$i > 0, n \geqslant 2$。

2 - 22　某10年期的确定年金在前4年每年年初可领取20 000元;后6年的每月月初可领取2 000元。已知前4年年实际利率为4%,后6年年计息4次的年名义利率为6%,求该年金的现值。

2 - 23　已知$3a_{\overline{n|}}^{(2)} = 2a_{\overline{2n|}}^{(2)} = 45s_{\overline{1|}}^{(2)}$,求$i$。

2 - 24　一项10年期年金,前5年每季末给付1 000元,后5年每季末付款2 000元,如果年实际利率为5%,试求购买该年金的价格。

2 - 25　已知某种年金年支付额为12 000元,分期于每月月末进行一次等额给付,给付期为10年。(1)若年实际利率为6%,求该年金的现值。(2)若年计息4次的年名义利率为6%,求该年金的现值。

2 - 26　假设每季末存入10 000元,年实际利率为多少时才能在第5年年末积累到250 000元?

2 - 27　已知n使$\bar{a}_{\overline{n|}} = n - 2$成立,$\delta = 0.05$,求$\int_0^n \bar{a}_{\overline{t|}}\mathrm{d}t$。

2 - 28　求利息力δ的值,使$\bar{s}_{\overline{20|}} = 3\bar{s}_{\overline{10|}}$成立。

2 - 29　证明:$a_{\overline{n|}} < a_{\overline{n|}}^{(m)} < \bar{a}_{\overline{n|}} < \ddot{a}_{\overline{n|}}^{(m)} < \ddot{a}_{\overline{n|}}$,其中$m > 1$, $-1 < i \neq 0$。

2 - 30　一项年金提供20笔年末付款,一年以后的第一次付款为1 200元,以后每年付款额比上一年多5%,已知年实际利率为7%,求该年金的现值。

2 - 31　证明:(1)$(I\ddot{a})_{\overline{n+1|}} = (Ia)_{\overline{n|}} + \ddot{a}_{\overline{n+1|}}$;(2)$(I\ddot{a})_{\overline{n|}} < (\ddot{a}_{\overline{n|}})^2$;(3)当$i > 0$时,$(D\ddot{a})_{\overline{n|}} > (I\ddot{a})_{\overline{n|}}$。

2 - 32　已知$a_{\overline{20|}} = 11.196$,$(Ia)_{\overline{20|}} = 95.360$,求利率$i$。

2 - 33　一项年金按下列形式给付:第5年年末付10,第6年年末付9,如此每年减少1直到无钱可付。证明其现值为$\dfrac{10 - a_{\overline{14|}} + a_{\overline{4|}}(1-10i)}{i}$。

2 - 34　现有两项永久年金,第一项年金在每年年末付款p,第二项年金付款则按照q、$2q$、$3q$……这样的规律进行支付,试确定年利率以使这两项现值之差为:①0;②最大。

2 - 35　已知$\bar{a}_{\overline{n|}} = a$,$\bar{a}_{\overline{2n|}} = b$,求$(\bar{I}\bar{a})_{\overline{n|}}$。

2 - 36　一项20年期年金在时刻t以年率$1 + t^2$连续付款,且$\delta_t = \dfrac{2}{1+t}$,其中

$0 \leqslant t \leqslant 20$,求该年金的现值。

2 - 37　写出下列年金现值的简明表达式:(1)A 年金提供如下待遇:第 1 年年末支付 1,第 2 年年末支付 2,第 3 年年末支付 3,……,第 n 年年末支付 n,并保持 n 的支付水平一直进行下去。(2)B 年金提供如下待遇:第 1 年年末支付 1,第 2 年年末支付 2,第 3 年年末支付 3,……,第 n 年年末支付 n,第 $n+1$ 年年末支付 $n-1$,第 $n+2$ 年年末支付 $n-2$,……,直到支付额为 0。(3)C 年金提供如下待遇:第 1 年年末支付 1,第 2 年年末支付 2,第 3 年年末支付 3,到第 n 年年末支付 n,第 $n+1$ 年年末支付 $n-1$,第 $n+2$ 年年末支付 $n-2$,……,第 $2n-1$ 年年末支付 1,并保持 1 的支付水平一直进行下去。

2 - 38　有两项永久年金,其支付情况如下:A 年金第 1 个两年每年年末支付 1,第 2 个两年每年年末支付 2,第 3 个两年每年年末支付 3……;B 年金第 1 个三年每年年末支付 k,第 2 个三年每年年末支付 $2k$,第 3 个三年每年年末支付 $3k$…… 已知两项年金的现值相等,求 k。

2 - 39　计算:(1) $\sum_{t=1}^{n}(Ia)_{\overline{t}|}$; (2) $\sum_{t=1}^{n}(Da)_{\overline{t}|}$。

2 - 40　用 Excel 程序做出 $a_{\overline{n}|}$、$\ddot{a}_{\overline{n}|}$、$s_{\overline{n}|}$、$\ddot{s}_{\overline{n}|}$、$a_{\overline{n}|}^{(m)}$、$\ddot{a}_{\overline{n}|}^{(m)}$、$s_{\overline{n}|}^{(m)}$、$\ddot{s}_{\overline{n}|}^{(m)}$、$\bar{a}_{\overline{n}|}$、$\bar{s}_{\overline{n}|}$、$(Ia)_{\overline{n}|}$、$(Da)_{\overline{n}|}$、$(I\ddot{a})_{\overline{n}|}$、$(D\ddot{a})_{\overline{n}|}$、$(Ia)_{\overline{n}|}^{(m)}$、$(Da)_{\overline{n}|}^{(m)}$、$(I^{(m)}a)_{\overline{n}|}^{(m)}$、$(D^{(m)}a)_{\overline{n}|}^{(m)}$、$(I^{(q)}a)_{\overline{n}|}^{(m)}$、$(I^{(q)}\ddot{a})_{\overline{n}|}^{(m)}$、$(D^{(q)}a)_{\overline{n}|}^{(m)}$、$(D^{(q)}\ddot{a})_{\overline{n}|}^{(m)}$ 等函数值表。

第三章 投资收益分析

人们在银行存款，在保险公司购买年金保险，在证券市场上购买国债、股票等，均是为了获得一定的回报，除非是赠送性支出，否则应该是有支出就有收回、有付出就有回报。这样的支出与收回，或先借入再偿还等，它们在时间上、金额上不一致，往往会产生一定的收益与亏损。本章主要通过现金流（流入、流出）的分析，计算出某项资金运动的收益状况。评价一个投资项目的收益水平，或者比较不同投资项目的收益水平，通常采用计算收益率和计算净现值的方法。在其他条件相同时，投资者应选择收益率高或净现值大的项目投资。

第一节 投资收益分析的基本方法

一、收益率法

（一）收益率

收益率就是使未来资金流入现值与资金流出现值相等时的利率，也可定义为使投资支出现值与投资收回现值相等的利率。在金融、保险实务中，收益率又称为内涵收益率。注意，这里的收益率只表示一组特定的现金流的投资回报，而不是利润率。例如，期初投资 100 元，期末收回 110 元，则投资收益率为 10%。

（二）判断标准

当投资项目收益率大于或等于投资者所要求的收益率时，该项目是可行的；否则，该项目是不可行的。

假设某投资者在时刻 $0,1,2,\cdots,n$ 有资金流出（或者称为投资）$O_0,O_1,\cdots,O_n$，资金流入（或投资收回）$I_0,I_1,\cdots,I_n$，其中 $O_t\geqslant 0,I_t\geqslant 0,t=0,1,2,\cdots,n$。令 $C_t=O_t-I_t$ 表示在时刻 t 的投资净支出（负数则表示收回）。

在金融保险业务中，一般习惯于从投资人投资收回的角度来进行资金净流入分析。从投资人的角度来考察，在某时刻 t 的资金流入与流出之差称为在时刻 t 的资金净流入，记为 R_t。显然，$R_t = I_t - O_t = -C_t$。于是，在 n 期内，各时刻资金净流入的现值之和简称为资金净流入现值，记为 NPV(i)。

$$\mathrm{NPV}(i) = \sum_{t=0}^{n} v^t R_t \tag{3.1.1}$$

当以连续方式在时刻 t 单位时期内提供资金净流入 R_t 时，

$$\mathrm{NPV}(i) = \int_0^n v^t R_t \mathrm{d}t$$

于是收益率就是如下关于 i 的方程的根

$$\mathrm{NPV}(i) = 0 \tag{3.1.2}$$

或

$$\sum_{t=0}^{n} v^t R_t = 0 \tag{3.1.3}$$

这实际上表明，收益率就是使资金净流入现值为 0 的利率。收益率常被作为一项指标去度量某项特定业务受欢迎或不受欢迎的程度。从贷方的角度看，收益率越高越受欢迎；从借方的角度看，收益率越低越受欢迎。通常认为收益率应当为正，但实际情况未必如此。若收益率为 0，则意味着投资者（贷方）从投资中未获得回报；若收益率为负，则表明投资者（贷方）在此项业务中亏了本。因此，我们假设负收益率满足 $-1 \leqslant i < 0$，因为对于 $i < -1$，即 $1 + i < 0$ 情形，很难找到合理的实际例子。

例 3.1.1　考虑一个 20 年期的投资项目，投资者在第 1 年年初投入30 000 元，第 2年年初投入 20 000 元，第 3 年年初投入 10 000 元，以后每年之初承担 2 000 元的维持费。这一项目预期从第 3 年年末开始，每年年末提供投资回报，从 3 000 元开始，以后每一年比上一年增加 1 000 元，试求该项目的投资收益率。

解：该项目的资金流入流出情况见表 3－1－1。设该项目年投资收益率为 i，则它是下述方程的根：

$$-10\,000(D\ddot{a})_{\overline{3}|} + 1\,000v^2(Ia)_{\overline{17}|} + 20\,000v^{20} = 0$$

或

$$-10(D\ddot{a})_{\overline{3}|} + v^2(Ia)_{\overline{17}|} + 20v^{20} = 0 \tag{3.1.4}$$

运用线性插值迭代法可计算出方程（3.1.4）的根为

$$i \approx 8.535\,852\%$$

如果投资者要求的收益率不超过 8.535 852%，那么该项目是可行的，否则便不可行。从表 3－1－1 还可以看出，在收益率为 8.535 852% 的条件下的资金净流入积累值变动情况，积累值为负数，其绝对值由小变大，然后再由大变小，直到为 0。

表 3-1-1　投资项目资金流入流出表　　单位:元

年末	投入	收回	净流入	净流入积累值
0	30 000	0	-30 000	-30 000.00
1	20 000	0	-20 000	-52 560.76
2	10 000	0	-10 000	-67 047.26
3	2 000	3 000	1 000	-71 770.32
4	2 000	4 000	2 000	-75 896.53
5	2 000	5 000	3 000	-79 374.94
6	2 000	6 000	4 000	-82 150.27
7	2 000	7 000	5 000	-84 162.50
8	2 000	8 000	6 000	-85 346.48
9	2 000	9 000	7 000	-85 631.53
10	2 000	10 000	8 000	-84 940.91
11	2 000	11 000	9 000	-83 191.34
12	2 000	12 000	10 000	-80 292.43
13	2 000	13 000	11 000	-76 146.08
14	2 000	14 000	12 000	-70 645.79
15	2 000	15 000	13 000	-63 676.01
16	2 000	16 000	14 000	-55 111.30
17	2 000	17 000	15 000	-44 815.52
18	2 000	18 000	16 000	-32 640.91
19	2 000	19 000	17 000	-18 427.09
20	0	20 000	20 000	0.00

例 3.1.2　已知某项投资业务现在投入 18 000 元,第 2 年年末可收回12 000 元,第 4 年年末可收回 10 000 元,求该投资业务的收益率。

解:由题意知,资金净流入为

$$R_0 = -18\ 000 \quad R_2 = 12\ 000 \quad R_4 = 10\ 000$$

因此,收益率 i 满足方程

$$10\ 000v^4 + 12\ 000v^2 - 18\ 000 = 0$$

即

$$5v^4 + 6v^2 - 9 = 0$$

$$\because v^2 > 0$$

$$\therefore v^2 = \frac{-3 + 3\sqrt{6}}{5}$$

即

$$v = \sqrt{\frac{-3 + 3\sqrt{6}}{5}}$$

由此可得

$$i \approx 7.23\%$$。

例 3.1.3 某投资者在第 1 年年初向某基金投入 12 000 元，在第 2 年年初收回投入的本金 12 000 元，并从基金中借出 10 000 元，第 2 年年末偿还12 000 元，结清了债务，求该投资业务的收益率。

解：该投资业务的收益率 i 满足方程

$$-12\ 000v^2 + 22\ 000v - 12\ 000 = 0$$

即

$$6v^2 - 11v + 6 = 0$$

由于

$$(-11)^2 - 4 \times 6 \times 6 = -23 < 0$$

因此，关于 v 的方程 $-12\ 000v^2 + 22\ 000v - 12\ 000 = 0$ 无实根，从而关于 i 的方程也无实根。这表明问题所涉及的收益率不存在。换言之，正常情况下不应该存在这样的投资活动。

二、净现值法

在一定利率水平下，资金净流入现值为 $NPV(i) = \sum_{t=0}^{n} v^t R_t$，那么可以根据投资项目资金净流入现值的大小，对投资项目进行比较与选择，有两种方法可以采用。方法之一：对于两个不同的投资项目，优先选择净现值大的项目。方法之二：若已知投资者所要求的收益率，则以此收益率作为利率计算出的净流入现值大于或等于 0，该投资项目才可行，否则便不可行。

用收益率法与净现值法对同一投资项目的可行性判断结果应当相同。

现在，我们可以计算出在不同利率水平下，例 3.1.1 所反映的投资项目的资金净流入的现值表见表 3-1-2。该表反映了净流入现值 $NPV(i)$ 是利率 i 的减函数：利率越高，净现值越小；利率越低，净现值越大。但其他资金净流入现值未必是利率的减函数，如多重收益率问题出现时。从表 3-1-2 不难看出，收益率为 8.535 852%。由收益率法计算显示，当投资者所要求的收益率不超过 8.535 852% 时，该项目可行。而此时，净现值大于或等于 0，因而根据净现值法，该项目仍然可行，反之亦然。

表 3-1-2 投资项目资金净流入现值表 单位：元

i	6%	7%	8%	8.535 852%	9%	10%	11%
$NPV(i)$	19 559.64	10 940.49	3 534.76	0	-2 842.70	-8 346.55	-13 106.33

三、收益率唯一性条件

我们知道，收益率就是(3.1.3) 式即 $\sum_{t=0}^{n} R_t v^t = 0$ 的根。这是一个关于 v 的 n 次方

程，由代数基本定理可知，它有 n 个根，包括实根、虚根；k 重根计 k 个根。由于 $v=\frac{1}{1+i}$，因而 i 可能为正数、0、负数，也可能为虚根，甚至为无穷大。收益率为正数时，比较正常，符合投资者的愿望，而收益率为负数且 $-1 \leqslant i < 0$ 也有其合理性，当 $i < -1$ 时不太合理。在不少情况下，合理的收益率不止一个，这时会给我们对投资项目的抉择带来困难。

（一）收益率不唯一的实例

例 3.1.4　考虑这样一笔投资业务，要求现在投资 10 000 元，在第 2 年年末再投入 11 872 元，以换取在第 1 年年末得到 21 800 元，试求该业务的年投资收益率。

解：$\because$ 资金净流入为

$$R_0=-10\ 000 \quad R_1=21\ 800 \quad R_2=-11\ 872$$

$$\therefore\ -10\ 000+21\ 800v-11\ 872v^2=0$$

$$\therefore\ (1+i)^2-2.18(1+i)+1.187\ 2=0$$

解得

$$i=6\% \quad \text{或} \quad i=12\%$$

这两个收益率都符合实际情况，因而似乎都是正确的。要对这种投资行为进行评价十分困难。现在我们先计算资金净流入的现值（见表 3-1-3），然后再进行分析。这里资金净流入现值为 $NPV(i)=-10\ 000+21\ 800v-11\ 872v^2$。

表 3-1-3　投资项目资金净流入现值表　　单位：元

i	3%	4%	5%	6%	7%	8%	9%	10%	11%	12%	13%	14%
NPV(i)	-25.45	-14.79	-6.35	0	4.37	6.86	7.58	6.61	4.06	0	-5.48	-12.31

从表 3-1-3 可以看出，该投资项目资金净流入现值随着利率的增加，先递增后递减，具体而言，先由负数上升为正数，然后再下降成负数，因而使净现值为 0 的利率有两个取值，故有两个收益率。当投资者要求 8% 的收益率时，NPV(i) 为正，该项目可行；但当投资者要求 4% 的收益率时，NPV(i) 为负数，该项目又不可行。这实际上造成了逻辑上的混乱，根源在于多重收益率的出现，使项目选择的判断标准或者说收益率分析法失效。但是在不少情况下，收益率是唯一的。下面介绍收益率唯一性定理。

（二）收益率唯一性定理

1. **定理** 3.1.1（Descartes 符号法则）

若实系数 n 次方程

$$f(x)=a_nx^n+a_{n-1}x^{n-1}+\cdots+a_1x+a_0=0 \quad (a_0\neq 0, a_n\neq 0)$$

的系数数列 $\{a_n,a_{n-1},\cdots,a_1,a_0\}$ 的变号次数为 p（为 0 的系数除外），则方程 $f(x)=0$ 的正根个数（一个 k 重根按 k 个根计算）等于 p 或者比 p 小一个正偶数。

特别地，当 $p=0$ 时，方程无正根。当 $p=1$ 时，方程有且仅有一个正根。

该定理仅对 $p = 0$ 或 1 的情形做出了确切的回答。

现在来回顾前面所举实例以验证 Descartes 符号法则。在例 3.1.2 中，$p = 1$，根据符号法则，应有关于 v 的正根一个，因而应有 i 的正根一个($i > -1$。今后利用符号法则来判断时，都将正根扩大到 $i > -1$ 的范围)，实际上该方程的确有一个正根。在例 3.1.3 中，$p = 2$，那么关于 v 的正根应有 2 个或者 0 个，实际为 0 个，因而没有关于 i 的正根，实际上连实根都没有。在例 3.1.4 中，$p = 2$，那么关于 v 的正根应有 2 个或者 0 个，实际为 2 个，因而有两个关于 i 的正根。符号法则实际上也给了我们关于可能存在的多重收益率的重数的上限。收益率的最大重数等于资金净流入改变符号的次数。因而，收益率的实际重数可能明显小于最大重数。

2. **定理** 3.1.2(收益率唯一性定理)

若资金净流入只改变过一次符号，则收益率($i > -1$) 是唯一的。

在例 3.1.1 中，通过表 3-1-1 不难发现，该项投资资金净流入只改变过一次符号，由收益率唯一性定理可知该项投资的收益率是唯一的，由于 8.535 852% 是其收益率，因而它是该项投资的唯一收益率。在例 3.1.2 中，也存在唯一的收益率 7.23%。下面的例子，将表明资金净流入改变了三次符号，却只存在唯一的收益率。若按符号法则，应有 3 个或 1 个正根，实际上仅有 1 个正根。

例 3.1.5　某 5 年期投资项目第 1 年年初投入 10 万元，以后每年年初投入 5 万元；每年年末可获得的回报为 10 万元、11 万元、2 万元、1 万元、8 万元。求该项目的投资收益率。

解：首先，做出投资项目资金流入流出表，如表 3-1-4 所示。

表 3-1-4　投资项目资金流入流出表　　单位：万元

年末	投入	收回	净流入
0	10	0	-10
1	5	10	5
2	5	11	6
3	5	2	-3
4	5	1	-4
5	0	8	8

其次，设每年投资收益率为 i，则 i 满足方程

$$-10 + 5v + 6v^2 - 3v^3 - 4v^4 + 8v^5 = 0$$

令
$$NPV(i) = -10 + 5v + 6v^2 - 3v^3 - 4v^4 + 8v^5$$

由于
$$\lim_{i \to -\infty} NPV(i) = -10 \qquad \lim_{i \to +\infty} NPV(i) = -10$$

$$\lim_{i \to -1^-} NPV(i) = -\infty \qquad \lim_{i \to -1^+} NPV(i) = +\infty$$

由 Excel 程序计算，$NPV(i)$ 在 $(-\infty, -1)$ 上为减函数，在 $(-1, +\infty)$ 上也为减函数，因而存在唯一实根。利用线性插值迭代法可得 $i \approx 7.525\,2\%$。

第三章　投资收益分析

3. 唯一性更宽松的条件

定理 3.1.3：设 B_t 为在时刻 t 的未动用投资余额，即投资与收回后而形成的积累额，其中 $t=0,1,2,\cdots,n$。显然有

$$B_0=C_0 \tag{3.1.5}$$

$$B_t=B_{t-1}(1+i)+C_t \quad (t=1,2,\cdots,n) \tag{3.1.6}$$

若满足条件：(1) $B_t>0$，其中 $t=0,1,2,\cdots,n-1$；(2) 存在 $i(i>-1)$ 满足方程 $\sum_{t=0}^{n}v^tR_t=0$，则收益率 i 是唯一的。

证明： $\because R_t=-C_t$

$\therefore$ (3.1.3) 式可变为

$$B_n=C_0(1+i)^n+C_1(1+i)^{n-1}+\cdots+C_{n-1}(1+i)+C_n=0 \tag{3.1.7}$$

$\because i>-1 \quad \therefore 1+i>0$

$\because C_0=B_0>0$

$B_0(1+i)+C_1=B_1>0$

$B_1(1+i)+C_2=B_2>0$

……

$B_{n-2}(1+i)+C_{n-1}=B_{n-1}>0$

$B_{n-1}(1+i)+C_n=B_n=0$

$\therefore C_n<0$，而 $C_0>0$，$C_1,C_2,\cdots,C_{n-1}$ 的符号不能确定。

下面证明唯一性。假设存在另一个收益率 j 满足定理 3.1.3 的条件，那么 $j>i$ 或 $-1<j<i$。不妨假设 $j>i$，因为 $-1<j<i$ 可以类似证明。于是，$1+j>1+i>0$。

对于收益率 j，设投资收回后形成的积累额为 $\tilde{B}_t$，那么

$\tilde{B}_0=C_0=B_0$

$\tilde{B}_1=\tilde{B}_0(1+j)+C_1>B_0(1+i)+C_1=B_1$

$\tilde{B}_2=\tilde{B}_1(1+j)+C_2>B_1(1+i)+C_2=B_2$

……

$\tilde{B}_{n-1}=\tilde{B}_{n-2}(1+j)+C_{n-1}>B_{n-2}(1+i)+C_{n-1}=B_{n-1}$

$\tilde{B}_n=\tilde{B}_{n-1}(1+j)+C_n>B_{n-1}(1+i)+C_n=B_n=0$

然而，由于 j 为收益率，因此，应有 $\tilde{B}_n=0$，这出现了矛盾，即 j 不可能大于 i，也不可能小于 i。因而，收益率 i 是唯一的。

由此可见，假设在整个投资期内投资与收回后形成的积累额始终为正，则收益率是唯一的。现在，我们可以验证，例 3.1.5 所反映的投资收益率是唯一的。由于 7.525 2% 是该投资的收益率，且在 $i=7.525\,2\%$ 的情况下，$B_0=10$，$B_1\approx 5.75$，$B_2\approx 0.19$，$B_3\approx 3.20$，$B_4\approx 7.44$，$B_5=0$。同时，也验证了 $C_0=10>0$，$C_5=-8<0$，而 C_1、C_2、C_3、C_4 有正有负。

然而，即使在某一时点投资收回的积累额为负，也可能其收益率是唯一的，即定

理 3.1.3 中的条件是充分而不必要的条件。例如，在例 3.1.5 中将第 2 年的投入由 5 万元减少到 4 万元，重复例 3.1.5 的求解过程得到收益率为 11.524 0%，且是唯一的。在 $i=11.524\ 0\%$ 时，$B_0=10$，$B_1\approx 6.15$，$B_2\approx -0.14$，$B_3\approx 2.85$，$B_4\approx 7.17$，$B_5=0$。

现在可以考虑连续投资的未动用投资余额。设 B_t 为在时刻 t 的未动用投资余额 $(0\leqslant t\leqslant n)$，并设在时刻 t 以每期 C_t 的年率连续地"增加" 投入（C_t 为正时，真正增加投资，否则为减少投资），这样就有（3.1.7）式左边的推广形式：

$$B_n=B_0(1+i)^n+\int_0^n C_t(1+i)^{n-t}\mathrm{d}t \tag{3.1.8}$$

（3.1.8）式告诉我们：在第 n 期期末的未动用投资余额等于开始时的投资余额在第 n 期期末的积累值再加所有中途"新增" 投入在第 n 期期末的积累值。注意：在微小区间$[t,t+\mathrm{d}t]$上新增投入约为 $C_t\mathrm{d}t$，它们在第 n 期期末的积累值为 $C_t(1+i)^{n-t}\mathrm{d}t$。

如果利息力连续变化，那么可以得到一个比（3.1.8）式更为一般的公式：

$$B_n=B_0\mathrm{e}^{\int_0^n\delta_s\mathrm{d}s}+\int_0^n C_t\mathrm{e}^{\int_t^n\delta_s\mathrm{d}s}\mathrm{d}t \tag{3.1.9}$$

因而

$$B_t=B_0\mathrm{e}^{\int_0^t\delta_s\mathrm{d}s}+\int_0^t C_r\mathrm{e}^{\int_r^t\delta_s\mathrm{d}s}\mathrm{d}r \tag{3.1.10}$$

两边对 t 求导数，得

$$\frac{\mathrm{d}}{\mathrm{d}t}B_t=B_0\mathrm{e}^{\int_0^t\delta_s\mathrm{d}s}\delta_t+C_t+\int_0^t\delta_t C_r\mathrm{e}^{\int_r^t\delta_s\mathrm{d}s}\mathrm{d}r=\delta_t B_t+C_t \tag{3.1.11}$$

微分方程（3.1.11）左边表示在时刻 t 未动用投资余额的变化率，它实质上表示在 t 时单位时期内未动用投资余额的变化，右边表示此时的变化率归因于两个因素：一是基金余额 B_t 在利息强度 δ_t 作用下在时刻 t 的单位时期内产生的利息 $\delta_t B_t$；二是在时刻 t 的单位时期内"新增" 投资 C_t。在（3.1.11）式的求导过程中，运用了含参积分的求导公式。

第二节　币值加权收益率及其计算

如果投资时只有一次本金投入，那么计算其收益率就非常简单，如期初投资 1 000 元，期末收回 1 200 元，则投资收益率为 20%。但是，如果在一个投资活动中，本金是不断变化的，或者说是不断投入或撤出的，那么应如何计算其投资收益率呢？有两种方法可以考虑：一是近似法，二是精确法。

一、近似法

首先，计算出某期的平均本金余额。

其次，计算出投资收益率：

$$投资收益率 = \frac{利息收入}{平均本金余额} \tag{3.2.1}$$

利息收入容易计算出来,关键就在于计算出平均本金余额。初始投资为A_0,随后不断有本金投入,也不断有本金撤出,到期末时积累值已达到A_1。由于期末的积累值A_1中已包含了期末的本金余额和当期产生的利息I,因此,期末的本金余额为$A_1 - I$。假设本金在当期的变化是均匀的,那么当期的平均本金余额为$\frac{A_0 + A_1 - I}{2}$,因此当期的投资收益率为

$$i \approx \frac{I}{\frac{A_0 + A_1 - I}{2}} = \frac{2I}{A_0 + A_1 - I} \tag{3.2.2}$$

公式(3.2.2)又被称为Hardy公式。

设某项投资在时刻$t(0 \leqslant t \leqslant 1)$的积累值为$A(t)$,显然$A_0 = A(0)$,$A_1 = A(1)$,假设利息力为常数$\delta$,于是,在时点$t$与$t + \mathrm{d}t$间产生利息$A(t)\delta\mathrm{d}t$,从而一年间产生利息

$$I = \int_0^1 A(t)\delta\mathrm{d}t$$

假设$A(t)$在一年间由A_0沿着直线变动至A_1,即

$$A(t) = A_0 + (A_1 - A_0)t$$

因而有

$$I = \delta\frac{A_0 + A_1}{2}$$

即

$$\delta = \frac{2I}{A_0 + A_1} \tag{3.2.3}$$

由于

$$i = \mathrm{e}^{\delta} - 1 \approx \delta\left(1 + \frac{\delta}{2}\right) \approx \delta\left(1 - \frac{\delta}{2}\right)^{-1} \tag{3.2.4}$$

将(3.2.3)式代入(3.2.4)式可得

$$i \approx \frac{2I}{A_0 + A_1} \cdot \frac{1}{1 - \frac{I}{A_0 + A_1}} = \frac{2I}{A_0 + A_1 - I}$$

从而,我们从另外一个角度证明了公式(3.2.2)成立。

假设各月月末的资产积累值为$A(0)(= A_0)$,$A\left(\frac{1}{12}\right)$,$A\left(\frac{2}{12}\right)$,$\cdots$,$A\left(\frac{11}{12}\right)$,$A(1)(= A_1)$,并且各月间的资产积累值沿着直线变动,于是

$$A(t) = A\left(\frac{k}{12}\right)\left(\frac{k+1}{12} - t\right)12 + A\left(\frac{k+1}{12}\right)\left(t - \frac{k}{12}\right)12$$

这里，$\frac{k}{12} \leqslant t < \frac{k+1}{12}, k = 0,1,2,\cdots,11$。

$$I = \sum_{k=0}^{11} \int_{\frac{k}{12}}^{\frac{k+1}{12}} A(t)\delta \mathrm{d}t = \sum_{k=0}^{11} \delta \frac{A\left(\frac{k}{12}\right) + A\left(\frac{k+1}{12}\right)}{2} \cdot \frac{1}{12}$$

$$= \delta \frac{\frac{1}{2}A(0) + A\left(\frac{1}{12}\right) + A\left(\frac{2}{12}\right) + \cdots + A\left(\frac{11}{12}\right) + \frac{1}{2}A(1)}{12}$$

记上式右边的第 2 个因子（即平均资产）为 $\bar{A}$，于是

$$\delta = \frac{I}{\bar{A}}$$

将其代入（3.2.4）式可得

$$i \approx \frac{I}{\bar{A}} \cdot \frac{1}{1 - \frac{I}{2\bar{A}}} = \frac{I}{\bar{A} - \frac{I}{2}} \tag{3.2.5}$$

二、精确法

假设本金为 A_0，在时刻 t“新增”投资为 C_t（C_t 可以大于 0，表示投资真实增加；C_t 也可以小于 0，表示投资减少），这些投资在期末形成的积累值为 A_1，于是

$$A_0(1+i) + \sum_t C_t(1+i)^{1-t} = A_1 \tag{3.2.6}$$

解这个方程可以得到准确的收益率 i。

从该式可以看出，收益率 i 不仅与 A_0、A_1 有关，而且与“新增”投资额 C_t 有关，即与投入的币值大小有关，故称为币值加权收益率或金额加权收益率。

由于 $(1+i)^{1-t} \approx 1 + i(1-t)$，这样（3.2.6）式可变为

$$A_0(1+i) + \sum_t C_t[1 + i(1-t)] \approx A_1 \tag{3.2.7}$$

（3.2.6）式与（3.2.7）式的一个区别在于前者用复利表示，后者用单利表示，当利率 i 与 $(1-t)$ 都比较小时，可以用单利形式近似地替代复利形式。

从（3.2.7）式可解得

$$i \approx \frac{A_1 - \left(A_0 + \sum_t C_t\right)}{A_0 + \sum_t C_t(1-t)} = \frac{I}{A_0 + \sum_t C_t(1-t)} \tag{3.2.8}$$

（3.2.8）式所反映的收益率可以看成是运用公式（3.2.1）式而得到的结果。（3.2.8）式的分子 $A_1 - \left(A_0 + \sum_t C_t\right)$ 就是期末终值或积累值与期初投入及期内“新增”的本金之差，因而就是该期产生的利息。（3.2.8）式的分母 $A_0 + \sum_t C_t(1-t)$ 可

以视为平均本金余额，相当于在整个投资活动中，用本金 $A_0+\sum_t C_t(1-t)$ 投资了一期，即相当于在一期内本金不变化。因为，期初投资的 A_0 到期末时，刚好经历一期；在时刻 t"新增" 投资 C_t 到期末时，还要经历 $(1-t)$ 期，这相当于资金 $C_t(1-t)$ 经历了一期。如在第 $\frac{1}{2}$ 年时投资 800 元，即这 800 元投资到年末时，还要经历 $\frac{1}{2}$ 年，这相当于 $800\times\frac{1}{2}$ 元，即 400 元投资了 1 年；在第 $\frac{2}{3}$ 年时投资 600 元，相当于在年初投资了 $600(1-\frac{2}{3})=200$ 元，即投资一年。显然，$A_0+\sum_t C_t(1-t)$ 并不能看成是以本金产生利息的时间长度为权数计算的加权平均本金余额。

为了简化(3.2.8) 式的计算，假设本金的投入与抽回在一期内是均匀变化的，即平均说来，可以假定"新增" 本金 C 发生在时刻 $t=\frac{1}{2}$。这样，(3.2.8) 式变为

$$i\approx\frac{I}{A_0+0.5C}=\frac{I}{A_0+0.5(A_1-A_0-I)}=\frac{2I}{A_0+A_1-I}$$

这实际上从另外一个角度再次验证了 Hardy 公式的正确性。Hardy 公式在实际中被广泛用来计算赚获的利率或收益率。例如，一些保险管理人员用它来计算保险公司的投资收益率。它计算方便，仅包含了 A_0、A_1 和 I，而且这些数据很容易得到。然而，如果不能保证"新增" 本金 C 发生在时刻 $t=\frac{1}{2}$，那么就应使用更为精确(但仍为近似) 的公式(3.2.8)。

在某些情形下，可以建立比(3.2.2) 式更精确的(3.2.8) 式的简化形式。例如，假设我们知道"新增" 本金 C 平均发生在时刻 $k(0<k\leqslant 1)$，于是由(3.2.8) 式可以得到

$$\begin{aligned}i&\approx\frac{I}{A_0+C(1-k)}=\frac{I}{A_0+(1-k)(A_1-A_0-I)}\\&=\frac{I}{kA_0+(1-k)A_1-(1-k)I}\end{aligned}\tag{3.2.9}$$

上式中，$k=\sum_t\left(\frac{C_t}{C}\right)t$。特别地，当 $k=\frac{1}{2}$ 时，(3.2.9) 式就变为(3.2.2) 式。

例 3.2.1　假设某基金在年初有资金 1 000 万元，4 月初投入了 300 万元，7 月末抽回 120 万元，9 月末再投入 200 万元，到年末时基金积累值已达到 1 470 万元。求该基金在当年的收益率。

解：(1) 用近似法计算：

$$i\approx\frac{I}{A_0+\sum_t C_t(1-t)}$$

$$=\frac{1\ 470-(1\ 000+300-120+200)}{1\ 000+300\times\left(1-\frac{3}{12}\right)-120\times\left(1-\frac{7}{12}\right)+200\times\left(1-\frac{9}{12}\right)}$$

$$=\frac{90}{1\ 225}\approx 7.35\%$$

本例的投资活动可以看成是在年初平均投入了 1 225 万元,在一年内产生了 90 万元利息,故年收益率约为 7.35%。

也可以由 Hardy 公式计算,事实上

$$i\approx\frac{2I}{A_0+A_1-I}=\frac{2\times 90}{1\ 000+(1\ 470-90)}\approx 7.56\%$$

还可以先算出平均"新增" 投资发生的时刻 k,然后再用(3.2.9) 式计算收益率。

$$\because k=\sum_t\frac{C_t}{C}\cdot t=\frac{300}{380}\times\frac{3}{12}-\frac{120}{380}\times\frac{7}{12}+\frac{200}{380}\times\frac{9}{12}\approx 0.407\ 895$$

$$\therefore i\approx\frac{I}{kA_0+(1-k)A_1-(1-k)I}$$

$$=\frac{90}{1\ 000\times 0.407\ 895+(1-0.408\ 895)\times 1\ 470-(1-0.407\ 895)\times 90}$$

$$\approx 7.35\%$$

(2) 用精确法计算:

$$1\ 000(1+i)+300(1+i)^{\frac{3}{4}}-120(1+i)^{\frac{5}{12}}+200(1+i)^{\frac{1}{4}}=1\ 470$$

解得

$$i\approx 7.36\%$$

由此可见,由(3.2.9) 计算出的收益率的精确度高于由 Hardy 公式计算出的收益率。用(3.2.9) 式与(3.2.8) 式计算的结果一样,因为它们实质一样。

第三节　时间加权收益率及其计算

一、时间加权收益率

在上节我们已知道,投资基金的币值加权收益率受本金增减变化的影响,而本金增减变化往往由加入基金的投资者个人决定,投资基金的经理人根本无权做出增减本金的决定,因而币值加权收益率对衡量单个投资者的货币收益是有效的,但不能衡量基金经理人的经营业绩。为了有效地度量基金经理人业绩,必须消除本金增减变化对收益率的影响。这种消除了本金增减变化影响,只反映随着时间变化而变化的收益率,叫作时间加权收益率。它可以衡量经理人的经营业绩,从而准确地反映基金本身的增值特性，即仅考虑时间因素，而不考虑币值大小因素。

假设有一种投资基金，有许多投资者都投资于该项基金。一年下来，必定会有的赚钱，有的亏本，因为投资收益率是不断变化的，或者说价格是不断变化的，那些低吸高抛者肯定会赚钱，高吸低抛者必然会亏本。

例 3.3.1　假设某基金为 A、B、C 三个投资者所共有，基金经理人都将其投资于一种股票，期初每股股票价格为 8 元，期中上升到 10 元，期末下降到 9 元。在期初 A、B、C 都购买了 1 000 股，B 在期中又购买了 500 股，C 在期中卖出了 200 股，A 在期中没有任何交易。试分析 A、B、C 三个投资者的币值加权收益率及整个基金的时间加权收益率。

解：设 A、B、C 三个投资者及整个基金的币值加权收益率分别为 i_A、i_B、i_C 及 i，均以期末为观察点。A 在期初投入 8 000 元，期末可收回 9 000 元；B 在期初投入 8 000 元，期中再投入 5 000 元，期末可收回 13 500 元；C 在期初投入 8 000 元，期中抽回投资 2 000 元，期末可收回 7 200 元；整个基金在期初有 24 000 元投资，期中获得 3 000 元投资，期末基金积累值为 29 700 元。于是可列出四个等值方程：

A：$8\,000(1+i_A)=9\,000$，解得 $i_A=12.5\%$

B：$8\,000(1+i_B)+5\,000(1+i_B)^{0.5}=13\,500$，解得 $i_B\approx 4.78\%$

C：$8\,000(1+i_C)-2\,000(1+i_C)^{0.5}=7\,200$，解得 $i_C\approx 17.05\%$

基金：$24\,000(1+i)+3\,000(1+i)^{0.5}=29\,700$，解得 $i\approx 10.60\%$

从上面的计算容易看出，投资者 A 在期中没有做任何交易，收益率为 12.5%；投资者 B 在期中股票价格高时购买了 500 股，因此收益率下降到 4.78%；投资者 C 在期中股票价格高时卖出了 200 股，导致收益率上升到 17.05%；而整个基金因为投资者 B 在期中股票价格高时购买了 500 股而使收益率下降，但 C 在价格高时卖出股票起了拉升作用，最终使收益率降至 10.60%，因此币值加权收益率不能反映基金增值的特性。造成币值加权收益率差异的主要原因是“新增”投资不同。下面消除“新增”投资的影响，即仅考虑期初 1 个单位投入到期末时所获得的收益率。设 A、B、C 及整个基金的收益率分别为 $\tilde{i}_A$、$\tilde{i}_B$、$\tilde{i}_C$ 及 $\tilde{i}$，即各自的时间加权收益率。

对于 A 来讲，显然收益率为 $\tilde{i}_A=12.5\%$；

对于 B 来讲，前半期收益率为 $\dfrac{10\,000}{8\,000}-1=25\%$，

后半期收益率为 $\dfrac{13\,500}{10\,000+5\,000}-1=-10\%$，

因此，全期收益率为 $\tilde{i}_B=(1+25\%)\times(1-10\%)-1=12.5\%$；

对于 C 来讲，前半期收益率为 $\dfrac{10\,000}{8\,000}-1=25\%$，

后半期收益率为 $\dfrac{7\,200}{10\,000-2\,000}-1=-10\%$，

因此，全期收益率为 $\tilde{i}_C=(1+25\%)\times(1-10\%)-1=12.5\%$；

对于整个基金来讲，前半期收益率为$\frac{30\ 000}{24\ 000}-1=25\%$，

后半期收益率为$\frac{29\ 700}{30\ 000+3\ 000}-1=-10\%$，

因此，全期收益率为 $\tilde{i}=(1+25\%)\times(1-10\%)-1=12.5\%$。

在本例中，无论各个时点的投资额如何变化，全期收益率均为 12.5%。这实际上是由股票价格决定的，即前半期收益率为 25%（同期股票价格上涨了 25%），后半期收益率为 −10%（同期股票价格下跌了 10%），因此，全期收益率为 12.5%。这可用来反映经理人的经营业绩，反映其投资决策的正确性。

二、时间加权收益率的计算公式

以“新增”投资发生时点作为界点，将 1 期分为 n 个时段，在每个时段中途没有增减投资，而且假设“新增”投资发生在时段之初，并假设 j_k 为第 k 段收益率（$k=1,2,\cdots,n$），于是时间加权收益率为

$$i=(1+j_1)(1+j_2)\cdots(1+j_n)-1 \tag{3.3.1}$$

上式中

$$j_k=\frac{B_k}{B_{k-1}+C_{k-1}}-1 \tag{3.3.2}$$

这里 B_k 为第 k 段末的（投资）基金余额。注意 B_{k-1} 不包含第 k 段初（第 $k-1$ 段末）“新增”投资 C_{k-1}，或者说第 $k-1$ 段末的基金余额 B_{k-1} 加上 k 段初“新增”投资 C_{k-1} 作为第 k 段初投入的“本金”，以便在第 k 段末获得积累值 B_k，故(3.3.2) 式成立。

例 3.3.2　某投资账户资金余额及“新增”投资见表 3－3－1，试计算该投资账户在当年的收益率。

表 3－3－1　某投资账户资金余额及“新增”投资表　　单位：元

日期	1 月 1 日	5 月 1 日	12 月 1 日	12 月 31 日
资金余额	100 000	115 000	72 000	100 000
“新增”投资		−51 000	39 000	

解：由于 $A_0=100\ 000$，$A_1=100\ 000$，于是，该账户在当年产生的利息为

$$I=100\ 000-(100\ 000-51\ 000+39\ 000)=12\ 000(\text{元})$$

该投资账户币值加权收益率为

$$i\approx\frac{I}{A_0+\sum_t C_t(1-t)}$$

$$=\frac{12\ 000}{100\ 000-51\ 000(1-\frac{4}{12})+39\ 000(1-\frac{11}{12})}\approx 17.33\%$$

第三章　投资收益分析

也可以由下列等值方程求出精确度更高的收益率:

$$100\,000(1+i)-51\,000(1+i)^{\frac{2}{3}}+39\,000(1+i)^{\frac{1}{12}}=100\,000$$

解之得

$$i\approx 17.16\%$$

下面求该投资账户的时间加权收益率。设在时段1月1日到5月1日、5月1日到12月1日、12月1日到12月31日的收益率分别为j_1、j_2和j_3,于是有

$$j_1=\frac{115\,000}{100\,000}-1=15\%$$

$$j_2=\frac{72\,000}{115\,000-51\,000}-1=\frac{72\,000}{64\,000}-1=12.5\%$$

$$j_3=\frac{100\,000}{72\,000+39\,000}-1=\frac{100\,000}{111\,000}-1\approx -9.91\%$$

因此所求时间加权收益率为

$$\begin{aligned}i&=(1+j_1)(1+j_2)(1+j_3)-1\\&=\frac{115\,000}{100\,000}\times\frac{72\,000}{64\,000}\times\frac{100\,000}{111\,000}-1\approx 16.55\%\end{aligned}$$

从该例的计算不难发现,时间加权收益率显著小于币值加权收益率。其主要原因是在收益率较低的第二段抽回了投资,这是使币值加权收益率比时间加权收益率大的因素;但在负收益率的第三段又增加了投资,这是减少币值加权收益率的因素,但影响不大。一是因为第三段新增投资比第二段所减少的投资规模小,二是因为到年末投资所经历的时间更短。总之,币值加权收益率的高低反映了投资者实际得到的货币收益的大小,而时间加权收益率消除了投资本金变化的影响,只反映投资账户所固有的特性。

第四节　违约风险对收益率的影响

由于大多数投资项目都是有风险的,而且投资项目不同,风险大小也不相同。一般地,风险越大,收益率越高;风险越小,收益率越低。当投资收益率一定时,投资者将选择风险小的项目。换言之,当风险一定时,投资者往往选择收益率高的项目。也就是说,投资者在进行投资决策时,必须考虑风险因素,在同等条件下,选择较高的收益率或风险较小的投资项目。

设在时刻$1,2,\cdots,n$获得给付$R_1,R_2,\cdots,R_n$的概率分别为$p_1,p_2,\cdots,p_n$,那么获得给付的现值的数学期望值为

$$\mathrm{EPV}=\sum_{t=1}^{n}R_t v^t p_t \tag{3.4.1}$$

上式中,i是包含了违约风险等因素在内的适当利率。

特别地，当每期的违约概率为 q 时，履约概率为 $p = 1 - q$，第 t 次付款的履约概率为

$$p_t = p^t \tag{3.4.2}$$

于是(3.4.1)式变为

$$\text{EPV} = \sum_{t=1}^{n} R_t v^t p^t = \sum_{t=1}^{n} R_t (vp)^t \tag{3.4.3}$$

例 3.4.1　假设有 A、B、C 三种债券，由于债券 A 不存在违约风险，按面值 1 000 元出售，年票息率为 8%，期限为 1 年；债券 B 存在违约风险，仍然按面值 1 000 元出售，但年票息率按 9%计算，这高出的 1%是对投资者遭遇违约风险的一种补偿；债券 C 也存在违约风险，年票息率仍为 8%，但售价比面值1 000 元低了 60 元，这 60 元算是对投资者遭遇违约风险的一种补偿。但是，容易知道，如果违约风险过大，那么提高票息率或降低售价都不具有优势。现在计算：提高票息率 1 个百分点，投资者能容忍多大违约风险？降低售价 60 元，投资者又能忍受多大违约风险？

解：设债券 B、C 的违约概率分别为 q_B、q_C，其履约概率分别为 p_B、p_C。于是 $p_B = 1 - q_B$，$p_C = 1 - q_C$，并设它们在年末的收回额分别为 X_B、X_C。令 $X_{\bar{B}A}$ 表示本应投资于债券 B 而实际上投资于债券 A 在年末所获得的收回额（实际投入 1 000 元），$X_{\bar{C}A}$ 表示本应投资于债券 C 而实际上投资于债券 A 而在年末所获得的收回额（实际投入 940 元）。下面分别考虑违约后无任何返还和违约后有一定返还两种情况。

1. 违约后无任何返还

显然，$P(X_B = 1\,000(1 + 9\%)) = p_B \quad P(X_B = 0) = q_B$

$P(X_C = 1\,000(1 + 8\%)) = p_C \quad P(X_C = 0) = q_C$

注意：投资者购买债券 B 投入了 1 000 元，购买到的债券面值为 1 000 元；而购买债券 C 实际投入了 940 元，购买到的债券面值为 1 000 元；由此可得

$$E(X_B) = 1\,000(1 + 9\%)p_B \quad E(X_C) = 1\,000(1 + 8\%)p_C$$

$$E(X_{\bar{B}A}) = 1\,000(1 + 8\%) \qquad E(X_{\bar{C}A}) = 940(1 + 8\%)$$

(1) 投资者选择 B 而不选择 A，即提高票息率 1 个百分点能忍受的违约风险 q_B 的条件是：

$$E(X_B) > E(X_{\bar{B}A})$$

即

$$1\,000(1 + 9\%)p_B > 1\,000(1 + 8\%)$$

$$\therefore p_B > 99.08\% \qquad \text{或} \qquad q_B \leqslant 0.92\%$$

因此，当违约概率不超过 0.92%时，投资者愿意选择购买债券 B，而不选择债券 A。应当注意的是：本情况下投资者实际投资 1 000 元，然后观察在哪种条件下平均能获得更大的终值。

(2) 投资者选择债券 C 而不选择债券 A，即降价 60 元时投资者能忍受的违约风险 q_C 的条件是

$$E(X_C) > E(X_{\bar{C}A})$$

即

$$1\,000(1+8\%)p_C > 940(1+8\%)$$

$$\therefore p_C > 94\% \quad 或 \quad q_C \leqslant 6\%$$

因此,当违约概率不超过6%时,投资者宁可选择债券C而不选择债券A。应当注意的是,投资者实际投资940元。

从上面的计算不难发现,降价60元时投资者能容忍比提高票息率1个百分点时更大的违约风险。

(3) 对于债券B和债券C,应如何做出选择,即选择债券B而不选择债券C的条件应是什么?

对于债券C投入940元,可购买到面值为1 000元、票息率为8%的债券;按比例投入1 000元,可购买到面值为$1\,000\times\frac{1\,000}{940}$元、票息率为8%的债券。因此选择B而不选择C的条件应是$E(X_B) > (X_{\bar{B}C})$,这里$X_{\bar{B}C}$表示本应投资于债券B而实际上投资于债券C在年末所获得的收回额,即

$$1\,000(1+9\%)p_B > 1\,000\times\frac{1\,000}{940}(1+8\%)p_C$$

$$\frac{p_B}{p_C} > \frac{100}{94}\times\frac{1+8\%}{1+9\%}\approx 1.054\,1$$

这表明,只要债券B的履约概率超过债券C的履约概率的1.054 1倍,就可以选择债券B;否则,应该选择债券C。注意:本情况下的实际投入的本金为1 000元。

2. 假设违约后可以返还本金的80%

(1) 投资者选择债券B而不选择债券A的条件是

$$\because P(X_B = 1\,000(1+9\%)) = p_B \quad P(X_B = 1\,000\times 80\%) = q_B$$

$$\therefore E(X_B) = 1\,000(1+9\%)p_B + 1\,000\times 80\% q_B$$

$$E(X_{\bar{B}A}) = 1\,000(1+8\%)$$

$$\because E(X_B) > E(X_{\bar{B}A})$$

$$\therefore 1\,000(1+9\%)p_B + 1\,000\times 80\% q_B > 1\,000(1+8\%)$$

$\therefore p_B > 96.55\%$,于是$q_B \leqslant 3.45\%$。

(2) 选择债券C而不选择债券A的条件是

$$1\,000(1+8\%)p_C + 940\times 80\% q_C > 940(1+8\%)$$

$p_C > 80.24\%$,于是$q_C \leqslant 19.76\%$。

(3) 选择债券B而不选择债券C的条件应是

$$1\,000(1+9\%)p_B + 1\,000\times 80\% q_B > 1\,000\times\frac{1\,000}{940}(1+8\%)p_C + 1\,000\times 80\% q_C$$

$$\therefore \frac{p_B}{p_C} > 1.203\,2$$

只要债券B的履约概率超过债券C的履约概率的1.203 2倍,就可以选择债券B;否则,选择债券C。

从上面的分析可以看出，当违约后有一定返还时，投资者能容忍的违约概率增大。显然，违约后返还越多，投资者能容忍的违约概率也就越大。

例 3.4.2　假定市场的无风险年利率为5%，债券A的面值为1 000元，期限为1年，违约概率为2%；假设违约发生时，无任何返还。发行人按面值发售债券，那么该债券的票息率至少应为多少？如果投资者要求购买该债券的预期收益率为年8%（无风险利率所产生的收益），并且违约时仅收回面值的80%，那么年票息率至少应为多少？

解：(1) 假设违约发生时，无任何返还，并设在此条件下的债券年票息率为 i，于是

$$1\,000(1+i)(1-2\%) \geqslant 1\,000(1+5\%)$$

$$\therefore i \geqslant 7.14\%$$

(2) 设在违约时仅收回面值的80%条件下的债券年票息率为 $\tilde{i}$，因此

$$1\,000(1+\tilde{i})(1-2\%) + 1\,000\times 80\%\times 2\% \geqslant 1\,000(1+8\%)$$

$\therefore \tilde{i} \geqslant 8.57\%$。

例 3.4.3　已知无风险10年期债券的通行收益率为6%的年实际利率，一种面值为1 000元的附年度息票的10年期债券按年票息率6%发行。

(1) 如果每年的违约概率为0.8%，且投资者需要8%的年收益率以补偿违约风险，求投资者愿意支付的价格。

(2) 求此项业务中的利率风险上溢（这里，利率的风险上溢指的是超过无风险利率的那部分，一般说来，投资风险越大，风险上溢越高）。

解：

(1) 倘若此债券无风险，它显然将按面值出售，即价格为1 000元。在每年0.8%的违约概率下，运用公式(3.4.3)，债券的实际价格为

$$\begin{aligned}
\mathrm{EPV} &= \sum_{t=1}^{n} R_t(vp)^t \\
&= \sum_{t=1}^{10} 60\left(\frac{1-0.8\%}{1+8\%}\right)^t + 1\,000\left(\frac{1-0.8\%}{1+8\%}\right)^{10} \approx 814.70（元）
\end{aligned}$$

(2) 设债券的收益率为 i，则 i 满足下列价值方程

$$814.70 = 60a_{\overline{10}|i} + 1\,000(1+i)^{-10}$$

运用线性插值迭代法解得

$i \approx 8.87\%$。

利率的风险上溢为 $8.87\% - 6\% = 2.87\%$。值得注意的是，风险上溢近似等于两种利率8%与6%之差，再加上违约概率0.8%。

例 3.4.4　一种面值为1 000元、年票息率为8%的债券以940元出售，某投资者获得了11%的年收益率。假设该投资者购买了1 000种这类债券的组合。试用正态分布去确定整个组合中置信度为95%的违约概率及收益率的置信区间。

解：设每种债券的违约概率为 q，则履约概率为 $p=1-q$。由题意知，该债券年末

连本带息的收入为 1 000(1 + 8%) = 1 080 元,因而

$$940 = p\frac{1\ 080}{1 + 11\%}$$

解得

$$p \approx 0.966\ 111,从而\ q \approx 0.033\ 889$$

故违约概率的标准差为

$$\sigma_q = \sqrt{\frac{pq}{n}} = \sqrt{\frac{0.033\ 889 \times 0.966\ 111}{1\ 000}} \approx 0.005\ 722$$

由于总体服从正态分布,所以有$\mu_q = q \approx 0.033\ 889$,从而所求的置信度为95%的违约概率的置信区间为

$$\mu_q \pm 1.96\sigma_q \approx 0.033\ 889 \pm 1.96 \times 0.005\ 722,或为(0.022\ 7,0.045\ 1)$$

由 $940 = p\frac{1\ 080}{1 + i}$ 得

$$i = \frac{1\ 080p}{940} - 1 = \frac{7 - 54q}{47}$$

将 q 取 0.022 7、0.045 1 分别代入上式,可得 i 的值为 12.29%和 9.71%。

因此,违约概率的 95%置信区间为(0.022 7,0.045 1),当其转化成收益率时,可得年收益率的 95%置信区间为(9.71%,12.29%)。

第五节　再投资收益率

通常,我们不考虑在一定期间内投资收益的再投资问题,即默认再投资收益率与原投资收益率相等,或者说按原来的收益率自动再投资。然而,实际情况未必如此。很可能的情形是原投资产生的利息以新的投资收益率进行再投资。如果再投资收益率达不到原先那样高的收益率,那么在考虑了再投资后的总体收益率将低于原先所宣称的收益率。若再投资收益率高于原先的收益率,则总体收益率将高于原先所宣称的收益率。

一、不同投资期限收益率的比较

对于投资期限不同的两种债券,不能根据收益率大小直接进行比较,必须考虑投资期较短的债券从其到期至投资期较长债券投资期结束时这段时间的再投资收益率的大小问题,即将不同投资期限投资收益率的比较转化为相同期限投资收益率的比较。如果投入相同的本金,那么就看哪一种投资在较长投资期期满时的终值大。

例 3.5.1　假设债券 A 的期限是 6 年,年收益率为 10%;债券 B 的期限是 10 年,年收益率为 8%;它们都按相同的面值出售,不考虑风险因素,都在到期时一次性还本付息。应选择哪种债券?

分析:如果仅从收益率角度来看,似乎就应选择债券 A,但是债券 A 涉及再投资问题;如果后期或再投资收益率太低,那么平均收益率就很可能低于 8%,这样就不能选择债券 A,而应选择债券 B。因此,必须考虑债券 A 的再投资收益率。

解:设债券 A 在 6 年投资期期满后接下来的 4 年间的再投资年收益率为 i,设债券 A、B 的购买价格均为 P 元,以第 10 年年末作为观察点,于是选择债券 A 的条件是:

$$P(1+10\%)^6(1+i)^4 > P(1+8\%)^{10}$$

解得

$$i > 5.07\%$$

因此,只要债券 A 在 6 年投资期期满后接下来的 4 年间的再投资年收益率超过 5.07% 时,就可选择债券 A,否则应选择债券 B。

二、利息的再投资问题

每期产生的利息按另一个利率进行再投资,这样的问题是客观存在的。如债券的票息收入在进行再投资时,很可能获得的收益率就不同于债券的票息率。在这些问题中,我们除了考虑投资的现值、终值外,还需要考虑再投资收益率、平均收益率等问题。

例 3.5.2　现在投资 1,投资 n 期,每期利率为 i,其中产生的利息以每期利率 j 进行再投资,试求该投资在投资期满时所获得的积累值及每期平均收益率。

解:现在投资 1,投资 n 期,那么每期期末可获得当期利息 i,并在第 n 期期末收回投入的本金 1。所有的利息收入形成一个每期给付 i 的 n 期期末付年金。由于该年金按每期利率 j 计算,因而其终值为 $is_{\overline{n}|j}$,于是所求的积累值为 $1+is_{\overline{n}|j}$,将其记为 AV。

假设该项投资每期平均收益率为 $\bar{i}$,于是以第 n 期期末作为观察点,可得如下等值方程

$$(1+\bar{i})^n = 1+is_{\overline{n}|j}$$

$$\therefore \bar{i} = \sqrt[n]{1+is_{\overline{n}|j}} - 1 \qquad (3.5.1)$$

当 $j > i$ 时,一方面

$$\because 1+is_{\overline{n}|j} < 1+js_{\overline{n}|j}$$

$$\therefore (1+\bar{i})^n < (1+j)^n$$

$$\therefore \bar{i} < j$$

另一方面,

$$\because s_{\overline{n}|j} > s_{\overline{n}|i} \quad \therefore 1+is_{\overline{n}|j} > 1+is_{\overline{n}|i}$$

$$\therefore (1+\bar{i})^n > (1+i)^n$$

$$\therefore \bar{i} > i$$

因此,$i < \bar{i} < j$。

同理可证,当 $j < i$ 时,$j < \bar{i} < i$;当 $j = i$ 时,显然 $\bar{i} = i = j$。

上面的结论可以表述为:当再投资收益率不同于原收益率时,平均收益率将介于

这两个收益率之间。换言之，若再投资收益率比原投资收益率高，则平均收益率将提高；若再投资收益率比原投资收益率低，则平均收益率将降低；当再投资收益率等于原收益率时，平均收益率不变。这实际上表明再投资收益率对提高平均收益率具有重要意义。

例如，假设 $i=5\%$，$j=7\%$，$n=10$，则 $AV\approx 1.690\,822$，$\bar{i}\approx 5.39\%$；当 $i=5\%$，$j=4\%$，$n=10$ 时，$AV\approx 1.600\,305$，$\bar{i}\approx 4.81\%$。

例 3.5.3　考虑一项投资活动：投资 n 期，每期期末投资 1，按每期利率 i 产生利息，这些利息以每期利率 j 进行再投资。试求该投资在投资期满时所获得的积累值及每期平均收益率。

解：设该投资在投资期满时所获得的积累值及每期平均收益率分别为 AV 及 $\bar{i}$。若现在投入 1，则在以后每期期末均可收回当期利息 i，并在第 n 期期末收回本金 1。由于本题中的每期期末都投资 1，因此在第 2 期期末可获得利息收入 i，第 3 期期末可获得利息收入 $2i$，第 4 期期末可获得利息收入 $3i$……在第 n 期期末获得利息 $(n-1)i$，并同时收回所投入的本金 n。由于本金初次产生的利息按每期利率 j 进行再投资，因而从第 2 期期末到第 n 期期末间获得的利息形成的终值为 $i(Is)_{\overline{n-1}|j}$，因此有

$$AV=n+i(Is)_{\overline{n-1}|j}$$

$$=n+i\cdot\frac{\ddot{s}_{\overline{n-1}|j}-(n-1)}{j}=n+i\cdot\frac{s_{\overline{n}|j}-n}{j}\tag{3.5.2}$$

顺便提一句，如果每期期初投资 1，那么在第 n 期期末的终值为

$$n+i(Is)_{\overline{n}|j}=n+i\cdot\frac{s_{\overline{n+1}|j}-(n+1)}{j}\tag{3.5.3}$$

由于 n 期期末付年金在每期平均收益 $\bar{i}$ 作用下在第 n 期期末的终值为 $s_{\overline{n}|\bar{i}}$，以第 n 期期末作为观察点，因而可建立等值方程：

$$s_{\overline{n}|\bar{i}}=n+i\cdot\frac{s_{\overline{n}|j}-n}{j}\tag{3.5.4}$$

运用公式(2.1.44)的 Newton-Raphson 迭代法，可以求出平均收益率 $\bar{i}$。

当 $j=i$ 时，显然 $\bar{i}=i=j$；

当 $j>i$ 时，一方面

$$\because n+i\cdot\frac{s_{\overline{n}|j}-n}{j}<n+j\cdot\frac{s_{\overline{n}|j}-n}{j}$$

$$\therefore s_{\overline{n}|\bar{i}}<s_{\overline{n}|j}$$

$$\therefore \bar{i}<j$$

另一方面

$$\because (Is)_{\overline{n-1}|j}>(Is)_{\overline{n-1}|i}$$

$$\therefore n+i(Is)_{\overline{n-1}|j}>n+i(Is)_{\overline{n-1}|i}$$

即

$$s_{\overline{n}|\bar{i}} > s_{\overline{n}|i}$$

$$\therefore \bar{i} > i$$

因此，$i < \bar{i} < j$。

同理可证，当 $j < i$ 时，$j < \bar{i} < i$。

上面的结论反映了这样一个事实：若再投资收益率高于原收益率，则平均收益率将高于原收益率；若再投资收益率低于原收益率，则平均收益率将低于原收益率；若再投资收益率等于原收益率，则平均收益率就是原收益率，且平均收益率以原收益率和再投资收益率为界。这实际上表明再投资收益率对提高平均收益率具有重要意义。

例如，假设 $i = 5\%$，$j = 7\%$，$n = 10$，则 $AV \approx 12.726\ 034$，$\bar{i} \approx 5.25\%$；假设 $i = 5\%$，$j = 4\%$，$n = 10$，则 $AV \approx 12.507\ 634$，$\bar{i} \approx 4.88\%$。

例 3.5.4　在 10 年内，每年年初投资 10 000 元，年实际利率为 7%，而其利息按 6% 的年实际利率再投资。

(1) 试确定第 10 年年末基金的积累值。

(2) 如果要产生 8% 的年实际利率或收益率，求投资者应付的购买价格。

解：

(1) 本问题属于期初付年金再投资问题。它在第 10 年年末的积累值为

$$10\ 000[n + i(Is)_{\overline{n}|j}] = 10\ 000\left[n + i \cdot \frac{s_{\overline{n+1}|j} - (n+1)}{j}\right]$$

$$= 10\ 000\left[10 + 7\% \cdot \frac{s_{\overline{11}|6\%} - 11}{6\%}\right] \approx 146\ 335.83(\text{元})$$

正如预期的那样，它介于 $10\ 000\ddot{s}_{\overline{10}|6\%} \approx 139\ 716.43$（元）与 $10\ 000\ddot{s}_{\overline{10}|7\%} \approx 147\ 835.99$（元）之间。

(2) 在产生 8% 的年实际收益率条件下的购买价格为

$$146\ 335.83 \times 1.08^{-10} \approx 67\ 781.80(\text{元})$$

例 3.5.5　在例 2.1.5 中，假设借款人偿还给贷款人的款项可按 6% 的年实际利率进行再投资，而不是原来的 5% 年贷款利率，试比较三种贷款偿还安排的年收益率。

解：

(1) 一次性还本付息法

设贷款人的年收益率为 i，于是

$$100\ 000(1+i)^{10} = 100\ 000(1+5\%)^{10}$$

解得

$$i = 5\%$$

在此种情况下，再投资风险根本不会产生，因为借款人在贷款到期前不返还任何款项。

（2）平时还息到期还本法

设贷款人的年收益率为 j，于是

$$100\ 000 + 100\ 000 \times 5\% s_{\overline{10}|6\%} = 100\ 000(1+j)^{10}$$

解得

$$j \approx 5.19\%$$

这一答案大于情形（1）的答案，因为6%的再投资年收益率在起作用。

（3）每年年末均匀偿还法

由于所有付款构成了一个期末付年金，它在第10年年末的积累值为

$$\left(\frac{100\ 000}{a_{\overline{10}|5\%}}\right) s_{\overline{10}|6\%} \approx 170\ 697.324\ 7$$

设贷款人的年收益率为 k，于是有

$$100\ 000(1+k)^{10} \approx 170\ 697.324\ 7$$

解得

$$k \approx 5.49\%$$

此收益率高于情形（2）的收益率，因为按情形（3）的偿还安排，其偿还速度比情形（2）更快，这就增大了再投资收益率对总体收益率的影响。

当再投资收益率低于原贷款利率时，结论刚好相反。请读者思考再投资年收益率为4%时重解例3.5.5。

第六节　收益分配方法

考虑一个投资基金为若干个投资者所共同拥有，如一项养老基金，其中每个基金参加者都有自己的账户；但此项基金又是混合的，每个账户并不拥有自己独立的资产，而是在整个基金中占有一定比例的一份。那么在每个年度末应如何分配投资收益？这种情况下，有两种方法可供选择：一是投资组合法，二是投资年度法。

一、投资组合法

所谓投资组合法，就是先计算出一个基于基金所得的平均收益率，然后按此收益率并根据每个账户所占比例或规模大小与投资时间长短分配基金收益的一种方法。这种方法操作简便，不论投资金额在哪个年度投入，都将获得相同的收益率，在收益率变动平稳时期运用起来相当有效。但在投资收益率波动较大，如市场收益率上升时期，这种方法不仅不利于吸引新投资加入，而且还易诱发旧有投资脱逃，因为此时基金平均收益率必然低于市场收益率。然而，在市场收益率下降时期，投资组合法对投资者更有吸引力，因为投资者实际获得的收益率将高于市场收益率。

例3.6.1　某投资基金由甲、乙、丙三人共同所有。甲年初在基金中拥有20 000元，年中又投入了10 000元；乙年初在基金中拥有30 000元；丙年初在基金中拥有

10 000 元,年中又投入了 20 000 元。假设上半年收益率为 20%,下半年收益率为 10%。利用投资组合法计算甲、乙、丙三人各自应分得的投资收益。

解:首先,计算出投资基金在年末的积累值:

$$[(20\,000 + 30\,000 + 10\,000)(1 + 20\%) + (10\,000 + 20\,000)](1 + 10\%) = 112\,200(\text{元})$$

其次,可计算出基金投入的"本金"为

$$(20\,000 + 30\,000 + 10\,000) + (10\,000 + 20\,000) = 90\,000(\text{元})$$

因此,该投资基金所产生的收益为

$$112\,200 - 90\,000 = 22\,200(\text{元})$$

以 10 000 元投资半年为一个最小投资单位,于是甲拥有 $2 \times 2 + 1 = 5$ 个单位,乙拥有 $2 \times 3 = 6$ 个单位,丙拥有 $2 + 1 \times 2 = 4$ 个单位。

因此,甲应分得的投资收益为

$$\frac{5}{5 + 6 + 4} \times 22\,200 = 7\,400(\text{元})$$

乙应分得的投资收益为

$$\frac{6}{5 + 6 + 4} \times 22\,200 = 8\,880(\text{元})$$

丙应分得的投资收益为

$$\frac{4}{5 + 6 + 4} \times 22\,200 = 5\,920(\text{元})$$

二、投资年度法

所谓投资年度法,指的是在一定时期(称之为选择期)之内依据资金投入时期、当前时期(或已经历时期)来分配基金收益,一定时期后再按组合利率来分配基金收益的一种方法。在实践中,投资年度法比投资组合法要复杂一些。然而,诸如银行、保险公司等金融机构,都感到有必要在利率上升时期用投资年度法来吸引新的储蓄及鼓励旧有资金继续投资。相应地,当利率处于下降时期,情况正相反,这时投资组合法就比投资年度法更有吸引力。当利率波动频繁时,二者孰优孰劣就难以一目了然。在实际中,投资年度法的通常做法是:按最初投入所在时期以及所经历时期所规定的一个二维利率表格来度量收益大小。为简便起见,假设所有时间均按日历年度来计算,而且所有资金投入和抽回均发生在 1 月 1 日。

设 y 是投资日历年,而 m 是应用投资年度法的年数。设该投资在第 t 年分配的收益率为 i_t^y,其中,$t = 1, 2, \cdots, m$,实际上它反映了在日历年 $y + t - 1$ 年的投资年度收益率。当 $t > m$ 时,将运用投资组合法,且在日历年 y 年分配的组合收益率为 i^y,它仅随日历年变化而变化。如表 3 - 6 - 1 所示,它反映了投资收益率随投资年度与经历年度变化的情况。

表 3 - 6 - 1　投资收益率表　　单位:%

投资日历年	投资年度收益率					投资组合收益率	日历年度
y	i_1^y	i_2^y	i_3^y	i_4^y	i_5^y	i^{y+5}	$y+5$
1995	7.50	7.60	7.65	7.75	7.80	7.65	2000
1996	7.75	7.75	7.90	8.00	8.00	7.85	2001
1997	8.00	8.20	8.25	8.45	8.50	**8.10**	2002
1998	8.50	8.55	8.60	8.65	**8.65**	8.15	2003
1999	8.55	8.60	8.70	**8.80**	8.90	8.30	2004
2000	8.65	8.75	**8.85**	8.95	9.10	8.75	2005
2001	8.90	**8.95**	9.00	9.20	9.20		
2002	**9.50**	9.50	9.40	9.80			
2003	9.50	9.30	9.20				
2004	9.00	9.10					
2005	8.50						

该收益率表的选择期为5年,即任何一笔投资在开始的5年内采用投资年度收益率,5年后采用投资组合收益率。投资年度收益率由两个变量即投资开始所在的日历年与已经历的年数来决定,投资组合收益率仅考虑分配收益时所经历的年份,而不考虑这笔投资究竟是在哪个年度投入的。从表3 - 6 - 1可以看出,1995年投入一笔金额,那么在当年(1995年)的收益率为7.50%,第2年(1996年)的收益率为7.60%,第3年(1997年)的收益率为7.65%,第4年(1998年)的收益率为7.75%,第5年(1999年)的收益率为7.80%;2000年采用投资组合收益率7.65%,2001年采用投资组合收益率7.85%,2002年采用投资组合收益率8.10%,等等。1996年、1997年的投资在2002年仍采用8.10%的投资组合收益率。而1998年、1999年、2000年、2001年和2002年的投资在2002年则分别采用8.65%、8.80%、8.85%、8.95%和9.50%的投资年度收益率。

设 C 为 y 年初的投资额在 $y+k$ 年初或 $y+k-1$ 年末的积累值为

$$\begin{cases} C(1+i_1^y)(1+i_2^y)\cdots(1+i_k^y) & k \leq m \\ C(1+i_1^y)(1+i_2^y)\cdots(1+i_m^y)(1+i^{y+m})\cdots(1+i^{y+k-1}) & k > m \end{cases}$$

例 3.6.2　已知条件同例3.6.1,用投资年度法计算甲、乙、丙三人各自应分得的投资收益。

解:运用投资年度法,可以分别计算出各自实际获得的收益:

甲应分得的投资收益为

$$[20\,000(1+20\%)+10\,000](1+10\%)-(20\,000+10\,000)=7\,400(\text{元})$$

乙应分得的投资收益为

$$30\,000(1+20\%)(1+10\%)-30\,000=9\,600(\text{元})$$

丙应分得的投资收益为

$$[10\,000(1+20\%)+20\,000](1+10\%)-30\,000=5\,200(\text{元})$$

例 3.6.3　某投资者在 1995 年年初投资了 50 000 元,按表 3－6－1 所示的收益率表计算该投资者在 2003—2005 年所获得的投资收益。

解:该投资在 2002 年年末的积累值为

$$50\,000\{[(1+7.5\%)(1+7.6\%)(1+7.65\%)(1+7.75\%)(1+7.80\%)](1+7.65\%)(1+7.85\%)(1+8.10\%)\}\approx 90\,761.30(\text{元})$$

该投资在 2005 年年末的积累值为

$$50\,000\{[(1+7.5\%)(1+7.6\%)(1+7.65\%)(1+7.75\%)(1+7.80\%)](1+7.65\%)(1+7.85\%)(1+8.10\%)(1+8.15\%)(1+8.30\%)(1+8.75\%)\}\approx 115\,607.21(\text{元})$$

因此,该投资者在 2003—2005 年所获得的投资收益为

$$115\,607.21-90\,761.30\approx 24\,845.91(\text{元})$$

第七节　一般借贷模型

本章第一节已经显示,在存在多重收益率的情况下,要对某些金融计算结果做出合理的解释及对不同金融业务进行比较将会遇到某些困难。在实践中,人们曾提出各种方法以回避多重收益率所带来的问题。

一种方法是将未来资金输出流按某一规定利率折现,然后仅基于未来的资金输入流来完成其余计算。这里所规定的利率就是投资者能安全地得到的利率。事实上,投资者是为未来的资金输出流"预先设立基金",它等于按规定利率计算的未来资金输出流的现值,使之与未来资金输入流的现值相等时所计算的收益率将是唯一的。这一问题留给有兴趣的读者作为习题去探讨。

下面将花较多的笔墨去探讨另一种方法。在第一节中,我们曾经指出,如果在整个投资期间投资积累额始终为正,那么收益率将唯一。可以推广这一结果,并定义一个纯投资项目,对此项目所有 $B_t\geqslant 0(t=0,1,2,\cdots,n)$。一个纯投资项目就是在整个投资期间投资者始终有钱投入。从借款人的角度来看,可以定义一个纯借贷项目,此项目中所有 $B_t\leqslant 0(t=0,1,2,\cdots,n)$。它的含义是在整个投资期间,投资者始终欠基金的钱。如果在整个投资期间,投资余额有时为正、有时为负,就可能产生多重收益率问题,这样的项目称为混合项目。在这样的项目中,投资者有时是借款人,有时以贷款人身份出现。

对于一般模型,有这样的前提:投资者在投资期间处于贷款人地位时的利率不同于他处于借款人地位时的利率。当投资者处于贷款人地位($B_t\geqslant 0$)时,可接受的利率称为项目投资利率,记为 r。当投资者处于借款人地位($B_t\leqslant 0$)时,可接受的利率称为项目借贷利率,记为 g。一般地,$r>g$,因为对于一个精明的投资者来讲,作为贷款人时的可接受利率会比作为借款人时的可接受利率大,但后面的数学推导并不需

要这样的假设。

假设初始基金余额为

$$B_0 = C_0 \tag{3.7.1}$$

利用如下递推公式得到各期期末基金余额：

$$B_t = B_{t-1}(1+r) + C_t,\text{若 } B_{t-1} \geqslant 0 \text{ 时} \tag{3.7.2}$$

$$B_t = B_{t-1}(1+g) + C_t,\text{若 } B_{t-1} < 0 \text{ 时} \tag{3.7.3}$$

上式中，$t = 0,1,2,\cdots,n$。最终基金余额可表述为

$$B_n = \sum_{s=0}^{n} C_s(1+r)^{m_s}(1+g)^{n-m_s-s} \tag{3.7.4}$$

上式中，m_s 为整数，其含义为从时刻 s 到时刻 n 中使用利率 r 的时期总数，使用利率 g 的期数则为 $n - m_s - s$，且 $n \geqslant m_0 \geqslant m_1 \geqslant m_2 \geqslant \cdots \geqslant m_n \geqslant 0$。

当 $r=g=i$ 时，(3.7.1) 式 ~ (3.7.4) 式就演化为(3.1.5) 式 ~ (3.1.7) 式，收益率就是使 $B_n = 0$ 的利率。若 $r \neq g$，则收益率概念仍可使用，只不过不是一个单独的数，而是 r 与 g 之间的一个函数关系。换言之，对于一个给定的 g，可找到一个与之对应的 r，使得 $B_n = 0$，这样的 r 与 g 可称为此项业务的一对收益率。对于存在收益率的业务而言，通常有无穷多对 r 与 g，且可找到二者间的一个函数关系。

考虑净现值公式(3.1.1)，$R_t = -C_t$，因此，资金净流入现值大于 0 对应于 B_n 为负数，反之亦然。从投资者的角度来看，投资者喜欢 B_n 为负数这一事实。

例 3.7.1 某投资者立即投资 16 000 元，第 2 年年末再投资 100 000 元，以换取在第 1 年年末收取 100 000 元。

(1) 若 $r=g$，求收益率。

(2) 若 r 与 g 是收益率对，将 r 表示为 g 的函数。

(3) 若 $r = 60\%$，$g = 30\%$，投资者应拒绝还是接受该项业务？

(4) 若 $g = 40\%$，重新考虑问题(3)。

解：

(1) 设 $r = g = i$，以第 2 年年末作为观察点，于是等值方程为

$$16\,000(1+i)^2 + 100\,000 = 100\,000(1+i)$$

解得

$$i = 25\% \text{ 或 } i = 400\%$$

显然，本例题所表明的业务具有多重收益率。

(2) 由于投资余额在第 1 年年初为正，第 1 年年末(第 2 年年初) 为负，故第 1 年使用利率 r，第 2 年使用利率 g，于是有

$$B_0 = 16\,000$$

$$B_1 = 16\,000(1+r) - 100\,000$$

$$B_2 = [16\,000(1+r) - 100\,000](1+g) + 100\,000 = 0$$

由此可得

$$r = 5.25 - \frac{6.25}{1+g}$$

注意，当 $r=g$ 时，出现了多重收益率问题；当 $r>g$ 时，体现正常关系；而当 $r<g$ 时，r 仍为 g 的增函数。

(3) $\because r=60\%, g=30\%, B_0=C_0=16\ 000$(元)

$\therefore B_1=B_0(1+r)+C_1=16\ 000(1+60\%)-100\ 000=-74\ 400$(元)

$B_2=B_1(1+g)+C_2=-74\ 400(1+30\%)+100\ 000=3\ 280$(元)

因为 $B_2>0$，所以投资者应拒绝该项投资业务。

(4) 重复上面的方法，B_0 与 B_1 不变，新的最终余额为

$B_2=-74\ 400(1+40\%)+100\ 000=-4\ 160$(元)

因为 $B_2<0$，所以投资者应接受该项投资业务。

问题(4) 与问题(3) 的唯一差别就是借款的可接受利率 g。如果投资者愿意支付借贷的最大利率为30%，那么此项业务将被拒绝；若投资者愿意支付40%的借款利率，则此项业务将被接受。

例 3.7.2　一个10年期投资项目的头5年的资金净投入如表3-7-1所示。若 $r=15\%, g=10\%$，求 B_5。

表 3-7-1　某资金净投入表　　单位：元

t	0	1	2	3	4	5
C_t	1 000	2 000	-4 000	3 000	-4 000	5 000

解： $\because r=15\%, g=10\%$，且 $B_0=C_0=1\ 000$(元)

$\therefore B_1=B_0(1+r)+C_1=1\ 000(1+15\%)+2\ 000=3\ 150$(元)

$B_2=B_1(1+r)+C_2=3\ 150(1+15\%)-4\ 000=-377.50$(元)

$B_3=B_2(1+g)+C_3=-377.50(1+10\%)+3\ 000=2\ 584.75$(元)

$B_4=B_3(1+r)+C_4=2\ 584.75(1+15\%)-4\ 000\approx-1\ 027.54$(元)

$B_5=B_4(1+g)+C_5=-1\ 027.54(1+10\%)+5\ 000\approx3\ 869.71$(元)

因此，所求的 B_5 约为 3 869.71 元。

本章小结

1. 内容概要

本章主要研究了收益率的有关概念及其基本计算。

收益率就是使未来资金流入现值与资金流出现值相等时的利率。一个投资项目是否可行，有两种判断方法：一是收益率法，二是净现值法。前者指的是当投资项目收益率大于或等于投资者所要求的收益率时，该项目可行；否则，该项目不可行。后者则指应优先选择净现值大的项目，或者在投资者所要求的收益率条件下资金的净流入现值大于或等于0时，该项目可行；否则，该项目不可行。当收益率不唯一时，上面的判断方法失效。收益率唯一性定理告诉我们：若资金净流入只改变过一次符号，

则收益率($i > -1$)是唯一的。

收益率又可分为币值加权收益率与时间加权收益率。前者受资金净投入金额大小影响,后者则消除了它的影响,反映投资随时间变化的增值特性。币值加权收益率可用近似法与精确法计算。前者用利息收入与平均本金余额之比率作为投资收益率,后者所指的收益率则满足由期初投入的本金以及期内不同时点新增投资在期末所形成的积累值等于已知值所构成的方程。而时间加权收益率的计算原理是:期内的新增投资点将其分为若干时段,期初1单位本金依次经历各个时段,到期末时所产生的利息就是时间加权收益率。

如果债券存在违约风险,那么债券发行人必须通过提高票息率或降低出售价格给投资者以一定的补偿:违约风险越大,补偿越多,反之则越少;违约后果越严重,要求补偿的也越多,反之则越少。

再投资有两种情形:一是期限短的项目的再投资,二是利息的再投资。前者只有在考虑投资期较短的债券从其到期至投资期较长债券投资期结束这段时间的再投资收益率大小之后,才能比较不同期限投资收益率的大小。后者则是指每期产生的利息将进行再投资。再投资收益率对全部投资的平均收益率有重要影响:再投资收益率越高,则平均收益率也越高;反之,则越低。

投资收益分配有两种方法可供选择:一是投资组合法,二是投资年度法。前者按平均收益率分配投资收益,它在利率下降时期对投资者有吸引力。后者分配投资收益时,在选择期内,投资收益率不仅要考虑资金投入的年度,而且还要考虑当前所在年度,它在利率上升时期对投资者有吸引力,但在选择期过后,仅考虑当前所在年度,即选择投资组合收益率。

投资者在投资期间很可能的情形是:有时处于贷款人的地位,有时又处于借款人的地位。由于不同地位适用不同利率,因此投资者必须根据上一期期末投资基金余额的符号,选择合适的利率,加上本期期末的新增投资,从而得到本期期末的基金余额。从投资者的角度来看,投资者喜欢为负数这一事实。

2. 重要公式

(1) Hardy 公式

$$i \approx \frac{2I}{A_0 + A_1 - I}$$

(2) $i \approx \dfrac{I}{A_0 + \sum_t C_t(1-t)}$

(3) $i = (1+j_1)(1+j_2)\cdots(1+j_n) - 1$

其中,j_k 为第 k 段收益率,$k = 1,2,\cdots,n$。

习题 3

3 - 1　某 5 年期投资项目第 1 年年初需要投资 14 万元，第 2 年年初、第 3 年年初分别需再投资 2 万元、1 万元；第 1 年年末、第 2 年年末、第 3 年年末、第 4 年年末、第 5 年年末可以分别得到 6 万元、5 万元、3 万元、2 万元、4 万元的回报。

(1) 若投资者要求 6% 的年收益率，该项目是否可行?

(2) 若投资者要求 8% 的年收益率，该项目是否可行?

(3) 求该投资项目的年收益率。

3 - 2　某投资者签订契约时投资 7 万元，第 2 年年末再投资 1 万元；这样，他在第 1 年年末、第 3 年年末将分别得到 4 万元和 5 万元。

(1) 试用 Descartes 符号法则确定可能的年收益率的最大个数。

(2) 实际上是否存在唯一的年收益率? 若存在，则求其值。若不存在，请说明理由。

3 - 3　(1) 某投资者在第 1 年年初向某基金投入 10 000 元，在第 2 年年初收回 10 000 元，并从基金中借出 6 000 元，第 2 年年末偿还 7 000 元，结清了债务，求该投资业务的年收益率。

(2) 某投资者现在向某基金投入 10 000 元，在第 1 年年末收回投入的本金，并从基金中借出 21 600 元，第 2 年年末偿还 11 663 元，结清了债务，求该投资业务的年收益率。

3 - 4　证明：如果 C_0 与 C_n 同号，就不能保证收益率的唯一性。

3 - 5　某投资账户资金余额及"新增"投资见表 3 - 习题 3 - 1，试计算该投资账户在当年的币值加权收益率（分别用精确法和两种近似法）和时间加权收益率。

表 3 - 习题 3 - 1　某投资账户资金余额及"新增"投资表　　单位：元

日期	1 月 1 日	5 月 1 日	10 月 1 日	12 月 31 日
资金余额	11 000	12 000	7 900	10 000
"新增"投资		- 4 800	2 900	

3 - 6　某基金在 1 月 1 日的价值为 1 000 元，6 月 1 日价值为 1 500 元且增加 1 000 元的投资，12 月 1 日价值为 3 000 元且赎回投资 1 000 元，年末基金价值为 1 500 元，求该基金的币值加权收益率和时间加权收益率。

3 - 7　假定市场的无风险利率为 6%，债券 A 的面值为 1 000 元，期限为 1 年，违约概率为 2.5%；假设违约发生时，无任何返还。发行人按面值发售债券，那么该债券的年票息率至少应为多少? 如果投资者要求购买该债券的预期年收益率为 7% 的无风险利率所产生的收益，并且违约时仅收回面值的 70%，那么年票息率至少应为多少?

3 - 8　假设债券A的期限是3年,年收益率为7%;债券B的期限是5年,年收益率为5%,都按相同的面值出售,不考虑风险因素,都在到期时一次性还本付息,应选择哪种债券?

3 - 9　某银行发放一笔100 000元10年期贷款,如果年实际利率为5%,比较如下三种还款方式中哪种方式年收益率最高。

(1) 借款人在第10年年末一次性偿还所有本息。

(2) 借款人每年年末偿还当年利息,第10年年末再偿还本金,利息部分按年4%的收益率进行再投资。

(3) 10年内,借款人每年年末均等偿还,刚好在第10年年末还清贷款。假设返回给贷款人的款项可按4%的年利率进行再投资。

3 - 10　一笔10 000元的贷款在20年内以每年年末付款1 000元来偿还,如果每次还款立即以7%的年实际利率再投资,试确定20年间贷款者获得的年实际利率。

3 - 11　某基金要求每年年初存入相等金额,以便在第10年年末积累到10 000元,如果存款的年实际利率为8%,其利息只能以4%的年实际利率再投资,试证明每年年初需存入的金额为$\dfrac{10\,000}{2s_{\overline{11}|0.04}-12}$元。

3 - 12　一项投资基金在时刻0投入本金1,在以后的n年中,新的储蓄在时刻t以年率$(1+t)$连续投入。在时刻t的利息力为$\delta_t=(1+t)^{-1}$,其中$0\leqslant t\leqslant n$。求该基金在第n年年末的积累值及年平均时间加权收益率。

3 - 13　某借款人在年初需要现款800元,他可从如下两种途径满足需要:

(1) 承诺在年末归还900元;

(2) 年初借1 000元,年末归还1 120元。

如果该年度内可接受利率为10%,那么应选择哪一种?

3 - 14　用某人寿保单的保险金建立一笔基金,年末结息。受益人可以在今后10年内每年年末从基金中提取款项,当基金的最低保障年利率为3%时,每年年末将提取1 000元。然而,该基金在前4年提供4%的年利率,后6年提供5%的年利率。在第t年年末的实际提取额为$W_t=\dfrac{F_t}{\ddot{a}_{\overline{11-t}|0.03}}$,其中$1\leqslant t\leqslant 10$,$F_t$为基金(包括利息)在提款前的金额。试计算$W_{10}$,并运用Excel计算出$F_t$、$W_t$,这里$t=0,1,2,\cdots,10$。

3 - 15　某人借款10 000元,年利率为5%,分30年还清,后20年每年年末还款额是前10年每年年末还款额的2倍,第10年年末该借款人再一次性还款11 500元结清债务,求贷款人的年收益率。

3 - 16　某投资者在5年内每年年初向某基金存入1 000元,该基金的年实际利率为5%,基金所得到的利息的再投资收益率只有4%的年实际利率。证明在第10年年末的积累值为$1\,250(s_{\overline{11}|0.04}-s_{\overline{6}|0.04}-1)$元。

3 - 17　在10年期内每年年初投资1 000元,此项投资的年利率为6%,而其利息可按5%的年实际利率再投资。

（1）试确定第 10 年年末基金的积累值。

（2）如果要产生 7%的年实际收益率，求投资者应付的购买价格。试用 Excel 解答上述问题。

（3）当再投资年收益率提高到 8%时，其余条件不变，上述问题（1）与（2）的结果又如何？

3－18　对于满足 $1 \leqslant t \leqslant 5, 0 \leqslant y \leqslant 10$ 的整数 t 与 y，$1 + i_t^y = (1.08 + 0.005t)^{1+0.01y}$。如果在 $y = 5$ 这一年开始时投资 1 000 元并持续 3 年，试求等价的年实际利率。

3－19　甲年初投资 10 000 元，年中追加 20 000 元；乙年初投资 30 000 元，年中追加 10 000 元，已知上半年的收益率为 15%，下半年的收益率为 10%。分别使用投资组合法、投资年度法计算甲、乙的投资收益。

3－20　某投资者现在投资 100 元，并在第 2 年年末再投资 132 万元，以换取在第 1 年年末获得 230 万元的回报，容易计算出这笔投资业务的年收益率等于 10%或 20%。但这位投资者对收益率究竟是 10%还是 20%感到困惑。为了消除这一困惑，他决定将第 2 年年末的投入按照年利率 12%来“预设基金”。

（1）计算在这些条件下该业务的年收益率。

（2）（1）中的年收益率是否唯一？

（3）试确定项目的年投资利率为 $r = 15\%$ 的项目借贷利率。

（4）若 $r = 40\%$，$g = 30\%$，则投资者应接受还是拒绝这笔业务？

第四章 债务偿还方法

贷款,亦称放款,指的是商业银行以债权人身份,把资金按约定的利率借出去并约定将来清偿本利的一种授信业务。它是现代信用经济的产物,是商业银行的最重要的资产业务之一。当前,在住房商品化、轿车私有化、经济持续发展的过程中,商业银行提供的信用支持必不可少,商业银行普遍推出了分期付款业务,来扩大消费者的即期消费能力,开拓自己的业务领域,增加自己的利润收入。发放贷款,对于商业银行来说,存在到期难以完全收回本息的风险;对于消费者来讲,由于存在偿还能力的变化,往往需要改变还款方式,最常见的情形就是缩短(或延长)还款期限、调整贷款利率。

债务偿还的方法一般有三种:一是满期偿还法,它指的是借款人在贷款满期时一次性偿还贷款本息;二是分期偿还法,它指的是贷款期内,每隔一段时间分期偿还贷款本息;三是偿债基金法,它指的是借款人每期期末偿还贷款利息,同时每期期末另存一笔款项建立一个基金,其目的是在贷款满期时能够偿还贷款本金,从而结清债务。

根据各次还款数额是否相等,贷款偿还法可以分为等额偿还法和非等额偿还法。等额偿还法又可分为等额本利分期偿还法和等额偿债基金法;在非等额偿还法中,将主要考虑等额本金偿还法。满期偿还法比较简单、操作方便。假设贷款本金为L_0,贷款n期,每期的贷款利率为i,到期时只需一次性偿还本息$L_0(1+i)^n$便可还清全部债务。但是由于一次性还款数额相对巨大,实践中更多地采用分期偿还法。因此,本章主要研究分期偿还法与偿债基金法。

第一节　分期偿还法

分期偿还法依每期偿还数额是否相等,可以分为等额分期偿还法和非等额分期偿还法。在分期偿还法中,每期还款额中,先偿还当期贷款利息,剩余部分才用于偿还贷款本金。换言之,在分期偿还法中,必须明确下列三个问题:① 每期偿还的金额是多少;② 每期偿还额中,利息与本金各占多少;③ 未偿还的本金余额(或称为残余本金)是多少。

一、等额分期偿还法

等额分期偿还法指的是每期偿还相等的金额,由于偿还的金额中包含本金和利息,故又称为等额本利偿还法或等额本息偿还法。显然,随着时间的推移,未偿还的本金数额在减少,因而在前期偿还额中利息占有较大的份额,而在后期偿还额中,本金占有较大的份额。

在等额分期偿还法中,主要考虑每期偿还一次、每期偿还 m 次、每 k 期偿还一次、连续偿还等方法。

(一) 每期偿还一次

1. 偿还的基本过程

一般以一年或一月为一期,设每期贷款利率为 i,贷款本金为 L_0,贷款 n 期,并假设每期期末偿还的金额为 R,以贷款之时或 0 点作为观察点,依收支平衡原则有

$$Ra_{\overline{n}|} = L_0 \tag{4.1.1}$$

因此

$$R - \frac{L_0}{a_{\overline{n}|}} \tag{4.1.2}$$

令第 k 期期末还款后即刻的残余本金即贷款余额或尚未偿还的本金或此刻结清债务应偿还的金额为 L_k,令 I_k 表示第 k 期期末偿还额中的利息部分,P_k 为第 k 期期末偿还额中的本金部分,这里 $k = 1,2,3,\cdots,n$。

显然有如下关系:

$$I_k = iL_{k-1} \tag{4.1.3}$$

$$P_k + I_k = R \tag{4.1.4}$$

$$L_k = L_{k-1} - P_k = (1 + i)L_{k-1} - R \tag{4.1.5}$$

具体而言,第 1 期期末应偿还的利息为

$$I_1 = iL_0 = iRa_{\overline{n}|} = R(1 - v^n)$$

第 1 期期末可偿还的本金为

$$P_1 = R - I_1 = R - R(1 - v^n) = Rv^n$$

第 1 期期末还款后的残余本金为

$$\begin{aligned} L_1 &= L_0 - P_1 = Ra_{\overline{n}|} - Rv^n = R(v + v^2 + \cdots + v^{n-1} + v^n) - Rv^n \\ &= R(v + v^2 + \cdots + v^{n-1}) = Ra_{\overline{n-1}|} \end{aligned}$$

第 2 期期末应偿还的利息为

$$I_2 = iL_1 = iRa_{\overline{n-1}|} = R(1 - v^{n-1})$$

第 2 期期末可偿还的本金为

$$P_2 = R - I_2 = R - R(1 - v^{n-1}) = Rv^{n-1}$$

第 2 期期末还款后的残余本金为

$$L_2 = L_1 - P_2 = Ra_{\overline{n-1}|} - Rv^{n-1} = Ra_{\overline{n-2}|}$$

……

第 k 期期末应偿还的利息为

$$I_k = R(1 - v^{n-k+1}) \tag{4.1.6}$$

第 k 期期末可偿还的本金为

$$P_k = Rv^{n-k+1} \tag{4.1.7}$$

第 k 期期末还款后的残余本金为

$$L_k = Ra_{\overline{n-k}|} \tag{4.1.8}$$

……

第 n 期期末应偿还的利息为

$$I_n = R(1 - v)$$

第 n 期期末可偿还的本金为

$$P_n = Rv$$

第 n 期期末还款后的残余本金为

$$L_n = Ra_{\overline{0}|} = 0$$

（这里规定 $a_{\overline{0}|} = 0$）

综上所述，可将上面的偿还过程用一张表格即等额本利分期偿还表来反映，见表 4－1－1。

表 4－1－1　等额本利分期偿还表

偿还时点 k	每期偿还额	偿还额中利息部分 I_k	偿还额中本金部分 P_k	残余本金 L_k
0				$Ra_{\overline{n}|}(=L_0)$
1	R	$R(1-v^n)$	Rv^n	$Ra_{\overline{n-1}|}$
2	R	$R(1-v^{n-1})$	Rv^{n-1}	$Ra_{\overline{n-2}|}$
…	R	…	…	…
k	R	$R(1-v^{n-k+1})$	Rv^{n-k+1}	$Ra_{\overline{n-k}|}$
…	…	…	…	…
n	R	$R(1-v)$	Rv	0

当 i、L_0、n 已知时，可以做出等额本利分期偿还表。分期偿还表有两种制作方法：一是间接法，二是直接法。

运用(4.1.1) 式或(4.1.2) 式计算出每期还款额 R，然后逐一计算出表 4－1－1 中各栏目的值，或者运用(4.1.6) 式、(4.1.7) 式和(4.1.8) 式做出分期偿还表，其中所用方法即间接法。间接法对单独计算某期期末还款额中本金与利息各为多少，还款后残余本金是多少等问题比较有效；若用于做分期偿还表，则显得比较复杂，因为后一步计算没能运用上一步的计算结果。

在实践中，直接运用表4-1-1的推导过程就可做出分期偿还表，在此不妨称之为直接法。直接法实际上反映在运用(4.1.3)式、(4.1.4)式和(4.1.5)式时，具体可表述为：第一，在0点的残余本金栏中直接填上L_0；第二，在每期偿还额中直接填上上面所计算出的结果R；第三，用上一期期末的残余本金乘以每期贷款利率i，就得到本期期末偿还额中利息部分的值；第四，用每期偿还额R减去偿还额中的利息部分就得到本期期末可偿还的本金部分的值；第五，用上一期期末的残余本金减去本期可偿还的本金部分就得到本期期末在偿还了当期款项R后的残余本金。这种方法能相当方便地运用于Excel程序之中，从而轻松地做出分期偿还表，注意绝对引用与相对引用的正确使用。

显然，直接法与间接法没有本质上的差别。

从表4-1-1还可以看出，各时点可偿还的本金之和为

$$R(v^n+v^{n-1}+\cdots+v)=Ra_{\overline{n}|}=L_0$$

这也就是初始贷款本金。同时，也不难发现，每期偿还额中的利息部分逐期递减，可偿还的本金部分则逐期递增，因而残余本金部分将加速减少。

一般地，在时刻$k+t$(k为非负整数，$0\leqslant t<1$)的贷款余额或残余本金为

$$L_{k+t}=L_k(1+i)^t=Ra_{\overline{n-k}|}(1+i)^t \tag{4.1.9}$$

2. 残余本金的过去法与未来法表达式

L_k表示第k次还款后还残存的本金余额或贷款余额，可以用过去法与未来法求得，分别记为L_k^r和L_k^p。

(1) 所谓过去法，指的是应还原始贷款在第k期期末的积累值减去过去已还款在第k期期末的积累值或终值，显然已还款项构成一个k期期末付年金。于是有

$$L_k^r=L_0(1+i)^k-Rs_{\overline{k}|} \tag{4.1.10}$$

(2) 所谓未来法，指的是未来需要偿还的款项的现值，若以第k期期末作为观察点，则未偿还的款项构成一个$(n-k)$期期末付年金。于是有

$$L_k^p=Ra_{\overline{n-k}|} \tag{4.1.11}$$

容易证明

$$L_k^r=L_k^p \tag{4.1.12}$$

事实上

$$\begin{aligned}L_k^r&=L_0(1+i)^k-Rs_{\overline{k}|}=Ra_{\overline{n}|}(1+i)^k-Rs_{\overline{k}|}\\&=R\frac{(1+i)^k-v^{n-k}}{i}-R\frac{(1+i)^k-1}{i}\\&=R\frac{1-v^{n-k}}{i}=Ra_{\overline{n-k}|}=L_k^p\end{aligned}$$

因此，今后为了简便起见，对于L_k一般不特意区分为L_k^r和L_k^p。

例4.1.1 一笔100 000元贷款，期限为5年，年实际利率为8%，每年年末等额偿

第四章 债务偿还方法

还贷款,试构造分期偿还表。

解:设每年等额偿还 R 元,

$\because L_0 = 100\ 000$ 且 $i = 8\%$

$$\therefore R = \frac{L_0}{a_{\overline{5}|}} = \frac{100\ 000}{3.992\ 710\ 04} \approx 25\ 045.645\ 456\ 684 \approx 25\ 045.65(\text{元})$$

据此做出分期偿还表如表 4 - 1 - 2 所示。

表 4 - 1 - 2　分期偿还表　　单位:元

年末	每年偿还额	偿还额中利息部分	偿还额中本金部分	残余本金
0				100 000
1	25 045.65	8 000.00	17 045.65	82 954.35
2	25 045.65	6 636.35	18 409.30	64 545.06
3	25 045.65	5 163.60	19 882.04	44 663.02
4	25 045.65	3 573.04	21 472.60	23 190.41
5	25 045.65	1 855.23	23 190.41	0.00

注:由于在计算过程中的四舍五入,可能形成较大的误差。建议在中间运算过程中,尽可能保留较多小数位,以避免误差积累;本表是用 Excel 程序根据(4.1.3)式、(4.1.4)式以及(4.1.5)式计算的,并在最后统一保留两位小数,因而上一期残余本金与本期可偿还本金之差不完全等于本期期末的残余本金,不过最多相差 0.01,但这已是误差最小的结果了。同时还约定,比如每年还款额 ≈ 25 045.645 456 684 元 ≈ 25 045.65 元,前一保留小数位较多的数据将参与后续的运算,后一保留小数较少的数据作为最终结果,以避免误差积累。这类问题以后不再赘述。

例 4.1.2　一笔 10 000 元的贷款拟用这样的方式偿还:每季末偿还 1 000 元,一直支付到最后一次较小付款以还清贷款为止。如果每年结转 4 次利息的年名义利率为 8%,试确定第 5 次还款中本金与利息各为多少。

解:以一季为一期,则每期的实际利率为 $i = 8\%/4 = 2\%$,本题属于每期偿还一次的问题。第 4 次还款后的残余本金为

$$L_4^r = L_0(1+i)^4 - Rs_{\overline{4}|} = 10\ 000(1+2\%)^4 - 1\ 000s_{\overline{4}|2\%} \approx 6\ 702.713\ 6(\text{元})$$

在第 5 次还款中的利息部分为

$$I_5 = iL_4^r = 2\% \times 6\ 702.713\ 6 \approx 134.05(\text{元})$$

在第 5 次还款中可偿还的本金为

$$P_5 = R - I_5 \approx 1\ 000 - 134.05 = 865.95(\text{元})$$

注意:本题不一定要找出较小的最后付款的时期与金额,因为过去法并不涉及这些问题。不过还是可以考虑未来法,甚至可以做出分期偿还表,以加深对问题的理解。

另解:同样以一季为一期,则每期的实际利率为 $i = 8\%/4 = 2\%$;设正常还款(每期期末偿还 1 000 元)n 次,并在第 $n+1$ 期期末追加一次非正常还款 x 元($0 < x < 1\ 000$)。

首先,从下列方程中求解出:

$$1\ 000a_{\overline{m}|2\%} = 10\ 000$$

$$\therefore \frac{1-(1+2\%)^{-m}}{2\%} = 10$$

$$\therefore m = \frac{\ln 0.8}{\ln 1.02} \approx 11.27$$

其次,取 $n = [m] = 11$,于是有

$$1\ 000a_{\overline{11}|2\%} + xv^{12} = 10\ 000$$

解得

$$x \approx 270.33(元)$$

实际上,第12期期末还款总额为270.33元,因而从严格意义上看,本例题并不属于等额本利偿还法的范畴。下面顺便做出分期偿还表4-1-3,以观察各期期末本金、利息的演变过程。

表4-1-3　分期偿还表　　单位:元

期末	每期偿还额	偿还额中利息部分	偿还额中本金部分	残余本金
0				10 000
1	1 000	200	800	9 200
2	1 000	184	816	8 384
3	1 000	167.68	832.32	7 551.68
4	1 000	151.03	848.97	6 702.71
5	1 000	134.05	865.95	5 836.77
6	1 000	116.74	883.26	4 953.50
7	1 000	99.07	900.93	4 052.57
8	1 000	81.05	918.95	3 133.62
9	1 000	62.67	937.33	2 196.30
10	1 000	43.93	956.07	1 240.22
11	1 000	24.80	975.20	265.03
12	270.33	5.30	265.03	0.00

例4.1.3　现将一笔款项以每年实际利率 i 进行投资,以便在未来 n 年间每年年末可领取金额1。在第1年该投资确实实现了年利率 i,并在年末付款1。但在第2年中,该投资获得的年利率变为 j,其中 $j > i$。试在以下两种假设下分别求出第2年至第 n 年间的每年年末应获得款项的修正值。

(1) 假设年利率在经过第2年后再次回复到 i。

(2) 假设从第2年起的整个投资期间每年利率均保持 j 的水平。

解:初始投资为 $L_0 = a_{\overline{n}|i}$,在第1年年末账户上余额为 $L_1 = a_{\overline{n-1}|i}$

(1) 假设利率在经过第2年后再次回复到 i,并设第2年至第 n 年间的每年年末应获得款项的修正值为 X,于是第2年年末应获得款项中的利息部分为

$$I_2 = jL_1 = ja_{\overline{n-1}|i}$$

第 2 年年末应获得款项中的本金部分为

$$P_2 = X - I_2 = X - ja_{\overline{n-1}|i}$$

在第 2 年年末付款 X 后,账户上的余额为

$$L_2 = L_1 - P_2 = a_{\overline{n-1}|i} - (X - ja_{\overline{n-1}|i}) = (1+j)a_{\overline{n-1}|i} - X$$

由于 L_2 必须满足第 3 年至第 n 年间的每年年末应获得款项 X,因此,以第 2 年年末为观察点,年利率为 i,于是有

$$(1+j)a_{\overline{n-1}|i} - X = Xa_{\overline{n-2}|i}$$

即

$$(1 + a_{\overline{n-2}|i})X = (1+j)a_{\overline{n-1}|i}$$

$$\because 1 + a_{\overline{n-2}|i} = \ddot{a}_{\overline{n-1}|i} = (1+i)a_{\overline{n-1}|i}$$

$$\therefore X = \frac{1+j}{1+i}$$

(2) 假设从第 2 年起的整个投资期间每年利率均保持 j 的水平,并设第 2 年至第 n 年间的每年年末应获得款项的修正值为 Y,且在第 1 年年末账户上的余额为 $L_1 = a_{\overline{n-1}|i}$,以第 1 年年末为观察点,于是有

$$a_{\overline{n-1}|i} = Ya_{\overline{n-1}|j}$$

$$\therefore Y = \frac{a_{\overline{n-1}|i}}{a_{\overline{n-1}|j}}$$

请读者思考:本例题是否可做出分期还款表? 比如 $i = 4\%$, $j = 5\%$, $n = 20$。

例 4.1.4 已知某住房贷款 200 000 元,贷款 10 年,每月等额还款,每年计息 12 次的年名义利率为 6.21%,试计算在 80 次还款后的贷款余额。

解: 以一月为一期,则每期实际利率为 $i = 6.21\%/12 = 0.517\ 5\%$,设每月还款额为 R 元,于是

$$R = \frac{200\ 000}{a_{\overline{120}|i}} \approx 2\ 241.560\ 083(\text{元})$$

下面分别用过去法与未来法计算贷款余额。

由过去法得

$$\begin{aligned} L_{80}^{r} &= 200\ 000(1+i)^{80} - Rs_{\overline{80}|i} \\ &= 200\ 000 \times 1.577\ 590\ 23 - 2\ 241.560\ 083 \times 101.065\ 655\ 8 \\ &\approx 80\ 802.83(\text{元}) \end{aligned}$$

由未来法得

$$L_{80}^{p} = Ra_{\overline{40}|} = 2\ 241.560\ 083 \times 36.047\ 587\ 87 \approx 80\ 802.83(\text{元})$$

这再一次验证了用过去法与未来法计算的结果相同。顺便提一句,如果中间过程中的数据不保留足够多的小数位数,二者间可能会形成一个较小的误差。分期还款通常默认为期末还款。

例4.1.5 A向B借款100 000元,计划在未来10年内每季末等额还款,利率为季度转换年6%。在第4年年末,B将收取未来A付款的权利转让给C,转让价将使C获得季度转换为8%的年收益率,试求由B和C收取的利息的总量。

解:对于A来讲,每季实际利率为6%/4 = 1.5%,因而每季末应偿还:

$$\frac{100\ 000}{a_{\overline{40}|1.5\%}} \approx 3\ 342.710\ 17 \approx 3\ 342.71(\text{元})$$

对于C来讲,每季实际利率为8%/4 = 2%,因此C应付出的价格为

$$3\ 342.710\ 17 a_{\overline{24}|2\%} \approx 63\ 223.77(\text{元})$$

A在最后6年内付出的款项总额为

$$3\ 342.71 \times 24 = 80\ 225.04(\text{元})$$

因此,C收到的利息总量为

$$80\ 225.04 - 63\ 223.77 = 17\ 001.27(\text{元})$$

在第4年年末,在A的原始分期偿还表上的未偿还的贷款余额为

$$3\ 342.710\ 17 a_{\overline{24}|1.5\%} \approx 66\ 955.84(\text{元})$$

A在前4年的付款总额为

$$3\ 342.71 \times 16 = 53\ 483.36(\text{元})$$

其中A所偿还的本金为

$$100\ 000 - 66\ 955.84 = 33\ 044.16(\text{元})$$

这样,B应收到的利息为

$$53\ 483.36 - 33\ 044.16 = 20\ 439.20(\text{元})$$

注意:A在贷款期间付出的利息为3 342.71 × 40 - 100 000 = 33 708.40(元)。它不等于C和B所得的利息总量37 440.47元,原因在于B在第4年年末转让债权时已遭受了损失,其大小为未偿还的贷款余额与出售给C的价格之差,即66 955.84 - 63 223.77 = 3 732.07(元),其根本原因是债权转让时利率发生了改变。若利率上升(或下降),则需扣除(或补上)债权转让时所获得的亏损(或盈余)。如果将这笔损失从B收到的利息中扣除,那么B在这笔业务中实际获得的净收入为20 439.20 - 3 732.07 = 16 707.13(元)。这样,系统就平衡了,即A付出的利息等于B和C所获得的利息之和,即33 708.40 = 16 707.13 + 17 001.27。

请读者思考:如果B将未来A付款的权利转让给C,结果产生了年计息4次的4%的年收益率,那么重解本例并做出评析。

例4.1.6 某投资者贷款100万元去投资一个项目,该项目将在未来10年间每年年末提供18万元的回报。该投资者借款的年实际利率为8%,而贷出的款项或存款的年实际利率只有6%。假设该投资者均匀地偿还贷款,求:(1) 净现金流;(2) 第10年年末累计利润。

解:(1) 该投资者每年年末应偿还的贷款数量为

$$\frac{1\ 000\ 000}{a_{\overline{10}|0.08}} \approx 149\ 029.49(\text{元})$$

由于每年年末能得到18万元的投资回报，因而每年的净现金流入为

$$180\ 000 - 149\ 029.49 = 30\ 970.51\ (\text{元})$$

(2) 第10年年末累计利润为

$$30\ 970.51 s_{\overline{10}|0.06} \approx 408\ 215.94\ (\text{元})。$$

说明：由于本题借入与贷出的款项所支付的利率不同，因此计算内部收益率、净现值是没有意义的。鉴于净现金流入所获得的年收益率为6%，而未偿还的贷款却要负担8%的利率，投资者能做得更好一些，可以尽可能早地用已获得的利润去偿还贷款。

首先，寻找盈亏平衡点(DDP：discounted payback period)，即寻找最小时间 t，使得

$$180\ 000 s_{\overline{t}|0.08} \geqslant 1\ 000\ 000\ (1.08)^t$$

解之，得

$$t \geqslant \frac{\ln(1.8)}{\ln(1.08)} \approx 7.64$$

因此，所求的盈亏平衡点的 $t = 8$。

由于用8年间的投资回报偿还贷款后尚有剩余资金

$$180\ 000 s_{\overline{8}|0.08} - 1\ 000\ 000\ (1.08)^8 \approx 63\ 662.76(\text{元})$$

另外，还有两笔投资回报，因此，在第10年年末该投资者实现的利润为

$$63\ 662.76 \times 1.06^2 + 180\ 000 \times 1.06 + 180\ 000 \approx 442\ 331.48(\text{元})$$

例4.1.7 假设某投资者在时刻0立即投资100万元，那么在时刻 $t = 1,2,3,4,5$ 将收到30万元的回报，市场利率为年5%，求该投资的NPV(0.05)与DPP。

解：该投资的净现金流入的现值为

$$\mathrm{NPV}(0.05) = 300\ 000 a_{\overline{5}|0.05} - 1\ 000\ 000 \approx 298\ 843.00(\text{元})$$

所求的DDP就是满足如下不等式的最小 t：

$$300\ 000 a_{\overline{t}|0.05} - 1\ 000\ 000 \geqslant 0$$

解之，得

$$t \geqslant 3.74$$

因此，DDP(0.05) = 4。

说明：本问题可以看成借款人借了100万元，按年利率5%计息，那么在未来5年间每年年末偿还30万元，显然借款人的实际利息负担不止5%(大约为15.24%)。可以做出如下分期还款表(见表4-1-4)：

表4-1-4 分期偿还表 单位：元

年末	每年还款额	偿还额中利息部分	偿还额中本金部分	残余本金
0				1 000 000
1	300 000	50 000	250 000	750 000
2	300 000	37 500	262 500	487 500

表4-1-4(续)

年末	每年还款额	偿还额中利息部分	偿还额中本金部分	残余本金
3	300 000	24 375	275 625	211 875
4	300 000	10 593. 75	289 406. 25	-77 531. 25
5	300 000	-3 876. 56	303 876. 56	-381 407. 81

显然,投资者第 4 年实现了盈余,且第 5 年年末净流入现值为

$$NPV(0.05)=381\ 407.81\times 1.05^{-5}\approx 298\ 843.00(\text{元})。$$

例 4. 1. 8 (1) 某借款人从银行贷款 700 000 元,贷款期限为 20 年,每年年末分期等额还款,已知该贷款的年实际利率为 7%,求每次还款金额。(2) 如果在 13 次还款后,借款人立即要求将还款期限延长 5 年,那么每次新的还款额是多少?(3) 如果还款 13 次后,借款人不是要求延长还款期限,而是提出停止第 14 次与第 15 次还款,在剩余期限内补回来,求每次新的还款额。(4) 借款人在第 13 次还款时多偿还了 50 000 元,求每次新的还款额。

解:(1) 设每次还款额为 R 元,于是由收支平衡原则可得

$$Ra_{\overline{20}|7\%}=700\ 000$$

解得

$$R=\frac{700\ 000}{a_{\overline{20}|7\%}}\approx 66\ 075.05\ (\text{元})$$

(2) 第 13 次还款后贷款余额为

$$L_{13}=Ra_{\overline{7}|7\%}\approx 356\ 097.57\ (\text{元})$$

由于借款人要求延长还款期限 5 年,这笔款项将在未来 12 年内还清,设每次还款额为 R' 元,于是

$$356\ 097.57=R'a_{\overline{12}|7\%}$$

$$\therefore R'\approx 44\ 833.39(\text{元})$$

(3) 由于借款人停止第 13 次、第 14 次正常还款,从第 15 次起恢复还款,设每次还款金额为 R'' 元,于是

$$356\ 097.57(1.07)^2=R''a_{\overline{5}|7\%}$$

解得

$$R''=\frac{356\ 097.57(1.07)^2}{a_{\overline{5}|7\%}}\approx 99\ 433.29(\text{元})$$

(4) 设第 13 次还款时多还款了 50 000 元后每次新的还款额为 R''' 元,于是

$$356\ 097.57-50\ 000=R'''a_{\overline{7}|7\%}$$

解得

$$R'''\approx 56\ 797.39\ (\text{元})$$

例 4. 1. 9 假设你从银行借款 500 000 元,贷款年实际利率为 5%,要求在 25 年间每年年末等额还款,求每次还款金额。第 5 次还款后,银行贷款年利率已下降到 4%,

求每次还款将减少的金额。

解:(1) 设贷款利率调整前与调整后每次的还款金额分别为 R 元、R' 元,于是

$$500\,000 = Ra_{\overline{25}|5\%}$$

$$Ra_{\overline{20}|5\%} = R'a_{\overline{20}|4\%}$$

解得

$$R \approx 35\,476.23(\text{元}), R' \approx 32\,531.39(\text{元})$$

$$R' - R = -2\,944.84(\text{元})$$

因此,利率调整后每次还款金额将减少 2 944.84 元。

(二) 每期偿还 m 次

设贷款本金为 L_0,贷款 n 期,每期结转利息 m 次的名义利率为 $i^{(m)}$,每期偿还 m 次,每$\frac{1}{m}$期期末偿还的金额为$\frac{R}{m}$,即每期偿还总额为 R。假设在第 k 次还款后,残余本金或贷款余额为 $L_{\frac{k}{m}}$。以贷款之时或 0 点作为观察点,依收支平衡原则有

$$Ra_{\overline{n}|}^{(m)} = L_0 \tag{4.1.13}$$

$$R = \frac{L_0}{a_{\overline{n}|}^{(m)}} \tag{4.1.14}$$

每次偿还的金额为

$$\frac{R}{m} = \frac{L_0}{ma_{\overline{n}|}^{(m)}}$$

下面将展示贷款偿还过程中本金与利息负担的变化。每次的偿还额中,先支付当期利息后再冲减本金,直到贷款偿还期结束时残余本金为 0。

1. 偿还的基本过程

因为$\frac{1}{m}$期的实际利率为$\frac{i^{(m)}}{m}$,所以第 1 次还款中应负担的利息为

$$\frac{i^{(m)}}{m} \cdot L_0 = \frac{i^{(m)}}{m} \cdot Ra_{\overline{n}|}^{(m)} = \frac{R}{m}(1 - v^n)$$

第 1 次还款中可偿还的本金为

$$\frac{R}{m} - \frac{R}{m}(1 - v^n) = \frac{R}{m}v^n$$

第 1 次还款后即在时点$\frac{1}{m}$的残余本金为

$$\begin{aligned} L_{\frac{1}{m}} &= L_0 - \frac{R}{m}v^n = Ra_{\overline{n}|}^{(m)} - \frac{R}{m}v^n \\ &= \frac{R}{m}(v^{\frac{1}{m}} + v^{\frac{2}{m}} + \cdots + v^{\frac{mn-1}{m}} + v^{\frac{mn}{m}}) - \frac{R}{m}v^n \\ &= \frac{R}{m}(v^{\frac{1}{m}} + v^{\frac{2}{m}} + \cdots + v^{\frac{mn-1}{m}}) = Ra_{\overline{n-\frac{1}{m}}|}^{(m)} \end{aligned}$$

第 2 次还款中应负担的利息为

$$\frac{i^{(m)}}{m}\cdot L_{\frac{1}{m}}=\frac{i^{(m)}}{m}\cdot Ra^{(m)}_{\overline{n-\frac{1}{m}}|}=\frac{R}{m}(1-v^{n-\frac{1}{m}})$$

第 2 次还款中可偿还的本金为

$$\frac{R}{m}-\frac{R}{m}(1-v^{n-\frac{1}{m}})=\frac{R}{m}v^{n-\frac{1}{m}}$$

第 2 次还款后即在时点$\frac{2}{m}$的残余本金为

$$L_{\frac{2}{m}}=L_{\frac{1}{m}}-\frac{R}{m}v^{n-\frac{1}{m}}=Ra^{(m)}_{\overline{n-\frac{1}{m}}|}-\frac{R}{m}v^{n-\frac{1}{m}}=Ra^{(m)}_{\overline{n-\frac{2}{m}}|}$$

……

同理可得,第 k 次还款中应负担的利息为

$$\frac{R}{m}(1-v^{n-\frac{k-1}{m}})$$

第 k 次还款中可偿还的本金为

$$\frac{R}{m}v^{n-\frac{k-1}{m}}$$

第 k 次还款后即在时点$\frac{k}{m}$的残余本金为

$$L_{\frac{k}{m}}=Ra^{(m)}_{\overline{n-\frac{k}{m}}|} \tag{4.1.15}$$

……

第 mn 次还款中应负担的利息为 $R(1-v^{\frac{1}{m}})$,可偿还的本金为 $Rv^{\frac{1}{m}}$,且在第 mn 次还款后即在时点$\frac{mn}{m}$的残余本金为 $L_n=L_{\frac{mn}{m}}=Ra^{(m)}_{\overline{0}|}$,而 $L_n=0$,因此可规定 $a^{(m)}_{\overline{0}|}=0$,这样就可以无障碍地使用公式(4.1.15)。

现将上面的推导结果归纳成表4-1-5。从表4-1-5中,容易验证各次偿还额中的本金部分之和为 $Ra^{(m)}_{\overline{n}|}$,即贷款本金。

将表 4-1-5 与表 4-1-1 的制作过程进行比较,不难发现二者的实质是一样的。因为在表4-1-5中,若以$\frac{1}{m}$期作为新的一期,则每新期的实际利率为$\frac{i^{(m)}}{m}$,每新期期末偿还$\frac{R}{m}$,贷款偿还期限为 mn 个新期,这样就将每期偿还 m 次的债务偿还问题转化为每期偿还一次的问题。表 4-1-5 也可以用表 4-1-1 的方法做出。

表 4-1-5 等额本利分期偿还表(每期偿还 m 次)

偿还时点$\frac{k}{m}$	每次偿还额	偿还额中利息部分	偿还额中本金部分	残余本金 $L_{\frac{k}{m}}$
0				$Ra_{\overline{n}\rvert}^{(m)}(=L_0)$
$\frac{1}{m}$	$\frac{R}{m}$	$\frac{R}{m}(1-v^n)$	$\frac{R}{m}v^n$	$Ra_{\overline{n-\frac{1}{m}}\rvert}^{(m)}$
$\frac{2}{m}$	$\frac{R}{m}$	$\frac{R}{m}(1-v^{n-\frac{1}{m}})$	$\frac{R}{m}v^{n-\frac{1}{m}}$	$Ra_{\overline{n-\frac{2}{m}}\rvert}^{(m)}$
…	…	…	…	…
$\frac{k}{m}$	$\frac{R}{m}$	$\frac{R}{m}(1-v^{n-\frac{k-1}{m}})$	$\frac{R}{m}v^{n-\frac{k-1}{m}}$	$Ra_{\overline{n-\frac{k}{m}}\rvert}^{(m)}$
…	…	…	…	…
$\frac{mn}{m}$	$\frac{R}{m}$	$\frac{R}{m}(1-v^{\frac{1}{m}})$	$\frac{R}{m}v^{\frac{1}{m}}$	0

例 4.1.10 某人贷款 100 000 元,每年结转利息 2 次的年名义利率为 8%,4 年间每半年末均等偿还,试做出分期偿还表。

解法 1:以一年为一期,则每期的实际利率为$\left(1+\frac{8\%}{2}\right)^2-1=8.16\%$。本例题属于每期还款 2 次的债务偿还问题。设每期偿还额为 R 元,于是

$$Ra_{\overline{4}\rvert 8.16\%}^{(2)}=100\ 000$$

解得

$$R\approx 29\ 705.566\ 4\approx 29\ 705.57(\text{元})$$

因此,每次还款额为$\frac{R}{2}\approx 14\ 852.78$(元)。

由于 1/2 期的实际利率为 8%/2 = 4%,因此,在第 1 次还款额中利息部分为

$$100\ 000\times 4\%=4\ 000(\text{元})$$

可偿还本金为

$$14\ 852.78-4\ 000=10\ 852.78(\text{元})$$

在第 1 次还款后残余本金为

$$100\ 000-10\ 852.78=89\ 147.22(\text{元})$$

重复上面方法,可以做出分期偿还表,见表 4-1-6。

表 4-1-6　分期偿还表　　单位:元

偿还时点	每次偿还额	偿还额中利息部分	偿还额中本金部分	残余本金
0				100 000
1(0.5 年末)	14 852.78	4 000.00	10 852.78	89 147.22
2(1.0 年末)	14 852.78	3 565.89	11 286.89	77 860.32
3(1.5 年末)	14 852.78	3 114.41	11 738.37	66 121.95
4(2.0 年末)	14 852.78	2 644.88	12 207.91	53 914.05
5(2.5 年末)	14 852.78	2 156.56	12 696.22	41 217.83
6(3.0 年末)	14 852.78	1 648.71	13 204.07	28 013.76
7(3.5 年末)	14 852.78	1 120.55	13 732.23	14 281.52
8(4.0 年末)	14 852.78	571.26	14 281.52	0.00

解法 2:以半年为一期,则每期实际利率为 8%/2 = 4%,设每期期末偿还额为 $\tilde{R}$ 元,于是

$$\tilde{R}a_{\overline{8}|4\%} = 100\ 000$$

解得

$$\tilde{R} \approx 14\ 852.78(\text{元})$$

然后重复解法 1 的过程,也可以得到分期偿还表,见表 4-1-6。

2. 残余本金的过去法与未来法表达式

(1) 过去法:以第 k 次还款时点 $\frac{k}{m}$ 作为观察点,此时的残余本金或贷款余额 $L^r_{\frac{k}{m}}$ 可由应还原始贷款的积累值与已还款项构成的年金的积累值或终值之差求得。

$$L^r_{\frac{k}{m}} = L_0(1+i)^{\frac{k}{m}} - Rs^{(m)}_{\overline{\frac{k}{m}}|} \tag{4.1.16}$$

(2) 未来法:在时点 $\frac{k}{m}$ 以后尚未偿还的贷款构成的年金现值记为 $L^p_{\frac{k}{m}}$。

$$L^p_{\frac{k}{m}} = Ra^{(m)}_{\overline{n-\frac{k}{m}}|} \tag{4.1.17}$$

显然

$$L^r_{\frac{k}{m}} = L^p_{\frac{k}{m}} \tag{4.1.18}$$

事实上

$$\begin{aligned} L^r_{\frac{k}{m}} &= L_0(1+i)^{\frac{k}{m}} - Rs^{(m)}_{\overline{\frac{k}{m}}|} = Ra^{(m)}_{\overline{n}|}(1+i)^{\frac{k}{m}} - Rs^{(m)}_{\overline{\frac{k}{m}}|} \\ &= R\frac{1-v^n}{i^{(m)}}(1+i)^{\frac{k}{m}} - R\frac{(1+i)^{\frac{k}{m}}-1}{i^{(m)}} \\ &= R\frac{1-v^{n-\frac{k}{m}}}{i^{(m)}} = Ra^{(m)}_{\overline{n-\frac{k}{m}}|} = L^p_{\frac{k}{m}} \end{aligned}$$

顺便提一句,若以$\frac{1}{m}$期作为新的一期,则每新期的实际利率为$\frac{i^{(m)}}{m}$,且每新期期末偿还$\frac{R}{m}$,从而可用每期偿还一次情形下的过去法与未来法来表示的残余本金公式计算,即

$$L^r_{\frac{k}{m}} = L_0\left[1 + \frac{i^{(m)}}{m}\right]^k - \frac{R}{m}s_{\overline{k}|\frac{i^{(m)}}{m}} \tag{4.1.19}$$

$$L^p_{\frac{k}{m}} = \frac{R}{m}a_{\overline{mn-k}|\frac{i^{(m)}}{m}} \tag{4.1.20}$$

容易验证(4.1.19)式与(4.1.16)式实质是一样的,(4.1.20)式与(4.1.17)式的实质也一样,今后我们一般不特意去区分过去法与未来法表达式。

(三)每k期偿还一次

设贷款本金为L_0,贷款n期,每期利率i,每k期期末偿还R,其中n为k的整数倍。显然,贷款的各次偿还构成了一个每k期期末给付一次的年金。

$$\frac{R}{s_{\overline{k}|}}a_{\overline{n}|} = L_0 \tag{4.1.21}$$

$$\therefore R = L_0\frac{s_{\overline{k}|}}{a_{\overline{n}|}} \tag{4.1.22}$$

在第1次即第k期期末的还款中的利息部分为

$$L_0[(1+i)^k - 1] = \frac{R}{s_{\overline{k}|}}a_{\overline{n}|}[(1+i)^k - 1] = R(1 - v^n)$$

第1次还款中的本金部分为

$$R - R(1 - v^n) = Rv^n$$

因此,第1次还款后残余的本金为

$$L_k = L_0 - Rv^n = \frac{R}{s_{\overline{k}|}}a_{\overline{n-k}|}$$

同理,在第2次即第$2k$期期末的还款中的利息部分为

$$L_k[(1+i)^k - 1] = \frac{R}{s_{\overline{k}|}}a_{\overline{n-k}|}[(1+i)^k - 1] = R(1 - v^{n-k})$$

第2次还款中的本金部分为

$$R - R(1 - v^{n-k}) = Rv^{n-k}$$

因此,第2次还款后残余的本金为

$$L_{2k} = L_k - Rv^{n-k} = \frac{R}{s_{\overline{k}|}}a_{\overline{n-2k}|}$$

……

在第t次,即第tk期期末的还款中的利息部分为

$$R[1 - v^{n-(t-1)k}]$$

第 t 次还款中的本金部分为

$$Rv^{n-(t-1)k}$$

因此,第 t 次还款后残余本金为

$$L_{tk}=\frac{R}{s_{\overline{k}|}}a_{\overline{n-tk}|}$$

……

显然,第 n 期期末即最后一次还款后的贷款余额为 0。

请读者思考:最后一次还款中的利息部分、本金部分各为多少?

将上面的结果整理成一张贷款偿还表(见表 4-1-7),在表 4-1-7 中,也可以以 k 期作为新的一期,于是每新期的实际利率为 $j=(1+i)^k-1$,这样本例题就成为每新期期末偿还一次,偿还期为 $\frac{n}{k}$ 个新期的债务偿还问题。

也可以考虑在任意一时点 s 的贷款余额或残余本金 L_s,这里 $s=tk+u$,其中 $t=0,1,2,\cdots,\frac{n}{k}$,$0\leqslant u<k$,且 u 为非负实数,于是

$$L_s=L_{tk}(1+i)^u \tag{4.1.23}$$

同样可以考虑用未来法与过去法去求尚未偿还的贷款余额。

表 4-1-7　等额本利分期偿还表(每 k 期偿还一次)

偿还时点 tk	每次偿还额	偿还额中利息部分	偿还额中本金部分	残余本金 L_{tk}
0				$\frac{R}{s_{\overline{k}|}}a_{\overline{n}|}(=L_0)$
k	R	$R(1-v^n)$	Rv^n	$\frac{R}{s_{\overline{k}|}}a_{\overline{n-k}|}$
$2k$	R	$R(1-v^{n-k})$	Rv^{n-k}	$\frac{R}{s_{\overline{k}|}}a_{\overline{n-2k}|}$
…	…	…	…	…
tk	R	$R(1-v^{n-(t-1)k})$	$Rv^{n-(t-1)k}$	$\frac{R}{s_{\overline{k}|}}a_{\overline{n-tk}|}$
…	…	…	…	…
$\frac{n}{k}\cdot k$	R	$R(1-v^k)$	Rv^k	0

例 4.1.11　已知某人贷款 50 000 元,贷款 3 年,每月结转一次利息的年名义利率为 12%,每季末等额偿还一次,试做出分期偿还表。

解: 由题意知,每月的实际利率为 12%/12 = 1%,以一月为一期,则本例题属于每 3 期期末偿还一次的贷款问题,其中 $i=1\%$。设每季末需偿还 R 元,于是由收支平衡原则有

$$R\frac{a_{\overline{36}|1\%}}{s_{\overline{3}|1\%}}=50\ 000$$

$\therefore R\approx 5\ 032.134\ 008\approx 5\ 032.13$(元)

第1次还款中的利息部分为

$$50\ 000[(1+1\%)^3-1]=1\ 515.05(\text{元})$$

第1次还款中可偿还的本金部分为

$$5\ 032.13-1\ 515.05=3\ 517.08(\text{元})$$

第1次还款后残余本金为

$$50\ 000-3\ 517.08=46\ 482.92(\text{元})$$

重复上面的方法,就可以做出分期偿还表(见表4-1-8)。

注意,在表4-1-8中,以每月为一期,因而还款时点在第3月月末、第6月月末……第36月月末,现在也可算出其余月末的残余本金。

第1月月末的残余本金为

$$50\ 000(1+1\%)=50\ 500(\text{元})$$

第2月月末的残余本金为

$$50\ 500(1+1\%)=51\ 005(\text{元})$$

第3月月末(还款后)的残余本金为

$$51\ 005(1+1\%)-5\ 032.13=46\ 482.92(\text{元})$$

第4月月末的残余本金为

$$46\ 482.92(1+1\%)\approx 46\ 947.75(\text{元})$$

表4-1-8　等额本利分期偿还表(每3期偿还一次)　　单位:元

偿还时点	每次偿还额	偿还额中利息部分	偿还额中本金部分	残余本金
0				50 000
3	5 032.13	1 515.05	3 517.08	46 482.92
6	5 032.13	1 408.48	3 623.66	42 859.26
9	5 032.13	1 298.68	3 733.46	39 125.81
12	5 032.13	1 185.55	3 846.58	35 279.22
15	5 032.13	1 069.00	3 963.14	31 316.08
18	5 032.13	948.91	4 083.23	27 232.86
21	5 032.13	825.18	4 206.95	23 025.91
24	5 032.13	697.71	4 334.43	18 691.48
27	5 032.13	566.37	4 465.76	14 225.72
30	5 032.13	431.05	4 601.08	9 624.64
33	5 032.13	291.64	4 740.50	4 884.14
36	5 032.13	147.99	4 884.14	0.00

重复上面的过程，就可得到更详细的分期偿还表，相当于在表4－1－8中插入在非3的倍数时点的还款情况。容易看出，残余本金由时点0的50 000元波动性地下降到时点36的0元。

读者也容易想到，若以每季为一期，则每期的实际利率为3.030 1%，于是本例题就属于每期偿还一次的情形，从而也可以做出分期偿还表。

（四）每期连续偿还

从理论上讲，贷款可以连续偿还，并由此可以将偿还时点的偿还年率分解为偿还的利息年率与偿还的本金年率，但实际应用并不广泛。

假设贷款本金为L_0，贷款n期，利息力为δ。设每期连续偿还的金额为R，于是由收支平衡原则可得

$$R\bar{a}_{\overline{n}|} = L_0 \tag{4.1.24}$$

即

$$R = \frac{L_0}{\bar{a}_{\overline{n}|}} \tag{4.1.25}$$

在时刻$t(0 \leqslant t \leqslant n)$的贷款余额或残余本金为

$$\bar{L}_t^r = L_0(1+i)^t - R\bar{s}_{\overline{t}|} \tag{4.1.26}$$

$$\bar{L}_t^p = R\bar{a}_{\overline{n-t}|} \tag{4.1.27}$$

不难证明

$$\bar{L}_t^r = \bar{L}_t^p \triangleq \bar{L}_t \tag{4.1.28}$$

同样可以将每一期偿还额R分解为两个部分：一部分偿还当期利息，记为$\bar{I}_t$；另一部分用于偿还本金，记为$\bar{P}_t$。因此，

$$\bar{I}_t = \delta\bar{L}_t \tag{4.1.29}$$

$$\bar{P}_t = R - \bar{I}_t = R - \delta\bar{L}_t \tag{4.1.30}$$

（4.1.29）式、（4.1.30）式分别表示该项贷款从时刻t起的未来一期内应偿还的利息与可偿还的本金，也可以看成瞬间利息偿还年率与瞬间本金偿还年率。换言之，可看成偿还的利息年率与本金年率。

由于

$$\begin{aligned}\frac{\mathrm{d}}{\mathrm{d}t}\bar{L}_t &= \frac{\mathrm{d}}{\mathrm{d}t}(R\bar{a}_{\overline{n-t}|}) = R\frac{\mathrm{d}}{\mathrm{d}t}\left(\frac{1-v^{n-t}}{\delta}\right) = -Rv^{n-t} \\ &= -R(1-\delta\bar{a}_{\overline{n-t}|}) = -(R-\delta L_t) = -\bar{P}_t\end{aligned}$$

即

$$\frac{\mathrm{d}}{\mathrm{d}t}\bar{L}_t = -\bar{P}_t \tag{4.1.31}$$

（4.1.31）式表明了未偿还贷款余额的瞬时减少率等于本金的偿还年率。

一般地，假设贷款偿还在时刻t以每期R_t的年率连续地支付，于是有

$$L_0 = \int_0^n v^s R_s \mathrm{d}s (= \bar{L}_0) \tag{4.1.32}$$

第四章 债务偿还方法

同样地，可以给出残余本金的过去法与未来法的表达式：

$$\bar{L}_t^r = L_0(1+i)^t - \int_0^t R_s(1+i)^{t-s}\mathrm{d}s \tag{4.1.33}$$

$$\bar{L}_t^p = \int_t^n v^{s-t}R_s\mathrm{d}s \tag{4.1.34}$$

当然，还可以考虑变利息力情形，留给有兴趣的读者自己思考。

二、非等额分期偿还法

非等额分期偿还法指的是借款人各次还款数额不完全相等的一种还款方法。设贷款本金为 L_0，第 t 期期末偿还 R_t，其中 $t=1,2,\cdots,n$，每期实际利率均为 i，依收支平衡原则有

$$L_0 = \sum_{t=1}^{n} v^t R_t \tag{4.1.35}$$

在每一次还款中，同样是先偿还当期的利息，然后才冲减本金。在非等额分期偿还法中，将讨论还款额按等差数列变化、等比数列变化以及任意变化的分期偿还过程。

（一）还款额按等差数列变化

各次还款额可以构成递增的等差数列、递减的等差数列。

例 4.1.12 某人从银行获得了一笔 8 年期的贷款，年利率为 6%，第 1 年年末还款 10 000 元，以后每一年年末比上一年年末还款额减少 1 000 元，试做出分期还款表。

解：设贷款的本金为 L_0 元，由于还款额构成一个期末付年金，该年金可以分解为一个从 8 000 元递减到 1 000 元的 8 年期标准递减年金与一个金额为 2 000 元的 8 年期等额期末付年金，依贷款还款现值就是贷款本金这一原理可得

$$L_0 = 1\,000(Da)_{\overline{8|}} + 2\,000a_{\overline{8|}} \approx 42\,256.36(\text{元})$$

第 1 年年末还款中的利息部分为

$$42\,256.36 \times 6\% \approx 2\,535.38(\text{元})$$

第 1 年年末还款中可偿还本金的数额为

$$10\,000 - 2\,535.38 = 7\,464.62(\text{元})$$

第 1 年还款后残余本金为

$$42\,256.36 - 7\,464.62 = 34\,791.74(\text{元})$$

然后重复上面的过程，就可以做出变额分期偿还表（见表 4-1-9）。

表 4-1-9 非等额分期偿还表 单位：元

偿还时点	每次偿还额	偿还额中利息部分	偿还额中本金部分	残余本金
0				42 256.36
1	10 000	2 535.38	7 464.62	34 791.74
2	9 000	2 087.50	6 912.50	27 879.25
3	8 000	1 672.75	6 327.25	21 552.00

表4-1-10(续)

偿还时点	每次偿还额	偿还额中利息部分	偿还额中本金部分	残余本金
4	7 000	1 293. 12	5 706. 88	15 845. 12
5	6 000	950. 71	5 049. 29	10 795. 83
6	5 000	647. 75	4 352. 25	6 443. 58
7	4 000	386. 61	3 613. 39	2 830. 19
8	3 000	169. 81	2 830. 19	0. 00

例 4. 1. 13　某人贷款100 000元,期限为10年,贷款年利率为8%,每年还款额中包含相同的本金,因而该偿还法又被称为等额本金偿还法。试做出分期偿还表。

解:∵ 每年还款中包含相同的本金

∴ 每年偿还额中可偿还的本金为

$$\frac{100\ 000}{10} = 10\ 000(\text{元})$$

第 1 年年末还款中的利息部分为

$$100\ 000 \times 8\% = 8\ 000(\text{元})$$

因而,第 1 年年末应偿还的金额为

$$10\ 000 + 8\ 000 = 18\ 000(\text{元})$$

第 1 年年末还款后的残余本金为

$$100\ 000 - 10\ 000 = 90\ 000(\text{元})$$

重复上面的步骤,可以做出非等额分期偿还表(见表 4 - 1 - 10)。从表 4 - 1 - 10 可知,每年还款中的本金相同,因而残余本金逐年以 10 000 元的幅度递减,直至为 0 元;所负担利息也以等差数列的形式减少,还款额逐年递减。

表 4 - 1 - 10　非等额分期偿还表　　单位:元

偿还时点	每次偿还额	偿还额中利息部分	偿还额中本金部分	残余本金
0				100 000
1	18 000	8 000	10 000	90 000
2	17 200	7 200	10 000	80 000
3	16 400	6 400	10 000	70 000
4	15 600	5 600	10 000	60 000
5	14 800	4 800	10 000	50 000
6	14 000	4 000	10 000	40 000
7	13 200	3 200	10 000	30 000
8	12 400	2 400	10 000	20 000
9	11 600	1 600	10 000	10 000
10	10 800	800	10 000	0

请读者思考:对于例4.1.13,使用等额本利还款法做出分期还款表;同时,分析两种还款法下利息总额的差异,并做出评价。

例 4.1.14　已知一笔100 000元的贷款,期限10年,年利率为7%,每年年末还款,从第2年起,每一年比上一年多还3 000元,试做出分期偿还表。

解:设第1年年末还款x元,则第2年年末、第3年年末……第10年年末分别还款$(x+3\ 000)$元、$(x+3\ 000\times 2)$元……$(x+3\ 000\times 9)$元,依收支平衡原则可得如下等值方程:

$$xa_{\overline{10|}}+3\ 000v(Ia)_{\overline{9|}}=100\ 000\quad (其中\ v=\frac{1}{1+7\%})$$

解得

$$x\approx 2\ 399.537\ 16\approx 2\ 399.54(元)$$

第1年年末还款中的利息部分为

$$100\ 000\times 7\%=7\ 000(元)$$

第1年年末可偿还的本金为

$$2\ 399.54-7\ 000=-4\ 600.46(元)$$

第1年年末还款后的残余本金为

$$100\ 000-(-4\ 600.46)=104\ 600.46(元)$$

这实际上表明第1年的偿还额根本不够偿还第1年的利息,从而引起本金增加,相当于追加了4 600.46元的贷款。

重复上面的步骤,可以做出非等额分期偿还表(见表4-1-11)。从表中还可以看出:① 第2年的偿还额仍不够偿还当年利息,从而再追加了贷款1 922.05元;② 残余本金先增后减,利息负担也呈现出这种趋势。

表4-1-11　非等额分期偿还表　　单位:元

偿还时点	每次偿还额	偿还额中利息部分	偿还额中本金部分	残余本金
0				100 000
1	2 399.54	7 000.00	-4 600.46	104 600.46
2	5 399.54	7 322.03	-1 922.50	106 522.96
3	8 399.54	7 456.61	942.93	105 580.03
4	11 399.54	7 390.60	4 008.94	101 571.09
5	14 399.54	7 109.98	7 289.56	94 281.53
6	17 399.54	6 599.71	10 799.83	83 481.70
7	20 399.54	5 843.72	14 555.82	68 925.88
8	23 399.54	4 824.81	18 574.73	50 351.16
9	26 399.54	3 524.58	22 874.96	27 476.20
10	29 399.54	1 923.33	27 476.20	0.00

（二）还款额按等比数列变化

例 4.1.15　一笔贷款 100 000 元，期限为 10 年，年利率为 7%，每年年末还款，从第 2 年起，每一年比上一年多还 20%。试做出分期偿还表。

解：设第 1 年年末还款 x 元，则第 2 年年末、第 3 年年末……第 10 年年末分别还款 $(1+20\%)x$ 元、$(1+20\%)^2x$ 元……$(1+20\%)^9x$ 元。由于各次还款构成一个给付额按等比数列变化的年金，且还款现值就是贷款本金，由公式(2.5.68)得

$$100\ 000 = x\frac{1-\left(\dfrac{1+20\%}{1+7\%}\right)^{10}}{7\%-20\%}$$

解得

$$x \approx 6\ 053.367\ 905 \approx 6\ 053.37(\text{元})$$

第 1 年年末还款中的利息部分为

$$100\ 000 \times 7\% = 7\ 000(\text{元})$$

第 1 年年末可偿还的本金为

$$6\ 053.37 - 7\ 000 = -946.63(\text{元})$$

第 1 年年末还款后的残余本金为

$$100\ 000 - (-946.63) = 100\ 946.63(\text{元})$$

这实际上表明第 1 年的偿还额根本不够偿还第 1 年的利息，从而引起本金增加，相当于追加了 946.63 元的贷款。

第 2 年年末的还款额为

$$6\ 053.367\ 905(1+20\%) \approx 7\ 264.04(\text{元})$$

然后，重复上面的步骤，就可以做出非等额分期偿还表（见表 4-1-12）。

表 4-1-12　非等额分期偿还表　　单位：元

偿还时点	每次偿还额	偿还额中利息部分	偿还额中本金部分	残余本金
0				100 000
1	6 053.37	7 000.00	-946.63	100 946.63
2	7 264.04	7 066.26	197.78	100 748.85
3	8 716.85	7 052.42	1 664.43	99 084.42
4	10 460.22	6 935.91	3 524.31	95 560.11
5	12 552.26	6 689.21	5 863.06	89 697.06
6	15 062.72	6 278.79	8 783.92	80 913.14
7	18 075.26	5 663.92	12 411.34	68 501.80
8	21 690.31	4 795.13	16 895.19	51 606.61
9	26 028.37	3 612.46	22 415.91	29 190.70
10	31 234.05	2 043.35	29 190.70	0.00

（三）还款额任意变化

例 4.1.16　已知某 5 年期的贷款，年利率为 8%，计划 5 年间各年年末分别偿还 6 000 元、4 000 元、8 000 元、5 000 元、7 000 元，试求贷款总额及各年还款中本金和利息。

解：记 $v = \dfrac{1}{1+8\%}$，于是贷款总额为

$$L_0 = 6\,000v + 4\,000v^2 + 8\,000v^3 + 5\,000v^4 + 7\,000v^5$$
$$\approx 23\,774.800\,408 \approx 23\,774.80(\text{元})$$

在第 1 年年末的还款中利息部分为

$$23\,774.800\,408 \times 8\% \approx 1\,901.98(\text{元})$$

第 1 年年末可偿还的本金为

$$6\,000 - 1\,901.98 = 4\,098.02(\text{元})$$

第 1 年年末残余本金为

$$23\,774.80 - 4\,098.02 = 19\,676.78(\text{元})$$

重复上面的步骤，可以将每年年末偿还额分解为利息和本金两个部分，并做出分期偿还表，见表 4－1－13。

表 4－1－13　非等额分期偿还表　　单位：元

偿还时点	每次偿还额	偿还额中利息部分	偿还额中本金部分	残余本金
0				23 774.80
1	6 000	1 901.98	4 098.02	19 676.78
2	4 000	1 574.14	2 425.86	17 250.93
3	8 000	1 380.07	6 619.93	10 631.00
4	5 000	850.48	4 149.52	6 481.48
5	7 000	518.52	6 481.48	0.00

思考：贷款有借有还，坚持诚实守信，树立社会主义核心价值观。关于诚信建设，大家各抒己见。

第二节　偿债基金法

借款人偿还一笔贷款，可以不用分期偿还法而用偿债基金法，其含义是借款人每期期末偿还贷款的当期利息，从而确保贷款（本金）金额始终不变；同时应贷款人要求每期期末另存一笔款项以建立一个基金，称之为偿债基金，其目的是在贷款满期时刚好偿还贷款本金，从而结清债务。简言之，偿债基金法就是平时付息、到期还本的方法。虽然偿债基金名义上属于借款人所有，但由贷款人掌握，因而偿债基金的积累

过程本质上也就是贷款的偿还过程，因此研究贷款本金与偿债基金积累值之差可以量度借款人尚未偿还的数额，我们将其称为贷款净额。某一时点的贷款净额就是在该时点结清债务所必须付出的代价。

由于在偿债基金法中每期偿还的利息是固定的，而每期期末存入基金的金额可以相等也可以不相等，因而可以分为等额偿债基金法和非等额偿债基金法。

一、等额偿债基金法

在向偿债基金存入款项时，可以每期一次、每期 m 次、每 k 期一次，甚至在理论上还可以连续地存入。

（一）每期存入一次

设贷款本金为 L_0，贷款每期实际利率为 i，贷款期限为 n 期。设偿债基金每期利率为 j，借款人每期期末向偿债基金存入 D。在实践中，j 通常小于或等于 i，显然这是保守的假设，以便更能保护贷款人资金安全。借款人倘若能以高于贷款利率的利率进行积累，那将是很不寻常的，故此假设在数学上并不是必要的。于是，就偿债基金而言

$$L_0 = Ds_{\overline{n}|j} \tag{4.2.1}$$

$$\therefore D = \frac{L_0}{s_{\overline{n}|j}} \tag{4.2.2}$$

借款人每期期末应偿还的利息为 $I = iL_0$，即表明每期偿还的利息相同。因此，在偿债基金法中，借款人每期期末支付的金额为

$$P = I + D = iL_0 + \frac{L_0}{s_{\overline{n}|j}} = L_0\left(i + \frac{1}{s_{\overline{n}|j}}\right) \tag{4.2.3}$$

$$\because \frac{1}{a_{\overline{n}|j}} = j + \frac{1}{s_{\overline{n}|j}}$$

$$\therefore i + \frac{1}{s_{\overline{n}|j}} = \frac{1}{a_{\overline{n}|j}} + (i - j) = \frac{1 + (i - j)a_{\overline{n}|j}}{a_{\overline{n}|j}}$$

$$\therefore P = \frac{L_0}{\dfrac{a_{\overline{n}|j}}{1 + (i - j)a_{\overline{n}|j}}} \tag{4.2.4}$$

定义

$$a_{\overline{n}|i\&j} = \frac{a_{\overline{n}|j}}{1 + (i - j)a_{\overline{n}|j}} \tag{4.2.5}$$

显然

$$\frac{1}{a_{\overline{n}|i\&j}} = i + \frac{1}{s_{\overline{n}|j}} \tag{4.2.6}$$

这样，在偿债基金法中，借款人每期期末支付的金额为

$$P = \frac{L_0}{a_{\overline{n}|i\&j}} \tag{4.2.7}$$

(4.2.7) 式与(4.1.2) 式在形式上相近。

在(4.2.7) 式中,令 $P = 1$,则有 $L_0 = a_{\overline{n}|i\&j}$。于是,可以这样理解符号 $a_{\overline{n}|i\&j}$ 的含义:就是按偿债基金方式每期期末支付1(一部分按利率 i 支付当期利息,另一部分按利率 j 建立偿债基金)可以获得的贷款本金或获得偿还额的现值,因而 $a_{\overline{n}|i\&j}$ 可以被视为一项 n 期期末付年金的现值。按比例地,若现在贷款金额1,则在未来 n 期内每期期末需偿还 $\frac{1}{a_{\overline{n}|i\&j}}$。这笔贷款也可这样偿还:每期期末偿还当期的贷款利息 i,另外,每期期末向一偿债基金存入 $\frac{1}{s_{\overline{n}|j}}$,该基金在第 n 期期末的积累值刚好达到1,从而偿还贷款本金1,实际上贷款人每期期末需支付 $i + \frac{1}{s_{\overline{n}|j}}$,故(4.2.6) 式成立。

请读者思考:当每期期末支付1时,每期期末支付的利息与向偿债基金存入的金额各为多少?

第 k 期期末偿债基金的积累值或余额为 $Ds_{\overline{k}|j}$,因此,第 k 期期末贷款净额或者说还必须准备的资金为

$$L_k = L_0 - Ds_{\overline{k}|j} \tag{4.2.8}$$

$$= L_0\left(1 - \frac{s_{\overline{k}|j}}{s_{\overline{n}|j}}\right) \tag{4.2.9}$$

$$= L_0\left(\frac{s_{\overline{n}|j} - s_{\overline{k}|j}}{s_{\overline{n}|j}}\right) = L_0\,\frac{(1+j)^n - (1+j)^k}{(1+j)^n - 1}$$

$$= L_0 \cdot \frac{1 - \tilde{v}^{n-k}}{1 - \tilde{v}^n} \qquad \left(\text{其中 } \tilde{v} = \frac{1}{1+j}\right)$$

$$= \frac{L_0}{a_{\overline{n}|j}}a_{\overline{n-k}|j} \tag{4.2.10}$$

(4.2.10) 式表明,偿债基金法中第 k 期期末贷款净额与按贷款利率 j 计息的分期偿还法中贷款余额或残余本金相等。

作为偿债基金法中的借款人,一方面要支付当期的贷款利息,另一方面又可从偿债基金中获得利息收入,因而借款人第 k 期的实际利息负担为

$$NI_k = iL_0 - jDs_{\overline{k-1}|j} = iL_0 - jL_0\,\frac{s_{\overline{k-1}|j}}{s_{\overline{n}|j}} = L_0\left(i - j\,\frac{s_{\overline{k-1}|j}}{s_{\overline{n}|j}}\right) \tag{4.2.11}$$

现在定义第 k 期的净本金 NP_k 为第 k 期期末偿债基金积累值与第 k 期期初偿债基金积累值之差,即

$$NP_k = Ds_{\overline{k}|j} - Ds_{\overline{k-1}|j} = D(1+j)^{k-1} \tag{4.2.12}$$

$$= \frac{L_0}{s_{\overline{n}|j}}(1+j)^{k-1} = \frac{L_0}{a_{\overline{n}|j}}\tilde{v}^{n-k+1} \tag{4.2.13}$$

(4.2.13) 式与按贷款利率 j 计息的分期偿还法的第 k 期期末的偿还额中的可偿还的本金数额一样。

特别地，当 $j = i$ 时，

$$I + D = L_0\left(i + \frac{1}{s_{\overline{n}|j}}\right) = L_0\left(i + \frac{1}{s_{\overline{n}|i}}\right) = \frac{L_0}{a_{\overline{n}|i}} = R$$

这表明当偿债基金利率等于贷款利率时，借款人每期支付的总额等于分期偿还法中每期支付的金额，因而两种方法等价。下面继续考虑在此特例下的实际利息负担。借款人第 k 期的实际利息负担为

$$iL_0 - iDs_{\overline{k-1}|i} = iL_0 - iL_0\frac{s_{\overline{k-1}|i}}{s_{\overline{n}|i}} = iL_0 \cdot \frac{(1+i)^n - (1+i)^{k-1}}{(1+i)^n - 1}$$

$$= iL_0 \cdot \frac{1 - v^{n-k+1}}{1 - v^n} = iL_0 \cdot \frac{a_{\overline{n-k+1}|}}{a_{\overline{n}|}} = iRa_{\overline{n-k+1}|}$$

这与分期偿还法中的借款人在第 k 期负担的利息相等。

同理可得，贷款净额为

$$L_k = L_0 - Ds_{\overline{k}|i} = L_0\left(1 - \frac{s_{\overline{k}|i}}{s_{\overline{n}|i}}\right) = Ra_{\overline{n-k}|}$$

这与分期偿还法中第 k 期期末残余本金或贷款净额相等。

例4.2.1 一笔100 000元的贷款，期限为5年，贷款年利率为8%，于每年年末偿还利息；同时建立偿债基金，偿债基金的年利率为7%。试构造偿债基金表。

解：每年年末向偿债基金储蓄的金额为

$$D = \frac{L_0}{s_{\overline{5}|7\%}} \approx \frac{100\ 000}{5.75\ 073\ 901} \approx 17\ 389.069\ 444\ 14 \approx 17\ 389.07(\text{元})$$

每年年末支付贷款利息为

$$100\ 000 \times 8\% = 8\ 000(\text{元})$$

每年年末支付总额为

$$17\ 389.07 + 8\ 000 = 25\ 389.07(\text{元})$$

下面将做出偿债基金表。

方法一：通过计算 $Ds_{\overline{k}|j}$ 的值来得出各年年末偿债基金余额，并乘以偿债基金利率 j，得到下一期偿债基金所得利息；运用公式(4.2.8)可得贷款净额，从而完成等额偿债基金表(见表4－2－1)。这种方法对仅单独算出某一年或某一期的偿债基金余额、所得利息、贷款净额比较适用。

表4－2－1 等额偿债基金表 单位：元

年末	支付总额	支付当年利息	向偿债基金储蓄	偿债基金所得利息	偿债基金余额	贷款净额
0					0	100 000
1	25 389.07	8 000	17 389.07	0	17 389.07	82 610.93

表4-2-1(续)

年末	支付总额	支付当年利息	向偿债基金储蓄	偿债基金所得利息	偿债基金余额	贷款净额
2	25 389.07	8 000	17 389.07	1 217.23	35 995.37	64 004.63
3	25 389.07	8 000	17 389.07	2 519.68	55 904.12	44 095.88
4	25 389.07	8 000	17 389.07	3 913.29	77 206.48	22 793.52
5	25 389.07	8 000	17 389.07	5 404.45	100 000	0

方法二:第一,在 0 年(期) 末所在行的偿债基金余额栏上填上 0,贷款净额中填上贷款本金,本例题为 100 000 元,把这两个数据作为初始数据;第二,其余年(期) 末的支付金额、支付当年(期) 利息、向偿债基金储蓄栏分别填上上面所计算出的数据,本例分别为 25 389.07 元、8 000 元、17 389.07 元;第三,用上一年(期) 末偿债基金余额乘以其利率,本例为 7%,得到本年(期) 末的偿债基金所得利息;第四,用上一年(期) 末偿债基金余额加上本年(期) 所得利息,再加本年(期) 末向基金储蓄的金额就得到本年(期) 末偿债基金余额;第五,用贷款本金,本例为 100 000 元,减去偿债基金余额,就得到贷款净额。这样,就做出了偿债基金表。在 Excel 上使用这种方法将更轻松快速。

例4.2.2 一笔100 000元的贷款,期限为5年,贷款年利率为8%,于每年年末偿还利息;同时建立偿债基金,偿债基金的年实际利率为8%。试构造偿债基金表。

解:每年年末向偿债基金储蓄的金额为

$$D = \frac{L_0}{s_{\overline{5}|8\%}} = \frac{10\ 000}{5.866\ 600\ 96} \approx 17\ 045.645\ 457 \approx 17\ 045.65(\text{元})$$

每年年末支付贷款利息为

$$100\ 000 \times 8\% = 8\ 000(\text{元})$$

每年年末支付总额为

$$17\ 045.65 + 8\ 000 = 25\ 045.65(\text{元})$$

据此做出等额偿债基金表(见表 4 - 2 - 2),并可比较分期偿还表 4 - 1 - 2。

表 4 - 2 - 2　等额偿债基金表　　单位:元

年末	支付总额	支付当年利息	向偿债基金储蓄	偿债基金所得利息	偿债基金余额	贷款净额
0					0	100 000
1	25 045.65	8 000	17 045.65	0.00	17 045.65	82 954.35
2	25 045.65	8 000	17 045.65	1 363.65	35 454.94	64 545.06
3	25 045.65	8 000	17 045.65	2 836.40	55 336.98	44 663.02
4	25 045.65	8 000	17 045.65	4 426.96	76 809.59	23 190.41
5	25 045.65	8 000	17 045.65	6 144.77	100 000	0

例4.2.3 一笔100 000元贷款，期限为5年，贷款年利率为8%，于每年年末偿还利息；同时建立偿债基金，偿债基金的年实际利率为9%。试构造偿债基金表。

解：每年年末向偿债基金储蓄的金额为

$$D = \frac{L_0}{s_{\overline{5}|9\%}} = \frac{100\ 000}{5.984\ 710\ 61} \approx 16\ 709.245\ 695\ 67 \approx 16\ 709.25(\text{元})$$

每年年末支付贷款利息为

$$10\ 000 \times 8\% = 8\ 000(\text{元})$$

每年年末支付总额为

$$16\ 709.25 + 8\ 000 = 24\ 709.25(\text{元})$$

据此做出偿债基金表（见表4－2－3）。

表4－2－3 等额偿债基金表 单位：元

年末	支付总额	支付当年利息	向偿债基金储蓄	偿债基金所得利息	偿债基金余额	贷款净额
0					0	100 000
1	24 709.25	8 000	16 709.25	0	16 709.25	83 290.75
2	24 709.25	8 000	16 709.25	1 503.83	34 922.32	65 077.68
3	24 709.25	8 000	16 709.25	3 143.01	54 774.58	45 225.42
4	24 709.25	8 000	16 709.25	4 929.71	76 413.54	23 586.46
5	24 709.25	8 000	16 709.25	6 877.22	100 000	0

从例4.2.1、例4.2.2、例4.2.3可以看出，当贷款利率一定且其他条件不变时，每年支付的贷款利息一定；当偿债基金利率提高时，每年年末向基金储蓄的款项下降，从而每年的支付总额也下降。进一步思考后不难发现，当偿债基金利率一定且其他条件不变时，每年年末向基金储蓄的款项也一定；当贷款利率提高时，每年年末支付的贷款利息将增加，从而支付总额也将上升。反之，则反是。

下面进一步思考例4.2.1、例4.2.2、例4.2.3与分期偿还法中的贷款利率的等价性问题，即考虑以它们每年年末实际支付的款项所能获得的贷款本金与期限分别相当于分期偿还法中的多少利率。

就例4.2.1而言，问题变为贷款100 000元，期限为5年，每年年末需偿还25 389.07元（更精确一些为25 389.069 444 14元），按分期偿还法，那么这笔贷款的年利率为多少？利用Newton-Raphson迭代公式计算，其年利率约为8.52%。

就例4.2.2而言，显见其相当于分期偿还法的年利率为8%。

就例4.2.3而言，问题变为贷款100 000元，期限为5年，每年年末需偿还24 709.25元（更精确一些为24 709.245 695 67元），按分期偿还法，那么这笔贷款的年利率为多少？利用Newton-Raphson迭代公式计算，其年利率约为7.49%。

对于例4.2.1，读者可能会对8.52%的答案感到奇怪，因为也许会预期答案应介于7%与8%之间。一般说来，如果将分期偿还法中等价利率记为$\tilde{i}$，那么

$$\tilde{i} \approx i + \frac{1}{2}(i - j) \qquad (4.2.14)$$

运用这一公式，应得到一个等价利率 $8\% + \frac{1}{2}(8\% - 7\%) = 8.5\%$，它很接近于真实答案8.52%；同理，对例4.2.2实现了准确估计；对例4.2.3而言，估计结果为 $8\% + \frac{1}{2}(8\% - 9\%) = 7.5\%$，与7.49%的真实答案也非常接近。

（4.2.14）式可以这样理解：

（1）当 $j < i$ 时，$\tilde{i} > i$。即当偿债基金利率低于贷款利率时，要求分期偿还法中的等价利率大于贷款利率。因为借款人不仅要为所借的每1元钱支付 i 元利息，而且还要投资于偿债基金，其中就有利息损失 $(i - j)$ 元；由于借款1元在偿债基金中的平均余额为1/2元，因而贷款1元在偿债基金中平均损失利息 $\frac{1}{2}(i - j)$ 元，于是贷款1元应承担的利息为 $i + \frac{1}{2}(i - j)$ 元。

（2）当 $j > i$ 时，$\tilde{i} < i$。因为借款人不仅要为所借的每1元钱支付 i 元利息，而且还要投资于偿债基金，其中就有利息盈余 $(j - i)$ 元；由于借款1元，在偿债基金中的平均余额为1/2元，因而贷款1元，在偿债基金中平均盈余利息 $\frac{1}{2}(j - i)$ 元，于是贷款1元应承担的利息为 $i - \frac{1}{2}(j - i)$ 元，即 $i + \frac{1}{2}(i - j)$ 元。

综上所述，偿债基金利率对实际贷款利率（或分期偿还法的等价利率）有很大的影响。当偿债基金利率高于贷款利率时，等价利率低于贷款利率；当偿债基金利率低于贷款利率时，等价利率将高于贷款利率；当偿债基金利率等于贷款利率时，等价利率也等于贷款利率。

（二）每期存入 m 次

例4.2.4　某借款人所借的20 000元贷款中，每年年末必须按5%的年利率支付利息。该借款人每半年末向一偿债基金储蓄，以便在第5年年末刚好能还清贷款。已知偿债基金的年利率为4%，试求每半年末应储蓄的金额，并做出偿债基金表。

解：以一年为一期，则本例题属于每期向偿债基金储蓄多次的问题。设借款人每期向偿债基金储蓄 x 元，则每1/2期末储蓄 $x/2$ 元，于是有

$$x s_{\overline{5}|4\%}^{(2)} = 20\ 000$$

解得

$$x = \frac{20\ 000}{s_{\overline{5}|4\%}^{(2)}} \approx 3\ 656.337\ 395 \approx 3\ 656.34(\text{元})$$

因此，每次储蓄额为

$$x/2 = 1\ 828.17(\text{元})$$

由于每期期末借款人需支付利息：

$$20\ 000 \times 5\% = 1\ 000(\text{元})$$

于是，借款人每期期末支付：

$$1\ 828.17 + 1\ 000 = 2\ 828.17(\text{元})$$

并且，每 1/2 期末支付 1 828.17 元；偿债基金每 1/2 期的实际利率为

$$(1 + 4\%)^{\frac{1}{2}} - 1 \approx 0.019\ 803\ 90$$

第 1/2 期末支付贷款利息 0 元，向基金储蓄 1 828.17 元，获得储蓄利息 0 元，偿债基金余额为 1 828.17 元，贷款净额为

$$20\ 000 - 1\ 828.17 = 18\ 171.83(\text{元})$$

第 1 期期末支付贷款利息 1 000 元，向基金储蓄 1 828.17 元，获得储蓄利息为

$$1\ 828.17 \times 0.019\ 803\ 90 \approx 36.20(\text{元})$$

第 1 期期末偿债基金余额为 3 692.54 元，贷款净额为

$$20\ 000 - 3\ 692.54 = 16\ 307.46(\text{元})$$

重复上面的步骤，可得到等额偿债基金表（见表 4-2-4）。

表 4-2-4　等额偿债基金表（每期储蓄 2 次）

期末	支付总额	支付当年利息	向偿债基金储蓄	偿债基金所得利息	偿债基金余额	贷款净额
0					0	20 000.00
1/2	1 828.17	0	1 828.17	0	1 828.17	18 171.83
2/2	2 828.17	1 000	1 828.17	36.20	3 692.54	16 307.46
3/2	1 828.17	0	1 828.17	73.13	5 593.84	14 406.16
4/2	2 828.17	1 000	1 828.17	110.78	7 532.79	12 467.21
5/2	1 828.17	0	1 828.17	149.18	9 510.13	10 489.87
6/2	2 828.17	1 000	1 828.17	188.34	11 526.64	8 473.36
7/2	1 828.17	0	1 828.17	228.27	13 583.08	6 416.92
8/2	2 828.17	1 000	1 828.17	269.00	15 680.25	4 319.75
9/2	1 828.17	0	1 828.17	310.53	17 818.95	2 181.05
10/2	2 828.17	1 000	1 828.17	352.88	20 000.00	0.00

（三）每 k 期偿还一次

例 4.2.5　一笔 20 000 元的贷款，期限 3 年，年实际利率为 7%，借款人每年年末偿还当年利息，并约定每半年末向偿债基金储蓄一次，该偿债基金每年结转 4 次的年名义利率为 6%。试构造偿债基金表。

解：因为偿债基金每年结转 4 次的年名义利率为 6%，所以该基金每季实际利率为 6%/4 = 1.5%。于是，以一季为一期，那么本例题属于每 2 期期末向偿债基金储蓄一次，每 4 期期末支付一次贷款利息，贷款共 12 期的偿债基金还款问题。

设每 2 期期末向偿债基金储蓄 x 元,于是

$$\frac{x}{s_{\overline{2}|1.5\%}} s_{\overline{12}|1.5\%} = 20\ 000$$

解得

$$x \approx 3\ 090.203\ 714\ 12 \approx 3\ 090.20(\text{元})$$

每 4 期期末支付当年贷款利息为

$$20\ 000 \times 7\% = 1\ 400(\text{元})$$

单数期末不必向偿债基金储蓄。因此,单数期末支付总额为0元,偶数(非4的倍数)期末支付总额为3 090.20元,4的倍数期末支付总额为4 490.20元。在0点偿债基金余额为0,且每期利率为1.5%,并按此利率进行积累,从而逐期算出偿债基金余额。用贷款本金20 000元减去偿债基金余额就得到了贷款净额,从而做出等额偿债基金表(见表4-2-5)。

表4-2-5　等额偿债基金表(每2期储蓄一次)　　单位:元

期末	支付总额	支付贷款利息	向偿债基金储蓄	偿债基金所得利息	偿债基金余额	贷款净额
0					0	20 000
1	0	0	0	0	0	20 000
2	3 090.20	0	3 090.20	0	3 090.20	16 909.80
3	0	0	0	46.35	3 136.56	16 863.44
4	4 490.20	1 400	3 090.20	47.05	6 273.81	13 726.19
5	0	0	0	94.11	6 367.92	13 632.08
6	3 090.20	0	3 090.20	95.52	9 553.64	10 446.36
7	0	0	0	143.30	9 696.94	10 303.06
8	4 490.20	1 400	3 090.20	145.45	12 932.60	7 067.40
9	0	0	0	193.99	13 126.59	6 873.41
10	3 090.20	0	3 090.20	196.90	16 413.69	3 586.31
11	0	0	0	246.21	16 659.90	3 340.10
12	4 490.20	1 400	3 090.20	249.90	20 000	0

二、非等额偿债基金法

非等额偿债基金法指的是借款人每次存入偿债基金的金额不完全相等的一种贷款偿还方法。研究此方法可以探讨基金积累额与贷款净额等指标演变的过程。

设原始贷款本金为 L_0,每期利率为 i,贷款 n 期,则每期期末需支付当期的贷款利息 iL_0。设偿债基金每期利率为 j,借款人在第 t 期期末的支付总额为 R_t,于是第 t 期期末向偿债基金储蓄的金额为 $R_t - iL_0$(其中 $t = 1,2,\cdots,n$)。由于偿债基金在第 n 期期末刚好全部偿还贷款本金,因此

$$L_0 = \sum_{t=1}^{n} (R_t - iL_0)(1+j)^{n-t} \tag{4.2.15}$$

或

$$L_0 = \sum_{t=1}^{n} R_t(1+j)^{n-t} - iL_0 s_{\overline{n}|j}$$

解得

$$L_0 = \frac{\sum_{t=1}^{n} R_t(1+j)^{n-t}}{1+is_{\overline{n}|j}} = \frac{\sum_{t=1}^{n} R_t\tilde{v}^t}{\tilde{v}^n + ia_{\overline{n}|j}} = \frac{\sum_{t=1}^{n} \tilde{v}^t R_t}{1+(i-j)a_{\overline{n}|j}} \tag{4.2.16}$$

上式中，$\tilde{v} = \frac{1}{1+j}$，且 $\tilde{v}^n = 1 - ja_{\overline{n}|j}$。特别地，当 $j = i$ 时，$L_0 = \sum_{t=1}^{n} v^t R_t$，即贷款本金等于未来还款现值之和。

值得注意的是，前面实际上已假设向偿债基金的储蓄额 $R_t - iL_0$ 为正。如果为负，那么意味着这一期的还款额连贷款利息都不够支付，这相当于从偿债基金中抽回款项，其讨论见例 4.2.8。

例 4.2.6 某借款人在 10 年内以每年年末还款的形式来偿还一笔年利率为 7% 的贷款，第 1 年年末还款 2 000 元，第 2 年年末还款 1 900 元，如此下去直至第 10 年年末还款 1 100 元。设偿债基金每年的实际利率为 6%，求这笔贷款的金额，并做出非等额偿债基金表。

解：设这笔贷款金额为 L_0 元，由公式(4.2.16) 可得

$$L_0 = \frac{\sum_{t=1}^{n} \tilde{v}R_t}{1+(i-j)a_{\overline{n}|j}} = \frac{1\ 000a_{\overline{10}|6\%} + 100(Da)_{\overline{10}|6\%}}{1+(7\% - 6\%)a_{\overline{10}|6\%}}$$

$$\approx 10\ 953.737\ 361 \approx 10\ 953.74(\text{元})$$

根据偿债基金表的制作方法，可以做出表 4-2-6。只不过，这里各年年末支付总额已知，由贷款本金 10 953.74 元可计算出每年年末应支付的贷款利息，从而可以计算出每年向偿债基金储蓄的金额。

表 4-2-6 非等额偿债基金表 单位：元

年末	支付总额	支付当年利息	向偿债基金储蓄	偿债基金所得利息	偿债基金余额	贷款净额
0					0	10 953.74
1	2 000	766.76	1 233.24	0	1 233.24	9 720.50
2	1 900	766.76	1 133.24	73.99	2 440.47	8 513.27
3	1 800	766.76	1 033.24	146.43	3 620.14	7 333.60
4	1 700	766.76	933.24	217.21	4 770.58	6 183.15
5	1 600	766.76	833.24	286.24	5 890.06	5 063.68

表4-2-6(续)

年末	支付总额	支付当年利息	向偿债基金储蓄	偿债基金所得利息	偿债基金余额	贷款净额
6	1 500	766.76	733.24	353.40	6 976.70	3 977.04
7	1 400	766.76	633.24	418.60	8 028.54	2 925.20
8	1 300	766.76	533.24	481.71	9 043.49	1 910.25
9	1 200	766.76	433.24	542.61	10 019.34	934.40
10	1 100	766.76	333.24	601.16	10 953.74	0.00

例 4.2.7 有一笔年实际利率为 8% 的 4 年期的贷款,借款人用偿债基金法进行偿还,各年年末支付总额分别为 2 000 元、3 000 元、4 000 元和 5 000 元,且偿债基金的年利率为 7%。试计算该贷款的本金为多少。

解:设贷款本金为 L_0 元,于是每年年末支付的贷款利息为 $8\%L_0$ 元,借款人在 4 年间各年年末向偿债基金储蓄的金额分别为 $(2\,000-8\%L_0)$ 元、$(3\,000-8\%L_0)$ 元、$(4\,000-8\%L_0)$ 元、$(5\,000-8\%L_0)$ 元,因此

$$L_0=(2\,000-8\%L_0)(1+7\%)^3+(3\,000-8\%L_0)(1+7\%)^2+(4\,000-8\%L_0)(1+7\%)+(5\,000-8\%L_0)$$

解得

$$L_0=\frac{2\,000(1+7\%)^3+3\,000(1+7\%)^2+4\,000(1+7\%)+5\,000}{1+8\%+8\%(1+7\%)+8\%(1+7\%)^2+8\%(1+7\%)^3}\approx 11\,190.11(\text{元})$$

例 4.2.8 假设有一笔为期 5 年、年利率为 8% 的贷款,用偿债基金法偿还,偿债基金的年利率为 6%,其各年年末还款金额分别为 1 000 元、1 000 元、5 000 元、8 000 元和 7 000 元。试求出贷款总额,并做出偿债基金表。

解:设原始贷款为 L_0 元,每年年末应支付的贷款利息为 $8\%L_0$ 元,于是各年年末向偿债基金储蓄的金额分别为 $(1\,000-8\%L_0)$ 元、$(1\,000-8\%L_0)$ 元、$(5\,000-8\%L_0)$ 元、$(8\,000-8\%L_0)$ 元、$(7\,000-8\%L_0)$ 元,因此

$$L_0=(1\,000-8\%L_0)(1+6\%)^4+(1\,000-8\%L_0)(1+6\%)^3+(5\,000-8\%L_0)(1+6\%)^2+(8\,000-8\%L_0)(1+6\%)+(7\,000-8\%L_0)$$

解得

$$L_0=\frac{1\,000(1+6\%)^4+1\,000(1+6\%)^3+5\,000(1+6\%)^2+8\,000(1+6\%)+7\,000}{1+8\%+8\%(1+6\%)+8\%(1+6\%)^2+8\%(1+6\%)^3+8\%(1+6\%)^4}=\frac{23\,551.492\,960}{1.450\,967\,44}\approx 16\,231.58(\text{元})$$

每年年末应支付的贷款利息为

$$8\%L_0=8\%\times 16\,231.58\approx 1\,298.53(\text{元})$$

这意味着第 1 年、第 2 年的还款额不够支付当年的贷款利息。比如,第 1 年年末的 1 000 元还款可以写成如下形式:1 000 = 1 298.53 + (−298.53)。根据偿债基金

法的原理及上面的计算过程可知,用 1 298.53 元去偿还了贷款利息(年利率为 8%),另外向偿债基金储蓄了 - 298.53 元(年利率为 6%)。换言之,借款人可按 6%的年利率借钱,去支付年利率为 8%的贷款,这是不合理的。何况,偿债基金的初始余额为 0,借款无从谈起。为了避免这种现象出现,可将 298.53 元视同向贷款人贷款,因而利率按 8%计算,而不是按 6%计算,这种将 298.53 元转化为贷款本金的过程,称为基金负储蓄的本金化,此时向偿债基金储蓄 0 元。同样,第 2 年也需要基金负储蓄的本金化。

假设经过基金负储蓄的本金化处理后,贷款的本金变为 $\tilde{L}_0$ 元,第 2 年年末的贷款余额为

$$L_2^r = (1+8\%)^2\tilde{L}_0 - 1\,000s_{\overline{2}|8\%} = 1.166\,4\tilde{L}_0 - 2\,080$$

以第 2 年年末的贷款余额 L_2^r 为起点,运用偿债基金法进行分析。由于第 3、4、5 年年末向偿债基金储蓄 $(5\,000 - 8\%L_2^r)$ 元、$(8\,000 - 8\%L_2^r)$ 元、$(7\,000 - 8\%L_2^r)$ 元,这些储蓄在第 5 年年末形成的积累值刚好能达到 L_2^r。因此,

$$(5\,000 - 8\%L_2^r)(1+6\%)^2 + (8\,000 - 8\%L_2^r)(1+6\%) + (7\,000 - 8\%L_2^r) = L_2^r$$

解得

$$L_2^r = \frac{5\,000(1+6\%)^2 + 8\,000(1+6\%) + 7\,000}{1+8\% + 8\%(1+6\%) + 8\%(1+6\%)^2}$$

$$\approx 16\,815.335\,765 \approx 16\,815.34(\text{元})$$

由于

$$1.166\,4\tilde{L}_0 - 2\,080 \approx 16\,815.335\,765$$

解得

$$\tilde{L}_0 \approx 16\,199.704\,874 \approx 16\,199.70(\text{元})$$

显然调整后的贷款本金 $\tilde{L}_0$ 略小于 L_0。

下面从第 2 年年末开始,按普通方法做出偿债基金表,并补上前 2 年数据,从而得出表 4 - 2 - 7。

表 4 - 2 - 7　变额偿债基金表　　单位:元

年末	支付总额	支付当年利息	向偿债基金储蓄	偿债基金所得利息	偿债基金余额	贷款净额
0					0	16 199.70
1	1 000	1 000	0	0	0	16 495.68
2	1 000	1 000	0	0	0	16 815.34
3	5 000	1 345.23	3 654.77	0	3 654.77	13 160.56
4	8 000	1 345.23	6 654.77	219.29	10 528.83	6 286.50
5	7 000	1 345.23	5 654.77	631.73	16 815.34	0.00

第三节 级差利率

一、级差利率的概念

在实际应用中经常会遇到这样一个问题：在考虑一笔贷款分期偿还时，将贷款余额分割为若干部分，而不同部分按不同的利率计息。比如，一家银行可能这样开价：对未偿还贷款余额在10 000元以内的按7%计息，超过10 000元而不足50 000元的部分按6%计息，超过50 000元的按5%计息。这种将贷款项目的未偿还本金余额划分为若干个区间，对不同区间的未偿还本金采用不同的利率就是所谓级差利率。

本节将研究一个两级级差利率问题的解法，这种方法可以推广到多级级差利率情形，详见附录。

二、级差利率的应用

假设贷款本金为L_0，贷款n期，每期期末偿还R，区间分界线为$L'(0<L'<L_0)$，未偿还本金余额为$L_k(k=0,1,2,\cdots,n)$，显然L_k的变化范围是从L_0逐期下降至0。将L_k中未超过L'的部分按利率i计息，而超过L'的部分按利率j计息(一般地，$i>j$)，用等额本利分期偿还法还款。下面来探讨每期应该偿还的金额。

(一) 确定何时开始未偿还本金不超过L'

注意L_k是k的减函数，因此必然会从某期开始未偿还本金不超过L'。假设第t期期末未偿还本金余额L_t首次不超过L'，即t为满足

$$L_t \leqslant L' \tag{4.3.1}$$

的最小正整数。也就是说，在时刻0到第$t-1$期期末，贷款余额超过L'，因而适用两种利率：分界线下的部分适用利率i，而线上的部分适用利率j；从第t期期末到第n期期末，贷款余额均不超过L'，适用利率i。

(二) 用未来法与过去法分别计算L_t

$$L_t^p = Ra_{\overline{n-t|}i} \tag{4.3.2}$$

$$L_t^r = [(L_0-L')(1+j)^t + (L'+iL's_{\overline{t|}j})] - Rs_{\overline{t|}j} \tag{4.3.3}$$

在(4.3.2)式中，t期以后，贷款本金余额均小于L'，故每期还款R按i计息。在(4.3.3)式中方括号部分为贷款本金L_0的第t期期末的积累值，其中将贷款本金分为(L_0-L')和L'两个部分，前者按利率j进行积累，故积累值为$(L_0-L')(1+j)^t$；后者由于每期期末L'按利率i产生利息iL'，且为超过分界线L'的部分，故按利率j进行积累，于是其积累值为$(L'+iL's_{\overline{t|}j})$。而在前$t$期内，各期期初贷款本金余额均超过$L'$，故每期还款$R$按利率$j$计息。

由$L_t=L_t^r=L_t^p$得

$$Ra_{\overline{n-t}|i} = [(L_0 - L')(1+j)^t + (L' + iL's_{\overline{t}|j})] - Rs_{\overline{t}|j}$$

$$\therefore R = \frac{(L_0 - L')(1+j)^t + (L' + iL's_{\overline{t}|j})}{a_{\overline{n-t}|i} + s_{\overline{t}|j}} \tag{4.3.4}$$

将(4.3.4)式代入(4.3.2)式,再代入(4.3.1)式得

$$\frac{(L_0 - L')(1+j)^t + (L' + iL's_{\overline{t}|j})}{a_{\overline{n-t}|i} + s_{\overline{t}|j}} \cdot a_{\overline{n-t}|i} \leqslant L' \tag{4.3.5}$$

即

$$(L_0 - L')(1+j)^t a_{\overline{n-t}|i} + (L' + iL's_{\overline{t}|j})a_{\overline{n-t}|i} \leqslant L'a_{\overline{n-t}|i} + L's_{\overline{t}|j}$$

亦即

$$(L_0 - L')(1+j)^t a_{\overline{n-t}|i} \leqslant L's_{\overline{t}|j}(1 - ia_{\overline{n-t}|i}) \tag{4.3.6}$$

$$(L_0 - L')(1+j)^t a_{\overline{n-t}|i} \leqslant L's_{\overline{t}|j}v_i^{n-t}$$

即

$$(L_0 - L')s_{\overline{n-t}|i} \leqslant L'a_{\overline{t}|j} \tag{4.3.7}$$

或

$$\frac{L_0 - L'}{L'} \leqslant \frac{a_{\overline{t}|j}}{s_{\overline{n-t}|i}} \tag{4.3.8}$$

利用(4.3.8)式或(4.3.7)式,经过试算,就可得到使之成立的最小正整数 t。

记 $f(t) = \dfrac{a_{\overline{t}|j}}{s_{\overline{n-t}|i}}$,容易证明 $f(t)$ 为 t 的增函数。事实上

$$f(t) - f(t-1) = \frac{a_{\overline{t}|j}}{s_{\overline{n-t}|i}} - \frac{a_{\overline{t-1}|j}}{s_{\overline{n-t+1}|i}} = \frac{a_{\overline{t}|j}s_{\overline{n-t+1}|i} - a_{\overline{t-1}|j}s_{\overline{n-t}|i}}{s_{\overline{n-t}|i}s_{\overline{n-t+1}|i}}$$

$\because a_{\overline{t}|j} > a_{\overline{t-1}|j} > 0$,且 $s_{\overline{n-t+1}|i} > s_{\overline{n-t}|i} > 0$

$\therefore a_{\overline{t}|j}s_{\overline{n-t+1}|i} > a_{\overline{t-1}|j}s_{\overline{n-t}|i}$

$\therefore a_{\overline{t}|j}s_{\overline{n-t+1}|i} - a_{\overline{t-1}|j}s_{\overline{n-t}|i} > 0$

$\therefore f(t) - f(t-1) > 0$　即 $f(t) > f(t-1)$　(其中 $1 < t < n$)

由于当 $t \to n_-$ 时,$f(t) \to +\infty$,当 $t \to 0_+$ 时,$f(t) \to 0$,因而满足(4.3.8)式的最小正整数 t 是存在的。

请读者思考:若级差利率分为3级,探讨其解决办法,从而回答本节开始时所提出的问题。

例4.3.1　有一笔100 000元的贷款,在10年内每年年末等额分期偿还,贷款利率为级差利率:对于不超过60 000元的未偿还贷款本金余额按年7%计息,对于超过60 000元的未偿还贷款本金余额按年6%计息。试求借款人每年年末应偿还多少,并做出分期偿还表。

解:$\because L_0 = 100\ 000,\ L' = 60\ 000,\ i = 7\%,\ j = 6\%,\ n = 10$

$\therefore$ 将其代入(4.3.8)可得

$$\frac{a_{\overline{t}|6\%}}{s_{\overline{10-t}|7\%}} \geqslant \frac{2}{3} \tag{4.3.9}$$

第四章 债务偿还方法

记

$$f(t)=\frac{a_{\overline{t}|6\%}}{s_{\overline{10-t}|7\%}}$$

利用Excel程序，容易得到$f(4)\approx 0.484\ 407$，$f(5)\approx 0.732\ 491$，且$f(t)$随着t增大而增大，因此满足不等式(4.3.9)的最小整数为5，故取$t=5$，即从第5年年末起贷款余额低于60 000元。

将已知条件及$t=5$代入(4.3.4)式可得每年年末应偿还的贷款：

$$\begin{aligned}R&=\frac{(L_0-L')(1+j)^t+(L'+iL's_{\overline{t}|j})}{a_{\overline{n-t}|i}+s_{\overline{t}|j}}\\&=\frac{(10\ 000-6\ 000)(1+6\%)^5+(60\ 000+7\%\times 60\ 000s_{\overline{5}|6\%})}{a_{\overline{10-5}|7\%}+s_{\overline{5}|6\%}}\\&\approx 14\ 090.656\ 431\approx 14\ 090.66(\text{元})\end{aligned}$$

下面制作分期偿还表，见表4-3-1。该表的制作步骤是：第一步，在每年偿还额中填上14 090.66元(R值)；第二步，在0点的残余本金栏内填上贷款本金100 000元(L_0值)；第三步，填充第1年到第5($t=5$)年年末的偿还额中利息部分栏。这一栏的利息这样计算：利息$=iL'+$(上一年年末残余本金$-L'$)$\times j=60\ 000\times 7\%+$(上一年年末残余本金$-60\ 000$)$\times 6\%$。如第1年年末还款中的利息部分为$60\ 000\times 7\%+(100\ 000-60\ 000)\times 6\%=6\ 600$元。从第6年年末起，偿还的利息按公式"利息=上一年年末残余本金×7%"计算，因为这里上一年年末的残余本金已低于贷款分级线60 000元，如第6年年末还款中的利息部分为$57\ 774.47\times 7\%\approx 4\ 044.21$元。第四步，用每年偿还额减去偿还额中利息部分的差作为可偿还本金。第五步，用上一年年末的残余本金减去本年年末可偿还的本金作为本年年末残余本金的值。

表4-3-1　级差利率条件下的等额分期偿还表　　单位：元

年末	每年偿还额	偿还额中利息部分	偿还额中本金部分	残余本金
0				100 000
1	14 090.66	6 600.00	7 490.66	92 509.34
2	14 090.66	6 150.56	7 940.10	84 569.25
3	14 090.66	5 674.15	8 416.50	76 152.75
4	14 090.66	5 169.16	8 921.49	67 231.25
5	14 090.66	4 633.88	9 456.78	57 774.47
6	14 090.66	4 044.21	10 046.44	47 728.03
7	14 090.66	3 340.96	10 749.69	36 978.34
8	14 090.66	2 588.48	11 502.17	25 476.16
9	14 090.66	1 783.33	12 307.33	13 168.84
10	14 090.66	921.82	13 168.84	0.00

例 4.3.2 证明(4.3.2)式成立。

证明:由(4.3.1)式知,t 为满足不等式 $L_t \leqslant L'$ 的最小整数。换言之,L_t,L_{t+1},L_{t+2},…,L_{n-1}、L_n 均不超过 L'。在使用贷款余额递推公式时均采用年利率 i,因而:

$$L_{k+1} = L_k(1+i) - R$$

或者

$$L_k = vL_{k+1} + vR$$

其中

$$k = t, t+1, \cdots, n-2, n-1, \text{且 } L_n = 0, v = \frac{1}{1+i}$$

容易得到

$$\begin{aligned} L_t &= R(v^{n-t} + v^{n-t-1} + \cdots + v^2 + v) \\ &= Ra_{\overline{n-t}|i} \end{aligned}$$

因此(4.3.2)式成立。

例 4.3.3 证明(4.3.3)式成立。

证明:由(4.3.1)式可知,t 为满足不等式 $L_t \leqslant L'$ 中的最小正整数。换言之,L_0,L_1,L_2,…,L_{t-1} 均大于 L',其中超过 L' 部分的($L_k - L'$)按年利率 j 积累($k=0,1,2,\cdots,t-1$),而作为基础的 L' 部分则按年利率 i 积累。下面用过去法计算贷款余额,所用原理为:本期期末贷款余额等于上期期末贷款余额在本期期末形成的积累值减去本期期末偿还的金额。具体推导过程如下:

$$\begin{aligned} L_1 &= (L_0 - L')(1+j) + L'(1+i) - R \\ &= [(L_0 - L')(1+j)^1 + iL's_{\overline{1}|j} + L'] - Rs_{\overline{1}|j} \end{aligned}$$

$$\begin{aligned} L_2 &= (L_1 - L')(1+j) + L'(1+i) - R \\ &= [(L_0 - L')(1+j)^2 + iL's_{\overline{1}|j}(1+j) + iL' + L'] - R[s_{\overline{1}|j}(1+j) + 1] \\ &= [(L_0 - L')(1+j)^2 + iL's_{\overline{2}|j} + L'] - Rs_{\overline{2}|j} \end{aligned}$$

$$\begin{aligned} L_3 &= (L_2 - L')(1+j) + L'(1+i) - R \\ &= [(L_0 - L')(1+j)^3 + iL's_{\overline{2}|j}(1+j) + iL' + L'] - R[s_{\overline{2}|j}(1+j) + 1] \\ &= [(L_0 - L')(1+j)^3 + iL's_{\overline{3}|j} + L'] - Rs_{\overline{3}|j} \end{aligned}$$

……

$$\begin{aligned} L_t &= (L_{t-1} - L')(1+j) + L'(1+i) - R \\ &= [(L_0 - L')(1+j)^t + iL's_{\overline{t-1}|j}(1+j) + iL' + L'] - R[s_{\overline{t-1}|j}(1+j) + 1] \\ &= [(L_0 - L')(1+j)^t + iL's_{\overline{t}|j} + L'] - Rs_{\overline{t}|j} \end{aligned}$$

注意:上述推导过程中,运用了递推公式

$$s_{\overline{k+1}|j} = \ddot{s}_{\overline{k}|j} + 1 = s_{\overline{k}|j}(1+j) + 1 \text{ 且 } s_{\overline{1}|j} = 1。$$

请读者思考:本教材中还可归纳出哪些递推公式?

本章小结

1. **内容概要**

本章主要研究了贷款的偿还方法,并重点研究了分期偿还法与偿债基金法。根据各次偿还额是否相等,可以分为等额偿还法和非等额偿还法。在分期偿还法中,每次还款额先用于偿还当期利息,剩余部分才冲减本金。在偿债基金法中,平时偿还贷款利息,同时逐期建立偿债基金,其目的是在贷款到期时能够偿还本金。偿债基金法中每期支付额先用于偿还当期利息,剩余部分才存入偿债基金,当支付额不足以偿还当期利息时,需进行基金负储蓄的本金化操作。当偿债基金利率等于贷款利率时,偿债基金法实际上就是分期偿还法。等额分期偿还法、等额偿债基金法、等额本金偿还法是三种重要的偿还方法。利用 Excel 程序能够快速地构造出分期偿还表与偿债基金表,这在实际生活中有重要应用。从这些表中,很容易知道在任何时点只需偿还残余本金或贷款净额,就可结清全部债务。

2. **重要公式**

(1) $R = \dfrac{L_0}{a_{\overline{n|}}} \qquad I_k = iL_{k-1} \qquad P_k = R - I_k \qquad L_k = L_{k-1} - P_k = (1+i)L_{k-1} - R$

$I_k = R(1 - v^{n-k+1}) \qquad P_k = Rv^{n-k+1}$

$L_k = Ra_{\overline{n-k|}} = L_0(1+i)^k - Rs_{\overline{k|}}$

(2) $D = \dfrac{L_0}{s_{\overline{n|}j}} \qquad I = iL_0$

$P = I + D = \dfrac{L_0}{a_{\overline{n|}i\&j}}$

$L_k = L_0 - Ds_{\overline{k|}j}$

$a_{\overline{n|}i\&j} = \dfrac{a_{\overline{n|}j}}{1 + (i-j)a_{\overline{n|}j}}$

(3) $L_0 = \dfrac{\sum\limits_{t=1}^{n} \tilde{v}^t R_t}{1 + (i-j)a_{\overline{n|}j}}$

习题 4

4－1　一笔 10 000 元的贷款在 5 年内以每季末还款方式来偿还，年利率为 8%，每季度结转一次利息，求第 3 年年末的未偿还贷款余额。

4－2　某人从银行贷款 20 000 元，年利率为 7%，采用分期还款，每年年末偿还 2 000 元，不足 2 000 元的剩余部分将在最后一次正常还款后的下一年年末偿还。计算：

（1）第 12 次还款后的贷款余额；

（2）正常还款的次数；

（3）最后一次的还款额。

4－3　一笔贷款以每季末付款 1 600 元的方式来偿还，其利率为季度转换后的年名义利率 6.8%，如果在第 2 年年末的贷款余额为 15 000 元，求该贷款的本金数额。

4－4　某人从银行贷款 100 万元，期限为 30 年，每年末等额还款，已知前 15 年贷款年利率为 6%，后 15 年贷款年利率为 7%，求每次还款金额。

4－5　一项贷款为 1，原计划在 25 年内每年年末等额偿还。如果在第 6 次到第 10 次的偿还额中，每次增加还款额 K，则可以比原计划提前 5 年还清贷款。试证明：

$$K=\frac{a_{\overline{20}|}-a_{\overline{15}|}}{a_{\overline{25}|}a_{\overline{5}|}}。$$

4－6　某贷款采用等额分期偿还法偿还，L_t、L_{t+1}、L_{t+2}、L_{t+3} 为 4 个连续时期末的贷款余额，试证明：

（1）$(L_t-L_{t+1})(L_{t+2}-L_{t+3})=(L_{t+1}-L_{t+2})^2$；

（2）$L_t+L_{t+3}<L_{t+1}+L_{t+2}$。

4－7　一笔 30 年期的贷款，每年年末等额分期偿还一次，贷款的年利率为 7%，哪一次还款额中利息部分与本金部分最接近？哪一次二者相差最大？

4－8　某人以 10% 的年利率借款 2 000 元，以年末付款方式来偿还。第 1 次还款为 400 元，以后每一次比上一次多偿还 4%，在最后一次正常还款后的下一年年末有一次较小的最后还款。求：

（1）第 3 年年末的未偿还贷款余额；

（2）第 3 次偿还额中的本金部分。

4－9　某人以按揭方式购买住房，贷款总额为 20 万元，年计息 12 次的年名义利率为 5.04%，贷款 20 年，每月月末等额偿还；从第 4 年年初起，贷款利率上升为年计息 12 次的年名义利率 5.31%。用 Excel 程序做出实际的分期偿还表，并求利率调整后每次还款额的增长量。第 10 年年末的偿还额中利息部分与本金部分各为多少？第 10 年年末的那次还款后还需一次性偿还多少元就可以结清全部债务？

4－10　某人以按揭方式购买住房，贷款总额为 20 万元，年计息 12 次的年名义利率为 5. 52%,贷款 20 年,每月月末等额偿还。用 Excel 程序做出分期偿还表,并求每月月末需偿还的金额。第 10 年年末的偿还额中利息部分与本金部分各为多少?第 10 年年末的那次还款后还需一次性偿还多少元方可结清全部债务?

4 - 11　一笔贷款以年利率 4%分期还款方式偿还,贷款 30 年,每年年末偿还贷款一次。等额本利偿还法的偿还额在第 k 次首次超过等额本金偿还法的偿还额,试求 k。

4 - 12　某人贷款20万元,贷款20年,年计息12次的年名义利率为5.52%,采用等额本金还款法每月月末还款一次。用 Excel 程序做出分期偿还表,并求第 10 年年末还款额及其偿还额中利息部分与本金部分各为多少?第 10 年年末的那次还款后还需一次性偿还多少元可结清全部债务?

4 - 13　一笔 50 000 元贷款,期限为 6 年,贷款年利率为 7. 5%,于每年年末偿还利息;同时建立偿债基金,偿债基金的年实际利率为 6. 5%。求第 3 年年末贷款净额。

4 - 14　有一笔 10 000 元的 10 年期贷款,贷款年利率为 6%,需在每年年末支付当年利息,借款人每年年初向一年利率为 5%的偿债基金等额储蓄。求每次向偿债基金的储蓄额。

4 - 15　一笔贷款 100 000 元的贷款,贷款 20 年,贷款年利率为 6%;按偿债基金法还款,偿债基金的年利率为 5%;已知借款人每一年年末比上一年年末多还款 300 元,试求第一次还款金额。

4 - 16　某借款人从银行贷款,期限为 4 年,年利率为 12%,采用偿债基金法还款,偿债基金的年利率为 8%。借款人每年年末可支付的款项分别为 100 万元、100 万元、1 000 万元和 1 000 万元。试求该借款人可以借款的数额。

4 - 17　某借款人所借的 50 000 元贷款中,每年年末必须按 6. 5%的年利率支付当年利息。该借款人每半年末向一偿债基金储蓄,以便在第 6 年年末刚好能还清贷款。已知偿债基金的年利率为 4. 5%,试做出偿债基金表。

4 - 18　某人贷款20万元,贷款20年,年计息12次的年名义利率为5. 52%,采用等额偿债基金法每月月末还款一次,假设偿债基金的月利率为 0. 45%,用 Excel 程序做出偿债基金表。

(1) 每月月末还款总额为多少?其中有多少用于支付贷款利息?向基金存入的数额为多少?

(2) 第 10 年年末的那次还款后还需一次性偿还多少元即可结清全部债务?

4 - 19　有一笔 200 000 元的贷款,在 10 年内每年年末等额分期偿还,贷款利率为级差利率:对于不超过 140 000 元的未偿还贷款本金余额按 6%计息,对于超过 140 000 元的未偿还贷款本金余额按 5%计息。借款人每年年末应偿还多少?第 5 年还款中利息和本金各为多少?

4 - 20　有一笔 100 000 元的贷款,在 12 年内每年年末等额分期偿还,贷款利率为级差利率:对于不超过 40 000 元的未偿还贷款本金余额按 7%计息,对于超过 40 000 元的未偿还贷款本金余额按 5%计息,借款人每年年末应偿还多少?第 3 年还款后贷款余额为多少?从第几年年末开始贷款余额低于 60 000 元?

第五章 证券的价值分析

本章将主要介绍债券、股票的定价原理及其有关收益率。债券、股票的理论价格实际上就是在一定收益率条件下未来获得回报的现值,实际价格则要受市场利率、回报大小与方式、可赎回条款、发行人信誉、税收政策、供求关系、证券种类、政府监管等多种因素的影响。

第一节 债券的定价原理

债券是投资者向政府、公司或金融机构提供资金的债权合同,该债券载明了发行者在指定日期支付利息,并在到期日再支付一定金额的承诺。按照利息支付方式的不同,债券可分为零息债券和附息债券。前者的特点是以低于面值的贴现方式发行,到期按面值偿还,差额就是投资者获得的利息收入;后者又称为固定利率债券或直接债券,特点就是事先确定票息率,然后每半年或每一年按票面金额计算并支付一次利息。由于附息债券是最普通的一种,因而本章主要研究附息债券。

影响债券价格的因素很多,如市场利率、发行人信誉、债券的特定条款、税收等因素。本章我们将主要考虑根据市场利率或收益率来确定债券价格。换言之,债券的理论价格就是债券未来利息收入与到期偿还值的现值之和,或者说现在支付的价格就是未来回报的现值的总和。

为了简便起见,先进行如下假定:

(1) 债券发行者在规定日期肯定偿还债务,先不考虑不能按时还款的可能;

(2) 债券有固定的到期日,先不考虑无固定到期日的债券;

(3) 债券价格是指在某票息支付日刚刚支付票息后的价格,先不考虑相邻两个票息支付日之间的某个日期的债券价格。

基本符号含义:

P—— 债券的理论价格；

i—— 投资者所要求的收益率或市场利率；

F—— 债券的面值；

C—— 债券在赎回日的偿还值或赎回值，通常表示为面值的一个百分比，常见情形是 $C = F$；

r—— 债券的票息率；

Fr—— 每期的票息收入；

g—— 债券的修正票息率。它是债券的票息收入 Fr 与偿还值 C 的比率，即

$$g = \frac{Fr}{C} \tag{5.1.1}$$

或

$$Fr = Cg \tag{5.1.2}$$

特别地，当 $C = F$ 时，$g = r$。

n—— 截止于偿还日，票息支付的次数；

K—— 赎回值或偿还值按收益率计算的现值，即

$$K = Cv^n \tag{5.1.3}$$

G—— 债券的基价，即以此额度按投资收益率进行投资，每期产生的利息收入将等于债券的票息收入，即

$$Gi = Fr = Cg \tag{5.1.4}$$

或

$$G = \frac{Fr}{i} \tag{5.1.5}$$

t_1—— 票息所得税税率，即对投资者所获得的利息进行征税的一种所得税税率。

在债券的发行条款中，F、C、r、g、n 都是已知的，债券到期前都是不变的。P 随着 i 的变化而反向变化，债券收益率随金融市场上同类债券现行利率上下波动。因此，波动的市场利率将导致债券的价格波动。

一、债券价格的计算公式

（一）债券价格的基本公式

以债券票息支付期为一期，由于债券在未来 n 期内每期期末可收回当期票息 Fr，到期时还可赎回 C，因此债券的理论价格就是未来回报的现值之和，即

$$P = Fra_{\overline{n}|} + Cv^n = Fra_{\overline{n}|} + K \tag{5.1.6}$$

$$\therefore \ \frac{\mathrm{d}}{\mathrm{d}i}P = -\left(\sum_{t=1}^{n} Frtv^{t+1} + Cnv^{n+1}\right) < 0$$

$$\frac{\mathrm{d}^2}{\mathrm{d}i^2}P = \sum_{t=1}^{n} Frt(t+1)v^{t+2} + Cn(n+1)v^{n+2} > 0$$

一阶导数小于 0，意味着债券价格 P 是市场利率 i 的减函数，即市场利率越高，债

券的价格越低;反之,则反是。

二阶导数大于0,意味着债券价格 P 是市场利率的下凸函数,即当市场利率下降时,债券价格将加速上升;当市场利率上升时,债券价格将减速下降。

(二) 债券价格的溢价公式

由基本公式(5.1.6) 可得

$$\begin{aligned}P &= Fra_{\overline{n}|} + Cv^n = Fra_{\overline{n}|} + C(1 - ia_{\overline{n}|}) \\ &= C + (Fr - Ci)a_{\overline{n}|} = C + (Cg - Ci)a_{\overline{n}|} \qquad [\text{由(5.1.2)式得}] \\ &= C[1 + (g - i)a_{\overline{n}|}] \end{aligned} \tag{5.1.7}$$

若债券的购买价格高于赎回值,即 $P > C$,则称该债券为溢价发行,称其差额 $(P - C)$ 为溢价额;若 $P < C$,则称该债券为折价发行,称其差额 $(C - P)$ 为折价额。

由(5.1.7) 式不难发现,当溢价发行时,$g > i$,

$$\text{溢价额} = P - C = (Fr - Ci)a_{\overline{n}|} = C(g - i)a_{\overline{n}|}$$

当折价发行时,$g < i$,

$$\text{折价额} = C - P = (Ci - Fr)a_{\overline{n}|} = C(i - g)a_{\overline{n}|}$$

溢价和折价名称不同,但实质一样,折价只不过为负的溢价。债券的价格取决于各期票息现值与赎回值现值的多少。由于债券买价经常低于或高于赎回值,因而投资者在购买时就有利润(折价) 或亏损(溢价)。该利润或亏损在计算到期收益率时已经反映在债券收益率中。在这种情况下,票息额不能完全看成投资者的利息收入,而应将每期的票息分解成当期利息收入与本金调整两个部分。用这种方法将债券价格从购买日的买价连续地调整到赎回日的赎回值,这些调整后的债券价值就称为债券的账面值。账面值提供了一系列合理而平滑的债券价格,很多投资公司和养老基金在财务报表中都将其用来反映债券资产的价值。

设从购买日起第 t 期期末的账面值为 B_t,第 t 期票息中的利息部分为 I_t,本金调整部分为 P_t,每期等额票息为 Fr,这样,购买价 $P = B_0$,赎回值 $C = B_n$。

为简便起见,不妨考虑 $C = 1$ 的情形,对于一般情形,只需乘以因子 C,便可得所需结果。当 $C = 1$ 时,票息为 g,买价为 $P = 1 + p$(p 可正可负,为正时代表溢价,为负时代表折价)。

在第1期,期初账面值为

$$B_0 = P = 1 + p = 1 + (g - i)a_{\overline{n}|}$$

第1期的利息收入为

$$I_1 = iB_0 = i[1 + (g - i)a_{\overline{n}|}]$$

本金调整部分为

$$\begin{aligned}P_1 &= g - I_1 = g - i[1 + (g - i)a_{\overline{n}|}] \\ &= (g - i)(1 - ia_{\overline{n}|}) = (g - i)v^n\end{aligned}$$

$$\begin{aligned}\therefore B_1 &= B_0 - P_1 = 1 + (g - i)a_{\overline{n}|} - (g - i)v^n \\ &= 1 + (g - i)a_{\overline{n-1}|}\end{aligned}$$

第 2 期的利息收入、本金调整额、期末账面值分别为

$$I_2 = iB_1 = i[1 + (g - i)a_{\overline{n-1}|}]$$

$$P_2 = g - I_2 = (g - i)v^{n-1}$$

$$\therefore B_2 = B_1 - P_2 = 1 + (g - i)a_{\overline{n-1}|} - (g - i)v^{n-1}$$

$$= 1 + (g - i)a_{\overline{n-2}|}$$

……

第 n 期的利息收入、本金调整额、期末账面值分别为

$$I_n = iB_{n-1} = i[1 + (g - i)a_{\overline{1}|}]$$

$$P_n = g - I_n = (g - i)v$$

$$\therefore B_n = 1$$

当债券溢价发行时，每期票息收入为 g 并不完全表现为利息的亏损，实际上只有一部分为利息收入，另一部分是对本金的调整或者是对溢价购买债券的补偿。折价发行情形的票息收入，一部分表现为利息收入，另一部分表现为对折价购买债券获得的收益的扣除或扣减。

溢价购买的债券，账面值将逐期调低，该过程叫溢价摊销，这时的本金调整额称为溢价摊销额。折价购买的债券，账面值将逐期调高，该过程叫折价积累，这时的本金调整额称为折价调整额。

下面以表 5 - 1 - 1 来概括各期期末账面值变动情况。该表又称为债券分期偿还表，它显示了每次票息中赚得的利息和本金调整部分，以及在每次票息支付之后的账面值。账面值表完全可以被视为分期还款表，只是债券发行人为借款人，债券购买者为贷款人而已，发行人每期支付的票息相当于每期期末偿还额，账面值相当于残余本金。如果每期偿还额不足以支付当期利息导致残余本金增加，否则就会减少。账面值可理解为债券购买者所拥有的债权或资产。

表 5 - 1 - 1　债券价格账面值表

期次	票息	利息收入	本金调整	账面值
0				$1 + p = 1 + (g - i)a_{\overline{n}|}$
1	g	$i[1 + (g - i)a_{\overline{n}|}]$	$(g - i)v^n$	$1 + (g - i)a_{\overline{n-1}|}$
2	g	$i[1 + (g - i)a_{\overline{n-1}|}]$	$(g - i)v^{n-1}$	$1 + (g - i)a_{\overline{n-2}|}$
…	…	…	…	…
t	g	$i[1 + (g - i)a_{\overline{n-t+1}|}]$	$(g - i)v^{n-t+1}$	$1 + (g - i)a_{\overline{n-t}|}$
…	…	…	…	…
n	g	$i[1 + (g - i)a_{\overline{1}|}]$	$(g - i)v$	1
合计	ng	$ng - p$	$(g - i)a_{\overline{n}|} = p$	

另一种对账面值调整的方法，叫直线法。虽然它同上述按复利方式计算的结果不

一致,但应用方便。在直线法中,各年本金调整额为常数,即 $P_t = \frac{C-P}{n}$,其中 $t = 1,2,\cdots,n$。因而,所获得的利息收入也为常数,即 $I_t = Fr - P_t$,其中 $t = 1,2,\cdots,n$。

(三) 债券的基价公式

债券的基价就是投资者为了获得与票息收入相等的周期性收益所必须投资的金额,即 $G = \frac{Fr}{i}$,或 $Fr = Gi$。因此,由债券的基本公式可得

$$P = Fra_{\overline{n}|} + K = Gia_{\overline{n}|} + Cv^n$$
$$= G(1-v^n) + Cv^n = G + (C-G)v^n \tag{5.1.8}$$

我们称(5.1.8)式为债券的基价公式。该公式表明,如果投资者投资 G 元,那么每期期末就可获得当期利息收入 Gi 元,或者说票息收入 Fr 元,到期还可收回 G 元的本金或偿还值。用 P 元购买债券,除了获得相同的利息收入之外,投资者实际获得了 C 元的赎回值,即比前者多获得了 $(C-G)$ 元的赎回值,其现值为 $(C-G)v^n$ 元,因而投资者应支付的价格比 G 元多 $(C-G)v^n$ 元。

(四) 债券的 Makeham 公式

由于 $Fr = Cg$,由债券价格的基本公式可得

$$P = Fra_{\overline{n}|} + K = Cg\frac{1-v^n}{i} + Cv^n$$
$$= Cv^n + \frac{g}{i}(C - Cv^n) = K + \frac{g}{i}(C-K) \tag{5.1.9}$$

由于 K 是债券赎回值的现值,所以 $\frac{g}{i}(C-K)$ 应是未来票息收入的现值,因为债券的价格是赎回值的现值与票息收入的现值之和。如果 $g = i$,那么票息收入的现值就为 $(C-K)$,从而债券的价格就是赎回值 C。

例 5.1.1 设债券的面值为 1 000 元,年票息率为 6%,期限为 10 年,到期按面值赎回,投资者所要求的年收益率为 8%。试确定债券的价格,并做出账面值表。

解:由题意知,$F = C = 1\,000, r = g = 6\%, i = 8\%, n = 10$

$\because g < i \quad \therefore$ 该债券属折价发行。

下面用债券价格的基本公式、溢价公式、基价公式和 Makeham 公式分别求出债券的价格。

(1) 基本公式

$\because K = Cv^n = 1\,000(1+8\%)^{-10} \approx 463.193\,488$

$\therefore P = Fra_{\overline{n}|} + Cv^n = 1\,000 \times 6\% a_{\overline{10}|8\%} + 1\,000(1+8\%)^{-10}$

$\approx 60 \times 6.710\,081 + 463.193\,488 \approx 865.80$(元)

(2) 溢价公式

$P = C[1 + (g-i)a_{\overline{n}|}] = 1\,000[1 + (6\% - 8\%)a_{\overline{10}|8\%}]$

$\approx 1\,000(1 - 2\% \times 6.710\,081) \approx 865.80$(元)

(3) 基价公式

$$\because G=\frac{Fr}{i}=\frac{1\ 000\times 6\%}{8\%}=750$$

$$\therefore P=G+(C-G)v^{n}=750+(1\ 000-750)(1+8\%)^{-10}$$

$$\approx 750+250\times 0.463\ 193\approx 865.80(\text{元})$$

(4)Makeham 公式

$$P=K+\frac{g}{i}(C-K)$$

$$\approx 463.193\ 488+\frac{6\%}{8\%}(1\ 000-463.193\ 488)\approx 865.80(\text{元})$$

做账面值表的步骤:第一,在0年年末(现在时点)账面值栏填上债券的价格865.80元。第二,在第1～10年的各年年末填上各年所得票息1 000×6% = 60(元)。第三,利息收入栏内填上本年利息收入,其中本年利息收入 = 上年年末账面值 × 投资者所要求的收益率(8%)。第四,由本年票息减去本年利息收入得到本年本金调整额(调整额为负意味着折价购买,即为负的溢价,本金的调整过程为折价积累过程;调整额为正,意味着溢价购买,本金调整过程为溢摊销过程)。第五,由上年年末账面值减去本年本金调整额得到本年年末账面值。按上面步骤,可做出债券账面值表(见表5－1－2)。

请读者思考:能否用分期还款原理来理解债券账面值表?其余例题也如此考虑。

表5－1－2　债券账面值表　　单位:元

年末	票息	利息收入	本金调整额	账面值
0				865.80
1	60	69.26	－9.26	875.06
2	60	70.00	－10.00	885.07
3	60	70.81	－10.81	895.87
4	60	71.67	－11.67	907.54
5	60	72.60	－12.60	920.15
6	60	73.61	－13.61	933.76
7	60	74.70	－14.70	948.46
8	60	75.88	－15.88	964.33
9	60	77.15	－17.15	981.48
10	60	78.52	－18.52	1 000.00

例5.1.2　设债券的面值为1 000元,年票息率为8%,期限为10年,到期按面值赎回,投资者所要求的年收益率为6%。试确定债券的价格,并做出账面值表。

解:由题意知,$F=C=1\ 000$,$r=g=8\%$,$i=6\%$

$\because g > i$

$\therefore$ 该债券属溢价发行。

$\because K = Cv^n = 1\,000(1 + 6\%)^{-10} \approx 558.394\,777$

$\therefore P = Fra_{\overline{n}|} + Cv^n = 1\,000 \times 8\% a_{\overline{10}|6\%} + 1\,000(1 + 6\%)^{-10}$

$\approx 80 \times 7.360\,087 + 558.394\,777 \approx 1\,147.20$(元)

可以做出债券账面值表(见表 5 - 1 - 3),具体步骤参考例 5.1.1。

表 5 - 1 - 3　债券账面值表　　单位:元

年末	票息	利息收入	本金调整额	账面值
0				1 147.20
1	80	68.83	11.17	1 136.03
2	80	68.16	11.84	1 124.20
3	80	67.45	12.55	1 111.65
4	80	66.70	13.30	1 098.35
5	80	65.90	14.10	1 084.25
6	80	65.05	14.95	1 069.30
7	80	64.16	15.84	1 053.46
8	80	63.21	16.79	1 036.67
9	80	62.20	17.80	1 018.87
10	80	61.13	18.87	1 000.00

例 5.1.3　一种面值为 1 000 元的 5 年期债券,附有半年期息票,年转换 2 次的年票息率为 8%,到期按面值赎回。若购买者的收益率为半年转换年 7%,希望能用一个利率为半年转换年 6%的偿债基金来偿还所投入本金。求该债券的购买价格。

解:以半年为一期,则 $F = C = 1\,000$,$i = 7\%/2 = 3.5\%$,$g = r = 8\%/2 = 4\%$,$n = 10$,偿债基金的年利率 $j = 6\%/2 = 3\%$。

$\because g > i$　$\therefore$ 该债券属于溢价发行,且 $P > C$;

本题可理解为:贷款 P 元购买该债券。由于债券每期票息收入为 Cg 元,贷款每期需支付利息为 iP 元,因此,每期可存入偿还基金的金额为 $(Cg - iP)$ 元。

由于债券到期可收回 C 元,因此偿债基金的终值应为 $(P - C)$ 元,即

$$(Cg - iP)s_{\overline{n}|j} = P - C$$

$$\therefore P = \frac{1 + gs_{\overline{n}|j}}{1 + is_{\overline{n}|j}}C$$

$$= \frac{1 + 4\% s_{\overline{10}|3\%}}{1 + 3.5\% s_{\overline{10}|3\%}} \times 1\,000 \approx 1\,040.91\text{(元)}$$

二、税收条件下的债券价格

如果对利息(或票息收入)征收的税率为 t_1,那么投资者实际得到的票息收入为

$Fr(1-t_1)$,因此可以得到债券价格的如下表达式:

$$P = Fr(1-t_1)a_{\overline{n}|} + Cv^n = Fr(1-t_1)a_{\overline{n}|} + K \quad (\text{基本公式}) \tag{5.1.10}$$

$$= C + [Fr(1-t_1) - Ci]a_{\overline{n}|}$$

$$= C\{1 + [g(1-t_1) - i]a_{\overline{n}|}\} \quad (\text{溢价公式}) \tag{5.1.11}$$

$$= G(1-t_1) + [C - G(1-t_1)]v^n \quad (\text{基价公式}) \tag{5.1.12}$$

$$= K + \frac{g(1-t_1)}{i}(C-K) \quad (\text{Makeham 公式}) \tag{5.1.13}$$

如果还要征收资本增益税,设其税率为 t_2,那么它将对债券价格产生影响。所谓资本增益税,是指当债券或其他资产支付所得税后的购买价格低于赎回值时在赎回日或出售日对投资者所征收的一种税。

当 $i \leqslant g(1-t_1)$ 时,$P \geqslant C$,投资者无须交增益税,或者说 $t_2 = 0$。

当 $i > g(1-t_1)$ 时,$P < C$,投资者需交增益税。用 $\tilde{P}$ 表示征收所得税和增益税后的债券购买价格,因而在赎回时获得的资本增益为 $C - \tilde{P}$,增益税的现值为

$$t_2(C-\tilde{P})v^n = t_2K\frac{C-\tilde{P}}{C}$$

于是

$$\tilde{P} = K + \frac{g(1-t_1)}{i}(C-K) - t_2K\frac{C-\tilde{P}}{C} \tag{5.1.14}$$

解得

$$\tilde{P} = \frac{(1-t_2)K + \frac{g(1-t_1)}{i}(C-K)}{1 - \frac{t_2K}{C}} \tag{5.1.15}$$

$$= \frac{iCK(1-t_2) + Cg(1-t_1)(C-K)}{iC - iKt_2} \tag{5.1.16}$$

$$= \frac{iK(1-t_2) + g(1-t_1)(C-K)}{i(C-t_2K)}C \tag{5.1.17}$$

例 5.1.4 设债券的面值为 1 000 元,票息率为每年计息 2 次的年名义利率 6%,期限为 10 年,赎回值为 1 080 元,投资者所要求的收益率为每年计息 2 次的年名义利率 8%,票息所得税税率为 20%。试确定债券的价格,并做出账面值表。

解:以半年为一期,于是 $n = 20, r = 6\%/2 = 3\%, i = 8\%/2 = 4\%$,且 $F = 1\,000, C = 1\,080$。因此,由债券的基本公式可得债券的价格

$$P = Fr(1-t_1)a_{\overline{n}|} + K$$

$$= 1\,000 \times 3\%(1-20\%)a_{\overline{20}|4\%} + 1\,080(1+4\%)^{-20}$$

$$\approx 24 \times 13.590\,326 + 492.897\,902 \approx 819.07(\text{元})$$

也可由(5.1.11)式、(5.1.12)式或(5.1.13)式得到上面结果。当然,还可以由无税收条件下的(5.1.6)式、(5.1.7)式、(5.1.8)式、(5.1.9)式计算而得,只不过票息率应替换为税后票息率:3%(1-20%)=2.4%。于是所得税后的票息为

$$Fr(1-t_1)=1\ 000\times3\%(1-20\%)=24(\text{元})$$

相应的账面值表见表5-1-4。

表5-1-4　债券账面值表(所得税后)　　单位:元

时点	票息	利息收入	本金调整额	账面值
0				819.07
1	24	32.76	-8.76	827.83
2	24	33.11	-9.11	836.94
3	24	33.48	-9.48	846.42
4	24	33.86	-9.86	856.28
5	24	34.25	-10.25	866.53
6	24	34.66	-10.66	877.19
7	24	35.09	-11.09	888.28
8	24	35.53	-11.53	899.81
9	24	35.99	-11.99	911.80
10	24	36.47	-12.47	924.27
11	24	36.97	-12.97	937.24
12	24	37.49	-13.49	950.73
13	24	38.03	-14.03	964.76
14	24	38.59	-14.59	979.35
15	24	39.17	-15.17	994.53
16	24	39.78	-15.78	1 010.31
17	24	40.41	-16.41	1 026.72
18	24	41.07	-17.07	1 043.79
19	24	41.75	-17.75	1 061.54
20	24	42.46	-18.46	1 080.00

例5.1.5　在例5.1.4中,设投资者还需缴纳资本增益税,税率为$t_2=25\%$。债券的价格为多少元?

解法1:由题意知:

$$g=\frac{Fr}{C}\approx0.027\ 778$$

$$K=Cv^n=1\ 080(1+4\%)^{-20}\approx492.897\ 902$$

由(5.1.17)式可得

$$\tilde{P} = \frac{iK(1-t_2)+g(1-t_1)(C-K)}{i(C-t_2K)}C$$

$$= \frac{4\% \times 492.897\,902 + 0.027\,778(1-20\%)(1\,080-492.897\,902)}{4\%(1\,080-25\% \times 492.897\,902)}$$

$$\approx 785.46(\text{元})$$

解法 2：$\because g = \dfrac{Fr}{C} \approx 0.027\,778, i = 8\%/2 = 4\%$，即 $i > g > g(1-t_1)$

$\therefore$ 该债券属于折价发行，投资者应缴纳资本增益税。设缴纳增益税后的价格为 $\tilde{P}$ 元，则缴纳的增益税的现值为 $t_2(C-\tilde{P})v^n$ 元。

由于每年年末要缴纳利息所得税 Frt_1 元，因此在债券发行时点运用收支平衡原则可得

$$\tilde{P} = Fra_{\overline{n|}} + Cv^n - Frt_1a_{\overline{n|}} - t_2(C-\tilde{P})v^n$$

$$\therefore \tilde{P} = 1\,000 \times 3\%a_{\overline{n|}} + 1\,080v^n - 1\,000 \times 3\% \times 20\%a_{\overline{n|}} - 25\%(1\,080-\tilde{P})v^n$$

$$\therefore \tilde{P} = \frac{24a_{\overline{n|}} + 810v^n}{1-25\%v^n} = \frac{600+210v^{20}}{1-25\%v^{20}} \approx 785.46(\text{元})$$

例 5.1.6 某投资者希望筹资 100 万元建立一个工厂以生产电脑游戏控制台，该投资项目预期在第 2 年年末、第 3 年年末、第 4 年年末、第 5 年年末将产生 50 万元的利润。然后，设备会被淘汰，因为新一代控制台已经能投入使用。这个项目有如下两种筹资方法：

(1) 以 7% 的年实际利率借款，利润将用于尽早还清借款。一旦还清借款，新获得的利润将能获得 5% 的年实际收益率。

(2) 发行债券筹款。该债券期限为 5 年，年票息率为 6%，面值 100 万元，平价发行，但赎回值为 110%。如果该投资者的任何借款都将支付年 7% 的实际利率，任何盈余利润能实现 5% 的年收益率。

试问该投资者应选择哪种筹资方法？

解：(1) 在第 1 年年末这笔贷款已经积累到 107 万元了，然后在接下来的时间内陆续偿还。假设第 t 次就能还清贷款，即

$$50s_{\overline{t|}0.07} \geqslant 107(1.07)^t$$

解得

$$t \geqslant \frac{\ln 50 - \ln 42.5}{\ln 1.07} \approx 2.40\text{，故选取 } t = 3\text{。}$$

即前 3 次回收的利润用于还款后还剩余

$$50s_{\overline{3|}0.07} - 107(1.07)^3 \approx 29.665\,399(\text{万元})$$

因此，本投资的盈亏平衡年为第 4 年，在第 4 年年末的净利润为 29.665 399 万元。从而，可求出最终利润为

$$29.665\,399 \times 1.05 + 50 \approx 81.15(\text{万元})$$

（2）在第1年年末该投资者需要借款6万元以支付债券票息，截止到第2年年末的净利润为

$$50-6-6\times1.07=37.58(\text{万元})$$

第3年年末、第4年年末、第5年年末的净利润都为

$$50-6=44(\text{万元})$$

因此，该投资者最终获得的利润为

$$37.58(1.05)^3+44s_{\overline{3}|0.05}-110\approx72.21(\text{万元})$$

综上所述，投资者应选择方案A。

三、票息支付日之间的债券估价

前面所讲的某票息支付时点或支付日的价格或账面值刚好是在票息支付之后即刻的金额，此外，还需要考虑票息支付日之间的债券价格与账面值。

设 B_t、B_{t+1} 是两个相邻票息支付日债券的价格或账面值，Fr 为票息金额，第 $t+1$ 期所得利息为 $I_{t+1}=iB_t$，本金调整额为 $P_{t+1}=Fr-I_{t+1}=Fr-iB_t$，因此

$$B_{t+1}=B_t-P_{t+1}=B_t-(Fr-iB_t)=B_t(1+i)-Fr \tag{5.1.18}$$

现在的问题是：如何由 B_t、B_{t+1} 来估计在时刻 $t+k$ 的债券价格或账面值 B_{t+k}？其中 $0<k<1$。解决这一问题的关键在于：在债券的原持有者与新持有者之间合理分割第 $t+1$ 期的票息 Fr。因为新持有者将在期末获得该期的整个票息，因而购买价格应包括从时刻 t 到时刻 $t+k$ 这段时间的应得的票息，这部分票息记为 Fr_k，它应由债券的新持有者补偿给债券的原持有者。显然，$Fr_0=0$，$Fr_1=Fr$。

债券在时刻 $t+k$ 出售的价格（忽略费用支出），称为债券的平价，即债券转手时的实际交易价格，并记为 B^f_{t+k}；扣除应计票息后的价格称为债券的净价，实际上就是账面值或者是在账面上显示的价值，记为 $B^m_{t+k}(0<k<1)$。显然有

$$B^f_{t+k}=B^m_{t+k}+Fr_k \tag{5.1.19}$$

或

$$B^m_{t+k}=B^f_{t+k}-Fr_k \tag{5.1.20}$$

这表明债券价格体现在平价上，是在账面值的基础上加上应计票息而得的结果。不难发现，刚在票息支付后的债券的价格与账面值相等，其余时刻债券价格高于账面值。关于账面值有三种计算方法：

（一）理论法

用复利的方法可以准确计算债券的价格。

平价：

$$B^f_{t+k}=B_t(1+i)^k \tag{5.1.21}$$

应计票息按复利方式分割利息：

$$Fr_k=Fr\frac{(1+i)^k-1}{(1+i)^1-1}=Fr\frac{(1+i)^k-1}{i} \tag{5.1.22}$$

因此，账面值为

$$B_{t+k}^{m}=B_t(1+i)^k-Fr\frac{(1+i)^k-1}{i} \tag{5.1.23}$$

（二）实务法

对于不超过 1 期的积累值可用单利近似地计算。

平价：

$$B_{t+k}^{f}=B_t(1+ik) \tag{5.1.24}$$

应计票息：

$$Fr_k=Frk \tag{5.1.25}$$

因此，账面值为

$$\begin{aligned}B_{t+k}^{m}&=B_t(1+ik)-Frk &(5.1.26)\\&=B_t(1+ik)-[B_t(1+i)-B_{t+1}]k \quad [\text{由(5.1.18)式得}]\\&=(1-k)B_t+kB_{t+1} &(5.1.27)\end{aligned}$$

（三）混合法

混合法是上述两种方法的混合，又称为半理论法。

平价：

$$B_{t+k}^{f}=B_t(1+i)^k$$

应计票息：

$$Fr_k=Frk$$

因此，账面值为

$$B_{t+k}^{m}=B_t(1+i)^k-Frk \tag{5.1.28}$$

本质上，这种方法的账面值是按复利计算的，而应计票息则是按单利计算的。该法有一个明显的失效之处：当 $i=g$ 时，$P=C$，它不存在溢价摊销，也不存在折价积累，在任何时点的账面值应相等，而混合法得出的账面值与 k 有关，从而出现矛盾，此时可以使用理论法或实务法。

最后，顺便指出，我们同样可以考虑两个票息支付日之间的溢价或折价问题：

溢价 $=B_{t+k}^{m}-C$，若 $g>i$；

折价 $=C-B_{t+k}^{m}$，若 $g<i$。

这里 B_{t+k}^{m} 可由上述三种方法中的任何一种方法计算而得。

例 5.1.7 设债券的面值为 1 000 元，年票息率为 6%，期限为 10 年，到期按面值赎回，投资者所要求的年收益率为 8%，试用理论法、实务法和混合法分别计算购买债券后第 5 个月月末的平价、应计票息和账面值。

解：由题意知，$F=C=1\ 000$，$r=g=6\%$，$i=8\%$，$n=10$，由例 5.1.1 知，$B_0\approx 865.80$。为方便起见，设 $k=\frac{5}{12}$，$t=0$。

（1）理论法

$$\because B_{t+k}^{f}=B_t(1+i)^k$$

$$\therefore B^f_{5/12} = 865.80(1 + 8\%)^{5/12} \approx 894.01(\text{元})$$

$$\because Fr_k = Fr\frac{(1+i)^k - 1}{i}$$

$$\therefore Fr_{5/12} = 1\ 000 \times 6\% \times \frac{(1+8\%)^{5/12} - 1}{8\%} \approx 24.44(\text{元})$$

因此,账面值为

$$B^m_{5/12} = B^f_{5/12} - Fr_{5/12} \approx 894.01 - 24.44 = 869.57(\text{元})$$

(2) 实务法

$$\because B^f_{t+k} = B_t(1 + ki)$$

$$\therefore B^f_{5/12} = 865.80\left(1 + 8\% \times \frac{5}{12}\right) \approx 894.66(\text{元})$$

$$\because Fr_k = Frk$$

$$\therefore Fr_{5/12} = 1\ 000 \times 6\% \times \frac{5}{12} = 25(\text{元})$$

$$\therefore B^m_{5/12} = B^f_{5/12} - Fr_{5/12} \approx 894.66 - 25 = 869.66(\text{元})$$

(3) 混合法

$$\because B^f_{5/12} \approx 894.01, Fr_{5/12} = 25$$

$$\therefore B^m_{5/12} = B^f_{5/12} - Fr_{5/12} \approx 894.01 - 25 = 869.01(\text{元})$$

当然,假定债券在1月1日发行,购买日是6月1日,头5个月有151天,1年按365天计,则 $k = \frac{151}{365}$,有兴趣的读者可按上面方法重新计算账面值。

四、债券的收益率

债券的收益率不同于债券的票息率。债券的票息率只能在一定程度上度量投资者在每期可以获得的利息收入,而不能准确地度量投资者的真实收益率大小,因为债券的购买价格有可能不同于债券的偿还值;当购买价格 P 等于债券偿还值 C 时,收益率 i 等于修正票息率 g。因此,有必要计算债券的收益率。这里将讨论在已知债券购买价格时如何计算投资者的收益率的问题。

(一) 债券的收益率的估算法

由债券的溢价公式有

$$P = C + C(g - i)a_{\overline{n}|} \tag{5.1.29}$$

由于 P 已知,故记 $\frac{P-C}{C} = p$,于是(5.1.29) 式变为

$$(g - i)a_{\overline{n}|} = p$$

或

$$i = g - \frac{p}{a_{\overline{n}|}} \tag{5.1.30}$$

运用(2.1.36)式

$$\frac{1}{a_{\overline{n}|}}=\frac{1}{n}\left(1+\frac{n+1}{2}i+\frac{n^2-1}{12}i^2+\cdots\right)$$

可得

$$i\approx g-\frac{p}{n}\left(1+\frac{n+1}{2}i\right)$$

解得

$$i\approx\frac{g-\dfrac{p}{n}}{1+\dfrac{n+1}{2n}p}\tag{5.1.31}$$

解释公式(5.1.31)：一方面，由于 p 可以看成单位赎回值在 n 期内本金调整的总额，故每期平均本金调整额为$\frac{p}{n}$；在单位赎回值条件下，每期票息为 g。因此，每期票息中的利息收入为$g-\frac{p}{n}$。另一方面，第1期、第2期……第$n-1$期、第n期期初的账面值分别为$1+\frac{n}{n}p,1+\frac{n-1}{n}p,\cdots,1+\frac{2}{n}p,1+\frac{1}{n}p$，因而平均期初账面值或平均投资额为

$$\frac{1}{n}\left[\left(1+\frac{n}{n}p\right)+\left(1+\frac{n-1}{n}p\right)+\cdots+\left(1+\frac{2}{n}p\right)+\left(1+\frac{1}{n}p\right)\right]=1+\frac{n+1}{2n}p$$

因此，(5.1.31)式表明收益率就是收回的平均利息金额与平均投资金额之比。这里，使用了账面值上升或下降的直线法假设。

(5.1.31)式还有一个更简单的形式，被称为计算收益率的“债券推销员法”。因为$\frac{n+1}{2n}\approx\frac{1}{2}$，所以(5.1.31)式可化为更简便的形式：

$$i\approx\frac{g-\dfrac{p}{n}}{1+\dfrac{1}{2}p}\tag{5.1.32}$$

一般而言，(5.1.32)式的精确度不如(5.1.31)式，但当n很大时，二者差距会很小；而且都可以作为收益率的近似值，并可作为后面所用迭代法的初值。

(二) 迭代法

由(5.1.30)式有

$$i=g-\frac{pi}{1-(1+i)^{-n}}$$

由此可得计算收益率的一个简单迭代公式

$$\hat{i}_{t+1} = g - \frac{p\hat{i}_t}{1-(1+\hat{i}_t)^{-n}} \tag{5.1.33}$$

上式中，

$$p = \frac{P-C}{C}, \hat{i}_0 = \frac{g - \frac{p}{n}}{1 + \frac{n+1}{2n}p} \text{或} \frac{g - \frac{p}{n}}{1+\frac{1}{2}p}。$$

(5.1.33) 式的收敛速度较慢。下面运用 Newton-Raphson 迭代法寻找一个收敛速度更快的迭代公式。

由(5.1.29) 式可得

$$(g-i)a_{\overline{n|}} - p = 0$$

或

$$(g-i)(1-v^n) - pi = 0$$

令

$$f(i) = (g-i)(1-v^n) - pi = (ga_{\overline{n|}} + v^n - 1 - p)i$$
$$= (ga_{\overline{n|}} + v^n - \frac{P}{C})i$$

$$f'(i) = -(1-v^n) + n(g-i)v^{n+1} - p$$
$$= -(1-v^n) + n(g-i)v^{n+1} - (g-i)a_{\overline{n|}}$$
$$= -ga_{\overline{n|}} - n(i-g)v^{n+1}$$

由牛顿迭代法，可以得到求方程(5.1.29) 的根的迭代公式

$$\hat{i}_{t+1} = \hat{i}_t - \frac{f(\hat{i}_t)}{f'(\hat{i}_t)} = \hat{i}_t\left[1 + \frac{ga_{\overline{n|}} + v^n - \frac{P}{C}}{ga_{\overline{n|}} + n(\hat{i}_t - g)v^{n+1}}\right] \tag{5.1.34}$$

上式中，$a_{\overline{n|}}, v^n, v^{n+1}$ 按利率 $\hat{i}_t$ 进行计算。

（三）票息再投资条件下的收益率

设一种债券以价格 P 购买，在 n 期内每期期末可得票息 Fr，债券在第 n 期期末的赎回值为 C，票息以利率 j 再投资。设在再投资条件下的收益率为 $\tilde{i}$，则 $\tilde{i}$ 满足如下方程：

$$P(1+\tilde{i})^n = Frs_{\overline{n|}j} + C \tag{5.1.35}$$

即

$$\tilde{i} = \left(\frac{Frs_{\overline{n|}j} + C}{P}\right)^{\frac{1}{n}} - 1 \tag{5.1.36}$$

(5.1.35) 式是以第 n 期期末作为观察点，依收支平衡原则而得到的价值等式。

实际应用中最后要考虑的一件事就是费用问题。若在买卖债券时包含了佣金与其他费用，则实际收益率会降低。然而，这个问题容易解决，只需将买入债券时的费

用计入债券的买价，将卖出时的费用计入债券的卖价即可。需注意的是，购买时的费用使购买价增加，出售时的费用使出售价降低，债券到期或偿还时不再另行收费。

例 5.1.8 一张面值 1 000 元 5 年期带有半年转换年利率 7%的票息率的债券以 960 元出售，该债券到期时以面值赎回。求该债券的年收益率。

解：以半年为一期，设每期收益率为 i，则所求的年收益率为 $(1+i)^2-1$。由题意知，$F=C=1\ 000$，$n=10$，$r=g=7\%/2=3.5\%$，$P=960$，因此

$$p=\frac{P-C}{C}=\frac{960-1\ 000}{1\ 000}=-0.04$$

运用公式(5.1.31) 可得债券的一个半年期近似收益率：

$$i\approx\frac{g-\frac{p}{n}}{1+\frac{n+1}{2n}p}=\frac{3.5\%-\frac{-0.04}{10}}{1+\frac{11}{20}(-0.04)}\approx 0.039\ 877$$

运用公式(5.1.32) 可得债券的另一个半年期近似收益率：

$$i\approx\frac{g-\frac{p}{n}}{1+\frac{1}{2}p}=\frac{3.5\%-\frac{-0.04}{10}}{1+\frac{1}{2}(-0.04)}\approx 0.039\ 796$$

运用公式(5.1.33) 可得迭代公式：

$$\hat{i}_{t+1}=0.035+\frac{0.04\hat{i}_t}{1-(1+\hat{i}_t)^{-10}}$$

进而可得债券半年期收益率的如下迭代结果：

$$\hat{i}_0\approx 0.039\ 877\ 300\ 6\qquad \hat{i}_1\approx 0.039\ 928\ 625\ 9\qquad \hat{i}_2\approx 0.039\ 929\ 885\ 7$$

$$\hat{i}_3\approx 0.039\ 929\ 916\ 6\qquad \hat{i}_4\approx 0.039\ 929\ 917\ 3\qquad \hat{i}_5\approx 0.039\ 929\ 917\ 4$$

运用公式(5.1.34) 可得迭代公式：

$$\hat{i}_{t+1}=\hat{i}_t\left[1+\frac{3.5\%a_{\overline{10}|}+v^{10}-0.96}{3.5\%a_{\overline{10}|}+10(\hat{i}_t-3.5\%)v^{11}}\right]$$

上式中，$a_{\overline{10}|}$，v^{10}，v^{11} 按利率 $\hat{i}_t$ 进行计算，进而可得债券半年期收益率的如下迭代结果：

$$\hat{i}_0\approx 0.039\ 877\ 300\ 6\qquad \hat{i}_1\approx 0.039\ 929\ 903\ 5\qquad \hat{i}_3\approx 0.039\ 929\ 917\ 4$$

显然，第二种迭代方法比第一种迭代方法有更快的收敛速度，只需 2 次迭代就可达到 10 位小数的精确度，而第一种方法需要 5 次。

因此，所求债券的年收益率为

$$(1+i)^2-1\approx(1+0.039\ 929\ 917\ 4)^2-1\approx 8.15\%$$

例 5.1.9 一张面值 1 000 元 5 年期带有半年转换年利率为 7%的票息率的债券以 960 元出售，票息只能按半年转换 6%的年收益率进行再投资，假设债券到期时按

面值赎回。求该债券的年收益率。

解:以半年为一期,设每期收益率为$\tilde{i}$,则所求的年收益率为$(1+\tilde{i})^2-1$。由题意知 $F=C=1\ 000, n=10, r=g=7\%/2=3.5\%, P=960, j=6\%/2=3\%$,因此,以第10期期末为观察点,可建立等值方程:

$$P(1+\tilde{i})^n = Frs_{\overline{n}|j} + C$$

即

$$960(1+\tilde{i})^n = 1\ 000 \times 3.5\% s_{\overline{10}|3\%} + 1\ 000$$

解得

$$\tilde{i} \approx 0.038\ 542$$

于是,所求的年收益率为

$$(1+\tilde{i})^2 - 1 \approx (1+0.038\ 542)^2 - 1 \approx 7.86\%$$

五、可赎回债券

可赎回债券,亦称通知偿还债券,是指债券的借款人可以选择在债券到期日之前偿还,或者说借款人可提前赎回的债券。最早的赎回日通常在发行日数年之后。从有利于债券发行人的角度考虑,许多债券在发行时附加可赎回条款,因为当市场利率下降并低于债券的票息率时,债券发行人能从市场上以更低的成本筹措资金,此时发行人便行使赎回权,否则放弃赎回权,由此导致了债券期限的不确定性,从而给价格与收益率的确定或计算带来了困难。由于借款人可选择提前赎回,也可能不行使这种权利,因此,作为投资人,一般应假设借款人会在对自己不利的时机做出选择,并按此情形计算价格或收益率。

从债券的溢价公式 $P=C[1+(g-i)a_{\overline{n}|}]$ 来看,左边是理论价格,右边是未来回报的现值。将右边的回报现值记为 $\mathrm{PV}(n)$,即

$$\mathrm{PV}(n) = C[1+(g-i)a_{\overline{n}|}]$$

由于可赎回条款发挥的作用具有不确定性,这个现值越小,对投资者越不利,其最小值就是投资者愿意付出的最高价格,即债券价格。下面在如下两种假设下展开讨论:

(一)赎回值在所有赎回日(包括到期日)都相等

这样分析起来比较简便。当 $i<g$ 时,假设债券赎回日会尽可能提前,因为 n 越小,$\mathrm{PV}(n)$ 越小。鉴于债券是以溢价购买的,投资者最不情愿看到的情况是损失发生得最早。在此条件下,赎回日就应是最早的赎回日。当 $i>g$ 时,假设债券赎回日尽可能推迟,因为 n 越大,$\mathrm{PV}(n)$ 越小。鉴于债券是以折价购买的,投资者最不情愿看到的情况是收益来得最晚。在此条件下,假定赎回日就是最晚的赎回日。

(二)债券在各赎回日赎回值不等

设在第 k 期中间的任何一日的赎回值均为 $C_k, k=1,2,\cdots,n$,最不利于投资者的情形是回报现值 $\mathrm{PV}(k)=C_k[1+(g_k-i)a_{\overline{k}|}]$ 最小。具体而言,当 $i<g_k$ 时,在 C_k 一

定的条件下，要使 PV(k) 最小，k 应最小；当 $i > g_k$ 时，在 C_k 一定的条件下，要使 PV(k) 最小，k 应最大；这里 $g_k = \frac{Fr}{C_k}$。最后，在所有 PV(k) 中选取最小的值。

例 5.1.10　面值为 1 000 元、票息为每年计息两次的年名义利率 6%的债券，在发行后的第 5 年年末开始至第 10 年的各付息日可按 1 100 元赎回，在发行后第 10 年年末到第 15 年的各付息日赎回可按 1 060 元赎回，在第 15 年年末的到期日可按 1 000 元赎回。假设每年计息两次的年名义利率为：①8%；②5%。求投资者愿意支付的最高价格。

解：∵ 以半年为一期，$r = 6\%/2 = 3\%$，$F = 1\ 000$，且

$$C_k = \begin{cases} 1\ 100 & (\text{当 } 10 \leqslant k < 20 \text{ 时}) \\ 1\ 060 & (\text{当 } 20 \leqslant k < 30 \text{ 时}) \\ 1\ 000 & (\text{当 } k = 30 \text{ 时}) \end{cases}$$

$$\therefore 2.727\% \leqslant g_k = \frac{Fr}{C_k} \leqslant 3\%$$

(1) $i = 8\%/2 = 4\%$，显然 $i > g_k$，且 $1\ 100 > 1\ 060 > 1\ 000$，则

$$\begin{aligned} PV(k) &= C_k[1 + (g_k - i)a_{\overline{k}|}] \\ &= C_k + (C_k g_k - C_k i)a_{\overline{k}|} = C_k + (Fr - C_k i)a_{\overline{k}|} \end{aligned}$$

使 PV(k) 最小的 k 可能取 19、29 或 30，其值分别为

$$PV(19) = 1\ 100 + (1\ 000 \times 3\% - 1\ 100 \times 4\%)a_{\overline{19}|4\%} \approx 916.12(\text{元})$$

$$PV(29) = 1\ 060 + (1\ 000 \times 3\% - 1\ 060 \times 4\%)a_{\overline{29}|4\%} \approx 849.40(\text{元})$$

$$PV(30) = 1\ 000 + (1\ 000 \times 3\% - 1\ 000 \times 4\%)a_{\overline{30}|4\%} \approx 827.08(\text{元})$$

由上面的计算可知，最不利于投资者的赎回日是债券到期日，投资者愿意付出的最高价格为 827.08 元。

(2) $i = 5\%/2 = 2.5\%$，显然 $i > g_k$，且 $1\ 100 > 1\ 060 > 1\ 000$，则

$$PV(k) = C_k[1 + (g_k - i)a_{\overline{k}|}] = C_k + (Fr - C_k i)a_{\overline{k}|}$$

使 PV(k) 最小的 k 可能取 10、20、30，由于

$$PV(10) = 1\ 100 + (1\ 000 \times 3\% - 1\ 100 \times 2.5\%)a_{\overline{10}|2.5\%} \approx 1\ 121.88(\text{元})$$

$$PV(20) = 1\ 060 + (1\ 000 \times 3\% - 1\ 060 \times 2.5\%)a_{\overline{20}|2.5\%} \approx 1\ 114.56(\text{元})$$

$$PV(30) = 1\ 000 + (1\ 000 \times 3\% - 1\ 000 \times 2.5\%)a_{\overline{30}|2.5\%} \approx 1\ 104.65(\text{元})$$

由上面的计算可知，最不利于投资者的赎回日仍然是债券到期日，投资者愿意付出的最高价格为 1 104.65 元。

假设在发行后第 10 年到第 15 年的各付息日可按 1 040 元赎回，在其他条件不变的情况下，

$$PV(20) = 1\ 040 + (1\ 000 \times 3\% - 1\ 040 \times 2.5\%)a_{\overline{20}|2.5\%} \approx 1\ 102.36(\text{元})$$

这样，最不利于投资者的赎回日就是第 10 年年末，投资者愿意付出的最高价格为 1 102.36 元。

六、系列债券

如果一位借款人需要大量资金,可以发行一系列相互错开偿还期而不是同一日到期的债券。这种同一举债人同时发行的具有不同赎回日的一系列债券,称为系列债券或分期偿还债券。

如果该系列债券中的每一个债券的偿还日都已经知道,那么任一债券的价格可由前面的债券价格计算公式计算而得。整个债券的价格无非是各个债券价格之和。如果债券偿还日是随机的,那么可用"可赎回债券"的分析法来分析债券的价格和收益率,也可以用更有效的 Makeham 公式来分析。

假设系列债券有 m 个不同的赎回日:

第 1 个赎回日债券的购买价格、赎回值、赎回值现值分别记为 $P_{(1)}$、C_1、K_1;

第 2 个赎回日债券的购买价格、赎回值、赎回值现值分别记为 $P_{(2)}$、C_2、K_2;

……

第 m 个赎回日债券的购买价格、赎回值、赎回值现值分别记为 $P_{(m)}$、C_m、K_m。

由 Makeham 公式得

$$P_{(1)} = K_1 + \frac{g}{i}(C_1 - K_1)$$

$$P_{(2)} = K_2 + \frac{g}{i}(C_2 - K_2)$$

……

$$P_{(m)} = K_m + \frac{g}{i}(C_m - K_m)$$

求和可得

$$\tilde{P} = \tilde{K} + \frac{g}{i}(\tilde{C} - \tilde{K}) \tag{5.1.37}$$

上式中,$\tilde{P} = \sum_{t=1}^{m} P_{(t)}$,$\tilde{C} = \sum_{t=1}^{m} C_t$,$\tilde{K} = \sum_{t=1}^{m} K_t$。

$\tilde{P}$ 称为系列债券的价格,$\tilde{C}$ 称为系列债券的赎回值(为各个成员债券的赎回值之和),$\tilde{K}$ 称为系列债券的赎回值现值(为各个成员债券的赎回值现值之和)。于是,(5.1.37) 式表明系列债券的价格 $\tilde{P}$ 具有 Makeham 公式形式,由此证明了 Makeham 公式的有用性。

例 5.1.11 有一张面值为 1 000 元、年票息率为 5%的债券,自发行后第 11 年到第 20 年的每年年末以 106 元分 10 次赎回,投资者的年目标收益率为 6.5%。求该债券的价格。

解:本例所涉及的债券可视为系列债券,由 10 种面值为 100 元、年票息率为 5%、不同时点赎回的赎回值均为 106 元的债券组成,即 $F = 100$,$C = C_t = 106$,$r = 5\%$,$i = 6.5\%$,因此

第五章 证券的价值分析

$$g = \frac{Fr}{C} = \frac{100 \times 5\%}{106} \approx 0.047\ 169\ 81$$

$$\tilde{C} = \sum_{t=1}^{m} C_t = \sum_{t=1}^{m} 106 = 1\ 060$$

$$\tilde{K} = \sum_{t=1}^{m} K_t = \sum_{t=1}^{m} C_t v^{10+t} = 106 v^{10} a_{\overline{10}|6.5\%} \approx 405.945\ 76$$

因此,所求债券的价格为

$$\tilde{P} = \tilde{K} + \frac{g}{i}(\tilde{C} - \tilde{K})$$

$$= 405.945\ 76 + \frac{0.047\ 169\ 81}{6.5\%}(1\ 060 - 405.945\ 76) \approx 880.59(\text{元})$$

七、其他债券

这里我们主要考虑三个方面的问题:一是收益率与票息率的计息频率不同,二是票息率不为常数,三是收益率不为常数。

(一)收益率与票息率的频率不同

1. 每个票息期包含 k 个收益率转换期

设债券的期限为 n 期,那么债券每 k 期期末支付一次票息 Fr,支付 n 期,因而可得债券价格的基本公式:

$$P = Fr\frac{a_{\overline{n}|}}{s_{\overline{k}|}} + Cv^n \tag{5.1.38}$$

(5.1.38) 式可以化为如下形式:

$$P = C + \left(\frac{Fr}{s_{\overline{k}|}} - Ci\right) a_{\overline{n}|} \tag{5.1.39}$$

$$P = \frac{G}{s_{\overline{k}|}} + \left(C - \frac{G}{s_{\overline{k}|}}\right) v^n \tag{5.1.40}$$

$$P = K + \frac{g}{is_{\overline{k}|}}(C - K) \tag{5.1.41}$$

上述公式推导过程中运用了(5.1.4) 式。

2. 每个收益率期包含 m 个票息期

设债券的期限为 n 期,那么该债券每 $\frac{1}{m}$ 期期末支付 $\frac{Fr}{m}$,支付 n 期,因而可得债券价格的基本公式:

$$P = Fra_{\overline{n}|}^{(m)} + Cv^n \tag{5.1.42}$$

(5.1.42) 式可以化为如下形式:

$$P = C + (Fr - Ci^{(m)})a_{\overline{n}|}^{(m)} = C[1 + (g - i^{(m)})a_{\overline{n}|}^{(m)}] \tag{5.1.43}$$

$$P = Gs_{\overline{1}|}^{(m)} + (C - Gs_{\overline{1}|}^{(m)})v^n \tag{5.1.44}$$

$$P = K + \frac{g}{i^{(m)}}(C - K) \tag{5.1.45}$$

上述公式推导过程中运用了(5.1.4)式。

（二）票息率不为常数

若票息率不为常数,则各期票息构成一个非等额年金,于是债券未来回报的现值之和就是债券的价格。

例 5.1.12 某企业决定发行一种通货膨胀调整债券,其面值为 1 000 元,在 10 年内每年年末有年度票息,初始年票息率为 7%,其后每一年的票息比上一年增加 3%。该债券在第 10 年年末赎回值为 1 200 元,求投资者要获得 9% 的年投资收益率应支付的价格。

解:第一年年末支付的票息为 $1\,000 \times 7\% = 70$ 元,记 $v = \frac{1}{1+9\%}$。该债券在各年年末的票息额构成一个等比数列,其现值为

$$70v + 70(1+3\%)v^2 + 70(1+3\%)^2v^3 + \cdots + 70(1+3\%)^9v^{10}$$

$$= 70 \cdot \frac{1 - \left(\frac{1+3\%}{1+9\%}\right)^{10}}{9\% - 3\%} \approx 504.368(\text{元})$$

赎回值的现值为

$$1\,200v^{10} = 1\,200(1+9\%)^{-10} \approx 506.893(\text{元})$$

故该债券的价格为

$$504.368 + 506.893 \approx 1\,011.26(\text{元})$$

（三）收益率不为常数

若收益率不为常数,则这种变化必须反映在未来票息与赎回值的现值计算上去,于是债券未来回报的现值之和就是债券的价格。

例 5.1.13 有一面值为 1 000 元的 10 年期债券,带有每年转换 2 次的年名义利率 8.4% 的息票,赎回值为 1 050 元。如果前 5 年的收益率为每年转换 2 次的年名义利率 10%,后 5 年的收益率降为年结转 2 次的年名义利率 9%。求该债券的价格。

解:以半年为一期,每期期末支付的票息为 $1\,000 \times \frac{8.4\%}{2} = 42(\text{元})$,前 10 期每期利率或收益率为 5%,后 10 期每期利率或收益率为 4.5%。因此,各票息的总现值为

$$42[a_{\overline{10}|5\%} + (1+5\%)^{-10}a_{\overline{10}|4.5\%}] \approx 528.334(\text{元})$$

赎回值的现值为

$$1\,050(1+5\%)^{-10}(1+4.5\%)^{-10} \approx 415.082(\text{元})$$

故该债券的价格为

$$528.334 + 415.082 \approx 943.42(\text{元})$$

第二节　股票价值分析

一、股票

股票是投资者向公司提供资金的权益合同，是公司的所有权证明，享有剩余索取权。股票可以分为普通股和优先股两种类型。普通股只能在优先股的要求权得到满足之后才参与公司利润和资产的分配，它代表最终的剩余索取权，其股息上不封顶，下不保底。

本章关于股票价格的分析是在简化的条件下进行的，即假定股票价格只受未来股息收入与评估利率或投资者所要求的收益率的影响。未来股息收入的现值越大，股票价格就越高；反之，则价格越低。评估利率越高，则价格越低；反之则反是。优先股由于风险较普通股小，因此价格与公司经营状况的关系不如普通股那么密切。

二、优先股的价值分析

假设每期的股息为 D，投资者所要求的收益率为 i，则该优先股的价格为

$$P = Dv + Dv^2 + Dv^2 + \cdots = Da_{\overline{\infty}|} = \frac{D}{i} \tag{5.2.1}$$

(5.2.1) 式表明：优先股的价格与每期股息成正比，与每期收益率成反比。

三、普通股的价值分析

设第 t 期的股息收入为 D_t，i 为投资者所要求的收益率，于是，股票的价格可表示为

$$P = \sum_{t=1}^{+\infty} v^t D_t \tag{5.2.2}$$

（一）零增长模型

假设股息的增长率为 0，即 $D_t = D_0$，其中 $t = 1,2,3,\cdots,n$，则此时普通股类似于优先股，其价格为

$$P = \frac{D_0}{i} \tag{5.2.3}$$

该模型的应用似乎受到较多限制，毕竟假定对某一种股票永远支付固定的股利是不合理的。但在特定的情况下，在决定普通股票的价值时，这种模型也是相当有用的，尤其是在决定优先股的内在价值时。因为大多数优先股支付的股利不会因每股收益的变化而发生改变，而且由于优先股没有固定的生命期，预期支付显然是能假定永远进行下去的。

（二）常数增长模型

假设 $D_t = D_0(1 + r)^t$，其中 $t = 1,2,3,\cdots,n$，此时股票价格为

$$P = \sum_{t=1}^{+\infty} v^t D_t = D_0 \sum_{t=1}^{+\infty} v^t (1+r)^t$$

$$= D_0 \frac{v(1+r)}{1-v(1+r)} \quad （假设 r < i，否则级数发散）$$

$$= \frac{D_0(1+r)}{i-r} = \frac{D_1}{i-r} \tag{5.2.4}$$

说明：实际股息支付是从第 1 期期末即从 D_1 开始支付的，而不是 D_0。

（三）三阶段增长模型

将股息的增长过程分为三个不同阶段：在第一阶段、第三阶段的增长率分别为常数 r_1 和 r_2，在第二阶段股息的增长率则以线性方式从 r_1 变化到 r_2。若 $r_1 < r_2$，则为递增形式；若 $r_1 > r_2$，则为递减形式。假设第一阶段有 m 期，第一、二阶段合计有 n 期，则第二阶段的股息增长率由线性插值法求得

$$\tilde{r}_t = r_1 - (r_1 - r_2)\frac{t-m}{n-m} \quad (m \leqslant t \leqslant n) \tag{5.2.5}$$

第一阶段的股息收入的现值（观察点在 0 点）为

$$\tilde{P}_1 = D_0 \sum_{t=1}^{m} v^t (1+r_1)^t$$

$$= D_0(1+r_1)\frac{1-\left(\frac{1+r_1}{1+i}\right)^m}{i-r_1} = D_1 \frac{1-\left(\frac{1+r_1}{1+i}\right)^m}{i-r_1} \tag{5.2.6}$$

第二阶段的股息收入的现值（观察点在 0 点）为

$$\tilde{P}_2 = \sum_{t=1}^{n-m} D_m v^{m+t} \prod_{s=1}^{t}(1+\tilde{r}_s) = v^m D_m \sum_{t=1}^{n-m} v^t \prod_{s=1}^{t}(1+\tilde{r}_s) \tag{5.2.7}$$

上式中，$D_m = D_0(1+r_1)^m = D_1(1+r_1)^{m-1}$。

说明：$\tilde{r}_t$ 可以不必和 r_1、r_2 有联系。

第三阶段的股息收入的现值（观察点在 0 点）为

$$\tilde{P}_3 = v^n D_n \frac{1+r_2}{i-r_2} \tag{5.2.8}$$

因此，股票的理论价格为

$$P = \tilde{P}_1 + \tilde{P}_2 + \tilde{P}_3 \tag{5.2.9}$$

说明：实际股息支付是从第 1 期期末即从 D_1 开始支付的，而不是 D_0。

（四）H 模型

由于三阶段增长模型的计算过程比较复杂，为此，Fuller 和 Hsia 在 1984 年提出了 H 模型，从而简化了股息的折现过程。该模型假定：初始增长率为 r_1，然后以线性方式递增或递减；从第 $2H$ 期后，股息增长率为常数 r_2，而在 H 点上的增长率等于 r_1 和 r_2 的平均数。在此假设下股票价格为

$$P = \frac{D_0}{i-r_2}[(1+r_2) + H(r_1 - r_2)] \tag{5.2.10}$$

在 P 已知的条件下,容易求得股票的收益率

$$i = r_2 + \frac{D_0}{P}[(1 + r_2) + H(r_1 - r_2)] \tag{5.2.11}$$

例 5.2.1　某股票当前利润为每股3元,当年年末每股有1.8元的分红。假设该企业利润以每年5%的速度无限增长,且企业一直打算将60%的利润用于分红。

(1) 如果投资者要求9%的年实际收益率,求该股票的理论价格。

(2) 如果投资者要求7%的年实际收益率,求该股票的理论价格。

(3) 如果投资者要求6%的年实际收益率,求该股票的理论价格。

解:由题意知,第1年年末每股有股息1.8元,且以每年5%的速度增长,因而股票价格适用于公式(5.2.4)。

(1) 投资者要求收益率为年9%时,股票价格为

$$P = \frac{1.8}{9\% - 5\%} = 45(\text{元})$$

因此,理论价格是当前利润的15倍。

(2) 投资者要求收益率为年7%时,股票价格为

$$P = \frac{1.8}{7\% - 5\%} = 90(\text{元})$$

因此,理论价格是当前利润的30倍。

(3) 投资者要求收益率为年6%时,股票价格为

$$P = \frac{1.8}{6\% - 5\%} = 180(\text{元})$$

因此,理论价格是当前利润的60倍。

例 5.2.2　某股票当前利润为每股3元,当年年末每股有1.8元的分红。假设该企业利润在前5年以年6%的速度增长,在其后的5年间年增长率为3%,以后年增长率变为0,且企业一直打算将60%的利润作为分红。如果投资者要求9%的年实际收益率,求该股票的理论价格。

解:股票的理论价格就是未来股息收入的现值,现将股票现值的计算分为三个部分,即在各阶段上的未来股息收入的现值。

第一段:设前5年股息的现值为 $\tilde{P}_1$ 元。由于第一年年末的股息 D_1 为1.8元,并按年6%(r_1)的速度增长,在第5年年末的股息 D_5 为 $1.8 \times (1 + 6\%)^4$ 元,由(2.5.68)式或(5.2.6)式得

$$\tilde{P}_1 = 1.8 \times \frac{1 - \left(\frac{1 + 6\%}{1 + 9\%}\right)^5}{9\% - 6\%} \approx 7.814(\text{元})$$

第二段:设第2个5年股息的现值为 $\tilde{P}_2$ 元。在第二阶段第1年年末股息为 D_6 元,且 $\tilde{r}_s = 3\%$(其中,$s = 1,2,3,4,5$),因此

$$D_6 = D_5(1 + 3\%) = 1.8 \times (1 + 6\%)^4(1 + 3\%)$$

$$D_{10}=D_5(1+3\%)^5=1.8\times(1+6\%)^4(1+3\%)^5$$

$$\prod_{s=1}^{t}(1+\tilde{r}_s)=(1+3\%)^t$$

由(5.2.7)式得

$$\tilde{P}_2=v^5D_5\sum_{t=1}^{5}v^t(1+3\%)^t=v^5D_6\frac{1-\left(\frac{1+3\%}{1+9\%}\right)^5}{9\%-3\%}$$

$$=1.8\times\frac{(1+6\%)^4(1+3\%)}{(1+9\%)}\times\frac{1-\left(\frac{1+3\%}{1+9\%}\right)^5}{9\%-3\%}\approx 6.251(\text{元})$$

第三段:从第11年起以后每年股息的现值为$\tilde{P}_3$元。在第三阶段的第1年年末股息D_{11}元,且$r_2=0$,因此

$$D_{11}=D_{10}(1+r_2)=D_{10}=1.8\times(1+6\%)^4(1+3\%)$$

由(5.2.8)式得

$$\tilde{P}_3=v^nD_n\frac{1+r_2}{i-r_2}=v^{10}D_{10}\frac{1+0\%}{9\%-0\%}$$

$$=1.8\times\frac{(1+6\%)^4(1+3\%)^5}{9\%(1+9\%)^{10}}\approx 12.364(\text{元})$$

因此,所求股票的理论价格为

$$P=\tilde{P}_1+\tilde{P}_1+\tilde{P}_2+\tilde{P}_3\approx 7.814+6.251+12.364\approx 26.43(\text{元})$$

注意:第一次股息1.8元是在第一年年末支付,而不是第一年年初支付,否则$\tilde{P}_1$、$\tilde{P}_2$、$\tilde{P}_3$就要多一个因子$(1+5\%)$。

例5.2.3　已知某公司今年股息年增长率为6%,且年末可分股息2元,预计从今年起股息增长率将以线性方式递减,从第10年起股息年增长率将维持在3.5%的水平。若投资者要求8%的年收益率,试计算该股票在年初的理论价格。

解:$\because D_0=2, r_1=6\%, r_2=3.5\%, H=5, i=8\%$

$\therefore$ 由公式(5.2.10)可得股票的理论价格:

$$P=\frac{D_0}{i-r_2}[(1+r_2)+H(r_1-r_2)]$$

$$=\frac{2}{8-3.5\%}[(1+3.5\%)+5(6\%-3.5\%)]\approx 51.56(\text{元})$$

例5.2.4　出售一项当前并不属于自己的资产的行为称为卖空,在清算卖空时,需从市场上购买该资产以偿还给交易商。某投资者以每股30元的价格卖空A公司股票10 000股,并且在1年后清算时以每股25元的价格购回10 000股A公司股票偿还,交易商要求投资者交纳交易额的50%作为保证金,且保证金账户的年收益率为6%。假设该股票每年每股红利为2元,试求卖空利润和卖空年收益率。

解:交易商收取的保证金为

第五章 证券的价值分析

$$10\ 000 \times 30 \times 50\% = 150\ 000(元)$$

卖空利润为

$$10\ 000 \times (30 - 25) + 150\ 000 \times 6\% - 10\ 000 \times 2 = 39\ 000(元)$$

因此,卖空年收益率为

$$\frac{39\ 000}{150\ 000} = 26\%$$

本章小结

1. 内容概要

本章主要研究了债券和股票的定价原理与有关收益率的计算。

证券的理论价格实际上就是在一定收益率条件下未来获得回报的现值,实际价格则要受市场利率、回报大小与方式、可赎回条款、发行人信誉、税收政策、供求关系、证券种类、政府监管等多种因素的影响。

债券价格有四种形式:基本公式、溢价公式、基价公式、Makeham 公式。其中,基本公式是其他公式的基础。同时,还研究了税收条件下的债券价格公式。票息支付日之间的债券估价有理论法、实务法和混合法。债券的收益率既可以用近似公式计算,也可以用迭代法快速得到精确度较高的近似值。此外,本章还研究了票息再投资对债券收益率的影响。

本章关于股票价格的分析是在简化的条件下进行的,即假定股票价格只受未来股息收入及评估利率的影响:未来股票收入的现值越大,股票价格就越高;反之,则价格越低。股票价格与评估利率成反比。本章具体对优先股、普通股在不同模型假设条件下的价格进行了较为系统的分析。

2. 重要公式

(1) 债券的基本公式:$P = Fra_{\overline{n|}} + Cv^n = Fra_{\overline{n|}} + K$

债券的溢价公式:$P = C[1 + (g - i)a_{\overline{n|}}]$

债券的基价公式:$P = G + (C - G)v^n$

债券的 Makeham 公式:$P = K + \dfrac{g}{i}(C - K)$

(2) 征收利息所得税 t_1 后的债券价格公式:

$$\begin{aligned} P &= Fr(1 - t_1)a_{\overline{n|}} + K \quad (基本公式) \\ &= C\{1 + [g(1 - t_1) - i]a_{\overline{n|}}\} \quad (溢价公式) \\ &= G(1 - t_1) + [C - G(1 - t_1)]v^n \quad (基价公式) \\ &= K + \frac{g(1 - t_1)}{i}(C - K) \quad (\text{Makeham 公式}) \end{aligned}$$

(3) 当 $i > g(1-t_1)$ 时,在征收了增益税 t_2 后的债券价格公式:

$$\tilde{P} = \frac{iK(1-t_2) + g(1-t_1)(C-K)}{i(C-t_2K)}C$$

(4) 票息支付日之间的债券估价:$B_{t+k}^{f} = B_{t+k}^{m} + Fr_k$

(5) 每个票息期包含 k 个收益率转换期的债券价格公式:

$$P = Fr\frac{a_{\overline{n|}}}{s_{\overline{k|}}} + Cv^n = C + \left(\frac{Fr}{s_{\overline{k|}}} - Ci\right)a_{\overline{n|}}$$

$$= \frac{G}{s_{\overline{k|}}} + \left(C - \frac{G}{s_{\overline{k|}}}\right)v^n = K + \frac{g}{is_{\overline{k|}}}(C-K)$$

(6) 每个收益率期包含 m 个票息期的债券价格公式:

$$P = Fra_{\overline{n|}}^{(m)} + Cv^n = C[1 + (g - i^{(m)})a_{\overline{n|}}^{(m)}]$$

$$= Gs_{\overline{1|}}^{(m)} + (C - Gs_{\overline{1|}}^{(m)})v^n = K + \frac{g}{i^{(m)}}(C-K)$$

(7) 债券收益率的近似计算公式:

$$i \approx \frac{g - \frac{p}{n}}{1 + \frac{n+1}{2n}p} \approx \frac{g - \frac{p}{n}}{1 + \frac{1}{2}p} \quad \left(p = \frac{P-C}{C}\right)$$

(8) 债券收益率的迭代法计算公式:

$$\hat{i}_{t+1} = g - \frac{p\hat{i}_t}{1 - (1+\hat{i}_t)^{-n}}$$

或

$$\hat{i}_{t+1} = \hat{i}_t\left[1 + \frac{ga_{\overline{n|}} + v^n - \frac{P}{C}}{ga_{\overline{n|}} + n(\hat{i}_t - g)v^{n+1}}\right]$$

上式中,$\hat{i}_0 = \dfrac{g - \frac{p}{n}}{1 + \frac{n+1}{2n}p}$ 或 $\dfrac{g - \frac{p}{n}}{1 + \frac{1}{2}p}$。

(9) 再投资条件下的收益率的计算公式:

$$\tilde{i} = \left(\frac{Frs_{\overline{n|}j} + C}{P}\right)^{\frac{1}{n}} - 1$$

(10) 股票价格的基本公式:$P = \sum_{t=1}^{+\infty} v^t D_t$

习题 5

5-1　设债券的面值为1 000元，年票息率为6%，期限为5年，到期按1 010元赎回，投资者所要求的年收益率为5%。试确定该债券的基价、债券的价格、第3年年末的账面值，并做出账面值表。

5-2　设债券的面值为1 000元，年票息率为5%，期限为5年，到期按1 010元赎回，投资者所要求的年收益率为6%。试确定该债券的基价、债券的价格、第3年年末的账面值，并做出账面值表。

5-3　一种面值为1 000元的5年期债券，附有半年期息票，年转换2次的年票息率为6.5%，到期按面值赎回。若购买者要求的收益率为半年转换年7%，求购买价格。

5-4　有两种1 000元的债券在相同时期之末按票面偿还，购买这两种债券的收益率均为半年转换年利率4%：第一种债券的售价为1 136.78元，每半年支付一次票息的年票息率为5%；第二种债券每半年支付一次票息，有2.5%的年票息率。求第二种债券的价格。

5-5　一种n年期面值为1 000元的债券到期按面值偿还，且有半年转换年票息率为12%，购买价可产生半年转换10%的年收益率。如果期限加倍，售价将增加50元，求此n年期债券的购买价格。

5-6　对于1单位面值债券，其票息率为收益率的1.5倍，溢价为$p=0.2$；而另有一种1单位面值的债券的票息率为收益率的75%；两种债券的期限相同，都以面值偿还。求第二种债券的价格。

5-7　一种5年期的零息债券，到期按面值1 000元赎回，并且：(1) 产生7%的年实际收益率；(2) 产生6%的年实际收益率。求该债券的价格。

5-8　一种10年期积累债券（到期才偿还本息）的面值为1 000元，并附有半年转换8%的年票息率，投资者要求得到10%的年收益率。求该债券的购买价格。

5-9　设债券的面值为1 000元，票息率为每年计息2次的年名义利率5%，期限为10年，赎回值为1 060元，投资者所要求的收益率为每年计息2次的年名义利率6%，票息所得税税率为20%，试确定债券的价格。如果还要征收15%的增益税，求该债券的价格。

5-10　一张面值1 000元10年期带有半年转换年利率为6%的票息的债券以940元出售，求该债券的年收益率。

5-11　一张面值1 000元10年期带有半年转换年利率为6%的票息的债券以940元出售，票息只能按半年转换5%的年收益率进行再投资。求该债券的年收益率。

5－12　某投资者以950元购买了面额为1 000元、年票息率为10%的5年期债券，第3年年末以995元的价格卖出。试求该投资者获得的收益率。

5－13　某一组合投资由50种债券构成，50年内每年年末到期一种。已知每种债券的年票息率都为4%，面值都为1 000元，到期都以面值赎回，且购买价格都为1 080元。有多少种债券的年实际收益率超过3.5%（包括3.5%）？

5－14　某10年期债券面值为100元，每年年末支付年度票息，初始年票息率为6%，其后每一年的票息比上一年增加5%，该债券在第10年年末的赎回值为105元，如果该投资者要获得5%的年投资年收益率，那么求应支付的价格。

5－15　面值为1 000元的债券，票息率为每年计息2次的年名义利率8%，从第10年年末到第15年年末均可按面值赎回。若每年计息2次的年名义收益率为：（1）6%；（2）10%。求该债券的价格。

5－16　面值1 000元且每年计息两次的年名义利率为8%的债券，在发行后的第5年年末开始至第10年间的各付息日可按1 090元赎回，在发行后第10年年末到第15年间的各付息日可按1 040元赎回，在第15年年末的到期日可按1 000元赎回。若每年计息两次的年名义利率为：（1）9%；（2）6%。求投资者愿意支付的最高价格。

5－17　有一种面值为1 000元、年票息率为6%的债券，自发行后第11年到第20年的每年年末以105元分10次赎回，投资者的年目标收益率为7%。求该债券的价格。

5－18　有一种面值为1 000元的10年期债券，按面值偿还，并有每年8%的票息，每季度支付一次，购买时产生了每年6%的半年转换的收益率。求购买价格。

5－19　某股票在每年年末进行年度分红。已知每股利润在过去的一年为5元，假设未来利润每年增加7%，利润中用于分红的百分比在今后的5年内为0，此后为50%。已知投资者要求10%的年收益率，试求该股票的理论价格。

5－20　某普通股的购买价为当前利润的10倍，在此后的6年间股票不支付红利，但利润增加了60%，在第6年年末此股票以15倍于利润的价格出售。求该投资的年收益率。

第六章 利息问题的深化

本章主要研究诚实信贷、抵押贷款、资产折旧、利率水平决定因素、资产负债匹配等问题。

第一节 诚实信贷与抵押贷款

一、诚实信贷

1968 年,美国国会通过了《消费信贷保护法》,其第一章章名就是"借贷忠诚法"。这一法律的基本目的就是要求贷款人公正而准确地公开消费贷款的各项条款,并不试图控制贷款人的开价金额,而只是要求适度公开。该法律只适用于消费贷款,而不适用于商业贷款。

该法律要求公开两个关键性的金融指标:一是资金筹措费;二是年百分率(annual percentage rate,APR),或称为年化率、年化利率、年化收益率。前者表示贷款期间索要的利息金额与费用,后者表示应付利息的年利率。借款人负担的筹措费不仅包括贷款利息,还包括贷款的初始费用、其他信贷费、服务费、资信报告费、信用保险费用中的某些费用。年百分率的计算方法采用精算法。精算法的基础是复利理论,要将每笔还款像分期偿还表那样分为本金和利息。年百分率是按照与还款相同频率转换的年名义利率来给出的,而不是实际利率。例如,两项贷款可能都开价为"APR = 10%",但如果一项是按月度分期付款来偿还,而另一项是按季度分期付款来偿还,那么这两个利率并不是等价的,所以对不同贷款的年百分率不能有效地进行直接比较,除非它们的转换频率相同。

诚实信贷分为开放型信贷和封闭型信贷。前者如信用卡,其期限没有事先规定,贷款筹措费按要求需按期公开,在一定限度内贷款还款可以随时进行,年百分率为只对未偿还的贷款余额收取的年名义利率;后者如分期还款,其贷款余额逐期递减。

为了研究诚实信贷在标准的贷款交易中的应用,我们首先引入符号:

L—— 扣除首期付款后的贷款余额;

E—— 资金筹措费;

R—— 分期偿还额;

m—— 每年偿还次数;

n—— 贷款偿还的总次数;

i—— 年百分率;

j—— 每个偿还周期的实际利率。

因此

$$R = \frac{L + E}{n} \tag{6.1.1}$$

由于分期还款的现值等于贷款金额,因此

$$Ra_{\overline{n}|j} = L \tag{6.1.2}$$

求出方程(6.1.2)之根j。于是,年百分率为

$$i = mj \tag{6.1.3}$$

更复杂的贷款可能包含贷款人向借款人的多重付款,称为在各时刻的预付;借款人的分期还款也可能不是等额的或按同样频率支付的。在这种条件下,可通过解如下方程来求j的值

$$\sum_{t=1}^{n} \tilde{v}^t R_t = 0 \tag{6.1.4}$$

上式中,$\tilde{v} = \frac{1}{1+j}$。

在应用公式(6.1.4)时需要注意:贷款人的所有预付应选取同一符号,而借款人的所有还款则取相反的符号。如果未偿还贷款余额在贷款期内某时刻改变符号,那么收益率可能不唯一。诚实信贷法则认为,多重收益率是由多重预付引起的,解决的方法就是通过等时间法用一次预付取代多重预付,甚至只有一次预付也可能存在多重收益率。

对于封闭型信贷向借款人公开的年百分率,预先假设了贷款将按计划来偿还。然而,许多借款人往往比计划偿还得更快。当一笔贷款被提前偿还时,原来资金筹措费中的一部分(称为未赚得资金筹措费)就归借款人所有了。这样,借款人实际承担的利率与贷款开始时开价的年百分率将会不同。贷款人可能保留全部资金筹措费,借款人在提前偿还贷款时可能面临各种类型的罚金,如多支付一个月或两个月的利息。由此可见,提前还清贷款并被处以罚金的借款人实际上将承担超过开价年百分率的利率。

美国曾出现过贷款利率计算的贸易商规则和合众国规则。前者实质上就是单

利,适用于短期贷款,这对长期贷款不利;后者将每期还款额分割为当期利息和本金偿还两个部分,还款额先用于支付当期利息,剩余部分才用于偿还本金。多数情况下,合众国规则等价于精算法。例外情形就是当偿还额不足以支付当期利息时,精算法将这种利息差额本金化,而合众国规则下任何差额都不加到未偿还的贷款余额上去产生新的利息。

例 6.1.1 一笔 10 000 元的消费贷款在 1 年内以每月偿还 950 元的方式进行偿还,求年百分率(APR)。

解: $\because R = \dfrac{L + E}{n}$

$\therefore E = nR - L = 12 \times 950 - 10\,000 = 1\,400$

$\because Ra_{\overline{n}|j} = L$

$\therefore 950a_{\overline{12}|j} = 10\,000$

$\therefore a_{\overline{12}|j} \approx 10.526\,315\,79$

运用 Newton-Raphson 迭代法解得

$$j \approx 0.020\,757\,42$$

因此,$APR = i = 12j \approx 24.91\%$。

例 6.1.2 某汽车购买者要为购车筹款 40 000 元,一位商人提供了两种选择方案以在 5 年内通过月度还款的方式来偿还这笔款项。方案 A 的 APR 是 8.1%;方案 B 提供一笔 3 000 元的“现金返回”,其 APR 为 11.4%,“现金返回”可用于减少贷款金额。哪一方案对购买者更有吸引力?

解:选择方案 A 时,以一月为一期,每期的实际利率为 8.1%/12 = 0.006 75,还款 60 期,每期期末(每月月末)还款额为

$$R^A = \frac{40\,000}{a_{\overline{60}|0.006\,75}} \approx 812.97(元)$$

选择方案 B 时,仍以一月为一期,每期的实际利率为 11.4%/12 = 0.009 5,还款 60 期,每期期末(每月月末)还款额为

$$R^B = \frac{40\,000 - 3\,000}{a_{\overline{60}|0.009\,5}} \approx 811.87(元)$$

因此,汽车购买者应选择方案 B,因其付款金额略少一些。

说明:选择方案 B 时,3 000 元的“现金返回”相当于减少了贷款本金,也相当于 3 000 元按年转换 12 次的 11.4%的年名义利率这样高的利率进行投资。若购买者达不到这个投资水平,则不如选择方案 A。

例 6.1.3 某借款人按9%的年利率借到一笔10 000元的款项,为期12个月。如果借款人在第3个月月末偿还2 300元,第8个月月末偿还3 200元。分别用下列方法求第 12 个月月末应偿还的金额:(1) 实际利率法(复利);(2) 贸易商规则(单利);(3) 合众国规则。

解:年初 10 000 元贷款本金随着时间的推移而增加,因为偿还而减少。因此,本例所求的第 12 个月月末应偿还的金额实际上就是此时的贷款余额。

(1) 实际利率法(复利)

第 12 个月月末应偿还的金额为

$$10\,000(1+9\%)-2\,300(1+9\%)^{\frac{12-3}{12}}-3\,200(1+9\%)^{\frac{12-8}{12}}$$
$$=10\,000(1+9\%)-2\,300(1+9\%)^{\frac{3}{4}}-3\,200(1+9\%)^{\frac{1}{3}}$$
$$\approx 5\,153.18(\text{元})$$

(2) 贸易商规则(单利)

第 12 个月月末应偿还的金额为

$$10\,000(1+9\%)-2\,300\left(1+9\%\times\frac{12-3}{12}\right)-3\,200\left(1+9\%\times\frac{12-8}{12}\right)$$
$$=10\,000(1+9\%)-2\,300\left(1+9\%\times\frac{3}{4}\right)-3\,200\left(1+9\%\times\frac{1}{3}\right)$$
$$\approx 5\,148.75(\text{元})$$

(3) 合众国规则

在第 3 个月月末,应付利息为

$$10\,000\times 9\%\times\frac{3}{12}=225(\text{元})$$

第 3 个月月末还款中可用于偿还本金的金额为

$$2\,300-225=2\,005(\text{元})$$

这样,第 3 个月月末贷款余额为

$$10\,000-2\,005=7\,995(\text{元})$$

在第 8 个月月末,应付利息为

$$7\,995\times 9\%\times\frac{8-3}{12}\approx 299.81(\text{元})$$

第 8 个月月末还款中可用于偿还本金的金额为

$$3\,200-299.81\approx 2\,900.19(\text{元})$$

因此,第 8 个月月末贷款余额为

$$7\,995-2\,900.19=5\,094.81(\text{元})$$

第 12 个月月末的贷款余额为

$$5\,094.81\left(1+9\%\times\frac{12-8}{12}\right)\approx 5\,247.65(\text{元})$$

值得注意的是,合众国规则既不假定 9%为年实际利率,也不假定为按任何正常频率转换的 9%的年名义利率,而是分别假设按 3 个月、5 个月和 4 个月转换一次的年名义利率 9%来计算。这就是合众国规则的一个不平常的特性:本次还款与上一次还款间的利息实际上是在按单利计算。

二、不动产抵押贷款

不动产抵押贷款是一种特别重要的贷款类型，因为贷款金额通常很大，对多数家庭而言，是最大的单笔债务。不动产抵押贷款的期限也很长，可长达30年。

由于不动产抵押贷款需偿还的总金额通常很大，往往采用月度付款方式还款。付款周期通常是从每个日历月的第一天算起，将还款处理为期末付年金。当抵押贷款的开始日期不是一个日历月的第一天时，就应将贷款金额按单利从开始之日到该日历月之末按“实际／实际”法向借款人收取利息。在此期间，不偿还本金。正常分期偿还贷款期限将从下一个日历月的第一天开始算起。实务中，这个开始时点不一定为第1日，可以约定为另一日。如要求以第20日作为一个偿还月度的界点，假设某人6日获得一笔贷款，计息从7日开始，那么从第7日开始到第20日为止的这14天零头期间按单利收取利息。正常贷款分期从21日开始到下月第20日为止就为第一个贷款偿还月度。

不动产的所有权在法律上确认出售者转给购买者的那一天称为交割日，这一天一般也是贷款开始的日期。同时，为了获得贷款，借款人往往还要支付一些费用，最大的费用就是贷款初始费，它以百分比表示。除此之外，还有资信调查、印花税、记录费等费用。

按照诚实信贷法，上述费用中有些必须反映在年百分率的计算中，另一些则不必。这样，按诚实信贷法开价的年百分率将高于贷款人所宣称的贷款利率，后一利率被用来决定月度付款和构造分期偿还表。

在本节的“诚实信贷”中所采用的符号在这里仍然有效，其中 $m=12$，并定义如下符号：

Q—— 在APR中反映的交割时的费用；

L^*—— 能反映出 Q 的诚实信贷贷款额；

i'—— 贷款开价的年利率；

j'—— 贷款计息的月利率。

显然有

$$i' = 12j' \tag{6.1.5}$$

$$L^* = L - Q \tag{6.1.6}$$

于是，贷款的月度还款额为

$$R = \frac{L}{a_{\overline{n}|j'}} \tag{6.1.7}$$

资金筹措费为

$$E = nR - L^* \tag{6.1.8}$$

诚实信贷的月利率，可解下列方程而得

$$Ra_{\overline{n}|j} = L^* \tag{6.1.9}$$

从而,可得诚实信贷的 APR 为

$$i = 12j \tag{6.1.10}$$

第四章中考虑的贷款分期偿还表针对的是相对短期的贷款。读者不难发现,在一些长期的分期还款(比如 20 年或 30 年的分期还款)中,早期的一些还款几乎全是利息,而末期的一些还款几乎全是本金。许多人发现买房子没有什么好处,付了几年的钱,却发现不动产抵押的未偿还贷款余额几乎没有减少,的确令人灰心丧气。于是就出现了一种可调利率抵押贷款,它与传统的固定利率抵押贷款相对立,贷款人在一些限制条件下可将利率调高或调低。

可调利率抵押贷款发展的原因有二。其一,从贷款人角度看,传统的固定利率抵押贷款的贷款人须在 15 ~ 30 年的长时期内对收取的利率承担确定的义务。这样,在利率上升时期,贷款人被锁定在固定的利率上,因而收益率低于市场利率。而在利率下降时期,借款人却可以按较低的利率重新筹款以提前偿还旧贷款。其二,从借款人的角度看,可调利率抵押贷款是有吸引力的,因为其初始利率和初始月度付款低于固定利率下的利率与月度还款额度。如果市场利率下降,月度付款还可能会更低。当然可调利率抵押贷款有一个很大的风险,那就是当市场利率上升时月度还款额就会增加。固定利率抵押贷款的利率波动风险主要由贷款人承担,而可调利率抵押贷款的风险大多转移到借款人头上。我国目前的住房抵押按揭贷款大多属于可调利率贷款。

在可调利率抵押贷款中,贷款人可以按每 1 年、每 3 年或每 5 年调整一次。可调利率抵押贷款按事先规定的一些标志进行调整,以避免利率调整的随意性。大多数可调利率抵押贷款对利率或付款的增加额度有一定的限制。前者设置一个界限值,以限制利率任意一次周期性增加的幅度,或者限制整个贷款期限内增加的总额度,或对两者均加以限制;后者针对的是偿还限额,对月度偿还金额的增加给出一个百分比的限制,但可能出现调整后的月度还款额不足以偿还当月利息,从而导致未偿还贷款余额的增加,从而丧失对借款人的吸引力。

例 6.1.4 某人购买了价值 50 万元的住房,首付 20%,余款 20 年每月按揭还款,以 6.21% 的固定利率计息。为获得这笔贷款,某人必须在交割时支付 2% 的初始费用,另付 2 000 元的其他费用,其中 1.5% 的初始费和其他费用的一半必须反映在 APR 中。假设住房是在 6 月 7 日购买的,试完成交割时的有关计算。

解:首付金额为

$$500\ 000 \times 20\% = 100\ 000(\text{元})$$

初始贷款金额为

$$L = 500\ 000 - 100\ 000 = 400\ 000(\text{元})$$

6 月份余下的天数为 23 天,所收取的利息为

$$400\ 000 \times \frac{6.21\% \times 23}{365} \approx 1\ 565.26(\text{元})$$

这一利息金额必须在6月7日贷款交易日支付，尽管按利息理论或金融数学原理应在6月月末支付，这显然对贷款人有利。

由于 $i' = 6.21\%$，故 $j' = 6.21\%/12 = 0.517\ 5\%$；又由题意知，$n = 240$；因此，贷款的月度偿还额为

$$R = \frac{L}{a_{\overline{n}|j'}} = \frac{400\ 000}{a_{\overline{240}|0.517\ 5\%}} \approx 2\ 914.39(\text{元})$$

值得注意的是，第1次正常偿还款应是7月末而不是6月末，实际操作上往往会提前。

必须反映在APR中的交割时的费用为

$$Q = 1.5\% \times 400\ 000 + 2\ 000 \times 50\% = 7\ 000(\text{元})$$

诚实信贷贷款额为

$$L^{*} = L - Q = 400\ 000 - 7\ 000 = 393\ 000(\text{元})$$

资金的筹措费等于还款总额减去借贷金额，即

$$E = nR - L^{*} \approx 240 \times 2\ 914.39 - 393\ 000 \approx 306\ 453.60(\text{元})$$

最后，需计算APR。由(6.1.9)式可得

$$2\ 914.39 a_{\overline{240}|j} = 393\ 000(\text{元})$$

运用Newton-Raphson迭代法，可得 $j \approx 0.005\ 359\ 998$

于是，诚实信贷的APR为

$$i = 12j \approx 12 \times 0.005\ 359\ 998 \approx 6.43\%$$

不出所料，APR大于6.21%。

例 6.1.5　某人借了一笔20万元20年期可调利率抵押贷款。第1年的利率为5.04%，第2年的利率为5.31%，第3年的利率为5.52%。试确定月度还款额的增长情况。

解：第1年的月度利率为 $5.04\%/12 = 0.42\%$，第2年的月度利率为 $5.31\%/12 = 0.442\ 5\%$，第3年的月度利率为 $5.52\%/12 = 0.46\%$。于是

第1年的月度还款额为

$$R_1 = \frac{200\ 000}{a_{\overline{240}|0.42\%}} \approx 1\ 324.33(\text{元})$$

第1年年末贷款余额为

$$R_1 a_{\overline{228}|0.42\%} \approx 1\ 324.33 a_{\overline{228}|0.42\%} \approx 194\ 051.12(\text{元})$$

第2年的修正月度还款额为

$$R_2 = \frac{194\ 051.12}{a_{\overline{228}|0.442\ 5\%}} \approx 1\ 353.17(\text{元})$$

第2年年末贷款余额为

$$R_2 a_{\overline{216}|0.442\ 5\%} \approx 1\ 353.17 a_{\overline{216}|0.442\ 5\%} \approx 187\ 971.06(\text{元})$$

第3年的修正月度还款额为

$$R_3 = \frac{187\ 971.06}{a_{\overline{216}|0.46\%}} \approx 1\ 374.86(\text{元})$$

因此，第 2 年比第 1 年的月度还款多 1 353.17 − 1 324.33 = 28.84(元)，增长了 2.15%；第 3 年比第 2 年的月度还款多 1 374.86 − 1 353.17 = 21.69(元)，增长了 1.60%。

说明：在我国分期还款实务中，提前还款往往会收取当月利息负担的 1 倍或 2 倍的罚息，由此看来借款人利息负担并不止是开价的利率表示的。而且，利率开价是以名义利度的形式出现的，从而实际利率负担更重一些。

第二节　资产折旧

从偿还方法上看，抵押贷款也可采取分期偿还法或者偿债基金法。由于抵押贷款是一种比较特殊的贷款方式，所以需要单独考虑。这种特殊性表现在：一是偿还期限较长，可以长达几十年；二是有抵押物作为保证，贷款人面临的风险一般较小。但由于在分期还款中，尤其当还款期相当长时，最初几年几乎都在支付利息，只有很少部分用于偿还本金。换言之，本金减少得相当缓慢，而作为抵押物的固定资产，因为折旧而贬值，因而很可能出现抵押物价值低于未偿还贷款余额的情况，从而使这种贷款方式同样处于风险之中。

一、未偿还本金余额的变化规律

$$\because L_k = L_k^p = Ra_{\overline{n-k|}} = R\frac{1-v^{n-k}}{i}$$

$$\therefore \frac{\mathrm{d}}{\mathrm{d}k}L_k = R\frac{-v^{n-k}\ln v\cdot(-1)}{i} = -\frac{R\delta}{i}v^{n-k} < 0$$

$$\frac{\mathrm{d}^2}{\mathrm{d}k^2}L_k = -\frac{R\delta}{i}v^{n-k}\cdot(-1)\ln v = -\frac{R\delta^2}{i}v^{n-k} < 0$$

这表明 L_k 为 k 的减函数，而且是上凸的。换言之，贷款余额是递减的，而且递减的速度在加快。

二、固定资产价值的变化规律

这里仅考虑固定资产因为折旧而发生价值降低的变化。

假设 A 为固定资产原值，S 为固定资产残值(可为正数、0、负数)，n 为折旧期数或年数，i 为每期利率或每年利率，D_k 为第 k 期的折旧费用，B_k 为第 k 期期末固定资产的账面值。显然有

$$B_0 = A, B_n = S$$

$$D_k = B_{k-1} - B_k \quad 或 \quad B_k = B_{k-1} - D_k,$$

上式中 $k = 1,2,\cdots,n$。

(一) 快速折旧法(先快后慢法)

快速折旧法又称为年数和法，基本原理就是 78 法则。若折旧期为 n 年，则以 $n, n-1,$

…,2,1 为权数分摊总折旧费$(A-S)$。令权数和为 S_n,即

$$S_n = 1 + 2 + \cdots + n = \frac{n(n+1)}{2}$$

于是,各年折旧费用如下:

$$D_1 = \frac{n}{S_n}(A-S)$$

$$D_2 = \frac{n-1}{S_n}(A-S)$$

……

$$D_k = \frac{n-k+1}{S_n}(A-S) \tag{6.2.1}$$

……

$$D_n = \frac{1}{S_n}(A-S)$$

$$\therefore B_k = A - \sum_{t=1}^{k} D_t = S + \sum_{t=k+1}^{n} D_t$$

$$\because \sum_{t=1}^{n} D_t = A - S \quad \therefore B_k = S + \frac{S_{n-k}}{S_n}(A-S) \quad (\text{规定}:S_0 = 0)$$

年数和法的折旧费用逐期递减,呈现出先快后慢的特征,固定资产的账面值在前期迅速下降。这种方法适用于汽车、机器设备等。

(二) 匀速折旧法

这种方法又称为直线折旧法,简单、实用,在实务中应用极广。该方法下每年的折旧费用相同。

$$\because D_t = \frac{A-S}{n} \tag{6.2.2}$$

$$\therefore B_k = A - \sum_{t=1}^{k} D_t = A - \frac{A-S}{n}k = (1 - \frac{k}{n})A + \frac{k}{n} \cdot S$$

该方法适用于资产价值平稳下降的情形。

(三) 慢速折旧法

这种方法又称为先慢后快法、偿债基金法或复利法。该方法下任一时点资产账面值等于资产原值与偿债基金余额之差。

假如每年存入一笔折旧基金或偿债基金,其目的在于折旧期满时该基金的积存额刚好达到折旧费用总额 $A-S$,从而达到替代原资产的目的。为此,每年需存入 $\frac{A-S}{s_{\overline{n}|}}$,从而

$$B_k = A - \frac{A-S}{s_{\overline{n}|}} s_{\overline{k}|}$$

$$D_k = B_{k-1} - B_k = \frac{A-S}{s_{\overline{n}|}}(s_{\overline{k}|} - s_{\overline{k-1}|}) = \frac{A-S}{s_{\overline{n}|}}(1+i)^{k-1} \tag{6.2.3}$$

显然，D_k 是 k 的增函数，故称为慢速折旧法。在这种折旧方法下，固定资产的账面值在前期下降较慢。这里规定 $s_{\overline{n}|}=0$。

该折旧方法对房屋价值比较适用，对汽车、电脑等设备就不适用。

（四）余额递减法

这种方法又称为百分比法或复折旧法。该方法的特点是每期折旧费就是该折旧周期期初资产账面值的固定百分比，如 20%。

$$\because D_t=dB_{t-1}\quad \therefore B_t=B_{t-1}-D_t=B_{t-1}-dB_{t-1}=(1-d)B_{t-1}$$

$$\because B_0=A$$

$$\therefore B_1=A(1-d)$$

$$B_2=(1-d)B_1=A(1-d)^2$$

……

$$B_t=A(1-d)^t$$

……

$$B_n=A(1-d)^n$$

$\because B_n=S\quad \therefore d=1-\left(\dfrac{S}{A}\right)^{\frac{1}{n}}$，显然 S 为正时才有意义。

实际中常用 d' 而不是 d。这里 d' 是直线折旧法折旧率的若干倍，如 k 倍，即 $d'=\dfrac{k}{n}$。因为直线折旧法的折旧率为 $\dfrac{D_t}{A}=\dfrac{\frac{A\quad S}{n}}{A}=\dfrac{1}{n}$（假设 $S=0$）。这样，折旧表的最后一行就不是按 d' 计算的，而是人为调整的，使其账面值刚好等于 S。特例：当 $k=2$ 时的折旧法就称为双倍余额递减法。

例 6.2.1 一台设备价值 12 000 元，使用 10 年，10 年后该设备残值为 1 000 元。分别使用下列折旧方法计算该设备各年折旧额及各年年末账面值：(1) 偿债基金法，每年利率为 6%；(2) 直线法；(3) 余额递减法；(4) 年数和法；(5) 双倍余额递减法。

解：

(1) 偿债基金法

每年存入偿债基金的金额为

$$\frac{A-S}{s_{\overline{n}|}}=\frac{12\,000-1\,000}{s_{\overline{10}|}}=834.55(\text{元})$$

由于 $D_1=\dfrac{A-S}{s_{\overline{n}|}}=834.55$ 元，且由公式(6.2.3) 可得 $D_k=D_{k-1}(1+6\%)$，由此可得各年度折旧额，再用上年年末账面值减去本年度折旧额得到本年年末账面值。各年度折旧额与年末账面值见表 6-2-1。

表 6－2－1　折旧表（偿债基金法） 单位：元

折旧年份	年度折旧额	年末账面值
0		12 000
1	834.55	11 165.45
2	884.62	10 280.83
3	937.70	9 343.13
4	993.96	8 349.17
5	1 053.60	7 295.58
6	1 116.81	6 178.77
7	1 183.82	4 994.94
8	1 254.85	3 740.09
9	1 330.14	2 409.95
10	1 409.95	1 000.00

（2）直线法

每年折旧额为

$$\frac{A-S}{n}=\frac{12\ 000-1\ 000}{10}=1\ 100(\text{元})$$

再用上年年末账面值减去本年度折旧额得到本年年末账面值。各年度折旧额与年末账面值见表 6－2－2。

表 6－2－2　折旧表（直线法） 单位：元

折旧年份	年度折旧额	年末账面值
0		12 000
1	1 100	10 900
2	1 100	9 800
3	1 100	8 700
4	1 100	7 600
5	1 100	6 500
6	1 100	5 400
7	1 100	4 300
8	1 100	3 200
9	1 100	2 100
10	1 100	1 000

（3）余额递减法

折旧费提取比例为

$$d=1-\left(\frac{S}{A}\right)^{\frac{1}{n}}=1-\left(\frac{1\ 000}{12\ 000}\right)^{\frac{1}{10}}\approx 0.220\ 022\ 86$$

用上年年末账面值乘以提取比例就得到本年度折旧额，再用上年年末账面值减去本年度折旧额得到本年年末账面值。各年度折旧额与年末账面值见表 6 - 2 - 3。

表 6 - 2 - 3　折旧表（余额递减法）　　单位：元

折旧年份	年度折旧额	年末账面值
0		12 000
1	2 640. 27	9 359. 73
2	2 059. 35	7 300. 37
3	1 606. 25	5 694. 12
4	1 252. 84	4 441. 29
5	977. 18	3 464. 10
6	762. 18	2 701. 92
7	594. 48	2 107. 44
8	463. 68	1 643. 75
9	361. 66	1 282. 09
10	282. 09	1 000. 00

（4）年数和法

总折旧额为

$$A - S = 12\ 000 - 1\ 000 = 11\ 000(\text{元})$$

将其按权数 10，9，…，3，2，1 分配于各年，由于权数总和为 $S_n = \frac{n(n+1)}{2} = 55$，因此，第 1 年的折旧额为 $11\ 000 \times \frac{10}{55} = 2\ 000$ 元，同理可得其他各年度的折旧额；再用上年年末账面值减去本年度折旧额得到本年年末账面值。各年度折旧额与年末账面值见表 6 - 2 - 4。

表 6 - 2 - 4　折旧表（年数和法）　　单位：元

折旧年份	年度折旧额	年末账面值
0		12 000
1	2 000	10 000
2	1 800	8 200
3	1 600	6 600
4	1 400	5 200
5	1 200	4 000
6	1 000	3 000
7	800	2 200
8	600	1 600
9	400	1 200
10	200	1 000

(5) 双倍余额递减法

折旧费用提取比例为

$$d' = \frac{2}{n} = \frac{2}{10} = 0.2$$

将上一年年末的账面值乘以提取比例就得到了本年度的折旧额,再用上年年末账面值减去本年度折旧额得到本年年末账面值。注意第10年的折旧额是人为调整的,它等于第9年年末的账面值减去第10年年末的账面值。各年度折旧额与年末账面值见表6－2－5。

表6－2－5　折旧表(双倍余额递减法)　　单位:元

折旧年份	年度折旧额	年末账面值
0		12 000
1	2 400.00	9 600.00
2	1 920.00	7 680.00
3	1 536.00	6 144.00
4	1 228.80	4 915.20
5	983.04	3 932.16
6	786.43	3 145.73
7	629.15	2 516.58
8	503.32	2 013.27
9	402.65	1 610.61
10	610.61	1 000.00

三、抵押物价值与残余本金余额的关系

例6.2.2　某人从银行贷款5万元购买了一台设备,贷款年利率为8%,用该设备做抵押,10年内等额本利分期还款,假设该设备使用10年,第10年年末的残值为2 000元。试比较不同折旧方式下抵押物的价值与残余本金的变化关系。

解:因为折旧,抵押物的价值会随着时间的推移而贬值。在不同折旧方法下,设备的账面值不一样。折旧方法可选择偿债基金法(假设偿债基金年利率为7%)、直线法、年数和法、双倍余额(递减)法、余额递减法;其资产账面价值或抵押物价值见表6－2－6;除双倍余额法的后几年账面值较高外,各年年末依照上面折旧方法而依次递减。本例题列举了四种贷款偿还方法:10年间每年年末等额偿还、首付10 000元10年间每年年末等额偿还、5年间每年年末等额偿还、首付10 000元5年间每年年末等额偿还。其残余本金或未偿还贷款余额见表6－2－6。我们希望抵押物价值高于残余本金的价值,这样抵押贷款就没有风险。

表 6-2-6　抵押物价值与残余本金的关系　　单位:元

年份		0	1	2	3	4	5	6	7	8	9	10
抵押物价值	偿债基金法	50 000	46 526	42 809	38 831	34 575	30 021	25 149	19 935	14 356	8 387	2 000
	直线法	50 000	45 200	40 400	35 600	30 800	26 000	21 200	16 400	11 600	6 800	2 000
	年数和法	50 000	41 273	33 418	26 436	20 327	15 091	10 727	7 236	4 618	2 873	2 000
	双倍余额法	50 000	40 000	32 000	25 600	20 480	16 384	13 107	10 486	8 389	6 711	2 000
	余额递减法	50 000	36 239	26 265	19 037	13 797	10 000	7 248	5 253	3 807	2 759	2 000
残余本金	10 年偿还	50 000	46 549	42 821	38 795	34 447	29 752	24 680	19 203	13 288	6 900	0
	首 1 万 10 年	40 000	37 239	34 257	31 036	27 558	23 801	19 744	15 363	10 630	5 520	0
	5 年偿还	50 000	41 477	32 273	22 332	11 595	0	0	0	0	0	0
	首 1 万 5 年	40 000	33 182	25 818	17 865	9 276	0	0	0	0	0	0

就偿债基金法而言,账面价值下降先慢后快,除了第1年年末、第2年年末抵押物价值略低于10年等额还款的残余本金而显得抵押不足外,其余年年末均有足够资金保障,即无抵押不足的风险;但是如果首付10 000元,贷款40 000元,或者将还款期限缩短到5年,或再增加首付款,都将使各年年末残余本金降下来,从而使抵押更加充足。

就直线法而言,账面价值均匀递减。除最后一年年末外,第1~9年年末抵押物价值均低于贷款残余本金价值,从而几乎各年年末贷款处于风险之中。若首付10 000元,则各年抵押物都是充足的。缩短还款期限也能达到这一目标。

就年数和法而言,除最后1年外,第1~9年年末账面价值均低于10年还款的残余本金价值,从而造成抵押不足。若首付10 000元,仍是10年还款,则情况有所改善,因为第1年年末抵押已经充足了。若还款期缩短到5年,则除了第1年年末抵押略显不足外,其余年末抵押已充足。如果再加上首付10 000元,那么各年年末都抵押充足了。

就双倍余额递减法而言,除最后1年外,第1~9年年末账面价值均低于10年还款的残余本金价值,从而造成抵押不足。若首付10 000元,仍是10年还款,则情况有所改善,因为第9年年末抵押已充足了。若还款期缩短到5年,则除了第1年、第2年年末抵押不足外,其余年末抵押已充足。如果再加上首付10 000元,那么各年年末都抵押充足。

就余额递减法而言,账面价值下降呈先快后慢趋势。除最后1年外,第1~9年年末账面价值均低于10年还款的残余本金价值,从而造成抵押不足。即使首付10 000元,情况仍是这样。如果还款期缩短到5年,那么第1~4年的各年年末抵押将不足,其余各年年末则抵押充足。如果再增加10 000元的首付款,那么各年年末的抵押就充足了。

综上所述,不同折旧方法下,抵押风险大小不一样,应选择合适的折旧方法。改善抵押充足性的方法就是缩短贷款偿还期,或者增加首付款。

思考:抵押贷款仍需风险管控,积极响应党"打好防范化解重大金融风险攻坚战"的号召,深刻理解党的二十大报告提出的"……防范金融风险还须解决许多重大问题，守信不发生系统性金融风险底线”。进一步讨论：2023 年美国系列银行破产案例。

四、成本分析

在实践中，选择固定资产时需要考虑的一个重要问题，就是比较各备选固定资产的投资成本，或者说需要进行成本核算。一项固定资产成本包括：① 利息损失，因为购买固定资产所付货币若投资在别处可产生利息；② 折旧费；③ 维持费。

一项固定资产每个周期所耗费的成本称为固定资产的周期性费用。设 H 为周期性费用，M 为周期维持费，则

$$H = Ai + \frac{A - S}{s_{\overline{n}|j}} + M \tag{6.2.4}$$

上式中，Ai 为固定资产利息损失，$\frac{A - S}{s_{\overline{n}|j}}$ 为周期性的折旧费，M 为周期维持费。

一项资产的投资成本就是该资产永久支付的周期性费用的现值，即以周期性费用为给付额的永久年金的现值，也可视为维持一项永续运转的恒量资产的费用的现值。令 E 表示投资成本，则

$$E = Ha_{\overline{\infty}|i} = \frac{H}{i} = A + \frac{A - S}{is_{\overline{n}|j}} + \frac{M}{i} \tag{6.2.5}$$

在选择可投资的资产时，既可比较周期性费用，又可比较投资成本。由于不同固定资产在单位时间内生产的产品数量可能不同，因而在比较周期性费用时，需要除以单位时间内的产量。设 1 号机器、2 号机器在单位时间内生产的产品数量分别为 U_1 件、U_2 件。若等式

$$\frac{A_1 i + \frac{A_1 - S_1}{s_{\overline{n_1}|j}} + M_1}{U_1} = \frac{A_2 i + \frac{A_2 - S_2}{s_{\overline{n_2}|j}} + M_2}{U_2} \tag{6.2.6}$$

成立，则称机器 1 与机器 2 等价，其中标注下标 1、2 的符号分别代表 1 号机器、2 号机器相应指标。

在许多情形下，$i = j$，于是(6.2.6) 式变为

$$\frac{A_1 i + \frac{A_1 - S_1}{s_{\overline{n_1}|i}} + M_1}{U_1} = \frac{A_2 i + \frac{A_2 - S_2}{s_{\overline{n_2}|i}} + M_2}{U_2}$$

即

$$\frac{\frac{A_1}{a_{\overline{n_1}|i}} - \frac{S_1}{s_{\overline{n_1}|i}} + M_1}{U_1} = \frac{\frac{A_2}{a_{\overline{n_2}|i}} - \frac{S_2}{s_{\overline{n_2}|i}} + M_2}{U_2} \tag{6.2.7}$$

其中，年金下标记号中的利率可以省略掉。这里，我们暂不考虑通货膨胀对固定资产价值的影响。

例 6.2.3 1 号机器以 120 000 元出售,年度维持费为 3 000 元,寿命为 25 年,残值为 2 500 元;2 号机器的年度维修费为 6 000 元,寿命为 20 年,无残值。假设年实际利率为 6%,2 号机器的生产效率为 1 号机器的生产效率的 2.8 倍,购买者购买这两种机器无差别。求 2 号机器的价格。

解:由题意知,$U_2 = 2.8U_1, A_1 = 120\ 000, M_1 = 3\ 000, S_1 = 2\ 500, n_1 = 25$, $i = 6\%, M_2 = 6\ 000, n_2 = 20, S_2 = 0$。由公式(6.2.7)得

$$\frac{\dfrac{120\ 000}{a_{\overline{25}|6\%}} - \dfrac{2\ 500}{s_{\overline{25}|6\%}} + 3\ 000}{U_1} = \frac{\dfrac{A_2}{a_{\overline{20}|6\%}} - \dfrac{0}{s_{\overline{20}|6\%}} + 6\ 000}{2.8U_1}$$

解之得

$$A_2 = \left[2.8\left(\frac{120\ 000}{a_{\overline{25}|6\%}} - \frac{2\ 500}{s_{\overline{25}|6\%}} + 3\ 000\right) - 6\ 000\right] a_{\overline{20}|6\%} \approx 327\ 541.84(\text{元})$$

例 6.2.4 一家电力公司使用每根价值 100 元的电杆,其寿命为 15 年,如果增加防护措施,使用寿命可延长到 20 年。假设电杆的残值为 5 元,年利率为 5%,两种电杆的维持费相等,公司值得为每根电杆增加多少元钱的投入以增加防护措施?

解:假设公司值得为每根电杆增加投入 x 元,由题意知:$U_2 = U_1, A_1 = 100, M_1 = M_2, S_1 = 5, n_1 = 15, i = 5\%, n_2 = 20, S_2 = 5, A_2 = 100 + x$。由(6.2.7)式可得

$$\frac{100}{a_{\overline{15}|5\%}} - \frac{5}{s_{\overline{15}|5\%}} + M_1 = \frac{100 + x}{a_{\overline{20}|5\%}} - \frac{5}{s_{\overline{20}|5\%}} + M_1$$

即

$$\frac{100}{a_{\overline{15}|5\%}} - \frac{5}{s_{\overline{15}|5\%}} = \frac{100 + x}{a_{\overline{20}|5\%}} - \frac{5}{s_{\overline{20}|5\%}}$$

解之得

$$x = 5a_{\overline{20}|5\%}\left[20\left(\frac{1}{a_{\overline{15}|5\%}} - \frac{1}{a_{\overline{20}|5\%}}\right) - \left(\frac{1}{s_{\overline{15}|5\%}} - \frac{1}{s_{\overline{20}|5\%}}\right)\right] \approx 19.06\ (\text{元})$$

第三节 利率水平的决定因素

经济学原理告诉我们,利率与其他商品价格一样,是建立在供求关系之上的。当求过于供时,利率上升;而当供过于求时,利率下降。但实践中有大量影响利率的因素,主要有:① 潜在"纯"利率。多数经济学家和金融理论家认为,存在着一个作为基础的潜在"纯"利率,它与经济的长期再生性增长有关。如果没有通货膨胀,这一利率将成为无风险投资的通行利率。这一利率在长达数十年的期间是相对稳定的。在美国,它通常在 2% ~ 3%,我国目前正在形成稳定的潜在"纯"利率。② 通货膨胀。③ 风险和不确定性,在第三章、第五章已经讨论过。所面临的风险主要有市场风险和信用风险,具体而言,面临给付的不确定性(给付概率)、给付金额的不确定性、给

付时间的不确定性三种风险，通知偿还债券就兼有金额与时间的风险。④ 投资期限。长期投资与短期投资有不同的利率水平。⑤ 信息对称性。交易双方信息越对称，则市场越有效，利率水平更符合常规。⑥ 法律限制。比如有些利率受政府控制。⑦ 政府政策。政府通过其货币政策与财政政策影响利率水平。⑧ 随机波动。利率随着时间变化而呈现出随机波动性。利率随机波动性将在第七章讨论。

一、通货膨胀

利率与通货膨胀具有正相关关系，呈同向变化趋势。一般人认为这种关系存在于当前利率与当前通货膨胀率之间，但经济学家则认为应存在于现实利率与预期通货膨胀率之间。

扣除通货膨胀率后的利率称为实际利率，记为 i'；而包含了通货膨胀率在内的市场利率称为名义利率，记为 i。它们与我们前面所讲以每期利息度量次数是否为一次而区分的实际利率与名义利率概念不同。是否包含了通货膨胀率的名义利率、实际利率，主要运用在现实经济生活中；在利息理论、金融数学、精算等学科中，则使用每期度量次数是否一次为前提条件下的这对概念。

记通货膨胀率为 r，并暂时假定其为常数，于是

$$1+i=(1+i')(1+r) \tag{6.3.1}$$

若 $r>0$，则 $i>i'$；并解(6.3.1) 式得

$$i=i'+r+i'r \tag{6.3.2}$$

由于 $i'r$ 相对于 i' 和 r 而言更小，故许多人倾向于将其忽略不计，于是

$$i\approx i'+r \tag{6.3.3}$$

(6.3.3) 式也可从(6.3.1) 式解出

$$i'=\frac{i-r}{1+r} \tag{6.3.4}$$

上面的公式不能精确地反映 i、i' 和 r 之间的关系，但在考虑了通货膨胀因素的年金计算中，仍然相当有用。

假设在 0 点给付参照金额为 R，其后的年金给付要反映通货膨胀情况，于是 n 年期期末付年金的现值为

$$R\left[\frac{1+r}{1+i}+\frac{(1+r)^2}{(1+i)^2}+\cdots+\frac{(1+r)^n}{(1+i)^n}\right]=R(1+r)\,\frac{1-\left(\dfrac{1+r}{1+r}\right)^n}{i-r} \tag{6.3.5}$$

运用(6.3.1) 式，上述年金的计算就简化为

$$R\left[\frac{1}{1+i'}+\frac{1}{(1+i')^2}+\cdots+\frac{1}{(1+i')^n}\right]=Ra_{\overline{n}|i'} \tag{6.3.6}$$

(6.3.5) 式与(6.3.6) 式结果一致，但前者是带有通货膨胀率的付款按名义利率计算出的现值，而后者是消除了通货膨胀影响后的给付按实际利率计算的现值。

这实际上为我们处理通货膨胀问题提供了更一般的准则：① 若未来付款不受通

货膨胀影响，则按名义利率折现；② 若未来付款按通货膨胀率来调整，其调整反映在给付额上（或者说给付额变化），则也按名义利率折现；③ 若未来付款按通货膨胀率来调整，其调整并不反映在给付额上或者说给付额不变，则按实际利率折现。

上面分析了在考虑通货膨胀条件下如何计算现值问题，接下来将讨论有关终值问题的计算。

假设以每期利率 i 投入本金 A，历时 n 期，其终值为 $A(1+i)^n$，这是名义上的收回金额。如果每期通货膨胀率为 r，那么投资期满时获得回报的购买力为

$$A\frac{(1+i)^n}{(1+r)^n}=A(1+i')^n$$

因为 $i>i'$，所以 $A(1+i)^n>A(1+i')^n$。

在上述的讨论中，隐含着 $i>r$ 这一事实。一般说来，这一关系是成立的，特别是对于一个相当长的时期来说更是这样。

例 6.3.1　某交通事故的肇事者向受害者的遗属以年度付款形式支付赔偿金。第一笔 100 000 元刚刚付出，还要支付 15 次。未来付款将按年 4%的消费者价格指数进行调整。已知年利率为 3%，求未付赔款的现值。

解：由题意知 $i=3\%$，$r=4\%$，$R=10\ 000$，$n=15$。由(6.3.4)式得

$$i'=\frac{i-r}{1+r}=\frac{3\%-4\%}{1+4\%}\approx-1.961\ 538\ 462\%$$

由(6.3.5)式可得未付赔款的现值：

$$R(1+r)\cdot\frac{1-\left(\frac{1+r}{1+i}\right)^n}{i-r}$$

$$=100\ 000(1+4\%)\frac{1-\left(\frac{1+4\%}{1+3\%}\right)^{15}}{3\%-4\%}\approx 1\ 621\ 953.90(\text{元})$$

或者由(6.3.6)式也可得到未付赔款的现值：

$$Ra_{\overline{n}|i'}=10\ 000a_{\overline{n}|-1.961\ 538\ 462\%}\approx 1\ 621\ 953.90(\text{元})$$

例 6.3.2　已知我国商品零售价格指数如表 6－3－1 所示。2000 年 1 月 1 日签发了面额为 100 元、年票息率为 6%的 10 年期债券，赎回值为 105 元，按面值发行。求：(1) 该债券每年的实际利率。(2) 在考虑了物价指数后的年实际收益率。

表 6－3－1　我国 2000—2010 年商品零售价格指数(1978 年 ＝ 100)

年份	2000	2001	2002	2003	2004	2005	2006	2007	2008	2009	2010
价格指数	354.4	351.6	347.0	346.7	356.4	359.3	362.9	376.7	398.9	394.1	406.3

解：

(1) 该债券的年实际利率 i 满足：

$$100=6a_{\overline{10}|}+105v^{10}$$

解得

$$i = 6.37\%。$$

(2) 各年实质现金流如表6－3－2所示。

表6－3－2　2000—2010年现金流与实质现金流表　　单位:元

年份	2000	2001	2002	2003	2004	2005	2006	2007	2008	2009	2010
价格指数	354.4	351.6	347.0	346.7	356.4	359.3	362.9	376.7	398.9	394.1	406.3
现金流	－100	6	6	6	6	6	6	6	6	6	111
实质现金流	－100	6.05	6.13	6.13	5.97	5.92	5.86	5.64	5.33	5.40	96.82

2001年的现金流与实质现金流这样计算而得

$$100 \times 6\% = 6; \quad 6 \div \frac{351.6}{354.4} \approx 6.05$$

2002年的现金流与实质现金流这样计算而得

$$100 \times 6\% = 6; \quad 6 \div \frac{347.0}{354.4} \approx 6.13$$

依此类推下去。设在考虑了物价指数后的年实质收益率为 i',且记 $v = \frac{1}{1+i'}$,于是

$$-100 + 6.05v + 6.13v^2 + 6.13v^3 + 5.97v^4 + 5.92v^5 + 5.86v^6 + 5.64v^7 + 5.33v^8 + 5.40v^9 + 96.82v^{10} = 0$$

解之得

$$i' \approx 5.15\%$$

设从2000年1月1日到2010年1月1日,平均通货膨胀率为 $\bar{q}$,于是

$$(1+\bar{q})^{10} = \frac{406.3}{354.4}$$

即

$$\bar{q} \approx 1.38\%, i' \approx 5.15\% \neq i - \bar{q} = 6.37\% - 1.38\% = 4.99\%$$

二、投资期限

我们知道,期限越长的投资(如债券),其风险就越大,其回报受利率变动的影响也越大,因而衡量投资的利率风险的最传统方法就是计算债券到期期限,如10年期债券的到期期限是10年。然而,这一指标比较粗糙。

一个更好的指标出现在等时间法中,它以各次付款额为权重,计算各次付款时间的加权平均数,意味着在该时点可以等价地一次性付出所有应该付出的款项。由等时间法计算出的时间可以解释为平均到期期限。设 $R_1, R_2, \cdots, R_n$ 为在时刻 $t_1, t_2, \cdots, t_n$ 的一系列付款,将等时间法中(1.2.3)式符号稍做修改可得如下计算公式:

$$\bar{t}=\frac{\sum_{t=1}^{n} tR_t}{\sum_{t=1}^{n} R_t} \tag{6.3.7}$$

例如，有两种面值为100元的10年期债券，一种年票息率为6%，平均到期年限为

$$\bar{t}=\frac{1\times 6+2\times 6+\cdots+10\times 6+10\times 100}{6+6+\cdots+6+100}\simeq 8.31(\text{年})$$

另一种年票息率为7%，平均到期年限为

$$\bar{t}=\frac{1\times 7+2\times 7+\cdots+7\times 7+10\times 100}{7+7+\cdots+7+100}\simeq 8.15(\text{年})$$

这表明年票息率为6%的债券比年票息率为7%的债券有更长的平均到期期限。

另一个更好的指标就是持续期限，这一概念由马考勒(F. R. Macaulay) 于 1938 年在考虑货币时间价值的基础上提出，于是又称为马考勒持续期限或久期。债券的持续期限是衡量债券利率风险大小的一个较好指标，但并非最理想的指标。所谓持续期限是指以各次付款额的现值为权重，计算各次付款时间的加权平均数，记为 τ。于是有

$$\tau=\frac{\sum_{t=1}^{n} tv^t R_t}{\sum_{t=1}^{n} v^t R_t} \tag{6.3.8}$$

显然，它类似于等时间法中的平均到期期限，但它克服了后者不考虑付款额的时间价值或不考虑利率因素的局限性。

τ 是利率 i 的函数，它具有如下三条性质：

(1) 当 $i=0$ 时，$\tau=\bar{t}$。

(2) τ 是 i 的减函数。

事实上，只需证明 τ 对 i 的导数小于 0 即可。

$$\frac{\mathrm{d}}{\mathrm{d}i}\tau=\frac{\mathrm{d}}{\mathrm{d}i}\frac{\sum_{t=1}^{n} tv^t R_t}{\sum_{t=1}^{n} v^t R_t}=-v\frac{\left(\sum_{t=1}^{n} v^t R_t\right)\left(\sum_{t=1}^{n} t^2 v^t R_t\right)-\left(\sum_{t=1}^{n} tv^t R_t\right)^2}{\left(\sum_{t=1}^{n} v^t R_t\right)^2}$$

$$=-v\left[\frac{\sum_{t=1}^{n} t^2 v^t R_t}{\sum_{t=1}^{n} v^t R_t}-\left(\frac{\sum_{t=1}^{n} tv^t R_t}{\sum_{t=1}^{n} v^t R_t}\right)^2\right]=-v\sigma^2 \tag{6.3.9}$$

这里 σ^2 是以 τ 为均值的某分布的方差，由于 $-v\sigma^2$ 小于0，因而 τ 是 i 的减函数。为了说明(6.3.9) 式，我们引入随机变量 $T=T(t)$，其分布律为

第六章 利息问题的深化

$$\mathrm{P}(T=t)=\frac{v^t R_t}{\sum_{t=1}^{n} v^t R_t} \tag{6.3.10}$$

上式中,$R_t>0$ 且 $t=1,2,\cdots,n$。因此,T 的数学期望值为

$$\mathrm{E}(T)=\sum_{t=1}^{n} t\mathrm{P}(T=t)=\frac{\sum_{t=1}^{n} tv^t R_t}{\sum_{t=1}^{n} v^t R_t}=\tau$$

T 的方差为

$$\sigma^2=\mathrm{var}(T)=\mathrm{E}(T^2)-[\mathrm{E}(T)]^2=\frac{\sum_{t=1}^{n} t^2 v^t R_t}{\sum_{t=1}^{n} v^t R_t}-\left(\frac{\sum_{t=1}^{n} tv^t R_t}{\sum_{t=1}^{n} v^t R_t}\right)^2$$

于是,(6.3.9) 式得证。

(3) 若只有一次付款,则 τ 就是从 0 点到该付款发生时刻的这段时间。

现在考虑当利率变化时未来系列付款现值的变化率。记未来系列给付的现值为

$$P(i)=\sum_{t=1}^{n} v^t R_t \tag{6.3.11}$$

于是

$$P'(i)=-\sum_{t=1}^{n} tv^{t+1} R_t \tag{6.3.12}$$

记未来系列给付的现值的变化率为

$$\bar{\tau}=-\frac{P'(i)}{P(i)} \tag{6.3.13}$$

将(6.3.11) 式、(6.3.12) 式代入(6.3.13) 式可得

$$\bar{\tau}=-\frac{P'(i)}{P(i)}=\frac{\sum_{t=1}^{n} tv^{t+1} R_t}{\sum_{t=1}^{n} v^t R_t}=\frac{\tau}{1+i} \tag{6.3.14}$$

(6.3.14) 式表明单位给付现值对于利率的变化率为马考勒持续期限与$(1+i)$之商。单位现值对于单位利率变动导致的变化率常被称为修正持续期限。马考勒持续期限与修正持续期限是金融分析中的重要解析公式,在考虑再投资风险时很有用,也是即将建立的免疫理论的关键要素。

这里还需要强调的是,上面的分析假定付款 R_t 与利率 i 无关,实际情况并不总是如此的,如抵押贷款中的预付款和通知偿还债券中的付款都受利率的影响,因而上述结论就不成立了。

例 6.3.3 假设年实际利率为 6%,求下列投资的马考勒持续期限或久期:(1)10 年期零息债券;(2)10 年期带 6%的年度票息的债券;(3)10 年期带 7%的年度票息的

债券;(4) 以等额本利偿还的 10 年期抵押贷款;(5) 永续等额分红的优先股。

解:

(1)10 年期零息债券:该投资实际上只有一次付款,即第 10 年年末的付款,因此 $\tau=10$,该答案与实际利率无关。

(2)10 年期带 6%的年度票息的债券:假设面值与赎回值均为 1 元,该债券每年年末领取的票息为 0.06 元,到期赎回值为 1 元;代入(6.3.8) 式可得

$$\tau=\frac{0.06\sum_{t=1}^{n}tv^{t}+10v^{10}}{0.06\sum_{t=1}^{n}v^{t}+v^{10}}\qquad\left(v=\frac{1}{1+6\%}\right)$$

$$=\frac{0.06(Ia)_{\overline{10}|6\%}+10v^{10}}{0.06a_{\overline{10}|6\%}+v^{10}}$$

$$=\frac{0.06\times 36.963\,408+10\times 0.558\,395}{0.06\times 7.360\,087+0.558\,395}\approx 7.80(年)$$

(3)10 年期带 7%的年度票息的债券:假设面值与赎回值均为 1 元,该债券每年年末领取的票息为 0.07 元,到期赎回值为 1 元;代入(6.3.8) 式可得

$$\tau=\frac{0.07\sum_{t=1}^{10}tv^{t}+10v^{10}}{0.07\sum_{t=1}^{10}v^{t}+v^{10}}\qquad\left(v=\frac{1}{1+6\%}\right)$$

$$=\frac{0.07(Ia)_{\overline{10}|6\%}+10v^{10}}{0.07a_{\overline{10}|6\%}+v^{10}}$$

$$=\frac{0.07\times 36.963\,408+10\times 0.558\,395}{0.07\times 7.360\,087+0.558\,395}\approx 7.61(年)$$

(4) 等额本利偿还的 10 年期抵押贷款:假设抵押贷款每年年末偿还 1 元,代入(6.3.8) 式可得

$$\tau=\frac{\sum_{t=1}^{10}tv^{t}}{\sum_{t=1}^{10}v^{t}}=\frac{(Ia)_{\overline{10}|6\%}}{a_{\overline{10}|6\%}}=\frac{36.962\,408}{7.360\,087}\approx 5.02(年)$$

这个结果与每年偿还的数额无关。

由(4) 可知,10 年期抵押贷款的持续期限比 10 年期债券要短得多。因为在抵押贷款中,每次偿还额都偿还了部分本金,而债券只有在赎回日才偿还本金(这一说法对溢价与折价并非严格正确,但其影响不大)。

(5) 永续等额分红的优先股:

对于每一元股息,由(6.3.8) 式可得

$$\tau=\frac{(Ia)_{\overline{\infty}|6\%}}{a_{\overline{\infty}|6\%}}=\approx 17.67(年)$$

这个结果与红利水平无关。

从上面的计算可以看出，优先股的持续期大于任何其他投资。因为优先股的支付实际上就是永久年金的支付。

例 6.3.4 已知一个某 n 年期债券，假设其赎回值为 C，修正票息率为 g，求该债券的持续期限。

解：该债券在 n 年间每年年末获得票息，同时在第 n 年年末获得赎回值，因此，根据(6.3.8)式可得该债券的久期为

$$\tau=\frac{\sum_{t=1}^{n}tv^{t}Cg+nCv^{n}}{\sum_{t=1}^{n}v^{t}Cg+Cv^{n}}=\frac{g(Ia)_{\overline{n|}}+nv^{n}}{ga_{\overline{n|}}+v^{n}}$$

$$=\frac{g\dfrac{\ddot{a}_{\overline{n|}}-nv^{n}}{i}+n(1-ia_{\overline{n|}})}{1+(g-i)a_{\overline{n|}}}=n\left[1-\frac{1-\dfrac{\ddot{a}_{\overline{n|}}}{n}}{1+(g-i)a_{\overline{n|}}}\cdot\frac{g}{i}\right]$$

以上考虑离散型资金流在利率条件下的久期。下面将探讨涉及连续型资金流在利息力条件下的久期问题。

考虑一组发生在时刻 $t_k(0<t_1<t_2<\cdots<t_k<T)$ 的离散型现金流 C_{t_k} 与一个在时刻 t 以年率 $\rho(t)(t\in[0,T])$ 发生的连续型现金流，这些现金流在常数利息力 δ 条件下的净现值为

$$\mathrm{NPV}(\delta)=\sum_{k=1}^{n}C_{t_k}\mathrm{e}^{-\delta t_k}+\int_0^T\rho(t)\mathrm{e}^{-\delta t}\mathrm{d}t$$

定义上述现金流关于利息力 δ 的马考勒久期为

$$\tau(\delta)=-\frac{1}{\mathrm{NPV}(\delta)}\cdot\frac{\mathrm{d}}{\mathrm{d}\delta}\mathrm{NPV}(\delta)=\frac{\sum_{k=1}^{n}t_kC_{t_k}\mathrm{e}^{-\delta t_k}+\int_0^T t\rho(t)\mathrm{e}^{-\delta t}\mathrm{d}t}{\sum_{k=1}^{n}C_{t_k}\mathrm{e}^{-\delta t_k}+\int_0^T\rho(t)\mathrm{e}^{-\delta t}\mathrm{d}t}\tag{6.3.15}$$

显然，$\tau(\delta)$ 量度了利息力 δ 的一个微小变化所导致的 $\mathrm{NPV}(\delta)$ 上的变化比例，可以近似地得到

$$\frac{\mathrm{NPV}(\delta_1)-\mathrm{NPV}(\delta_0)}{\mathrm{NPV}(\delta_0)}\approx-(\delta_1-\delta_0)\tau(\delta)\tag{6.3.16}$$

容易得到利息力为 δ 的 n 年期零息债券的久期为 n。

例 6.3.5 有两种投资分别提供如表 6-3-2 所示的两套现金流回报，已知 $\delta=0.05$，求其净现值与久期。

表 6-3-2 投资现金流回报表 单位：万元

年末	投资 1 现金流	投资 2 现金流
1	50	6.72
2	25	13.35

表6-3-2(续)

年末	投资 1 现金流	投资 2 现金流
3	12	26.76
4	6	53.64

解:在利息力 $\delta=0.05$ 条件下

$$\mathrm{NPV}_1(\delta)=\mathrm{NPV}_1(\delta)\approx 85.42$$

$$\tau_1(\delta)=\frac{1\times 50\mathrm{e}^{-\delta}+2\times 25\mathrm{e}^{-2\delta}+3\times 12\mathrm{e}^{-3\delta}+4\times 6\mathrm{e}^{-4\delta}}{\mathrm{NPV}_1(\delta)}\approx 1.68$$

$$\tau_2(\delta)=\frac{1\times 6.72\mathrm{e}^{-\delta}+2\times 13.35\mathrm{e}^{-2\delta}+3\times 26.76\mathrm{e}^{-3\delta}+4\times 53.64\mathrm{e}^{-4\delta}}{\mathrm{NPV}_1(\delta)}$$

$$\approx 3.22$$

例6.3.6 假设有两个现金流,其现值分别为 V_1 与 V_2,关于给定利息力的久期分别为 τ_1 与 τ_2,假设 $V_1+V_2\neq 0$,将上述两现金流合并成一个新的现金流,设其关于上述给定利息力的久期为 τ,证明:

$$\tau=\frac{V_1\tau_1+V_2\tau_2}{V_1+V_2}。$$

证明:新现金流的现值为 $V=V_1+V_2$ 且 $\frac{\mathrm{d}}{\mathrm{d}\delta}V=-\tau V$,于是

$$\tau=-\frac{1}{V}\cdot\frac{\mathrm{d}}{\mathrm{d}\delta}V=-\frac{1}{V_1+V_2}\cdot\frac{\mathrm{d}}{\mathrm{d}\delta}(V_1+V_2)$$

$$=-\frac{1}{V_1+V_2}\cdot\left(\frac{\mathrm{d}}{\mathrm{d}\delta}V_1+\frac{\mathrm{d}}{\mathrm{d}\delta}V_2\right)=-\frac{1}{V_1+V_2}\cdot(-\tau_1V_1-\tau_2V_2)$$

$$=\frac{V_1\tau_1+V_2\tau_2}{V_1+V_2}$$

因此,所证明等式成立。

三、利率的期限结构理论

这里我们将主要研究传统的利率期限结构理论、收益率曲线的构建原理等问题。

(一)相关概念

利率期限结构是指在某一时点上不同期限证券的收益率与到期期限之间的关系。利率的期限结构反映了不同期限的资金供求关系,揭示了市场利率的总体水平和变化方向,为投资者从事债券投资和政府有关部门加强债券市场的监管提供可参考的依据。下面介绍与利率期限结构相关的几个概念:短期利率、即期利率与远期利率。

1. 短期利率

短期利率是指融资期限在一年及一年以内的各种金融资产的利率,也指货币市

场上的利率。它对货币市场资金供求状况最为敏感,变动十分频繁。

n 年期面值为 1 的零息债券的价格由短期利率表示为

$$P=\frac{1}{(1+r_1)(1+r_2)\cdots(1+r_n)} \tag{6.3.17}$$

其中,r_t 为第 t 年的年利率,即第 t 年的短期利率,这里 $t=1,2,\cdots,n$。

2.即期利率与远期利率

所谓即期利率(spot rate),就是目前市场上通行的利率,或者说在当前市场上进行借款所必需采用的年利率。而所谓远期利率(forward rate),则是指从未来某个时点开始借款所必须执利的年利率,也就是未来某个时点上的即期利率。由于远期利率是发生在未来的、目前尚不可知的利率,实际中远期利率通常是从即期利率中推导出来的,是一个理论值,它隐含在给定的即期利率中,反映从未来的某一时点到另一个时点的利率水平。

债券有两种基本类型:有息债券和无息债券。购买政府发行的有息债券,在债券到期后,债券持有人可以从政府得到连本带利的一次性支付,这种一次性所得收益与本金的比率就是即期利率或到期收益率。购买政府发行的无息债券,投资者可以低于票面价值的价格获得,债券到期后,债券持有人可按票面价值获得一次性的支付,由此可计算出即期利率。

设 s_t 为 t 年期每年即期利率,$f_{t-1,t}$ 或 ${}_{t-1}f_t$ 为时刻 $(t-1)$ 到时刻 t 的远期利率,显然 $f_{0,1}=s_1$,且

$$(1+s_{n-1})^{n-1}(1+f_{n-1,n})=(1+s_n)^n \tag{6.3.18}$$

容易证明

$$(1+s_n)^n=(1+f_{0,1})(1+f_{1,2})\cdots(1+f_{n-1,n}) \tag{6.3.19}$$

例 6.3.7 假设利率的期限结构为:1 ~ 4 年的即期利率分别为 5%、10%、15%、20%,求第 1、2、3、4 年的 1 年远期利率。

解:$\because s_1=5\%,\ s_2=10\%, s_3=15\%, s_4=20\%$

$\therefore$ 第 1、2、3、4 年的 1 年期远期利率为

$$f_{0,1}=s_1=5\%$$

$$f_{1,2}=\frac{(1+s_2)^2}{1+s_1}-1=\frac{(1.1)^2}{1.05}-1\approx 15.24\%$$

$$f_{2,3}=\frac{(1+s_3)^3}{(1+s_2)^2}-1=\frac{(1.15)^3}{(1.1)^2}-1\approx 25.69\%$$

$$f_{3,4}=\frac{(1+s_4)^4}{(1+s_3)^3}-1=\frac{(1.2)^4}{(1.15)^3}-1\approx 36.34\%$$

所谓平价收益率 r_t,指的是在 t 年内到期,其票息率也为 r_t。换言之,该债券具有平价。假设分别在 $1,2,\cdots,n$ 年内到期的零息债券的即期利率期限结构为 $\{s_t \mid t=1,2,\cdots,n\}$,$r_n$ 为具有年度票息的 n 年期债券平价收益率,面值为 1,那么该债券的价格

也为 1,于是有

$$(1+s_n)^{-n}+r_n\sum_{k=1}^{n}(1+s_k)^{-k}=1$$

解之得

$$r_n=\frac{1-(1+s_n)^{-n}}{\sum_{k=1}^{n}(1+s_k)^{-k}} \tag{6.3.20}$$

例 6.3.8 假设零息债券具有的利率期限结构为:1 ~ 4 年的即期年利率分别为 5%、10%、15%、20%,求在 1、2、3、4 年到期的具有年度票息的债券的平价收益率。

解:本例寻找平价收益率的关键点就是对于面值为 100 元的债券的价格也为 100 元,于是有

对于 1 年期债券,

$$100=100(1+r_1)\left(\frac{1}{1.05}\right)$$

解得 $r_1=5\%$

对于 2 年期债券,

$$100=100r_2\left(\frac{1}{1.05}\right)+100(1+r_2)\left(\frac{1}{1.1}\right)^2$$

解得 $r_2\approx 9.76\%$

对于 3 年期债券,

$$100=100r_3\left(\frac{1}{1.05}\right)+100r_3\left(\frac{1}{1.1}\right)^2+100(1+r_3)\left(\frac{1}{1.15}\right)^3$$

解得 $r_3\approx 14.06\%$

对于 4 年期债券,

$$100=100r_4\left(\frac{1}{1.05}\right)+100r_4\left(\frac{1}{1.1}\right)^2+100r_4\left(\frac{1}{1.15}\right)^3+100(1+r_4)\left(\frac{1}{1.2}\right)^4$$

解得 $r_4\approx 17.74\%$

例 6.3.9 已知利率期限结构显示下列信息:一年期即期利率为 3%,两年期即期利率为 3.1%,三年期即期利率为 3.3%,五年期即期利率为 3.5%。试求:(1) 计算在第三年年末发行的两年期零息债券的理论价格,假设债券在期满日按面值 100 元兑付。(2) 如果在第四年年末发行的一年期的零息债券的理论价格为每 100 元面值 96 元,假设债券在到期日按照面值兑付,计算四年期的即期利率和远期利率 $f_{3,4}$。(3) 结合第 2 问的结论,如果某 5 年期债券支付 4% 的年息票率,并且在第五年年末按面值的 104% 赎回。计算该债券的到期收益率。

解:由题意知 $s_1=3\%,s_2=3.1\%,s_3=3.3\%,s_5=3.5\%$

(1) 由远期利率的定义可得

$$(1+f_{3,5})^2=\frac{(1+0.035)^5}{(1+0.033)^3}\approx 1.077\ 459$$

因此,所求零息债券的理论价格为

$$P=\frac{100}{(1+f_{3,5})^2}\approx 92.81\ (\text{元})$$

（2）由题意可得

$$96=\frac{100}{1+f_{4,5}}$$

解得

$$f_{4,5}\approx 0.041\ 667$$

根据

$$(1+f_{4,5})(1+s_4)^4=(1+s_5)^5$$

解得

$$s_4\approx 0.033\ 340$$

$$\because (1+f_{3,4})(1+s_3)^3=(1+s_4)^4$$

$$\therefore f_{3,4}\approx 0.034\ 361$$

（3）设所涉及的5年期债券的价格与年收益率分别为 P 元、i,并假设其面值为100元,于是由题意可得

$$P=4[(1+s_1)^{-1}+(1+s_2)^{-2}+(1+s_3)^{-3}+(1+s_4)^{-4}+(1+s_5)^{-5}]+104(1+s_5)^{-5}$$

将上述各 $s_t(t=1,2,\cdots,5)$ 代入上式可得

$$P\approx 105.716\ 7\approx 105.72(\text{元})$$

根据

$$P=4a_{\overline{5}|i}+104v_i^5$$

可解得到期收益率

$$i\approx 3.48\%。$$

（二）经典的利率期限结构理论

利率的期限结构理论说明为什么各种不同期限国债的即期利率会有差别,而且这种差别会随期限的长短发生变化。经典的利率期限结构理论主要包括如下几种:预期理论、市场分割理论及流动性偏好理论。

1. 预期理论

预期理论首先由欧文·费歇尔(Irving Fisher)于1896年提出。该理论认为,长期债券的现期利率是短期债券的预期利率的函数,长期利率与短期利率之间的关系取决于现期短期利率与未来预期短期利率之间的关系。

预期理论基于下述假设:① 投资者希望在持有债券期间的收益达到最大;② 投资者对期限无特殊偏好;③ 债券买卖没有交易成本;④ 绝大多数投资者可以对未来利率形成预期,并根据这些预期指导自己的投资行为;⑤ 投资者风险中性偏好。

预期理论认为,长期零息债券的到期收益率等于当前短期利率和未来预期短期利率的几何平均,即

$$(1+s_n)^n=(1+s_1)(1+f_{1,2})\cdots(1+f_{n-1,n}) \quad (6.3.19)$$

因此,如果预期的未来短期债券利率与现期短期债券利率相等,那么长期债券的利率就与短期债券的利率相等,收益率曲线是一条水平线。如果预期的未来短期债券利率上升,那么长期债券的利率必然高于现期短期债券的利率,收益率曲线是向上倾斜的曲线。如果预期的短期债券利率下降,那么债券的期限越长,利率越低,收益率曲线就向下倾斜。

这一理论最主要的缺陷是其无法解释"收益率曲线通常向上倾斜"这一客观事实。该理论严格地假定人们对未来短期债券的利率具有确定的预期,并假定资金在长期市场和短期市场之间完全自由流动。这两个假定过于理想化,与实际金融市场情况不符。

2. 市场分割理论

市场分割理论的产生源于市场的非有效性和投资者的有限理性,它的最早倡导者是卡伯特森(Culbertson,1957)。市场分割理论认为预期理论的假设条件在现实中是不成立的,因此也不存在预期形成的收益曲线;事实上整个金融市场是被不同期限的债券分割开来的,而且不同期限的债券之间完全不能替代。

市场分割理论认为,由于存在法律、偏好或其他因素的限制,投资者和债券发行者都不能无成本地实现资金在不同期限的证券之间的自由转移。因此,证券市场并不是一个统一的无差别的市场,债券市场可分为期限不同的互不相关的市场,它们各有自己独立的市场均衡,长期借贷活动决定了长期债券利率,而短期交易决定了独立于长期债券的短期利率,利率的期限结构是由不同市场的均衡利率决定的。

市场分割理论把金融市场分为短期、中期和长期三大市场,其中人寿保险公司、养老基金等机构根据负债性质和投保人对收益的要求,偏好中长期投资;而商业银行等机构更强调流动性,偏好中短期投资;投资者大多偏好于使其资产期限与负债期限相匹配的投资。

这一理论最大的缺陷在于它宣称:不同期限的债券市场是互不相关的。因此它无法解释不同期限债券的利率所体现的同步波动现象,也无法解释长期债券市场的利率随着短期债券市场利率波动而呈现出明显的且有规律性的变化。

3. 流动性偏好理论

实际市场并不满足预期理论的假设,投资者并非风险中性,会要求对其承担的未来的不确定性提供补偿。希克思首先提出了不同期限债券的风险程度与利率结构的关系,较为完整地建立了流动性偏好理论。范·霍恩(Van Home)认为,远期利率除了包括预期信息之外,还包括风险因素,即对流动性的补偿。

流动性偏好理论认为,大多数投资者偏好持有短期证券,为了吸引投资者持有期限较长的债券,必须向他们支付流动性补偿,而且流动性补偿会随着时间的延长而增加。因此,实际观察到的收益率总是要比按预期假设所预计的收益率高。

在该理论中,到期收益率的计算方法为

$$(1+s_n)^n=(1+r_1)(1+r_2+{}_1L_1)\cdots(1+r_n+{}_1L_{n-1}) \quad (6.3.21)$$

其中，r_t 为第 t 年预期的短期利率，${}_1L_t$ 为第 t 年开始的 1 年期流动性补贴，一般假设 ${}_1L_t$ 为 t 的增函数。

四、收益率曲线概述及构建原理

（一）收益率曲线概述

1. 收益率曲线的定义及作用

收益率是指单个项目的投资收益率，利率是所有投资收益的一般水平。在大多数情况下，收益率等于利率，但也会发生背离，这就导致资本在某个时段流入或流出某个领域，从而使收益率向利率靠拢。收益率曲线，又称利率期限结构曲线，它是显示一组货币和信贷风险均相同，但期限不同的债券或其他金融工具收益率的图表。

收益率曲线是分析利率走势和进行市场定价的基本工具，也是进行投资决策的重要依据。收益率曲线有很多种类，如政府公债的基准收益率曲线、存款收益率曲线、利率互换收益率曲线及信贷收益率曲线等。国债在市场上自由交易时，其不同期限对应的收益率形成了债券市场的"基准利率曲线"，是市场上其他证券收益率确定的参照标准，所用的证券必须符合流动性、规模、价格、可得性、流通速度和其他一些特征标准。其他债券和各种金融资产均在国债收益率曲线的基础上，考虑其风险溢价后确定合理的价格。

2. 收益率曲线的形状

收益率曲线的纵轴代表收益率，横轴则是债券或其他金融工具距离到期的时间长度。收益率的走势未必是均匀的，可能形成向上倾斜、水平、向下倾斜及拱形四种形状的收益率曲线。不同形状的收益率曲线是经济发展规律的外在表现，也是经济学家监测经济状况的重要信号。

（1）向上倾斜的收益率曲线：在正常情况下，收益率曲线从左下向右上升，表示期限越长收益率会越高，以反映投资风险随年限拉长而升高的情形，表明经济形势整体向好。

（2）水平的收益率曲线：表示不同期限的收益率相等，表明经济发展趋于平缓。

（3）向下倾斜的收益率曲线：从左上向右下倾斜即倒挂的收益率曲线，反映短期收益率高于长期收益率的异常情况。这可能是由于投资者预期通货膨胀率长期走高，或是债券的供给将大幅减少，这两种预期都会压低收益率。倒挂的收益率曲线是经济风险的信号。

（4）拱形的收益率曲线：表示期限相对较短的债券，收益率与期限呈正向关系；而期限相对较长的债券，收益率与期限呈反向关系。

（二）收益率曲线的构建原理

本章以债券为例，研究收益率曲线的构建原理。其构建方法主要包括直接法、Nelson - Siegel 模型、样条模型以及 Hermite 插值法。

1. 直接法

所谓直接法，就是直接利用当前不同到期时间的债券价格推导出到期收益率，并将其收益率进行线性联结，从而绘制出收益率曲线图。假定债券各期的票息不变，不同到期日的债券价格可根据债券定价模型来计算：

$$P = Fra_{\overline{n}|} + Cv^n$$

其中，P 为债券价格，F 为债券面值，r 为票息率，n 为债券期限，C 为债券到期赎回值。

2. Nelson - Siegel 模型

所谓Nelson - Siegel模型（NS模型）是 Nelson C.和 Siegel A.（1987）提出的一个参数拟合模型，该模型通过建立远期瞬时利率的函数，从而推导出即期利率的函数形式。

NS 模型的函数形式如下：

$$R(t) = \beta_0 + \beta_1 \frac{1 - \exp(-u)}{u} + \beta_2 \left[\frac{1 - \exp(-u)}{u} - \exp(-u)\right] \quad (6.3.22)$$

其中，$u = \frac{t}{\tau}$，β_0、β_1、β_2 分别表示为长期利率因子、短期利率因子和中期利率因子；τ 为时间比例因子，决定了 β_0、β_1 的收敛速度。当 τ 较小时，曲线与样本散点图在长期部分较为吻合；τ 较大时，曲线在短期部分较为吻合。

3. 样条模型

样条模型包含多项式样条法、指数样条法和 B - 样条法，以 Weierstrass 逼近定理，即闭区间上的连续函数可用多项式级数一致逼近为理论依据。

（1）多项式样条法

假设收益率曲线函数为 $R(t)$，$t \in [0,T]$，t 为剩余期限天数，T 为票据最长期限，n 表示节点数。

$$R(t) = \begin{cases} R_1(t) = a_1 + b_1 t + c_1 t^2 + d_1 t^3,\ t \in [0, T_1] \\ R_2(t) = a_2 + b_2 t + c_2 t^2 + d_2 t^3,\ t \in [T_1, T_2] \\ \cdots\cdots\cdots \\ R_n(t) = a_n + b_n t + c_n t^2 + d_n t^3,\ t \in [T_{n-1}, T] \end{cases}$$

假设收益率曲线是一条连续且相对光滑的曲线，因此在节点处需要满足平滑条件，即其一阶和两阶导数相等，因此在各个节点处需要满足下列约束条件：

$$\begin{cases} R_i(T_i) = R_{i+1}(T_i) \\ R'_i(T_i) = R'_{i+1}(T_i) \\ R''_i(T_i) = R''_{i+1}(T_i) \end{cases}$$

（2）指数样条法

指数样条法与多项式样条法的原理类似，在阶数、样条的选择以及约束条件上都相同，只是基函数变为 e^{-ut}，参数 u 可看作起息日为未来无限远时的瞬时远期利率。在拟合模型时需先设定 u 的初值，以求出最优的参数估计值。

指数样条函数的形式如下：

$$R(t)=\begin{cases}R_1(t)=a_1+b_1e^{-ut}+c_1e^{-2ut}+d_1e^{-3ut},\ t\in[0,T_1]\\R_2(t)=a_2+b_2e^{-ut}+c_2e^{-2ut}+d_2e^{-3ut},\ t\in[T_1,T_2]\\\cdots\cdots\cdots\cdots\\R_n(t)=a_n+b_ne^{-ut}+c_ne^{-2ut}+d_ne^{-3ut},t\in[T_{n-1},T]\end{cases}$$

（3）B－样条法

Steely(1991)最早将B－样条函数法引入收益率曲线的研究。所谓B－样条法，是指用B－样条函数①来逼近贴现函数，B－样条函数本质上仍为一种三阶样条函数。此种函数构造方法保证了样条函数的半正交结构，且模型简洁、参数稳定，进而保证拟合出来的收益率曲线也更加稳定。

设 $g(t)$ 是B－样条函数的样条基函数，k 是样条基函数个数，则三次B－样条模型可以表示为

$$R(t)=\sum_{j=1}^{k}b_jg_j(t)$$

其中

$$g_s(t)=\sum_{i=s}^{s+4}\left[\prod_{j=s,j\neq i}^{s+4}\frac{1}{t_j-t_i}\right]\times[\max(t-t_i,0)]^3$$

$g_s(t)$ 是第 s 个三次样条基函数，$s=1,2,\cdots,k$，$k=3+m$，m 是0与票据最长期限之间的分段区间个数。当 $t\in(t_s,t_{s+4}]$，$g_s(t)$ 不等于零，否则等于零。

4. Hermite插值法

Hermite插值法不同于样条模型的分段拟合，而是对整个收益率曲线进行拟合。其原理是通过已知关键期限点的利率，从而利用Hermite插值技术，得到整条较为光滑的收益率曲线。

Hermite插值模型如下：

挑选出 n 个关键点 (t_i,R_i) $i=1,2,\cdots,n$，用单调三次Hermite多项式插值模型

$$R(t)=R_iH_1+R_{i+1}H_2+d_iH_3+d_{i+1}H_4$$

其中，

$$H_1=3\frac{(t_{i+1}-t)^2}{(t_{i+1}-t_i)^2}-2\frac{(t_{i+1}-t)^3}{(t_{i+1}-t_i)^3}$$

$$H_2=3\frac{(t-t_{i+1})^2}{(t_{i+1}-t_i)^2}-2\frac{(t-t_{i+1})^3}{(t_{i+1}-t_i)^3}$$

$$H_3=\frac{(t_{i+1}-t)^2}{(t_{i+1}-t_i)^2}-\frac{(t_{i+1}-t)^3}{(t_{i+1}-t_i)^3}$$

$$H_4=\frac{(t-t_{i+1})^3}{(t_{i+1}-t_i)^2}-\frac{(t-t_i)^2}{t_{i+1}-t_i}$$

其中，$d_j=R'(t_j)$ $(j=i,i+1)$ 是关键点的斜率。

① B样条(B－spline)在数学的子学科数值分析里是样条曲线一种特殊的表示形式，由Isaac Jacob Schoenberg创造的，是基(basis)样条的缩略。

第四节　资产与负债的匹配分析

诸如银行、保险公司、养老基金等大多数金融机构，不仅要考虑投资问题，而且还要考虑资产负债的管理问题，需要将二者结合起来进行考察。就商业银行而言，资产大多以贷款形式出现，负债则主要表现为储蓄存款。就保险公司而言，资产主要以银行存款、股票债券、投资基金等形式存在，负债则主要表现为责任准备金、保证金、短期借款等。基金管理公司的资产就是它的各种投资，负债就是对基金投资人承诺的资本赎回与收益。在养老金公司中，资产为养老基金的投资运用，负债为养老金的发放。资产负债管理的基本目标就是资产与负债能够及时、准确地匹配。资产负债管理的具体过程可概括为对资产与负债进行调整使之匹配；但负债模式已事先确定，或不易调整，因而资产负债的管理实质上就是对资产进行管理。

设在时刻 $1,2,\cdots,n$ 形成的资金流入为 $A_1,A_2,\cdots,A_n$，形成的资金流出为 $L_1,L_2,\cdots,L_n$，现在的问题是如何在资金流入与资金流出之间达到平衡或安全均势；否则，会由于利率变化而带来不利影响。如某金融机构发行了一种一年期的金融产品（如定期存款、金融债券），其利率固定；该金融机构利用所融通的资金进行投资，无论期限"太长"或"太短"，都会给这家金融机构带来很大的风险：① 假如投资期"太长"，不妨设投资持续期限为 2 年。如果市场利率上升，原存款或债券的投资者会在年末要求收回资金，该机构不得不出售资产以满足支付需要，然而出售的资产价格因市场利率上升而下降，从而蒙受损失。② 假如投资期"太短"，如其持续期限接近于 0，该金融机构会因利率下降而遭受损失，同时投资期"太短"，利息所得也会很少，很可能在年末不能满足偿还利息的需要，这样也会造成利息损失。下面介绍两种消除这种风险的方法：一是免疫法，二是资产负债匹配法。

一、免疫法

（一）概念

所谓免疫法，指的是通过安排资产和负债的结构来减少甚至完全消灭由于利率变动而引起资产贬值风险的一种方法。该方法所使用的原理又称为"免疫技术"。换言之，金融机构可以利用免疫法来"免除"利率变化所带来的风险。该方法由英国保诚保险公司的首席精算师 Frank M. Redington 于 1952 年在其名为《寿险公司评估原则的回顾》的论文中提出。他认为可以通过使资产的平均期限与负债的平均期限相等或使资产的现金流比负债更分散来"免除"盈余价值所面临的利率风险。

免疫法的基本思路就是建立一种合理的资产负债结构，使得无论市场收益率如何变化，都能稳定地实现资产保值增值，从而保证未来预定的现金流出的需要。换言之，在给定的预定投资收益率条件下，选择资产结构，使得无论市场利率在预期收益率附近如何波动，总体盈余都不会下降。

(二) 免疫法的技术

设在时刻 t 的净流入为 R_t,即

$$R_t = A_t - L_t \tag{6.4.1}$$

当资产的流入现值等于资产流出现值时

$$P(i) = \sum_{t=1}^{n} v^t R_t = 0 \tag{6.4.2}$$

利用 Taylor 级数展开得

$$P(i+\varepsilon) = P(i) + \varepsilon P'(i) + \frac{\varepsilon^2}{2} P''(i+\zeta) \quad (0 < |\zeta| < |\varepsilon|)$$

如果存在 i_0 满足:

$$(1) P'(i_0) = 0 \tag{6.4.3}$$

$$(2) P''(i) > 0 \tag{6.4.4}$$

而且,i 取值于 i_0 的某邻域,那么 $P(i)$ 在 i_0 处达到极小值,从而达到"免疫"的目的。

说明:条件(1),即(6.4.3)式可以解释为净流入的修正持续期限必须等于0;条件(1)、(2)得到满足,意味着市场利率在 i_0 附近的任意一个微小变化,无论利率是上升还是下降,都会增加净流入的现值。

(三) 免疫法的应用

由于负债非企业自身所能单独控制的,因此资产负债管理的实质就是资产管理。免疫法就是着眼于资产结构管理,并使之满足如下三个条件:

(1) 资产流入现值 = 负债流出现值;这肯定需要有恰当的资产以匹配负债;还可以更广泛一些,使资产流入现值不小于负债流出现值。

(2) 资产的修正持续期限 = 负债的修正持续期限,使资产负债结构对利率变化的敏感性相同。

(3) 资产的修正凸性大于负债的修正凸性。这样,利率下降导致资产价值的增长比负债价值的增长更快;反之,则导致较慢地减少。这实际上免除了利率波动导致资产贬值的风险。这里修正凸性或凸度由下式定义:

$$\bar{c} = \frac{P''(i)}{P(i)} \tag{6.4.5}$$

现在可以定义离散型现金流 $\{R_t \mid t = 1,2,\cdots,n\}$ 关于利息力 δ 的马考勒凸度为

$$c = c(\delta) = \mathrm{conv}(\delta) = \frac{1}{P(\delta)} \cdot \frac{\mathrm{d}^2}{\mathrm{d}\delta^2} P(\delta) = \frac{\sum_{t=1}^{n} t^2 v^t R_t}{\sum_{t=1}^{n} v^t R_t}$$

更一般地,对于一组离散型现金流 $\{C_{t_k} \mid k = 1,2,\cdots,n\}$ 和以年率 $\rho(t)$ ($t \in [0, T]$) 支付的连续型现金流,定义其关于利息力 δ 的马考勒凸度为

$$c = c(\delta) = \text{conv}(\delta) = \frac{1}{\text{NPV}(\delta)} \cdot \frac{\text{d}^2}{\text{d}\delta^2}\text{NPV}(\delta)$$

$$= \frac{\sum_{k=1}^{n} t_k^2 C_{t_k} \text{e}^{-\delta t_k} + \int_0^T t^2 \rho(t) \text{e}^{-\delta t} \text{d}t}{\sum_{k=1}^{n} C_{t_k} \text{e}^{-\delta t_k} + \int_0^T \rho(t) \text{e}^{-\delta t} \text{d}t}$$

一组离散型现金流$\{R_t \mid t = 1,2,\cdots,n\}$关于利率$i$的现值为$P(i) = \sum_{t=1}^{n} v^t R_t$，其修正凸度为

$$\bar{c} = \frac{P''(i)}{P(i)} = \frac{\sum_{t=1}^{n} t(t+1) v^{t+2} R_t}{\sum_{t=1}^{n} v^t R_t}$$

$$= \frac{v^2 \sum_{t=1}^{n} t^2 v^t R_t + v^2 \sum_{t=1}^{n} t v^t R_t}{\sum_{t=1}^{n} v^t R_t} = v^2(c - \tau)$$

例 6.4.1 甲将在年末偿还乙 21 600 元的债务，为此建立一项投资基金以实现这一目标。有两个投资方案可供选择：(1) 货币市场基金，当前拥有 8%的年利率，而且逐日变化；(2) 年收益率为 8%的两年期零息债券。试用免疫法确定选择方案。假设计算使用 8%的年实际利率。

解：设投资于货币市场基金的金额为x元，投资于两年期零息债券的金额为y元。于是

$$P(i) = x + y(1 + 8\%)^2(1 + i)^{-2} - 21\,600(1 + i)^{-1}$$

即

$$P(i) = x + 1.166\,4y(1 + i)^{-2} - 21\,600(1 + i)^{-1}$$

$$P'(i) = -2.332\,8y(1 + i)^{-3} + 21\,600(1 + i)^{-2}$$

$$P''(i) = 6.998\,4y(1 + i)^{-4} - 43\,200(1 + i)^{-3}$$

由$P(0.08) = 0, P'(0.08) = 0, P''(0.08) > 0$，并适当化简得

$$\begin{cases} x + y = 20\,000 \\ -2.16y + 21\,600 = 0 \\ 6.48y - 43\,200 > 0 \end{cases}$$

解得

$$\begin{cases} x = 10\,000 \\ y = 10\,000 \end{cases}$$

下面验证该投资计划对利率风险的免疫性。i再分别取 7%和 9%，计算$P(i)$的值。由于$P(0.08) = 0, P(0.07) \approx 0.873\,40 > 0, P(0.09) \approx 0.841\,70 > 0$。而且还可以验证，市场利率无论是从小于 8%的方向还是从大于 8%的方向变动并远离 8%

时，$P(i)$ 的值均增大。因此，该投资计划的确达到了免除利率风险的战略目标。

例 6.4.2 对例 6.4.1 中的资产，试计算：(1) 修正持续期限；(2) 修正凸性。

解：记资产部分的现值为 $\tilde{P}(i)$，并利用例 6.4.1 的结论可得

$$\tilde{P}(i) = x + 1.166\,4y(1+i)^{-2}$$

即

$$\tilde{P}(i) = 10\,000 + 11\,664y(1+i)^{-2}$$

$$\tilde{P}'(i) = -23\,328(1+i)^{-3}$$

$$\tilde{P}''(i) = 69\,984(1+i)^{-4}$$

$$\therefore \tilde{P}(0.08) = 10\,000 + 11\,664(1+0.08)^{-2} = 20\,000$$

$$\tilde{P}'(0.08) = -23\,328(1+0.08)^{-3} \approx -18\,518.518\,5$$

$$\tilde{P}''(0.08) = 69\,984(1+0.08)^{-4} \approx 51\,440.329\,218$$

(1) 修正持续期限为

$$\bar{\tau} = -\frac{\tilde{P}'(i)}{\tilde{P}(i)} = -\frac{\tilde{P}'(0.08)}{\tilde{P}(0.08)} \approx 0.925\,926$$

可另由公式(6.3.14)来求得。首先，货币市场基金、两年期零息债券的持续期限分别为0年和2年，于是它们的修正持续期限分别为0与$\frac{2}{1+0.08}$，以投资配置额为权重的这两个值的加权平均数为

$$0.5 \times 0 + 0.5 \times \frac{2}{1+0.08} \approx 0.925\,926$$

(2) 资产的修正凸性为

$$\bar{c} = \frac{\tilde{P}''(i)}{\tilde{P}(i)} = \frac{\tilde{P}''(0.08)}{\tilde{P}(0.08)} \approx 2.572\,016$$

请读者思考：例 6.4.1 中负债的修正凸性，并与本例结论进行比较。

例 6.4.3 一家公司有一笔在10年期内每年年末支付10万元的债务，并计划分别持有到期值分别为 X 个单位与 Y 个单位的 2 年期与 9 年期的零息债券来承担这笔债务，年收益率均为 9%。采用免疫法，计算 X 和 Y 的值。

解：根据题意有

$$P(i) = -10a_{\overline{10}|i} + Xv^2 + Yv^9$$

由免疫法知 $P(9\%) = 0$ 可得

$$-64.176\,6 + 0.841\,7X + 0.460\,4Y = 0$$

容易求得

$$P'(i) = -2Xv^3 - 9Yv^{10} + 10v(Ia)_{\overline{10}|9\%} = 0$$

即

$$-1.544\,4X - 3.801\,7Y + 282.481\,02 = 0$$

解得

$X \approx 45.78, Y = 55.71$

例 6.4.4 有一笔 20 年期等额本利还款的住房抵押贷款，其利率为月度转换年 6.12%，试求：(1) 该还款的修正持续期限；(2) 该还款的修正凸性。

解：月利率为 6.12%/12 = 0.005 1，共还款额 240 次。为简便起见，假设每月的还款为单位 1，于是所有还款的现值为

$$P(i) = \sum_{t=1}^{240} v^t = \sum_{t=1}^{240} (1+i)^{-t}$$

由此可得

$$P'(i) = -\sum_{t=1}^{240} t(1+i)^{-t-1} = -\sum_{t=1}^{240} tv^{t+1}$$

$$P''(i) = \sum_{t=1}^{240} t(t+1)(1+i)^{-t-2} = \sum_{t=1}^{240} t(t+1)v^{t+2}$$

(1) 该还款的修正持续期限：

$$\bar{\tau} = -\frac{P'(i)}{P(i)} = v\frac{(Ia)_{\overline{240|}}}{a_{\overline{240|}}} = \frac{13\ 363.608\ 921}{1.005\ 1 \times 138.241\ 625} \approx 96.18$$

(2) 运用 Excel 程序可得修正凸性：

$$P''(0.005\ 1) = \sum_{t=1}^{240} t(t+1)\left(\frac{1}{1.005\ 1}\right)^{t+2} \approx 1\ 902\ 621.044\ 326$$

$$\bar{c} = \frac{P''(i)}{P(i)} = \frac{1\ 902\ 621.044\ 326}{138.241\ 625} \approx 13\ 763.01$$

例 6.4.5 一家金融机构有一笔在 5 年期内每年年末支付 10 000 万元的债务。该机构以收入 $10\ 000a_{\overline{5|}0.1} = 37\ 908$ 万元来交换承担这笔债务。该机构仅有的投资选择期是 1 年期、3 年期及 5 年期的零息债券，年收益率均为 10%。该机构按下述假设来建立其投资策略：这笔债务的持续期限是围绕所提供的投资选择的持续期限而对称分割的。因此，投资的款项应一分为三，即对 1 年期、3 年期及 5 年期的零息债券分别投资 12 636 万元。试说明这种投资战略按免疫法理论不是最优的，并建立一种更优的投资战略。

解：由题意知

$$P(i) = -10\ 000a_{\overline{5|}i} + 12\ 636(1.1v + 1.1^3v^+ 1.1^5v^5)$$

显然，$P(0.1) = 0$。由此可得

$$P'(i) = \frac{10\ 000}{i^2} - 10\ 000\frac{5i(1+i)^{-6} + (1+i)^{-5}}{i^2}$$

$$-12\ 636\left[\frac{1.1}{(1+i)^2} + \frac{3 \times 1.1^3}{(1+i)^4} + \frac{5 \times 1.1^5}{(1+i)^6}\right]$$

$$P'(0.1) \approx -6\ 543.74 < 0$$

故按风险免疫法，该投资策略不是最佳的。

设新的投资策略是：投资于 1 年期、3 年期零息债券的额度分别为 x 万元、y 万元，

则投资于5年期债券的额度为$(37\ 908-x-y)$万元，于是资金净流入现值为

$$\tilde{P}(i)=-10\ 000a_{\overline{n}|i}+\frac{1.1x}{1+i}+\frac{1.1^3y}{(1+i)^3}+\frac{1.1^5}{(1+i)^5}(37\ 908-x-y)$$

显然$\tilde{P}(0.1)=0$。由此可得

$$\tilde{P}'(i)=\frac{10\ 000}{i^2}-10\ 000\frac{5i(1+i)^{-6}+(1+i)^{-5}}{i^2}$$
$$-\left[\frac{1.1x}{(1+i)^2}+\frac{3\times1.1^3y}{(1+i)^4}+\frac{5\times1.1^5}{(1+i)^6}(37\ 908-x-y)\right]$$

令$\tilde{P}'(0.1)=0$，得

$$2x+y\approx41\ 507.058\ 46$$

即

$$2x+y\approx41\ 507\qquad(6.4.6)$$

又因为

$$\tilde{P}''(i)=\frac{-20\ 000}{i^3}+20\ 000\left[\frac{15(1+i)^{-7}}{i}+\frac{5(1+i)^{-6}}{i^2}+\frac{(1+i)^{-3}}{i^3}\right]$$
$$+\frac{2.2x}{(1+i)^3}+\frac{12\times1.1^3y}{(1+i)^5}+\frac{35\times1.1^5}{(1+i)^7}(37\ 908-x-y)$$

$$\tilde{P}''(0.1)=699\ 152.513\ 3-\frac{33x+23y}{1.21}$$

令$\tilde{P}''(0.1)>0$，可得

$$33x+23y<845\ 974.541\qquad(6.4.7)$$

结合(6.4.6)式、(6.4.7)式解得

$$x>8\ 360.496\ 836\quad\text{或}\quad y<24\ 786.006\ 33$$

若取$x=13\ 223$，则$y=15\ 061$，由此可得5年期债券的投资额应为$37\ 908-13\ 223-15\ 061=9\ 624$(万元)。

说明：此答案不唯一。

例6.4.6 在例6.4.5中，如果也提供年收益率为10%的2年期和4年期的零息债券作为投资选择，证明此时可以建立起绝对匹配策略，并确定在此策略下37 908万元应如何投资。

解：设应投资于1、2、3、4、5年期债券的金额分别为u_1、u_2、u_3、u_4、u_5，则从投资人的角度考虑，

$$P(i)=10\ 000a_{\overline{5}|}-\frac{1.1u_1}{1+i}-\frac{1.1^2u_2}{(1+i)^2}-\frac{1.1^3u_2}{(1+i)^3}-\frac{1.1^4u_4}{(1+i)^4}-\frac{1.1^5u_5}{(1+i)^5}$$

$$P'(i)=-\frac{10\ 000}{i^2}+10\ 000\left[\frac{5}{i(1+i)^6}+\frac{1}{i^2(1+i)^5}\right]+\frac{1.1u_1}{(1+i)^2}+\frac{2\times1.1^2u_2}{(1+i)^3}$$
$$+\frac{3\times1.1^3u_3}{(1+i)^4}+\frac{4\times1.1^4u_4}{(1+i)^5}+\frac{5\times1.1^5u_5}{(1+i)^6}$$

$$P''(i)=\frac{20\ 000}{i^3}-20\ 000\left(\frac{15}{i(1+i)^7}+\frac{5}{i^2(1+i)^6}+\frac{1}{i^3(1+i)^5}\right)$$
$$-\frac{2\times1.1^1u_1}{(1+i)^3}-\frac{6\times1.1^2u_2}{(1+i)^4}-\frac{12\times1.1^3u_3}{(1+i)^5}-\frac{20\times1.1^4u_4}{(1+i)^6}-\frac{30\times1.1^5u_5}{(1+i)^7}$$

由 $P(0.1)=0, P'(0.1)=0, P''(0.1)>0$ 得

$$\begin{cases}u_1=-30\ 709.883+u_3+2u_4+3u_5\\u_2=68\ 617.883-2u_3-3u_4-4u_5\\-5u_3+3u_4+6u_5<65\ 258.964\end{cases}\tag{6.4.8}$$

于是,可选取

$$\begin{cases}u_1=9\ 091\\u_2=8\ 265\\u_3=7\ 513\\u_4=6\ 830\\u_5=6\ 209\end{cases}$$

因而,本投资可以建立起绝对匹配策略。上述结果刚好是未来 5 年间各年年末偿还的 10 000 万元债务的现值。

说明:从(6.4.8)式来看,本问题的答案不唯一。但非上述答案时,需要进行资产调整才能达到绝对匹配状态,调整后的结果仍为上述答案。调整过程见后面的“资产负债的匹配”。

例6.4.7 某金融机构接受了一位顾客20 000元的储蓄,并保证在2年内按10%的年实际利率支付利息。该顾客在第1年年末表示要抽回本利和的一半。该金融机构可以投资于年收益率为10%的1年期零息债券,也可投资于年收益率为11%的2年期零息债券。这家机构分析了两种投资选择:选择A即采取绝对匹配策略;选择B即完全投资于2年期债券以接受更高的利率。试求:(1)在选择A的条件下这家机构起初的利润;(2)1年期债券1年后的远期年利率使选择B与选择A等价。

解:(1)设起初应获利润 y 元,购买1年期债券的金额为 x 元,购买2年期债券的金额为 $(20\ 000-x-y)$ 元,于是从投资人的角度考虑

$$P(i)=10\ 000\times1.1v+10\ 000\times1.1^2v^2-1.1xv$$
$$-(20\ 000-x-y)\times1.11^2v^2$$
$$P'(i)=-10\ 000\times1.1v^2-20\ 000\times1.1^2v^3+1.1xv^2$$
$$+(20\ 000-x-y)\times1.11^2\times2v^3$$
$$P''(i)=20\ 000\times1.1v^3+60\ 000\times1.1^2v^4-2.2xv^3$$
$$-(20\ 000-x-y)\times1.11^2\times6v^4$$

由 $P(0.1)=0, P'(0.1)=0$ 得

$$\begin{cases}221x + 12\ 321y = 4\ 420\ 000 \\ 6\ 271x + 12\ 321y = 64\ 920\ 000\end{cases}$$

解得

$$x = 10\ 000, y = 179.37$$

经验证,

$$P''(0.1) = 70.70 > 0$$

(2) 设所求的远期年利率为f,则

$$20\ 000(1 + 11\%)^2 = 20\ 000(1 + 10\%)(1 + f)$$

解得

$$f = 12.01\%$$

例 6.4.8 某保险公司在第 10 年年末必须支付 1 000 万元。已知当前的利息力为$\delta_0 = \ln(1.04)$(年实际利率$i = 4\%$)。目前市场上可以获得 5 年期零息债券与 15 年期零息债券。该公司拥有资产$6\ 755\ 642 \approx 10\ 000\ 000(1.04)^{-10} = \text{NPV}_L$,问该保险公司应如何选择零息债券?

解:由已知条件可得

(1) $\text{NPV}_A = \text{NPV}_L$

(2) 假设面额为 100 元的 5 年期、15 年期零息债券的价格分别为

$$P_5 = 82.193 = 100\ (1 + i)^{-5}, P_{15} = 55.526 = 100(1 + i)^{-15}$$

(3) 假设应投入 5 年期零息债券的资金为 X 元,那么投入 15 年期零息债券的金额则为$(6\ 755\ 642 - X)$ 元,这里的 X 应满足

$$\tau_A(\delta_0) = \tau_L(\delta_0)$$

$$\because \tau_L(\delta_0) = 10$$

$$\tau_A(\delta_0) = \frac{1}{6\ 755\ 642}\left[5\frac{X}{P_5}100\ (1 + i)^{-5} + 15\frac{6\ 755\ 642 - X}{P_{15}}100\ (1 + i)^{-15}\right]$$

$$= \frac{1}{6\ 755\ 642}[5X + 15(6\ 755\ 642 - X)]$$

$$\therefore \frac{1}{6\ 755\ 642}[5X + 15(6\ 755\ 642 - X)] = 10$$

解得

$$X = 3\ 377\ 821\ (\text{元})$$

因此,应各将一半的资产分别投资在 5 年期零息债券与 15 年期零息债券上。

(4) 下面检验资产的凸度是否大于负债的凸度。

$$c_L(\delta_0) = \frac{10^2 \times 10\ 000\ 000v^{10}}{\text{NPV}_L} = 100$$

$$c_A(\delta_0) = \frac{1}{6\ 755\ 642}\left[5^2\frac{X}{P_5}100\ (1 + i)^{-5} + 15^2\frac{6\ 755\ 642 - X}{P_{15}}100\ (1 + i)^{-15}\right]$$

$$= \frac{1}{6\ 755\ 642}[25X + 225(6\ 755\ 642 - X)] = 125$$

显然，$c_A(\delta_0) > c_L(\delta_0)$，这说明所选择的投资策略是免疫的。事实上，当利率 $i = 3\%$ 时，$\mathrm{NPV}_A(3\%) - \mathrm{NPV}_L(3\%) \approx 8\ 704$ 元，而当利率 $i = 5\%$ 时，$\mathrm{NPV}_A(5\%) - \mathrm{NPV}_L(5\%) \approx 7\ 041$（元）。利率围绕 4% 无论是上升还是下降，都能使资产现值超过负债现值。

二、资产负债匹配法

一般有两种不考虑随机因素而解决资产负债匹配问题的方法：一是绝对匹配法，二是一般匹配法。

（一）绝对匹配法

绝对匹配法的基本思路是构造一种资产负债的组合，使资金流入与负债流出能精确地匹配，这样金融机构就能应对任何利率风险而得到充分的保护。例如，考虑一项养老基金为一群退休人员以固定方式和固定金额发放养老金。该基金购买了若干高品质非通知偿还债券的组合，使每一时期中的资金流入能与流出精确地匹配，这种投资常被称为专门的债券组合。一旦达到这种状态就不需要分析与计算了，然而现实中难以达到这种理想状态。这有三个方面的原因：① 资金流在负债或资产方面常常不是能那么可靠地预料的。② 如果负债在性质上是长期的，就不大可能找到资产的投资使其与负债精确地匹配而不产生再投资的风险。③ 按照绝对匹配所加的主要限制来构成的基金，其总体收益率可能会低于那种更灵活地构成的基金的收益率，由此掩盖了绝对匹配的优势。

比如，在例 6. 4. 6 中，用 9 091 万元、8 265 万元、7 513 万元、6 830 万元和 6 209 万元分别购买 1 年期、2 年期、3 年期、4 年期和 5 年期年收益率为 10%的零息债券，那么在每年年末可以收回 10 000 万元，刚好用于每年年末偿还 10 000 万元的债务。

例 6. 4. 6 中，也可以现在（0 点）用 10 990 万元、1 218 万元、14 700 万元、6 000 万元和 5 000 万元分别购买 1 年期、2 年期、3 年期、4 年期和 5 年期年收益率为 10%的零息债券，又已知某公司在各年年末形成的现金流出流入情况如表 6 - 4 - 1 所示。

表 6 - 4 - 1　资产负债表　　单位：万元

时点	第 1 年年末	第 2 年年末	第 3 年年末	第 4 年年末	第 5 年年末
负债	10 000	10 000	10 000	10 000	10 000
资产	12 089	1 474	19 566	8 785	8 053

显然，这种方案下未能达到现金流入流出的完全匹配，下面从第 5 年年末开始向前逐年调整（这一要求对本问题并非必要）。

在第 5 年年末：由于资产 < 负债，需要购买一些 5 年期资产，在 0 点的购买量为

$$\frac{10\ 000 - 8\ 053}{(1 + 10\%)^5} \approx 1\ 209（万元）$$

这样，调整后 5 年期债券的购买量为 5 000 + 1 209 = 6 209（万元）。

在第 4 年年末：由于资产 < 负债，需要购买一些 4 年期资产，在 0 点的购买量为

$$\frac{10\ 000-8\ 785}{(1+10\%)^{4}}\approx 830(\text{万元})$$

这样，调整后 4 年期债券的购买量为 6 000 + 830 = 6 830 万元。

在第 3 年年末：由于资产 > 负债，需要出售一些 3 年期资产，在 0 点的出售量为

$$\frac{19\ 566-10\ 000}{(1+10\%)^{3}}\approx 7\ 187(\text{万元})$$

这样，调整后 3 年期债券的出售量为 14 700 - 7 187 = 7 513(万元)。

在第 2 年年末：由于资产 < 负债，需要购买一些 2 年期资产，在 0 点的购买量为

$$\frac{10\ 000-1\ 474}{(1+10\%)^{2}}\approx 7\ 045(\text{万元})$$

这里，取过剩近似值且调整后 2 年期债券的购买量为 1 218 + 7 045 = 8 265(万元)。

在第 1 年年末：由于资产 > 负债，需要出售一些 1 年期资产，在 0 点的出售量为

$$\frac{12\ 089-10\ 000}{1+10\%}\approx 1\ 899(\text{万元})$$

这样，调整后 1 年期债券的出售量为 10 990 - 1 899 = 9 091(万元)。

显然，资产的购进售出调整总量应为 0，本题为 -2(多售出了 2 万元)，系四舍五入所致。

例 6.4.9 某资产负债数据如表 6-4-2 所示，可选择的资产有：(1) 1 年期年票息率为 5%的政府债券；(2) 2 年期年票息率为 6%的政府债券；(3) 3 年期年票息率为 7%的政府债券；(4) 4 年期年票息率为 8%的政府债券；(5) 5 年期年票息率为 9%的政府债券。从资产负债匹配的角度决定需要进行的资产交易。

表 6-4-2 资产负债表 单位：元

时点	第 1 年年末	第 2 年年末	第 3 年年末	第 4 年年末	第 5 年年末
负债	6 500	5 200	8 000	3 000	10 000
资产	6 002	3 535	5 884	4 188	11 962

解：在第 5 年年末：由于资产 > 负债，需要出售一些 5 年期资产，其出售量为

$$\frac{11\ 962-10\ 000}{1+9\%}=1\ 800(\text{元})$$

出售了 1 800 元 5 年期债券后，意味着第 1 ~ 4 年每年年末资产将减少 1 800 × 9% = 162(元)，第 5 年年末资产将减少 1 800(1 + 9%) = 1 962(元)，于是调整后的资产负债模式如表 6-4-3 所示。

表 6 - 4 - 3　资产负债匹配调整表之一　　单位:元

时点	第 1 年年末	第 2 年年末	第 3 年年末	第 4 年年末	第 5 年年末
负债	6 500	5 200	8 000	3 000	10 000
原资产	6 002	3 535	5 884	4 188	11 962
售出的资产	162	162	162	162	1 962
调整后的资产	5 840	3 373	5 722	4 026	10 000

在第 4 年年末:由于资产 > 负债,需要出售一些 4 年期资产,其出售量为

$$\frac{4\ 026 - 3\ 000}{1 + 8\%} = 950\ (\text{元})$$

出售了 950 元 4 年期债券后,意味着第 1 ~ 3 年每年年末资产将减少 $950 \times 8\% = 76$(元),第 4 年年末资产将减少 $950(1 + 8\%) = 1\ 026$(元),于是调整后的资产负债模式如表 6 - 4 - 4 所示。

表 6 - 4 - 4　资产负债匹配调整表之二　　单位:元

时点	第 1 年年末	第 2 年年末	第 3 年年末	第 4 年年末	第 5 年年末
负债	6 500	5 200	8 000	3 000	10 000
原资产	5 840	3 373	5 722	4 026	10 000
售出的资产	76	76	76	1 026	0
调整后的资产	5 764	3 297	5 646	3 000	10 000

在第 3 年年末:由于资产 < 负债,需要购买一些 3 年期资产,其购买量为

$$\frac{8\ 000 - 5\ 464}{1 + 7\%} = 2\ 200(\text{元})$$

购买了 2 200 元 3 年期债券后,意味着第 1 ~ 2 年每年年末资产将增加 $2\ 200 \times 7\% = 154$(元),第 3 年年末资产将增加 $2\ 200(1 + 7\%) = 2\ 354$(元),于是调整后的资产负债模式如表 6 - 4 - 5 所示。

表 6 - 4 - 5　资产负债匹配调整表之三　　单位:元

时点	第 1 年年末	第 2 年年末	第 3 年年末	第 4 年年末	第 5 年年末
负债	6 500	5 200	8 000	3 000	10 000
原资产	5 764	3 297	5 646	3 000	10 000
购买的资产	154	154	2 354	0	0
调整后的资产	5 918	3 451	8 000	3 000	10 000

在第 2 年年末:由于资产 < 负债,需要购买一些 2 年期资产,其购买量为

$$\frac{5\ 200 - 3\ 451}{1 + 6\%} = 1\ 650(\text{元})$$

购买了 1 650 元 2 年期债券后，意味着第 1 年年末资产将增加 1 650 × 6% = 99(元)，第 2 年年末资产将增加 1 650(1 + 6%) = 1 749(元)，于是调整后的资产负债模式如表 6 - 4 - 6 所示。

表 6 - 4 - 6　资产负债匹配调整表之四　　单位:元

时点	第 1 年年末	第 2 年年末	第 3 年年末	第 4 年年末	第 5 年年末
负债	6 500	5 200	8 000	3 000	10 000
原资产	5 918	3 451	8 000	3 000	10 000
购买的资产	99	1 749	0	0	0
调整后的资产	6 017	5 200	8 000	3 000	10 000

在第 1 年年末：由于资产 < 负债，需要购买一些 1 年期资产，其购买量为

$$\frac{6\,500 - 6\,017}{1 + 5\%} = 460(\text{元})$$

购买了 460 元 1 年期债券后，意味着第 1 年年末资产将增加 460(1 + 5%) = 483(元)，于是调整后的资产负债模式如表 6 - 4 - 7 所示。

表 6 - 4 - 7　资产负债匹配调整表之五　　单位:元

时点	第 1 年年末	第 2 年年末	第 3 年年末	第 4 年年末	第 5 年年末
负债	6 500	5 200	8 000	3 000	10 000
原资产	6 017	5 200	8 000	3 000	10 000
购买的资产	483	0	0	0	0
调整后的资产	6 500	5 200	8 000	3 000	10 000

综上所述，在原有资产负债结构的基础上，应购买 1 年期债券 460 元、2 年期债券 1 650 元、3 年期债券 2 200 元，出售 4 年期债券 950 元、5 年期债券 1 800 元，这样就可以实现资产与负债的绝对匹配，即各年年末现金流入与现金流出刚好相等。

(二) 一般匹配法

该方法由 J. A. Tilley 提出，比较复杂，下面将用例子予以说明。该方法的基本思路可概括为：在已知各年年末负债模式、利率变化模式、可供选择的资产种类、资产抽回及再投资收益模式条件下，寻找可行的组合策略，使之在任何已知利率变化模式下都可以保证最终的资产价值非负。

例 6.4.10　已知一家银行对两年期存款保证有 8% 的年实际利率，基金可在第 1 年年末或第 2 年年末抽回存款而不付罚金，该银行只能以两种手段进行投资：(1) 产生 8% 的年实际利率的 1 年期国债；(2) 产生 8.5% 的年实际利率的 2 年期国债。试确定应投资于 1 年期或 2 年期国债的比例以使第 2 年年末资产非负。

解：设 s_1 和 s_2 分别为存单持有者在第 1 年年末和第 2 年年末抽回的基金金额，每存入 1 元，则有如下价值方程：

$$1 = (1.08)^{-1}s_1 + (1.08)^{-2}s_2$$

即

$$s_2=(1.08)^2-1.08s_1$$

设 p_1 和 p_2 分别为该银行投资于1年期和2年期国债的比例，显然有 $p_1+p_2=1$；设 f 为1年期国债在第2年的再投资收益率(或远期利率)，A_2 为该投资业务在第2年年末的积累值，于是

$$\begin{aligned}A_2&=[p_1(1.08)-s_1](1+f)+[p_2(1.085)^2-s_2]\\&=[1.08(1+f)-(1.085)^2]p_1+s_1(0.08-f)+(1.085)^2-(1.08)^2\end{aligned}$$

下面考察 f 的波动对 A_2 的影响，并由此确定选择 p_1 或 p_2 的策略，即选择适当的 p_1，无论 s_1 与 f 如何变化，都有 $A_2>0$。

(1) 当利率降低时，不妨假设 $f=7\%$，于是在第1年年末抽回的金额应当比较低，令 $s_1=0.1$，则

$$A_2=-0.021\,625p_1+0.011\,825$$

要使 $A_2>0$，则必须 $p_1<54.68\%$。

(2) 当利率上升时，不妨假设 $f=9.5\%$，于是在第1年年末抽回的金额应当比较高，令 $s_1=0.9$，则

$$A_2=0.005\,375p_1-0.002\,675$$

要使 $A_2>0$，则必须 $p_1>49.77\%$。

这样，基于上述假设而推荐给该银行的投资策略是使 p_1 满足如下的不等式：$49.77\%<p_1<54.68\%$。由 $p_2=1-p_1$ 可确定 p_2 的变化范围，于是就确定了投资配置策略。

说明：应用该方法时，需要投资管理人做出某种关键性的假设，而这在经典免疫理论中是不需要的。其一为利率上升或下降情形下的再投资收益率，其二为利率上升或下降情形下单位储蓄所抽回的金额。然而不幸的是，该方法对这些假设相当敏感，即这些假设的不太大的变化就会造成很不相同的配置策略。尽管如此，这种方法在实际应用中已被证明是有用的。

本章小结

1. 内容概要

本章进一步研究了利率问题在实践中的一些应用，主要研究了在诚实信贷、抵押贷款、资产折旧、利率水平决定因素、资产负债匹配等问题上的应用。

诚实信贷是美国《消费信贷保护法》中的内容之一，该法律只适用于消费贷款，而不适用于商业贷款。该法律要求公开两个关键性的金融指标：一是资金筹措费，二是年百分率。前者表示贷款期间索要的利息金额；后者表示应付利息的年利率，其利息结转频率与还款频率相同。

不动产抵押贷款是一种特别重要的贷款类型，因为贷款金额通常很大，还款期限

也较长,通常采用月度还款方式。贷款人可以采用固定利率方式,也可采用可调利率方式,由此导致利率风险的实际承担者发生差异。虽有抵押物作为保证,贷款人面临的风险一般较小,但由于在分期还款中,尤其当还款期相当长时,最初几年几乎在支付利息,只有很少部分用于偿还本金,而作为抵押物的固定资产将因折旧而贬值,很可能出现抵押物价值低于未偿还贷款余额的情况,从而使这种贷款方式同样处于风险之中。处置这类风险的方法主要有缩短还款期限或增加首付款。本章主要介绍了快速折旧法、直线折旧法、慢速折旧法、余额递减法、双倍余额递减法。

年百分率 APR 可用迭代法得到较精确的结果,也可采用近似法来计算。

本章还重点分析了通货膨胀、投资期限对利率水平的影响,比较了债券期限、等时间法期限、持续期限和修正持续期限等概念。

资产负债管理的基本目标就是资产与负债能够及时、准确地匹配,以消除利率风险。资产负债管理的具体过程可概括为对资产、负债进行调整使之匹配,但负债模式已事先确定或不易调整,因而资产负债的管理实质上就是对资产的管理。消除利率风险的方法有两种:一是免疫法,二是资产负债匹配法。其基本思路就是建立一种合理的资产负债结构,使得无论市场利率如何变化,都能稳定地实现资产保值增值,从而保证未来预定的现金流出的需要。

2. 重要公式

(1) $R = \dfrac{L+E}{n} \qquad Ra_{\overline{n}|j} = L \qquad i = mj$

(2) $(1+s_{n-1})^{n-1}(1+f_{n-1,n}) = (1+s_n)^n$

(3) $(1+s_n)^n = (1+f_{0,1})(1+f_{1,2})\cdots(1+f_{n-1,n})$

(4) $r_n = \dfrac{1-(1+s_n)^{-n}}{\sum\limits_{k=1}^{n}(1+s_k)^{-k}}$

(5) 快速折旧法:$D_k = \dfrac{n-k+1}{S_n}(A-S)$

$$B_k = A - \sum_{t=1}^{k} D_t = S + \frac{S_{n-k}}{S_n}(A-S)$$

(6) 直线折旧法:$D_t = \dfrac{A-S}{n} \qquad B_k = (1-\dfrac{k}{n})A + \dfrac{k}{n}S$

(7) 慢速折旧法:$D_k = \dfrac{A-S}{s_{\overline{n}|}}(1+i)^{k-1} \qquad B_k = A - \dfrac{A-S}{s_{\overline{n}|}}s_{\overline{k}|}$

(8) 余额递减法:$D_t = dB_{t-1} \quad B_t = A(1-d)^t \quad d = 1-\left(\dfrac{S}{A}\right)^{\frac{1}{n}}$

(9) $E = A + \dfrac{A-S}{is_{\overline{n}|j}} + \dfrac{M}{i}$

$$(10)\ \frac{A_1 i + \dfrac{A_1 - S_1}{s_{\overline{n_1}|j}} + M_1}{U_1} = \frac{A_2 i + \dfrac{A_2 - S_2}{s_{\overline{n_2}|j}} + M_2}{U_2}$$

$$(11)\ i \approx i' + r \qquad i' = \frac{i - r}{1 + r}$$

$$(12)\ \tau = \frac{\sum_{t=1}^{n} t v^t R_t}{\sum_{t=1}^{n} v^t R_t} \qquad \bar{\tau} = -\frac{P'(i)}{P(i)} = \frac{\bar{d}}{1+i} \qquad \bar{c} = \frac{P''(i)}{P(i)}$$

习题 6

6－1　一家财务公司对一项用月度付款偿还的 18 个月期的贷款收取 11%的筹措费。求 APR。

6－2　一家财务公司对每 10 000 元的原始贷款要求在 24 个月内在每月月末偿还 456 元,求此项贷款的年实际利率。

6－3　一笔 10 000 元、年利率为 8%的贷款,以如下三次付款来偿还:在第 3 月月末付款 3 000 元,在第 9 月月末付款 4 500 元,在第 12 月月末付款 X 元。试分别用:(1) 合众国规则;(2) 贸易商规则;(3) 实际利率法(复利) 来求 X。

6－4　某资产将在 7 年内折旧完毕,它的残值是原值的 50%,已知:(1) 用年数和法,第 3 年的折旧值为 1 000 元;(2) 运用偿债基金法,年利率为 5%,第 3 年的折旧值为 X 元。求 X。

6－5　某机器买价为 1 000 元,第 8 年年末残值为 50 元,分别用年数和法及余额递减法求第 6 年年末的账面值。

6－6　一项价值 5 000 元的资产在 n 年之末有残值 2 000 元,已知用年数和法在第 12 年的折旧费为 100 元,求 n。

6－7　一台设备价值 18 000 元,使用 10 年,10 年后该设备的残值为 2 000 元。分别使用下列折旧方法并利用 Excel 程序计算该设备各年折旧额及各年年末账面值:(1) 偿债基金法,每年利率为 5%;(2) 直线法;(3) 余额递减法;(4) 年数和法;(5) 双倍余额递减法。

6－8　某人贷款 10 万元,购买了一台设备,该贷款的 APR 为 9%,用该设备作为抵押,10 年内每月月末等额分期还款,假设该设备使用 10 年,残值为 3 000 元。试用 Excel 比较不同折旧方式下抵押物的价值与残余本金的变化关系。

6－9　一台机器售价 10 000 元,在第 10 年年末有残值 800 元,此机器的年度维修费为 600 元,假设年利率为 6.5%,求此项资产的:(1) 周期性费用;(2) 核定成本。

6 - 10　1号机器以100 000元出售，年度维持费4 000元，寿命为20年，残值为2 000元；2号机器的年度维持费为5 000元，寿命为15年，残值为1 000元。假设年实际利率为5%，2号机器的生产效率为1号机器的生产效率的2倍，购买者购买这两种机器无差别。求2号机器的价格。

6 - 11　一项贷款可以这样偿还：第3年年末付款2 000元，第4年年末付款5 000元，第5年年末付款4 000元，年实际利率为10%。求：(1) 贷款金额；(2) 久期；(3) 修正持续期限。

6 - 12　已知年实际利率为8%，求下列投资的修正凸性：(1) 一项10年期零息债券；(2) 一项永久支付等额分红的优先股。

6 - 13　证明修正持续期限与修正凸性间的关系：$\frac{\mathrm{d}}{\mathrm{d}i}\bar{\tau} = \bar{\tau}^2 - \bar{c}$。

6 - 14　2000年1月1日签发了面额为100元、年票息率为8%的10年期债券，其赎回值为107元，按面值发行。求：(1) 该债券每年的实际利率。(2) 在考虑了物价指数后的实质收益率。

6 - 15　已知各时刻的即期利率如表6 - 习题6 - 1所示。

表6 - 习题6 - 1　各时刻的即期利率

时刻 t	即期利率 s_t/%
0.25	2.00
0.50	2.10
0.75	2.25
1	2.35

一项一年期的投资项目，每季度回报1 000元且第一次回报在第3个月月末，计算该项目的现价。

6 - 16　已知面值为500元的一年期零息债券当前的价格为470元，1年的远期利率为7%，计算相同面值的两年期零息债券的当前价格。

6 - 17　按照当前利率期限结构，1年、2年、3年期零息债券的年收益率分别为8%、10%、11%，求1年后远期年利率与2年后远期年利率。

6 - 18　假设n年期零息债券的到期收益率$s_n = 0.04 + \frac{n}{100}$，其中$1 \leqslant n \leqslant 10$。某投资者购买了年票息率为6%的5年期债券，到期按面值赎回，求该债券价格与到期收益率。

6 - 19　某金融机构有一笔在5年期内每年年末支付10 000万元的债务。该机构以收入$10\ 000a_{\overline{5}|0.1} = 37\ 908$万元来交换承担这笔债务。该机构用8 040万元、11 018万元、4 000万元、9 800万元、5 050万元分别购买了1～5年期的零息债券，年收益率均为10%。试证明该机构的这种投资战略按免疫法理论是最优的，并可以通

过资产结构调整以实现资产与负债的完全匹配。

6－20　某资产负债数据如表6－习题6－2所示,可选择的资产有:(1)1年期年票息率为4%的政府债券;(2)2年期年票息率为5%的政府债券;(3)3年期年票息率为6%的政府债券;(4)4年期年票息率为7%的政府债券;(5)5年期年票息率为8%的政府债券。从资产负债匹配的角度决定需要进行的资产交易。

表6－习题6－2　资产负债表　　单位:元

时点	第1年年末	第2年年末	第3年年末	第4年年末	第5年年末
负债	4 583	8 849	6 269	4 268	10 000
资产	6 000	11 680	5 100	1 600	8 650

第七章 随机利率及其模型

在前面各章之中，我们对利息的处理是建立在确定性基础之上的，尽管诸如违约概率、资产负债匹配中的存款抽回、通知偿还债券中的通知条款的实现及抵押贷款中预付款的比率等问题都隐含着风险和不确定性，但总体上而言，其处理方法都是确定的。

本章首先把利率作为一个随机变量，然后介绍几个随机模型，最后再研究其实际应用。

第一节 随机利率

本节将把利率作为随机变量来处理，这样的利率简称“随机利率”。它包括两种情形：一是某一时期的利率独立于其他任何时期的利率，二是它们具有某种程度的相关性。但为简便起见，这里仅考虑前者。

一、积累值的期望与方差

令 $i_t(t=1,2,\cdots,n)$ 为第 t 期的利率，它是一个服从某种分布的随机变量，假定所有的 i_t 独立同分布，且有均值 i 和方差 s^2；于是，在 0 点投入单位 1，在第 n 期期末的积累值为

$$a(n)=(1+i_1)(1+i_2)\cdots(1+i_n)=\prod_{t=1}^{n}(1+i_t) \tag{7.1.1}$$

显然，$a(n)$ 也是一个随机变量，因而可得其期望与方差：

$$\mathrm{E}[a(n)]=\mathrm{E}\left[\prod_{t=1}^{n}(1+i_t)\right]=\prod_{t=1}^{n}\mathrm{E}(1+i_t)=(1+i)^n \tag{7.1.2}$$

(7.1.2) 式表明积累值的期望等于以利率期望值作为利率而得到的积累值。

$$E[a^2(n)] = E\left[\prod_{t=1}^{n}(1+i_t)^2\right] = \prod_{t=1}^{n}E[(1+i_t)^2] = (1+2i+i^2+s^2)^n$$

上式中

$$E[(1+i_t)^2] = E(1+2i_t+i_t^2) = 1+2i+i^2+s^2$$

$$E(i_t^2) = \text{var}(i_t) + E^2(i_t) = s^2+i^2$$

因此

$$\begin{aligned}\text{var}[a(n)] &= E[a^2(n)] - E^2[a(n)] \\ &= (1+2i+i^2+s^2)^n - (1+i)^{2n} = (1+j)^n - (1+i)^{2n}\end{aligned} \tag{7.1.3}$$

这里

$$j = 2i+i^2+s^2$$

由(2.1.48)式知

$$\tilde{\ddot{s}}_{\overline{n}|} = (1+i_n) + (1+i_n)(1+i_{n-1}) + \cdots + (1+i_n)(1+i_{n-1})\cdots(1+i_1)$$

$$\begin{aligned}E(\tilde{\ddot{s}}_{\overline{n}|}) &= E(1+i_n) + E[(1+i_n)(1+i_{n-1})\cdots(1+i_1)] + \cdots \\ &\quad + E[(1+i_n)(1+i_{n-1})\cdots(1+i_1)] \\ &= (1+i) + (1+i)^2 + \cdots + (1+i)^n = \ddot{s}_{\overline{n}|i}\end{aligned} \tag{7.1.4}$$

可以证明

$$\text{var}(\ddot{s}_{\overline{n}|}) = \frac{m_2^s + m_1^s}{m_2^s - m_1^s}\ddot{s}_{\overline{n}|j} - \frac{2m_2^s}{m_2^s - m_1^s}\ddot{s}_{\overline{n}|i} - (\ddot{s}_{\overline{n}|i})^2 \tag{7.1.5}$$

这里

$$j = 2i+i^2+s^2, m_1^s = E(1+i_t) = 1+i, m_2^s = E[(1+i_t)^2] = 1+j$$

事实上，只需用数学归纳法证明下列结论即可：

随机变量 $X_n = x_1 + x_1x_2 + \cdots + x_1x_2\cdots x_n$ 的方差为

$$\text{var}(X_n) = \frac{m_2+m_1}{m_2-m_1}s_n(m_2) - \frac{2m_2}{m_2-m_1}s_n(m_1) - [s_n(m_1)]^2 \tag{7.1.6}$$

上式中，$x_1, x_2, \cdots, x_n$ 是独立同分布的随机变量，且

$$E(x_k) = m_1, E(x_k^2) = m_2, s_n(t) = \sum_{k=1}^{n} t^k$$

二、现值的期望与方差

一般说来，$E\left[\frac{1}{1+i_t}\right] \neq \frac{1}{E(1+i_t)}$，为了得到与积累值的期望值及方差类似的结论，必须由等式定义 i：$E[(1+i_t)^{-1}] = (1+i)^{-1}$，这与上面的从 $E(i_t)=i$ 得到的 i 不相同。于是

$$E[a^{-1}(n)] = (1+i)^{-n} \tag{7.1.7}$$

$$\text{var}[a^{-1}(n)] = E[a^{-2}(n)] - E^2[a^{-1}(n)]$$

$$= (1+k)^{-n} - (1+i)^{-2n} \tag{7.1.8}$$

上式中

$$(1+k)^{-1} = \mathrm{E}[(1+i_t)^{-2}]$$

下面考虑可变利率年金现值的期望值与方差。由(2.1.45)式得

$$\tilde{a}_{\overline{n}|} = (1+i_1)^{-1} + (1+i_1)^{-1}(1+i_2)^{-1} + \cdots + (1+i_1)^{-1}(1+i_2)^{-1}\cdots(1+i_n)^{-1}$$

$$= \sum_{t=1}^{n}\prod_{s=1}^{t}(1+i_s)^{-1}$$

因此，$\tilde{a}_{\overline{n}|}$ 的期望值与方差分别为

$$\mathrm{E}(\tilde{a}_{\overline{n}|}) = a_{\overline{n}|i} \tag{7.1.9}$$

$$\mathrm{var}(\tilde{a}_{\overline{n}|}) = \frac{m_2^a + m_1^a}{m_2^a - m_1^a}a_{\overline{n}|k} - \frac{2m_2^a}{m_2^a - m_1^a}a_{\overline{n}|i} - (a_{\overline{n}|i})^2 \tag{7.1.10}$$

这里

$$m_1^a = \mathrm{E}[(1+i_t)^{-1}] = (1+i)^{-1}, m_2^a = \mathrm{E}[(1+i_t)^{-2}] = (1+k)^{-1}$$

例 7.1.1 设 $i_1, i_2, \cdots, i_{10}$ 是独立同分布的随机变量，i_t 以 1/3 的概率取 0.02，以 1/3 的概率取 0.04，以 1/3 的概率取 0.06，求 $s_{10} = (1+i_1)(1+i_2)\cdots(1+i_{10})$ 的均值与方差。

解：$\mathrm{E}(i_t) = 0.02 \times (1/3) + 0.04 \times (1/3) + 0.06 \times (1/3) = 0.04$

$$\mathrm{E}(i_t^2) = 0.02^2 \times (1/3) + 0.04^2 \times (1/3) + 0.06^2 \times (1/3) = \frac{56}{3} \times 10^{-4}$$

因此

$$\mathrm{var}(i_t) = \mathrm{E}(i_t^2) - \mathrm{E}^2(i_t) = \frac{8}{3} \times 10^{-4}$$

$$\mathrm{E}(s_{10}) = (1+0.04)^{10} \approx 1.480\,2$$

$$\mathrm{E}(s_{10}^2) = \left(1 + 2 \times 0.04 + \frac{56}{3} \times 10^{-4}\right)^{10} \approx 2.196\,5$$

$$\mathrm{var}(s_{10}) \approx \mathrm{E}(s_{10}^2) - \mathrm{E}^2(s_{10}) \approx 0.005\,4$$

三、对数正态模型

设 $1+i_t$ 是相互独立且服从参数为 μ 和 σ^2 的对数正态分布的随机变量，即

$$\ln(1+i_t) \sim N(\mu, \sigma^2)$$

并且 $1+i_t$ 的期望值和方差分别为

$$\mathrm{E}(1+i_t) = \mathrm{e}^{\mu+\sigma^2/2}$$

$$\mathrm{var}(1+i_t) = \mathrm{e}^{2\mu+\sigma^2}(\mathrm{e}^{\sigma^2} - 1)$$

于是在时刻 0 投资的单位 1 在时刻 n 的积累值为

$$a(n) = (1+i_1)(1+i_2)\cdots(1+i_n)$$

$$\ln a(n) = \sum_{t=1}^{n}\ln(1+i_t) \sim N(n\mu, n\sigma^2)$$

于是，$a(n)$ 服从参数为 $n\mu$ 和 $n\sigma^2$ 的对数正态分布，由此可得其期望值与方差。

例 7.1.2 已知 $1+i_t$ 服从参数为 0.05 和 0.1^2 的对数正态分布，在时刻 0 投入 1 单位本金，求在时刻 10 积累值大于 3.064 的概率以及该积累值的期望与方差。

解：$\because$ $1+i_t$ 服从参数为 0.05 和 0.1^2 的对数正态分布

$\therefore$ $a(10)$ 服从参数为 0.05×10 和 $0.1^2\times10$，即 0.5 和 0.1 的对数正态分布。于是，所求概率、期望与方差分别为

$$P[a(10)>3.064]=P[\ln a(10)>\ln 3.064]$$
$$=P\left(\frac{\ln a(10)-0.5}{\sqrt{0.1}}>\frac{\ln 3.064-0.5}{\sqrt{0.1}}\right)$$
$$=P\left(\frac{\ln a(10)-0.5}{\sqrt{0.1}}>1.96\right)\approx 0.025$$

$$E[a(10)]=e^{0.5+0.1/2}\approx 1.733$$

$$\mathrm{var}[a(10)]=e^{2\times0.5+0.1}(e^{0.1}-1)\approx 0.316。$$

例 7.1.3 假设 i_t 对于 $t=1,2,3,4,5$ 均为在区间[0.06,0.08]上服从均匀分布的年实际利率。试求 1 单位投资在第 5 年年末的积累值的期望与标准差。

解：

(1) 对于均匀分布我们有

$$E(i_t)=i=\frac{0.06+0.08}{2}=0.07$$

因此

$$E[a(5)]=(1+0.07)^5\approx 1.402\ 552$$

(2) 对于均匀分布我们有

$$\mathrm{var}(i_t)=s^2=\frac{(0.08-0.06)^2}{12}=\frac{0.000\ 1}{3}$$

由于

$$j=2i+i^2+s^2=2\times0.07+0.07^2+\frac{0.000\ 1}{3}\approx 0.144\ 933\ 333$$

因此，由(7.1.3)式可得

$$\mathrm{var}[a(5)]=(1+j)^5-(1+i)^{10}$$
$$=(1+0.144\ 933\ 333)^5-(1+0.07)^{10}\approx 0.000\ 286\ 38$$

$a(5)$ 的标准差为

$$\sqrt{0.000\ 286\ 38}\approx 0.016\ 923$$

考虑到可能结果的最大范围为 $1.06^5\approx 1.338\ 226$，$1.08^5\approx 1.469\ 328$，这一答案看来是合理的。

例 7.1.4 求 5 年内每年年初都投资单位 1 的积累值，重做例 7.1.3。

解：由(7.1.4)式得

$$E(\tilde{\ddot{s}}_{\overline{5}|}) = \ddot{s}_{\overline{5}|i} = \ddot{s}_{\overline{5}|0.07} \approx 6.153\ 291$$

由于

$$m_1^s = 1 + i = 1.07, m_2^s = 1 + j \approx 1.144\ 933$$

因此,由公式(7.1.5)式得

$$\begin{aligned}\operatorname{var}(\tilde{\ddot{s}}_{\overline{5}|}) &= \frac{m_2^s + m_1^s}{m_2^s - m_1^s}\ddot{s}_{\overline{5}|j} - \frac{2m_2^s}{m_2^s - m_1^s}\ddot{s}_{\overline{5}|i} - (\ddot{s}_{\overline{5}|i})^2 \\ &= \frac{1.144\ 933 + 1.07}{1.144\ 933 - 1.07} \times 7.642\ 491 \\ &\quad - \frac{2 \times 1.144\ 933}{1.144\ 933 - 1.07} \times 6.153\ 291 - (6.153\ 291)^2 \\ &\approx 0.002\ 752\end{aligned}$$

故标准差为

$$\sqrt{0.002\ 752} \approx 0.052\ 5$$

考虑到可能结果的最大范围为$\ddot{s}_{\overline{5}|0.06} \approx 5.975\ 3$,$\ddot{s}_{\overline{5}|0.08} \approx 6.335\ 9$,这一答案看来是合理的。

例 7.1.5 假设$1 + i_t$服从参数为$\mu = 0.05$和$\sigma^2 = 0.01$的对数正态分布,试求:(1)$a(5)$;(2)$\tilde{\ddot{s}}_{\overline{5}|}$;(3)$a^{-1}(5)$;(4)$\tilde{a}_{\overline{5}|}$的期望与标准差。

解:

(1) $\because$ $1 + i_t$服从参数为$\mu = 0.05$和$\sigma^2 = 0.01$的对数正态分布

$$\therefore E(1 + i_t) = 1 + i = e^{\mu + \sigma^2/2} = e^{0.05 + 0.01/2} \approx 1.056\ 540\ 62$$

由(7.1.2)式得

$$E[a(5)] = (1.056\ 540\ 62)^5 \approx 1.316\ 531$$

由于$a(5)$服从参数为5μ和$5\sigma^2$的对数正态分布,因此

$$\operatorname{var}[a(5)] = e^{2\times 5\mu + 5\sigma^2}(e^{5\sigma^2} - 1) = e^{0.55}(e^{0.05} - 1) \approx 0.088\ 866$$

其标准差为

$$\sqrt{0.088\ 866} \approx 0.298\ 10$$

也可由公式(7.1.3)来求得

$$\operatorname{var}(1 + i_t) = e^{2\mu + \sigma^2}(e^{\sigma^2} - 1) = e^{0.11}(e^{0.01} - 1) \approx 0.011\ 218\ 78$$

$$\operatorname{var}(i_t) = s^2 = \operatorname{var}[(1 + i_t) - 1] = \operatorname{var}(1 + i_t) \approx 0.011\ 218\ 78$$

$$\begin{aligned} j &= 2i + i^2 + s^2 \\ &\approx 2 \times 0.056\ 540\ 62 + 0.056\ 540\ 62^2 + 0.011\ 218\ 78 \approx 0.127\ 496\ 86\end{aligned}$$

于是,由(7.1.3)式可得

$$\begin{aligned}\operatorname{var}[a(5)] &= (1 + j)^5 - (1 + i)^{2\times 5} \\ &\approx 1.127\ 496\ 86^5 - 1.056\ 540\ 62^{10} \approx 0.088\ 866\end{aligned}$$

其标准差为

$$\sqrt{0.088\ 866} \approx 0.298\ 10$$

(2) 由(7.1.4)式得

$$E(\tilde{\ddot{s}}_{\overline{5}|}) = \ddot{s}_{\overline{5}|i} = \ddot{s}_{\overline{5}|0.056\,540\,62} \approx 5.914\,819$$

由于

$$m_1^s = 1 + i \approx 1.056\,540\,62, m_2^s = 1 + j \approx 1.127\,496\,86$$

因此,由公式(7.1.5)得

$$\begin{aligned}\mathrm{var}(\tilde{\ddot{s}}_{\overline{5}|}) &= \frac{m_2^s + m_1^s}{m_2^s - m_1^s}\ddot{s}_{\overline{5}|j} - \frac{2m_2^s}{m_2^s - m_1^s}\ddot{s}_{\overline{5}|i} - (\ddot{s}_{\overline{5}|i})^2 \\ &= \frac{1.127\,496\,86 + 1.056\,540\,62}{1.127\,496\,86 - 1.056\,540\,62} \times 7.270\,268\,80 \\ &\quad - \frac{2 \times 1.127\,496\,86}{1.127\,496\,86 - 1.056\,540\,62} \times (5.914\,819\,30) - (5.914\,819\,30)^2 \\ &\approx 0.820\,913\,3\end{aligned}$$

故标准差为

$$\sqrt{0.820\,913\,3} \approx 0.906\,043。$$

(3) 首先分析$(1+i_t)^{-1}$的分布。由于$\ln[(1+i_t)^{-1}] = -\ln(1+i_t)$,它为以$-\mu$和$\sigma^2$分别为均值、方差的正态分布,因而$(1+i_t)^{-1}$服从以$-\mu$和$\sigma^2$为参数的对数正态分布。

$$\therefore E[(1+i_t)^{-1}] = e^{-0.05+0.01/2} \approx 0.955\,997\,48$$

由$(1+i)^{-1} = 0.955\,997\,48$得$i \approx 0.046\,027\,86$,显然它与上面(1)、(2)中的利率$i$不同。由(7.1.7)式可得

$$E[a^{-1}(5)] = (1+i)^{-5} \approx (0.955\,997\,48)^5 \approx 0.798\,516$$

由于$a^{-1}(5)$服从参数-5μ和$5\sigma^2$的对数正态分布,因此

$$\mathrm{var}[a^{-1}(5)] = e^{-2\times5\mu+5\sigma^2}(e^{5\sigma^2} - 1) = e^{-0.45}(e^{0.05} - 1) \approx 0.032\,691\,89$$

这样,所求的标准差为

$$\sqrt{0.032\,691\,89} \approx 0.180\,809$$

(4) 依据(3)知,$i \approx 0.046\,027\,86$

由(7.1.9)式得

$$E(\tilde{a}_{\overline{5}|}) = a_{\overline{5}|i} = a_{\overline{5}|0.046\,028} \approx 4.377\,429$$

$$(1+k)^{-1} = E[(1+i_t)^{-2}] = e^{-0.1+0.01} \approx 0.913\,931\,185$$

$$\therefore k \approx 0.094\,174\,28$$

由于

$$m_1^a = E[(1+i_t)^{-1}] = (1+i)^{-1} \approx 0.955\,997\,48$$

$$m_2^a = E[(1+i_t)^{-2}] = (1+k)^{-1} \approx 0.913\,931\,185$$

因此,由(7.1.10)式可得

$$\mathrm{var}(\tilde{a}_{\overline{5}|}) = \frac{m_2^a + m_1^a}{m_2^a - m_1^a}a_{\overline{5}|k} - \frac{2m_2^a}{m_2^a - m_1^a}a_{\overline{5}|i} - (a_{\overline{5}|i})^2$$

$$= \frac{0.913\,931\,185 + 0.955\,997\,48}{0.913\,931\,185 - 0.955\,997\,48} \times 3.847\,885$$
$$- \frac{2 \times 0.913\,931\,185}{0.913\,931\,185 - 0.955\,997\,48} \times 4.377\,429 - 4.377\,429^2$$
$$\approx 1.853\,2 \times 10^{-5}$$

这样,所求的标准差为

$$\sqrt{1.853\,2 \times 10^{-5}} \approx 0.004\,305$$

例 7.1.6　假设对 $t = 1,2,3$ 有 $E(i_t) = 0.08$,$1 + i_t$ 服从带有参数为 μ 与 $\sigma^2 = 0.000\,1$ 的对数正态分布。求1单位的投资在第3年年末的积累值的95%置信区间。

解:$\because$ 随机变量 $\ln(1 + i_t)$ 服从正态分布,其参数为 μ,σ^2

$\therefore 1 + i_t$ 服从参数为 μ,σ^2 的对数正态分布

因而

$$E(1 + i_t) = e^{\mu+\sigma^2/2} = 1 + E(i_t) = 1.08$$
$$\therefore \mu = \ln(1.08) - \sigma^2/2 \approx 0.076\,911\,04$$

于是 $\ln a(3)$ 服从参数为 $3\mu,3\sigma^2$,即 0.230 733 与 0.000 3 的正态分布。因此 $\ln a(3)$ 的95%的置信区间由下式给出:

$$\mu \pm 1.96\sigma \approx 0.230\,733\,1 \pm 1.96\sqrt{0.000\,3}$$

即(0.196 785,0.264 681);对应地,$a(3)$ 的95%置信区间为($e^{0.196\,785}$,$e^{0.264\,681}$),或为(1.217 48,1.303 01),这是围绕 $(1.08)^3 \approx 1.259\,71$ 的95%置信区间。

第二节　随机利率模型概述

随机利率模型是指在一段时间内为了研究利率的随机波动而建立的有关利率变动规律的模型。其主要分为均衡利率模型和无套利利率模型:前者指能够嵌入经济均衡模型中,使得在技术资源有限的条件下确定最优的生产计划和消费计划的模型,基于均衡模型可以对债券和利率衍生品定价,故也称为绝对定价模型;后者基于当前的市场债券或其他利率衍生品的价格推导出收益率曲线或短期利率的未来演变过程,无套利机会模型推导出的结果必须符合当时的利率期限结构。鉴于无套利模型得到的价格是一种相对价格,故又称为相对定价模型。

一、随机利率模型的特点

随机利率模型应该能够满足如下一些优良特点,使得模型更符合现实情况,更具有可操作性,也是模型优良的评价标准。这些特点包括:

(1) 模型应该是无套利的。如果利率模型存在套利机会,市场投资者在进行套期保值的时候会迅速发现差异并进行操作,导致市场趋于无套利。由此可知利率应

该是非负的，否则投资者可以负利率借款并存入银行，到期后偿还本金将获得套利机会。有些利率模型允许利率取负值，比如说稍后介绍的 Vasicek 模型就有取负值利率的概率，但这类模型并不是因为有套利的原因而存在的缺陷。

（2）利率应该具有均值回复的特征，即利率围绕某一均值波动，如利率超过均值，则在未来会有下降趋势；反之，如低于均值，则未来将有上升的趋势。经验数据表明实际市场中的利率确实存在均值回复特征，也就是说不可能长期高于或低于均值。

（3）利率模型在被用于计算债券以及利率衍生品价格时应较为简单。如果只是追求模型的完美性而忽略了模型的实用性，这样的利率模型并不是很好的模型。我们希望可以比较方便地利用利率模型进行定价或建立套期保值策略。

（4）利率模型应该是动态的，能充分反映市场利率的不断变化。

（5）利率模型中的参数应当容易被估计，并能较好地拟合历史数据。

（6）利率模型应该有比较明显的经济意义，这样才具有实用价值。

然而，我们发现许多常用的随机利率模型只具有上述的部分性质。某些模型能很好地描述利率的变动并拟合历史数据，但由于过于复杂而并不实用；某些模型能方便地用于对债券和利率衍生品进行定价，但并不具备非负性或者均值回复性。因此，在实际中应用模型时可以忽略模型存在的某些缺陷。

二、随机利率模型有关概念介绍

（一）银行账户过程

定义 $\beta(t)$ 为时刻 t 银行账户的（价值）过程，假设 $\beta(0)=1$，且满足如下的微分方程：

$$d\beta(t)=r_t\beta(t)\,dt \tag{7.2.1}$$

其中 r_t 是瞬时利率或利息力。

r_t 可以做出如下解释：根据(7.2.1)，在 $[t,t+\Delta t]$ 的时间范围内，有

$$\beta(t+\Delta t)\approx\beta(t)(1+r_t\Delta t)$$

即在很短的时间区间 $[t,t+\Delta t]$ 内，该银行账户在时刻 t 单位本金产生的收益为

$$\frac{\beta(t+\Delta t)-\beta(t)}{\beta(t)}\approx r_t\Delta t$$

由(7.2.1)式可知

$$\beta(t)=\exp\left(\int_0^t r_s\,ds\right) \tag{7.2.2}$$

需要注意的是，在(7.2.2)式中，如果瞬时利率 r_t 是随机的，银行账户过程 $\beta(t)$ 也是随机的。

（二）随机折现因子

从时刻 T 到时刻 $t(t\leqslant T)$ 的随机折现因子 $D(t,T)$ 的定义是

$$D(t,T)=\frac{\beta(t)}{\beta(T)}=\exp\left(-\int_t^T r_s\,ds\right) \tag{7.2.3}$$

$D(t,T)$ 的含义可以这样理解:假设在时刻0向某银行账户存入 A 单位货币,则在时刻 $t(t>0)$ 该银行账户将有 $A\beta(t)$ 单位货币。假设在时刻 $T\ (T>t)$ 银行账户有1单位货币,即 $A\beta(T)=1$,那么需要在0时刻投入 $A=\dfrac{1}{\beta(T)}$ 单位的本金,这笔资金在时刻 t 的银行账户的价值为 $A\beta(t)$,即$\dfrac{\beta(t)}{\beta(T)}$。因此,这表明时刻 T 的1单位货币在时刻 t 的价值为$\dfrac{\beta(t)}{\beta(T)}$,即折现因子为 $D(t,T)$。

(三) 连续复利收益率

用 $B(t,T)$ 表示时刻 T 到期的1单位面值的零息债券在时刻 t 的价格。连续复利收益率 $R(t,T)$ 定义为

$$R(t,T)=-\frac{\ln B(t,T)}{T-t} \tag{7.2.4}$$

由(7.2.4)式可得

$$e^{(T-t)R(t,T)}B(t,T)=1 \quad 或 \quad B(t,T)=e^{-(T-t)R(t,T)} \tag{7.2.5}$$

从(7.2.5)式可以看出,$R(t,T)$ 是零息债券在$[t,T]$上的平均收益率。因为 $B(t,T)$ 是 t 时刻的价格,因此如果现在处在时刻 t,那么 $B(t,T)$ 和 $R(t,T)$ 都是常数。注意 $B(t,T)$ 与 $D(t,T)$ 的区别,尽管二者都是从时刻 T 到时刻 t 的折现因子,但 $B(t,T)$ 在时刻 t 是一个数,而 $D(t,T)$ 可能是一个随机变量。

(四) 远期单利和远期复利

时刻 t 的期间为$[T,S]\,(T<S)$ 的远期单利 $F_s(t,T,S)$ 的定义为

$$F_s(t,T,S)=\frac{1}{S-T}\left(\frac{B(t,T)}{B(t,S)}-1\right) \tag{7.2.6}$$

时刻 t 的期间为$[T,S]\,(T<S)$ 的远期复利 $F_c(t,T,S)$ 的定义为

$$F_c(t,T,S)=\frac{1}{S-T}\ln\frac{B(t,T)}{B(t,S)} \tag{7.2.7}$$

$F_s(t,T,S)$ 和 $F_c(t,T,S)$ 是基于时刻 t 的信息对未来的期间为$[T,S]$的即期单利和即期复利的预期值。

(五) 远期瞬时利率

远期瞬时利率 $f(t,T)$ 的定义为

$$f(t,T)=\lim_{S\to T}F_c(t,T,S)=-\frac{\partial\ln B(t,T)}{\partial T} \tag{7.2.8}$$

显然,$r_t=f(t,T)$。由(7.2.8)可知,零息债券的价格可表示为

$$B(t,T)=\exp\left(-\int_t^T f(t,u)\,\mathrm{d}u\right) \tag{7.2.9}$$

由式(7.2.5)和(7.2.9)可得

$$R(t,T)=\frac{1}{T-t}\int_t^T f(t,u)\,\mathrm{d}u \tag{7.2.10}$$

可以证明,如果在式(7.2.8)中用 $F_s(t,T,S)$ 代替 $F_c(t,T,S)$,将得到相同的结果;换而言之,当区间 $[T,S]$ 无限小时单利和复利相等。

第三节　连续时间随机利率模型下零息债券的定价

在计算零息债券的价格时,通常假定利率是固定的。这个假设对于短期债券的影响不是很大,但对于期限较长的债券,因其价格对利率较为敏感,因而有必要建立随机利率模型,并讨论随机利率下的债券定价方法。

一、随机利率模型的一般形式及零息债券价格满足的随机微分方程

在给出具体的随机利率模型之前,首先给出随机利率模型的一般形式。在此仅考虑单因素模型。关于短期利率 r_t 的随机微分方程的一般形式为

$$\mathrm{d}r_t = \mu(t,r_t)\mathrm{d}t + \sigma(t,r_t)\mathrm{d}W_t \tag{7.3.1}$$

其中,$\mu(t,r_t)$ 被称为漂移因子,右边第一项为漂移项,表示了利率的预期变动,在短期利率单因素模型中,不同的漂移因子决定了不同的利率变化特征,可以分为均值回复型和常数回复型;漂移项必须通过数字计算技术以匹配最初的瞬时利率曲线。$\sigma(t,r_t)$ 被称为波动因了,右边第二项表示利率随机过程的随机成分,体现模型的波动性,而 W_t 为客观概率测度 P 下的标准布朗运动。

下面将基于(7.3.1)推导出零息债券价格 $B(t,T)$ 满足的随机微分方程。而 $B(t,T)$ 还与 r_t 有关,因此,可将其记为 $B(t,T,r_t)$ 。对 $B(t,T,r_t)$ 运用第八章的伊藤引理也可以得到零息债券所满足的随机微分方程:

$$\mathrm{d}B = \left(\frac{\partial B}{\partial t} + \frac{\partial B}{\partial r}\mu(t,r_t) + \frac{1}{2}\cdot\frac{\partial^2 B}{\partial r^2}\sigma^2(t,r_t)\right)\mathrm{d}t + \frac{\partial B}{\partial r}\sigma(t,r_t)\,\mathrm{d}W_t \tag{7.3.2}$$

二、利率风险的市场价格

为债券定价呈现出新的技术难题,且在某种程度上比为期权定价更加困难,因为不存在可以用来对冲的标的资产。建立对冲组合的唯一方法就是用一只不同到期日的债券来对冲另一只债券。假设用到期日分别为 T_1 与 $T_2(T_1 \neq T_2)$ 的两只债券建立组合。到期日为 T_1、T_2 的债券价格分别为 $B_1(t,T_1,r_t)$、$B_2(t,T_2,r_t)$,假设对应的收益率模型中 $\mu(t,r_t)$ 也随期限长短形成差异,但波动率 $\sigma(t,r_t)$ 相同。持有这两种债券的数量分别为1单位与 $-\Delta$ 单位,由此可以构造无风险资产组合 π:

$$\pi = B_1(t,T_1,r_t) - \Delta B_2(t,T_2,r_t) \tag{7.3.3}$$

$$\frac{\partial \pi}{\partial r} = \frac{\partial B_1(t,T_1,r_t)}{\partial r} - \Delta\frac{\partial B_2(t,T_2,r_t)}{\partial r} = 0 \tag{7.3.4}$$

显然,Δ 是两种零息债券对利率风险的敏感程度之比,也是到期日为 T_2 的零息债

券对到期日为 T_1 的零息债券做套期保值的比率，由此可以消除 $d\pi$ 中利率的随机性。对式(7.3.3)微分可得

$$d\pi=\left(\frac{\partial B_1(t,T_1,r_t)}{\partial t}+\frac{\partial B_1(t,T_1,r_t)}{\partial r}\mu_1(t,r_t)+\frac{1}{2}\cdot\frac{\partial^2 B_1(t,T_1,r_t)}{\partial r^2}\sigma^2(t,r_t)\right)dt$$
$$+\frac{\partial B_1(t,T_1,r_t)}{\partial r}\sigma(t,r_t)dW_t-\Delta\Big(\frac{\partial B_2(t,T_2,r_t)}{\partial t}+\frac{\partial B_2(t,T_2,r_t)}{\partial r}\mu_2(t,r_t)$$
$$+\frac{1}{2}\cdot\frac{\partial^2 B_2(t,T_2,r_t)}{\partial r^2}\sigma^2(t,r_t)\Big)dt-\Delta\frac{\partial B_2(t,T_2,r_t)}{\partial r}\sigma(t,r_t)dW_t$$

由于 W_t 是标准布朗运动，由此可得

$$d\pi=\left(\frac{\partial B_1(t,T_1,r_t)}{\partial t}+\frac{\partial B_1(t,T_1,r_t)}{\partial r}\mu_1(t,r_t)+\frac{1}{2}\cdot\frac{\partial^2 B_1(t,T_1,r_t)}{\partial r^2}\sigma^2(t,r_t)\right)dt$$
$$-\Delta\left(\frac{\partial B_2(t,T_2,r_t)}{\partial t}+\frac{\partial B_2(t,T_2,r_t)}{\partial r}\mu_2(t,r_t)+\frac{1}{2}\cdot\frac{\partial^2 B_2(t,T_2,r_t)}{\partial r^2}\sigma^2(t,r_t)\right)dt$$

由于组合 π 是无风险的，因此其收益率与无风险收益率相等，即

$$d\pi=\pi r_t dt \tag{7.3.5}$$

将 $d\pi$ 的表达式代入(7.3.5)可得

$$\left(\frac{\partial B_1(t,T_1,r_t)}{\partial t}+\frac{\partial B_1(t,T_1,r_t)}{\partial r}\mu_1(t,r_t)+\frac{1}{2}\cdot\frac{\partial^2 B_1(t,T_1,r_t)}{\partial r^2}\sigma^2(t,r_t)\right)$$
$$-\Delta\left(\frac{\partial B_2(t,T_2,r_t)}{\partial t}+\frac{\partial B_2(t,T_2,r_t)}{\partial r}\mu_2(t,r_t)+\frac{1}{2}\cdot\frac{\partial^2 B_2(t,T_2,r_t)}{\partial r^2}\sigma^2(t,r_t)\right)$$
$$=r_t(B_1(t,T_1,r_t)-\Delta B_2(t,T_2,r_t)) \tag{7.3.6}$$

将(7.3.4)、(7.3.6)变形并整理可得

$$\frac{\left(\frac{\partial B_1(t,T_1,r_t)}{\partial t}+\frac{\partial B_1(t,T_1,r_t)}{\partial r}\mu_1(t,r_t)+\frac{1}{2}\cdot\frac{\partial^2 B_1(t,T_1,r_t)\sigma^2(t,r_t)}{\partial r^2}\right)-r_tB_1(t,T_1,r_t)}{\frac{\partial B_1(t,T_1,r_t)}{\partial r}\sigma(t,r_t)}$$
$$=\frac{\left(\frac{\partial B_2(t,T_2,r_t)}{\partial t}+\frac{\partial B_2(t,T_2,r_t)}{\partial r}\mu_2(t,r_t)+\frac{1}{2}\cdot\frac{\partial^2 B_2(t,T_2,r_t)}{\partial r^2}\sigma^2(t,r_t)\right)-r_tB_2(t,T_2,r_t)}{\frac{\partial B_2(t,T_2,r_t)}{\partial r}\sigma(t,r_t)}$$

由 T_1、T_2 的任意性可知，数值

$$\lambda=\frac{\left(\frac{\partial B(t,T,r_t)}{\partial t}+\frac{\partial B(t,T,r_t)}{\partial r}\mu(t,r_t)+\frac{1}{2}\cdot\frac{\partial^2 B(t,T,r_t)}{\partial r^2}\sigma^2(t,r_t)\right)-r_tB(t,T,r_t)}{\frac{\partial B(t,T,r_t)}{\partial r}\sigma(t,r_t)} \tag{7.3.7}$$

与期限T无关，仅与t、r_t有关，将其记为λ_t。为了得到λ_t的意义，我们将时刻T到期的债券价格在客观概率测度下的随机微分方程重新记为

$$dB(t,T)=B(t,T)[m(t,T)\mathrm{d}t+v(t,T)\mathrm{d}W_t]$$

其中，

$$m(t,T)=\frac{1}{B}\left(\frac{\partial B}{\partial t}+\frac{\partial B}{\partial r}\mu(t,r_t)+\frac{1}{2}\cdot\frac{\partial^2 B}{\partial r^2}\sigma^2(t,r_t)\right)$$

$$v(t,T)=\frac{1}{B}\frac{\partial B}{\partial r}\sigma(t,r_t)$$

$m(t,T)$ 和 $v(t,T)$ 分别为零息债券的瞬时收益率和瞬时波动率。由(7.3.7) 可以得到：

$$\lambda_t=\frac{m(t,T)-r_t}{v(t,T)} \tag{7.3.8}$$

因此，λ_t 的含义是承担单位风险获得的超额收益，即利率风险的市场价格。

说明：根据对冲的目标是消除利率变动的随机性，那么就消除了上述公式中的$\mu(t,r_t)$ 的项。

三、零息债券价格满足的偏微分方程

由(7.3.7) 可得下面的零息债券价格满足的偏微分方程：

$$\left(\frac{\partial B(t,T,r_t)}{\partial t}+\frac{\partial B(t,T,r_t)}{\partial r}\mu(t,r_t)+\frac{1}{2}\cdot\frac{\partial^2 B(t,T,r_t)}{\partial r^2}\sigma^2(t,r_t)\right)$$
$$-r_tB(t,T,r_t)=\frac{\partial B(t,T,r_t)}{\partial r}\lambda_t\sigma(t,r_t) \tag{7.3.9}$$

整理(7.3.9)，可得

$$\frac{\partial B(t,T,r_t)}{\partial t}+\frac{\partial B(t,T,r_t)}{\partial r}(\mu(t,r_t)-\lambda_t\sigma(t,r_t))$$
$$+\frac{1}{2}\cdot\frac{\partial^2 B(t,T,r_t)}{\partial r^2}\sigma^2(t,r_t)-r_tB(t,T,r_t)=0 \tag{7.3.10}$$

边界条件为 $B(T,T)=1$。

可以利用有限差分法或者蒙特卡洛模拟对式子进行求解，因此在一般情况下可以对任意特定的随机利率模型求出零息债券的相关值。对于某些简单的模型，可以直接求出闭式解。利用 Feynman - Kac 公式可以将债券的微分方程与鞅方法联系起来，即债券价格满足的微分方程的解为

$$B(t,T)=E_Q\left[\exp\left(-\int_t^T r(u)\mathrm{d}u\right)\mid F_t\right] \tag{7.3.11}$$

其中，Q是风险中性概率测度，F_t表示在时刻t的信息集。一般地，对于一个到期日为T的利率衍生品，如果其到期支付为$f(T)$，则该衍生品在时刻t的价格为

$$c(t,T)=E_Q\left[f(T)\exp\left(-\int_t^T r(u)\mathrm{d}u\right)\mid F_t\right] \tag{7.3.12}$$

第四节　Ho - Lee 模型

一、利率期限结构模型

利率期限结构模型可以分为静态模型和动态模型。其中，静态模型又可以分为以多项式样条法、指数样条法、B 样条法为代表的样条函数模型和以 Nelson - Siegel 模型、Svensson 模型为代表的节约型模型。

动态模型可以分为均衡利率模型和无套利利率模型。使用基于均衡利率模型进行的定价称为绝对定价，Vasicek 模型和 CIR 模型都属于均衡利率模型。从一些经济假设出发，找到利率 r 的变化过程，进而讨论利率对债券及衍生品价格的影响。均衡利率模型无法与今天的利率完美匹配，它的漂移项不是时间的函数，而在无套利利率模型中，漂移因子往往是时间的函数。基于无套利利率模型进行的定价属于相对定价，Ho - Lee 模型、Hull - White 模型、Black - Derman - Toy 模型、Black - Karasinski 模型均属于无套利模型。

本章介绍的模型都属于单因素模型，即模型中仅有一个不确定的风险因素。在实际应用中，单因素模型有时并不能准确地预测到不同期限下的债券价格和不同利率下的波动率。单因素模型较为简单，在解决较为复杂的定价问题中存在局限性。为了解决上述问题，读者可进一步研究多因素模型。

二、二叉树模型

使用二叉树模型来刻画发展路径的变化。如图 7 - 4 - 1 所示。

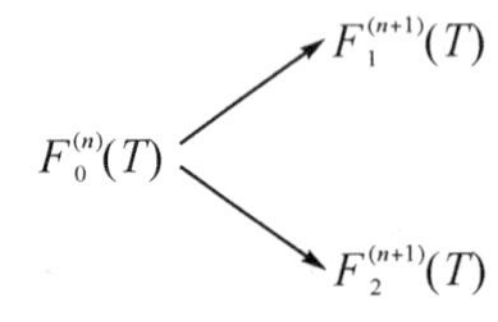

图 7 - 4 - 1　二叉树模型

左侧代表第 n 年的节点，右侧代表第 $n+1$ 年的节点。第 $n+1$ 年的取值有两种可能：右上节点由第 n 年的数值以概率 p 上升得到，右下节点由第 n 年的数值以概率 $1-p$ 下降得到。第 $n+1$ 年的每个节点又可以进一步分为第 $n+2$ 年的两个节点，以此类推，可以得到多期二叉树。

利用二叉树来计算现金流的期望值，即第 n 年的价值等于第 $n+1$ 年两种可能节点的现金流的现值的数学期望。

$$V_n = \frac{p(V_{n+1}^U + F_{n+1}^U) + (1-p)(V_{n+1}^D + F_{n+1}^D)}{1+i} \tag{7.4.1}$$

其中，V_{n+1}^U 表示第 $n+1$ 年右上节点的价值，F_{n+1}^U 表示第 $n+1$ 年右上节点的现金流，

V_{n+1}^D 表示第 $n+1$ 年右下节点的价值，F_{n+1}^D 表示第 $n+1$ 年右下节点的现金流。

例 7.4.1 在如图 7－4－2 所示的二叉树模型中，利率上升的概率为 0.3，下降的概率为 0.7，求该现金流在 0 时刻的价值。

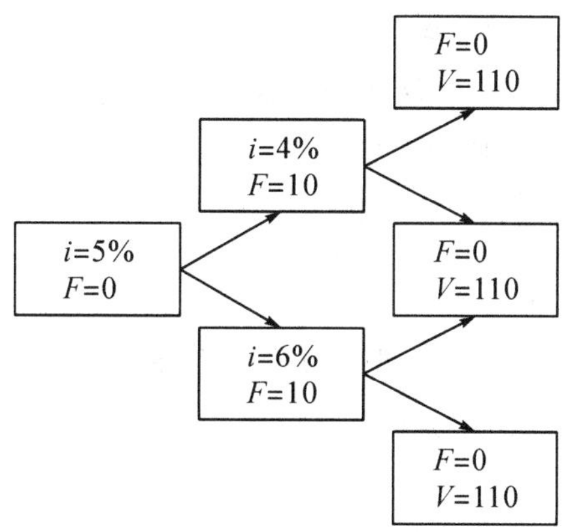

图 7－4－2 二叉树模型

解：$V_1=\dfrac{0.3(0+110)+0.7(0+110)}{1+4\%}\approx 105.769\approx 105.77$

$V_2=\dfrac{0.3(0+110)+0.7(0+110)}{1+6\%}\approx 103.774\approx 103.77$

$V_3=\dfrac{0.3(10+105.769)+0.7(10+103.774)}{1+5\%}\approx 108.93$

三、Ho－Lee 模型

Ho－Lee 模型是由 Thomas. Y. Ho 和 Sang－bing Lee 于 1986 年首先提出的。他们先是提出了一种无套利期限结构模型，进而用债券的二叉树图的形式提出了该模型。该模型有两个参数：短期利率的标准差和该短期利率风险的市场价格。该模型由于基于已知的初始利率期限结构，也被称为一种相对定价模型。

Ho－Lee 模型假定市场是完全的且无摩擦，在离散的时间点上市场出清（假设时间离散）。使用贴现函数 $D_i^{(n)}(T)$ 来刻画零息债券的价格，其中，T 为到期时刻、n 为期数、i 为状态。Ho－Lee 模型可以使用二叉树模型（见图 7－4－3）进行描述：

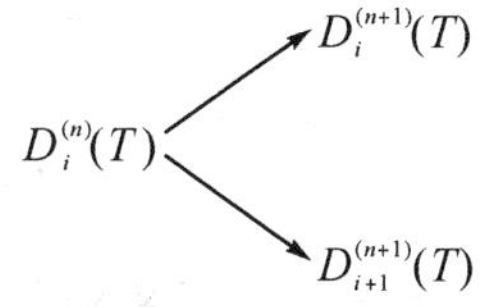

图 7－4－3 二叉树模型

利用每个节点不同的贴现率可以计算出不同情况下的零息债券的价格。

Ho－Lee 模型中的短期利率，在连续时间下的极限形式为

$$\mathrm{d}r(t)=a(t)\mathrm{d}t+\sigma\mathrm{d}W \tag{7.4.2}$$

其中，$a(t)$ 为 t 的函数，它用来刻画所引起的利率变动趋势，常数 σ 为短期利率的瞬时标准差或它的波动幅度，W 为标准布朗运动。

将上式离散化以计算债券价格

$$\Delta r(t)=a(t)\Delta t+\sigma\varepsilon\sqrt{\Delta t}$$

$$r(t+\Delta t)=r(t)+a(t)\Delta t+\sigma\varepsilon\sqrt{\Delta t}$$

当利率上升时，$\varepsilon=1$；当利率下降时，$\varepsilon=-1$。

对(7.4.2) 两边取期望、方差可得

$$\mathrm{E}(\mathrm{d}r(t))=\mathrm{E}(a(t))\mathrm{d}t \tag{7.4.3}$$

$$\mathrm{var}(\mathrm{d}r(t))=\sigma^2\mathrm{d}t \tag{7.4.4}$$

在 Ho - Lee 模型下，可以得到如下有关利率、零息债券价格的计算公式：

$$r_t=f(0,t)+\frac{1}{2}\sigma^2t^2+\sigma W_t$$

$$f(t,T)=f(0,T)+\frac{1}{2}\sigma^2T^2-\frac{1}{2}\sigma^2(T-t)^2+\sigma W_t \tag{7.4.5}$$

$$B(t,T)=\frac{B(0,T)}{B(0,t)}\exp\left((T-t)f(0,t)-\frac{1}{2}\sigma^2t(T-t)^2-(T-t)r_t\right) \tag{7.4.6}$$

Ho - Lee 属于最简单的一类模型，参数少且具有解析性质。在使用过程中要注意到 Ho - Lee 模型的局限性：它没有体现债券价格的隐含波动率随时间推移而减少的特征；没有体现长期利率和短期利率在波动性上的差异；没有均值回复性，在任何时刻利率的变化都是相同的。

例 7.4.2　已知一年期的零息债券的年利率为 5%，面值为 100 元的 2 年期零息债券的价格为 89 元。利率变动符合 Ho - Lee 模型，$\sigma=2\%$，$\Delta t=1$，利率上升和下降的概率均为 0.5，求 $a(1)$。

解：设 r^u、r^d 分别为下一年利率上升与下降后的结果，债券价格变动如图 7 - 4 - 4 所示。

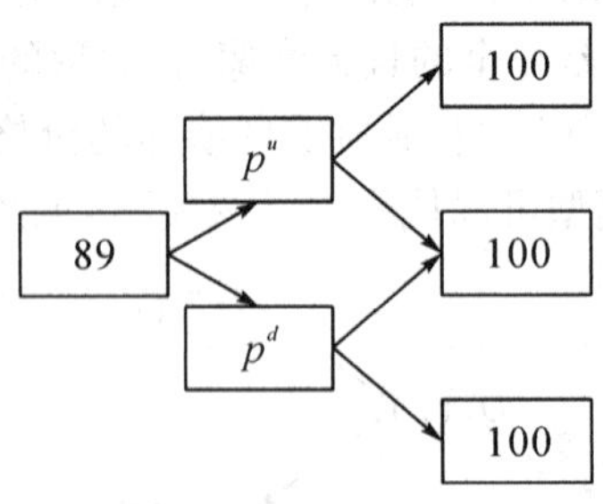

图 7 - 4 - 4　二叉树模型

$$r^u=5\%+a(1)+2\%=a(1)+7\%$$

$$r^d=5\%+a(1)-2\%=a(1)+3\%$$

$$P^u=\frac{0.5\times100+0.5\times100}{1+r^u}=\frac{100}{1.07+a(1)}$$

$$P^d=\frac{0.5\times100+0.5\times100}{1+r^d}=\frac{100}{1.03+a(1)}$$

$$89=\frac{P^u\times0.5+P^d\times0.5}{1+5\%}$$

解得

$$a(1)\approx2.0465\%$$

例 7.4.3 目前,从市场上观察到一年期零息债券的年利率为 6%。假设短期利率每年变动一次,且服从 Ho - Lee 模型分布。已知年波动率 $\sigma=0.023$,$a(1)=0.0103$,$a(2)=0.0123$,求面值为 100 元的三年期零息债券的价格。

解:根据 Ho - Lee 模型可以得到

$$r(t+\Delta t)=r(t)+a(t)\Delta t+\sigma\varepsilon\sqrt{\Delta t}$$

假设利率在下一年将等可能上升或下降,于是

由 $r_1=6\%=r(1)$,可以得到

$$r_2^u=r_1+a(1)+\sigma=9.33\%$$

$$r_2^d=r_1+a(1)-\sigma=4.73\%$$

由 $r_2^u=9.33=r(2)$ 可以得到

$$r_3^{uu}=r(2)+a(2)+\sigma=12.86\%$$

$$r_3^{ud}=r(2)+a(2)-\sigma=8.26\%$$

同理由 $r_2^d=4.73\%=r(2)$ 可以得到

$$r_3^{du}=8.26\%,r_3^{dd}=3.66\%$$

由于第 3 年年末零息债券的价格为 100 元,可以推导出第 2 年年末的可能价格为

$$B_2^{uu}=\frac{100}{1+12.86\%}\approx88.605352(\text{元})$$

$$B_2^{ud}=B_2^{du}=\frac{100}{1+8.26\%}\approx92.370220(\text{元})$$

$$B_2^{dd}=\frac{100}{1+3.66\%}\approx96.469226(\text{元})$$

进而推导出第 1 年年末的该零息债券的价格应为

$$B_1^u=\frac{0.5(B_2^{uu}+B_2^{ud})}{1+r_2^u}\approx82.76574(\text{元})$$

$$B_1^d=\frac{0.5(B_2^{du}+B_2^{dd})}{1+r_2^d}\approx90.15537(\text{元})$$

最后,可以推导出在时刻 0 该零息债券的价格应为

$$B_0=\frac{0.5(B_1^u+B_1^d)}{1+r_1}\approx81.57(\text{元})$$

第七章 随机利率及其模型

第五节　Vasicek 模型

一、伊藤引理

伊藤引理是在随机过程中解决微分问题的一种重要思路，由日本数学家伊藤清发现，目前在衍生品定价中发挥了重要作用，关于伊藤过程与伊藤引理将在第八章进一步讨论，请读者留意。

对 F 使用泰勒公式展开，可以得到第一引理，形式如下

$$F(X+\mathrm{d}X)=F(X)+\frac{\mathrm{d}F}{\mathrm{d}X}\mathrm{d}X+\frac{1}{2}\cdot\frac{\mathrm{d}^2F}{\mathrm{d}X^2}\mathrm{d}X^2 \tag{7.5.1}$$

其中，$X(t)$ 服从布朗运动，$\mathrm{d}X^2=\mathrm{d}t$。

$$\mathrm{d}F=F(X+\mathrm{d}X)-F(X)=\frac{\mathrm{d}F}{\mathrm{d}X}\mathrm{d}X+\frac{1}{2}\cdot\frac{\mathrm{d}^2F}{\mathrm{d}X^2}\mathrm{d}t \tag{7.5.2}$$

例如，当 $F=X^3$ 时，$\frac{\mathrm{d}F}{\mathrm{d}X}=3X^2$，$\frac{\mathrm{d}^2F}{\mathrm{d}X^2}=6X$，$\mathrm{d}F=3X^2\mathrm{d}X+3X\mathrm{d}t$，其中 $3X^2$ 称为扩散因子，$3X$ 称为漂移因子。

第二引理中，$F(X,t)$ 是关于时间 t 和布朗运动 X 的函数，使用泰勒公式展开，得到

$$F(t+\mathrm{d}t,X+\mathrm{d}X)=F(t,X)+\frac{\mathrm{d}F}{\mathrm{d}t}\mathrm{d}t+\frac{\mathrm{d}F}{\mathrm{d}X}\mathrm{d}X+\frac{1}{2}\cdot\frac{\mathrm{d}^2F}{\mathrm{d}X^2}\mathrm{d}X^2 \tag{7.5.3}$$

其中，$\mathrm{d}X^2=\mathrm{d}t$。

$$\mathrm{d}F=F(t+\mathrm{d}t,X+\mathrm{d}X)-F(t,X)=\frac{\mathrm{d}F}{\mathrm{d}t}\mathrm{d}t+\frac{\mathrm{d}F}{\mathrm{d}X}\mathrm{d}X+\frac{1}{2}\cdot\frac{\mathrm{d}^2F}{\mathrm{d}X^2}\mathrm{d}t$$

$$\mathrm{d}F=\frac{\mathrm{d}F}{\mathrm{d}X}\mathrm{d}X+\left(\frac{\mathrm{d}F}{\mathrm{d}t}+\frac{1}{2}\cdot\frac{\mathrm{d}^2F}{\mathrm{d}X^2}\right)\mathrm{d}t \tag{7.5.4}$$

其中，$\frac{\mathrm{d}F}{\mathrm{d}X}$ 为扩散因子，$\frac{\mathrm{d}F}{\mathrm{d}t}+\frac{1}{2}\cdot\frac{\mathrm{d}^2F}{\mathrm{d}X^2}$ 为漂移因子。相比第一引理，第二引理将隐性存在的 t 显性化。

二、Vasicek 模型

Vasicek 模型是由 Vasicek 于 1977 年提出的用来刻画短期利率的单因子动态模型，具体形式为

$$\mathrm{d}r_t=\alpha(\mu-r_t)\mathrm{d}t+\sigma\mathrm{d}W_t \tag{7.5.5}$$

其中，$\alpha(\mu-r_t)$ 为漂移项，$\sigma\mathrm{d}W_t$ 为波动项，W_t 是模拟市场风险的标准维纳过程。α、μ、δ 均为常数，α 为非负数。Vasicek 模型具有均值回复特征，μ 表示短期利率的长期

均值,α 表示均值回复的速度。当利率低于长期均值($\mu > r_t$)时,$\alpha(\mu - r_t) > 0$,总体向上漂移,r_t 逐渐向上靠近 μ;当利率高于长期均值($\mu < r_t$)时,总体向下漂移,r_t 逐渐向下靠近 μ。

下文进行模型求解,将(7.5.5)变形得

$$dr_t = (\alpha\mu - \alpha r_t)dt + \sigma dW_t$$

令 $G(t) = e^{\alpha t} r_t$,则有

$$\begin{aligned} dG(t) &= e^{\alpha t} dr_t + \alpha r_t e^{\alpha t} dt \\ &= e^{\alpha t}(\alpha\mu - \alpha r_t)dt + \sigma e^{\alpha t} dW_t + \alpha r_t e^{\alpha t} dt \\ &= e^{\alpha t}[\alpha\mu dt + \sigma dW_t]。\end{aligned}$$

即

$$d(e^{\alpha t} r_t) = e^{\alpha t}[\alpha\mu dt + \sigma dW_t]$$

两边从 0 到 T 积分可得

$$\int_0^T d(e^{\alpha t} r_t) = \int_0^T e^{\alpha t}[\alpha\mu dt + \sigma dW_t]$$

$$r_T e^{\alpha T} - r_0 e^{\alpha \cdot 0} = \alpha\mu \int_0^T e^{\alpha t} dt + \sigma \int_0^T e^{\alpha t} dW_t$$

$$r_T = r_0 e^{-\alpha T} + e^{-\alpha T}\mu(e^{\alpha T} - 1) + \sigma e^{-\alpha T}\int_0^T e^{\alpha t} dW_t$$

从而

$$r_t = r_0 e^{-\alpha t} + \mu(1 - e^{-\alpha t}) + \sigma \int_0^t e^{-\alpha(t-u)} dW_u \tag{7.5.6}$$

根据随机分析的基本原理可知,令 $Y_t = \int_0^t e^{-\alpha(t-u)} dW_u$,则 Y_t 服从正态分布,且

$$E(Y_t) = 0$$

$$\begin{aligned} var(Y_t) = E(Y_t^2) &= E\left[\left(\int_0^t e^{-\alpha(t-u)} dW_u\right)\left(\int_0^t e^{-\alpha(t-u)} dW_u\right)\right] \\ &= \int_0^t e^{-\alpha(t-u)} e^{-\alpha(t-u)} du = \int_0^t e^{-2\alpha(t-u)} du = \frac{1}{2\alpha}(1 - e^{-2\alpha t}) \end{aligned}$$

因此,在 r_0 已知的情况下,r_t 也服从正态分布,且

$$E[r_t \mid r_0] = r_0 e^{-\alpha t} + \mu(1 - e^{-\alpha t}) \tag{7.5.7}$$

$$var[r_t \mid r_0] = \frac{\sigma^2}{2\alpha}(1 - e^{-2\alpha t}) \tag{7.5.8}$$

当 $t \to \infty$ 时,$E[r_t \mid r_0] \to \mu$,$var[r_t \mid r_0] = \frac{\sigma^2}{2\alpha}$,随着时间趋于无穷,均值收敛于长期均值。

更一般地,基于 t 时刻的信息集 F_t,$r_T(T > t)$ 的条件分布为正态分布,且

$$E[r_T \mid F_t] = r_t e^{-\alpha\tau} + \mu(1 - e^{-\alpha\tau})$$

$$var[r_T \mid F_t] = \frac{\sigma^2}{2\alpha}(1 - e^{-2\alpha\tau})$$

其中，$\tau = T - t$。

风险中性概率测度下，Vasicek 模型的表达式为

$$dr_t = \alpha(\tilde{\mu} - r_t)dt + \sigma dW_t^Q \tag{7.5.9}$$

λ 表示风险的市场价格，$\tilde{\mu} = \mu - \dfrac{\lambda\sigma}{\alpha}$。另外在使用 Vasicek 模型时要注意出现负利率的情况。

前文介绍的属于单因素模型，进一步可研究两因素 Vasicek 模型。不同于单因素 Vasicek 模型，该模型中的长期利率是随机的。

Vasicek 模型是应用较为广泛的短期利率期限结构模型，形式简单，但是作为一种均衡利率模型，在使用过程中缺乏灵活性，会出现负利率的情况。前文介绍的属于单因素模型，进一步可研究多因素模型。在两因素 Vasicek 模型中，长期利率不再是常数，而是随机变化的。

可以使用 Python 或者 Excel 软件进行 Vasicek 模型的模拟。设定初始利率为 8%，长期利率均值为 0，得到图 7－5－1 所示的利率变化路径。可以看到，利率逐渐向长期均值靠拢，最终围绕长期利率水平上下波动。进行多次模拟后，可以更加清晰地展示 Vasicek 模型的均值回复特性。α 越大，均值回复速度越快。

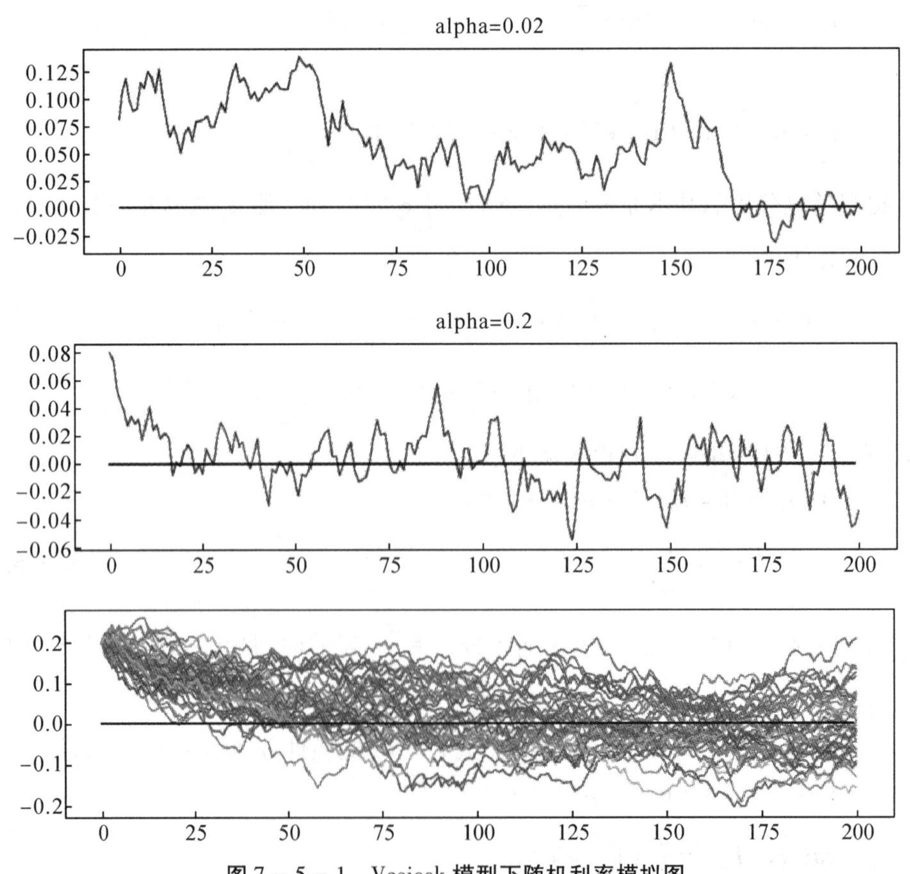

图 7－5－1　Vasicek 模型下随机利率模拟图

在 Vasicek 模型中进行参数估计时，使用该模型的离散形式，ε 服从标准正态分布，r_i 为第 i 天的利率：

$$\Delta r = \alpha(\mu - r_i)\Delta t + \sigma\varepsilon\sqrt{\Delta t} \tag{7.5.10}$$

二、Vasicek 模型下零息债券定价问题

下面用折现的方法来求解 Vasicek 模型下单位面额的零息债券的价格，该价格可以表示为

$$B(t,T) = \mathrm{E}\left[\exp\left(-\int_t^T r_u \mathrm{d}u\right)\right] \tag{7.5.11}$$

由(7.5.6)知，在 r_t 已知条件下，$r_T = r_t \mathrm{e}^{-\alpha(T-t)} + \mu(1 - \mathrm{e}^{-\alpha(T-t)}) + \sigma\int_t^T \mathrm{e}^{-\alpha(u-t)}\mathrm{d}Wu$ 服从正态分布，进而容易推出，$-\int_t^T r_u \mathrm{d}u$ 也服从正态分布，且

$$\mathrm{E}\left(-\int_t^T r_u \mathrm{d}u\right) = -\mu\tau - \frac{r_t - \mu}{\alpha}(1 - \mathrm{e}^{-\alpha\tau})$$

$$\mathrm{var}\left(-\int_t^T r_u \mathrm{d}u\right) = \frac{\sigma^2}{2\alpha^3}(2\alpha\tau - 3 + 4\mathrm{e}^{-\alpha\tau} - \mathrm{e}^{-2\alpha\tau})$$

其中，$\tau = T - t$。

特别地，当 $t = 0$ 时，

$$\mathrm{E}\left(-\int_0^T r_u \mathrm{d}u\right) = -\frac{r_t}{\alpha}(1 - \mathrm{e}^{-\alpha T}) - \mu T + \frac{\mu}{\alpha}(1 - \mathrm{e}^{-\alpha T})$$

$$\mathrm{var}\left(-\int_0^T r_u \mathrm{d}u\right) = \frac{\sigma^2}{2\alpha^3}(2\alpha T - 3 + 4\mathrm{e}^{-\alpha T} - \mathrm{e}^{-2\alpha T})$$

显然，$\exp\left(-\int_t^T r_u \mathrm{d}u\right) \sim LN(\mu,\sigma^2)$，从而

$$B(t,T) = \mathrm{E}\left(\exp\left(-\int_t^T r_u \mathrm{d}u\right)\right) = \exp\left(\mathrm{E}\left(-\int_t^T r_u \mathrm{d}u\right) + 0.5\mathrm{var}\left(-\int_t^T r_u \mathrm{d}u\right)\right)$$

$$= \exp\left[\begin{array}{l} -\dfrac{r_t}{\alpha}(1 - \mathrm{e}^{-\alpha\tau}) - \mu\tau + \dfrac{\mu}{\alpha}(1 - \mathrm{e}^{-\alpha\tau}) \\ + \dfrac{\sigma^2}{4\alpha^3}(2\alpha\tau - 3 + 4\mathrm{e}^{-\alpha\tau} - \mathrm{e}^{-2\alpha\tau}) \end{array}\right] \tag{7.5.12}$$

下面将另一角度推导出债券的价格公式。

假设债券价格为

$$B(t,T) = A(\tau)\mathrm{e}^{-b(\tau)r_t}, \tau = T - t \tag{7.5.13}$$

求偏微分后可得

$$\frac{\partial B}{\partial r} = -Ab\exp(-rb)$$

$$\frac{\partial^2 B}{\partial r^2} = Ab^2\exp(-rb)$$

$$\frac{\partial B}{\partial t}=rAb'\exp(-rb)-A'\exp(-rb)$$

将上述偏微分结果和$\mu(t,r_t)=\alpha(\mu-r_t)$，$\sigma(t,r_t)=\sigma,\lambda(t,r_t)=\lambda$一同代入零息债券价格满足的偏微分方程(7.3.10)可得

$$\frac{\partial B}{\partial r}[\alpha(\mu-r)-\lambda\sigma]+\frac{\partial B}{\partial t}+\frac{1}{2}\sigma^2\frac{\partial^2 B}{\partial r^2}=rB \tag{7.5.14}$$

得到

$$r(\alpha Ab+Ab'-A)+[(\lambda\sigma-\alpha\mu)b+\frac{1}{2}\sigma^2b^2]A-A'=0 \tag{7.5.15}$$

由于上式在任意的 r 均成立,因此

$$\alpha b+b'=1 \tag{7.5.16}$$

$$[(\lambda\sigma-\alpha\mu)b+\frac{1}{2}\sigma^2b^2]A-A'=0 \tag{7.5.17}$$

$$\because P(T,T,r)=1,\therefore A(0)=1,b(0)=0$$

求解(7.5.16)中关于 b 的常微分方程可得

$$b=b(\tau)=\frac{1-e^{-\alpha\tau}}{\alpha} \tag{7.5.18}$$

或者

$$e^{-\alpha\tau}=1-\alpha b \tag{7.5.19}$$

对(7.5.16)两边从0到 τ 积分可得

$$\alpha\int_0^\tau b(t)\,dt+b=\tau$$

即

$$\int_0^\tau b(t)\,dt=\frac{\tau-b}{\alpha}$$

另外

$$\begin{aligned}\int_0^\tau b^2(t)\,dt&=\frac{1}{\alpha^2}\int_0^\tau(1-2e^{-\alpha t}+e^{-2\alpha t})\,dt\\&=\frac{1}{\alpha^2}\left(\tau+\frac{2}{\alpha}(e^{-\alpha\tau}-1)-\frac{1}{2\alpha}(e^{-2\alpha\tau}-1)\right)\\&=\frac{1}{\alpha^2}\tau-\frac{2}{\alpha^2}b+\frac{3}{2\alpha^3}(1-e^{-2\alpha\tau})\end{aligned}$$

由(7.5.17)可得

$$\begin{aligned}\ln A(\tau)&=\int_0^\tau[(\lambda\sigma-\alpha\mu)b+\frac{1}{2}\sigma^2b^2]\,dt\\&=(\lambda\sigma-\alpha\mu)\int_0^\tau b\,dt+\frac{1}{2}\sigma^2\int_0^\tau b^2\,dt\end{aligned}$$

$$= (\lambda\sigma - \alpha\mu) \cdot \frac{\tau - b}{\alpha} + \frac{1}{2}\sigma^2\left(\frac{1}{\alpha^2}\tau - \frac{2}{\alpha^2}b + \frac{3}{2\alpha^3}(1 - e^{-2\alpha\tau})\right)$$

$$= b(\mu - \frac{\lambda\sigma}{\alpha} - \frac{\sigma^2}{\alpha^2}) - (\mu - \frac{\lambda\sigma}{\alpha} - \frac{\sigma^2}{2\alpha^2})\tau + (1 - e^{-2\alpha\tau})\frac{\sigma^2}{4\alpha^3}$$

记 $a(\tau) = b(\tau)\left(\mu - \frac{\lambda\sigma}{\alpha} - \frac{\sigma^2}{\alpha^2}\right) - \left(\mu - \frac{\lambda\sigma}{\alpha} - \frac{\sigma^2}{2\alpha^2}\right)\tau + (1 - e^{-2\alpha\tau})\frac{\sigma^2}{4\alpha^3}$,那么

$$A(\tau) = e^{a(\tau)}$$

从而,可以得到债券的价格公式为

$$B(t,T) = e^{a(\tau) - b(\tau)r(t)} \tag{7.5.20}$$

由于 λ 表示承担超额风险而获得的超额收益,当 $\lambda = 0$ 时,(7.5.20) 就成为(7.5.12)。

例 7.5.1 假设在 Vasicek 模型中,$\alpha = 0.1$,$\mu = 0.08$。初始短期利率为 10%,在 Δt 年内,短期利率变化的标准差为 $0.04\sqrt{\Delta t}$,求 5 年期零息债券的价格。

解:$\because\ \alpha = 0.1, \mu = 0.08, \tau = 5, r_0 = 0.1$

$$\therefore\ b(5) = \frac{1 - e^{-0.1\times 5}}{0.1} \approx 3.934\ 693$$

$$a(5) = b(5)\left(0.08 - 0 - \frac{0.04^2}{0.1^2}\right) - \left(0.08 - 0 - \frac{0.04^2}{2\times 0.1^2}\right)\times 5 + (1 - e^{-2\times 0.1\times 5})\frac{0.04^2}{4\times 0.1^3} \approx -0.061\ 927$$

因此,所求的零息债券的价格为

$$\exp(-0.061\ 927 - 3.934\ 5\times 0.1) \approx 0.634\ 2。$$

例 7.5.2 (1) 至少列出 5 个关于利率期限结构模型的合意特点。(2) 关于利率期限结构的 Vasicek 模型中短期利率所满足的微分方程。(3) 根据(1) 中列出的特点判断 Vasicek 模型的优良性。

解:(1) 无套利;正利率;瞬时利率和其他利率均值回复;衍生品与债券容易计算与定价;能反映现实的动态收益率曲线;历史拟合性(具有合适的参数值);容易校准;具有处理衍生品的弹性。

(2) 关于利率期限结构的 Vasicek 模型中短期利率所满足的微分方程:

$$dr_t = \alpha(\mu - r_t)dt + \sigma dW_t$$

(3) Vasicek 模型优良性的判断

无套利——是;正利率——否;均值回复性——是;易于计算与定价——是;现实模拟性——否;历史拟合性——否;容易校准——否;适用衍生品——否。总之,不是一个很优良的模型。

第六节　CIR 模型

一、CIR 模型的基本内容

Cox、Ingersoll 和 Ross(1985) 在一般均衡条件下的经济环境中考虑了利率的期限结构问题,并由此得出了 CIR 模型。该模型是单因素模型中最著名也是最重要的一个。因为 CIR 模型将平方根引入扩散模型中,使得利率的取值大于零,克服了 Vasicek 模型出现负利率的缺陷。单因素 CIR 模型的形式为

$$dr_t = \alpha(\mu - r_t)dt + \sigma\sqrt{r_t}\,dW_t \tag{7.6.1}$$

其中 α、μ、σ 为正的常数。满足(7.6.1) 式的过程称为平方根过程。

从(7.6.1) 式可以看出,CIR 模型仍是一个具有均值回复特性的模型。短期利率 r_t 的漂移项与 Vasicek 模型下的一致,因此 r_t 围绕长期均值 μ 波动。利率回复到均值的速度由模型中的参数 α 来刻画。与 Vasicek 模型相比,CIR 模型主要的区别在于它的波动项里增加了 r_t 的平方根。所以当 r_t 趋于零时,$\sqrt{r_t}$ 也趋于零,但不小于零。由于 CIR 模型中随机项的标准差与$\sqrt{r_t}$ 成正比,因此当 r_t 趋于零时,随机项的方差 $\sigma^2 r_t$ 也趋于零,从而 CIR 模型保证了利率 r_t 不会出现负值。通过求解(7.6.1) 式我们可以得到下面的定理。

定理 7.6.1　用$f_{\chi^2_{a,b}}(\cdot)$ 表示自由度为 a,非中心参数为 b 的非中心χ^2 分布的概率密度函数。在 CIR 模型下,基于时刻 t 的短期利率 r_t,未来时刻 $T(T > t)$ 的 r_T 的条件分布的概率密度函数为

$$f_{r_T|r_t}(r) = f_{\chi^2_{2q+2,2u}}(2cr) \tag{7.6.2}$$

其中,$c = \dfrac{2\alpha}{\sigma^2[1 - e^{-\alpha(T-t)}]}$,$u = cr_t e^{-\alpha(T-t)}$,$q = \dfrac{2\alpha\mu}{\sigma^2} - 1$。

在 CIR 模型下 r_t 的概率密度函数:设时刻 0 的短期利率为 r_0,则时刻 $t(t > 0)$ 的短期利率 r_t 服从非中心的χ^2 分布,其概率密度函数为

$$f(u,v) = ce^{-(u+v)}\left(\frac{u}{v}\right)^{\frac{2}{q}} I_q(2\sqrt{uv}) \tag{7.6.3}$$

这里 $c = \dfrac{2\alpha}{\sigma^2(1 - e^{-\alpha t})}$,$u = cr_0e^{-\alpha t}$,$v = cr_t$,$q = \dfrac{2\alpha\mu}{\sigma^2} - 1$,$I_q(y) = \left(\dfrac{y}{2}\right)^q \sum\limits_{n=0}^{q} \dfrac{\left(\frac{y}{2}\right)^{2n}}{n!\ \Gamma(q+n+1)}$。

定理 7.6.2　在 CIR 模型下,基于时刻 t 的短期利率 r_t,未来时刻 $T(T > t)$ 的 r_T 的条件期望为

$$E(r_T | r_t) = \mu + (r_t - \mu)e^{-\alpha(T-t)} \tag{7.6.4}$$

条件方差为

$$\mathrm{var}(r_T \mid r_t) = \frac{r_t\sigma^2}{\alpha}[\mathrm{e}^{-\alpha(T-t)} - \mathrm{e}^{-2\alpha(T-t)}] + \frac{\mu\sigma^2}{2\alpha}[1 - \mathrm{e}^{-\alpha(T-t)}]^2 \tag{7.6.5}$$

特别地,取 $t = 0$,可对任意的 $T(T > 0)$,有

$$\mathrm{E}(r_T) = \mu + (r_0 - \mu)\mathrm{e}^{-\alpha T} \tag{7.6.6}$$

$$\mathrm{var}(r_T) = \frac{r_0\sigma^2}{\alpha}(\mathrm{e}^{-\alpha T} - \mathrm{e}^{-2\alpha T}) + \frac{\mu\sigma^2}{2\alpha}(1 - \mathrm{e}^{-\alpha T})^2 \tag{7.6.7}$$

为了证明定理 7.6.2,我们直接引用如下引理。

引理 7.6.1　设 X_t 是一个 $It\hat{o}$ 过程,称 $D(X_t) = \frac{\mathrm{dE}(X_t)}{\mathrm{d}t}$ 为 Dynkin 算子,

$$\frac{\mathrm{dE}(X_t)}{\mathrm{d}t} = \frac{\mathrm{E}(\mathrm{d}X_t)}{\mathrm{d}t}$$

然后,给出定理 7.6.2 的如下证明:

这里我们仅证明(7.6.6) 和(7.6.7),因为前两个等式可以类似地证明。对(7.6.1) 两边取期望,因为 $\mathrm{E}(\mathrm{d}W_t) = 0$,所以,

$$\mathrm{E}(\mathrm{d}r_t) = \alpha(\mu - \mathrm{E}(r_t))\mathrm{d}t \tag{7.6.8}$$

由引理 7.6.1 可得

$$\mathrm{dE}(r_t) = \alpha(\mu - \mathrm{E}(r_t))\mathrm{d}t \tag{7.6.9}$$

(7.6.9) 式的边界条件为 $\mathrm{E}(r_0) = r_0$。令

$$y = \mathrm{E}(r_t) - \mu \tag{7.6.10}$$

则(7.6.9) 变为

$$\mathrm{d}\ln y = -\alpha\mathrm{d}t \tag{7.6.11}$$

对(7.6.11) 式两边从 0 到 T 积分,并将(7.6.10) 式代入可得

$$\mathrm{E}(r_T) = \mu + C\mathrm{e}^{-\alpha T}$$

其中,C 为常数。由边界条件可得

$$C = r_0 - \mu$$

为证明(7.6.7),需要计算 $\mathrm{E}(r_t^2)$,为此对 r_t^2 运用伊藤引理,可得

$$\mathrm{d}r_t^2 = [2\alpha r_t(\mu - r_t) + \sigma^2 r_t]\mathrm{d}t + \sigma\sqrt{r_t}\,\mathrm{d}W_t \tag{7.6.12}$$

由引理 7.6.1 可得

$$\frac{\mathrm{E}(\mathrm{d}r_t^2)}{\mathrm{d}t} = \frac{\mathrm{dE}(r_t^2)}{\mathrm{d}t} = (2\alpha\mu + \sigma^2)\mathrm{E}(r_t) - 2\alpha\mathrm{E}(r_t^2) \tag{7.6.13}$$

将(7.6.6) 式代入(7.6.13) 式得到一个关于 $\mathrm{E}(r_t^2)$ 的一阶常微分方程,解之得

$$\mathrm{E}(r_t^2) = r_0\mathrm{e}^{-2\alpha t} + r_0\left(\frac{\sigma^2}{\alpha} + 2\mu\right)(\mathrm{e}^{-\alpha t} - \mathrm{e}^{-2\alpha t}) + \left(\frac{\mu\sigma^2}{2\alpha} + \mu^2\right)(1 - \mathrm{e}^{-\alpha t})^2 \tag{7.6.14}$$

由(7.6.6) 式和(7.6.14) 式即可得(7.6.7) 式。

由定理 7.6.2 可知,当 $t \to \infty$ 时,$r_t \to \mu$。

二、CIR 模型下债券的定价

Cox、Ingersoll 和 Ross(1985) 推导了在 CIR 模型下风险的市场价格为

$$\lambda(t,r_t)=\frac{\lambda\sqrt{r_t}}{\sigma} \tag{7.6.15}$$

其中,λ 为正常数。

将(7.6.1) 式和(7.6.6) 式代入(7.5.9) 式得到 CIR 模型下零息债券价格满足的微分方程

$$\frac{\partial B}{\partial t}+\frac{\partial B}{\partial r}[\alpha(\mu-r)-\lambda r]+\frac{1}{2}\sigma^2 r\frac{\partial^2 B}{\partial r^2}=rB \tag{7.6.16}$$

与 Vasicek 模型的情况类似,在 CIR 模型下,零息债券价格的形式仍为

$$B(t,T)=A(\tau)\mathrm{e}^{-b(\tau)r_t}=\mathrm{e}^{a(\tau)-b(\tau)r_t}$$

通过与 Vasicek 模型相同的方法,可以求出待定函数 $A(\tau)$ 和 $b(\tau)$ 如下:

$$A(\tau)=\left(\frac{2\theta\mathrm{e}^{\frac{(\theta+\alpha+\lambda)\tau}{2}}}{(\theta+\alpha+\lambda)(\mathrm{e}^{\theta\tau}-1)+2\theta}\right)^{\frac{2\alpha\mu}{\sigma^2}} \tag{7.6.17}$$

$$a(\tau)=\frac{2\alpha\mu}{\sigma^2}\ln\left(\frac{2\theta\mathrm{e}^{\frac{(\theta+\alpha+\lambda)\tau}{2}}}{(\theta+\alpha+\lambda)(\mathrm{e}^{\theta\tau}-1)+2\theta}\right) \tag{7.6.18}$$

$$b(\tau)=\frac{2(\mathrm{e}^{\theta\tau}-1)}{(\theta+\alpha+\lambda)(\mathrm{e}^{\theta\tau}-1)+2\theta} \tag{7.6.19}$$

$$\theta=\sqrt{(\alpha+\lambda)^2+2\sigma^2} \tag{7.6.20}$$

从上面的结果可以看出,在 CIR 下零息债券的定价是相当复杂的,这在一定程度上限制了对该模型的实际应用,为了简单起见,通常假设 $\lambda=0$。

第七节　资产的定价模型

金融决策的核心问题就是收益与风险(包括流动性问题) 的权衡,个体的决策通过竞争统一到市场的无套利均衡之中。当面临预期收益相同而风险大小不同的两项决策时,选择风险大的那项决策将是无效的;当面临风险大小相同而预期收益大小不相同的两项决策时,选择预期收益小的那项决策将是无效的。人们在高风险高收益与低风险低收益之间,按照自己对收益/风险的偏好进行权衡与优化,但市场均衡会导致与个体的收益/风险无关的结果。

马柯维茨(Harry Markowitz) 于 1952 年提出的投资组合理论,通常被认为是现代金融学的发端。这一理论的问世,使金融学开始摆脱纯粹描述性的研究和单凭经验操作的状态,数量化方法进入金融领域。投资组合选择的狭义含义是如何构建有价证券的头寸(包括多头和空头) 来使之能最好地符合投资者对收益与风险的权衡;广义的含义则包含对所有资产和负债的构成做出决策,甚至将人力资本的投资也考虑

在内。这里从狭义的角度去理解。

投资者有不同的利益结构，对市场变动的敏感性不同，调整自己的投资组合的周期长短未必相同，对风险的厌恶程度与承受能力也不尽相同。尽管金融机构提供无穷多种投资组合，但实际上只有有限的几种可以操作，因而并不存在对所有投资者最佳的投资组合或投资组合的选择策略。

下面我们从风险的角度来讨论构建投资组合以对预期收益与风险进行权衡。为方便起见，把除无风险证券外的所有有风险的股票、债券及其他所有证券统称为有风险的资产。投资组合理论的基本思想就是通过分散化的投资来抵消一部分风险。

假设资产1在组合里（按市场价值计）的比重为w，则资产2的比重为$1-w$，它们的预期收益率与收益率的方差分别为$E(r_1)$、$E(r_2)$与σ_1^2、σ_2^2；投资组合的预期收益率与收益率的方差记为$E(r)$和σ^2。由于$r=wr_1+(1-w)r_2$，因此

$$E(r)=wE(r_1)+(1-w)E(r_2) \tag{7.7.1}$$

$$\sigma^2=w^2\sigma_1^2+(1-w)^2\sigma_2^2+2w(1-w)\rho\sigma_1\sigma_2 \tag{7.7.2}$$

上式中ρ为资产1与资产2收益率相关系数，且$|\rho|\leqslant 1$。

一、一项有风险资产与一项无风险资产的组合

如果某项资产（如资产2）为无风险资产，那么$E(r_2)=r_f$，$\sigma_2=0$，并由(7.7.1)式可得

$$E(r)=r_f+w[E(r_1)-r_f] \tag{7.7.3}$$

$$\sigma=w\sigma_1 \tag{7.7.4}$$

这里，r_f是无风险条件下的预期收益率。

从(7.7.3)式可以看出，该组合的预期收益率是在无风险收益率的基础上加上风险补偿。风险补偿的大小按有风险资产在投资组合中所占比重来的大小分配，有风险资产本身的收益率中含有风险补偿部分$E(r_1)-r_f$。

由(7.7.3)式、(7.7.4)式可解得

$$w=\frac{E(r)-r_f}{E(r_1)-r_f}=\frac{\sigma}{\sigma_1} \tag{7.7.5}$$

$$E(r)=r_f+\frac{E(r_1)-r_f}{\sigma_1}\sigma \tag{7.7.6}$$

在给定的风险水平下，如果某投资组合可能获得最大的预期收益，那么这一组合称为有效组合。按这一定义，上面所研究的组合就不是有效组合，因为还可以加进风险资产，使风险更分散。将多项有风险资产组合在一起，可以抵消部分风险而不降低平均的预期收益率，这是马柯维茨的主要贡献。

二、两项有风险资产的组合

两项有风险资产的组合的预期收益率与收益率的方差已由(7.7.1)式、(7.7.2)式表明。由于$-1\leqslant\rho\leqslant 1$，因而

$$[w\sigma_1-(1-w)\sigma_2]^2 \leqslant \sigma^2 \leqslant [w\sigma_1+(1-w)\sigma_2]^2 \tag{7.7.7}$$

由于有系统风险(市场风险)的存在,所以不讨论$\rho=-1$的情形;若$\rho=1$,则意味着两项资产的风险完全正相关。由于允许卖空,可选择适当的比例w使$\sigma^2=0$,但有一权重为负数(空头)。由无风险套利原理可知,预期收益率应等于无风险利率,此时这两种证券的多头与空头头寸正好相互对冲,我们也可以不予考虑。因此有

$$\sigma \leqslant |w\sigma_1+(1-w)\sigma_2| \tag{7.7.8}$$

即组合的标准差不会大于标准差的组合,这表明投资组合的确能起到降低风险的作用,这就是投资分散化所体现的基本原理。

容易得到最小方差组合中的投资1所占比例为

$$w_{\min}=\frac{\sigma_2^2-\rho\sigma_1\sigma_2}{\sigma_1^2+\sigma_2^2-2\rho\sigma_1\sigma_2} \tag{7.7.9}$$

由(7.7.1)式、(7.7.2)式确定的方程组可以看成描述了预期收益率和标准差通过参数w联系起来的关系,由此确定的曲线是一条双曲线,因为其方程为

$$\frac{\sigma^2}{a^2}-\frac{[\mathrm{E}(r)-h]^2}{b^2}=1 \tag{7.7.10}$$

上式中,

$$a^2=\sigma_1^2\sigma_2^2(1-\rho^2)$$

$$b^2=\frac{\sigma_1^2\sigma_2^2(1-\rho^2)[\mathrm{E}(r_1)-\mathrm{E}(r_2)]^2}{(\sigma_1^2+\sigma_2^2-2\rho\sigma_1\sigma_2)^2}$$

$$h=\frac{\mathrm{E}(r_2)\sigma_1^2+\mathrm{E}(r_1)\sigma_2^2-\rho\sigma_1\sigma_2[\mathrm{E}(r_1)+\mathrm{E}(r_2)]}{\sigma_1^2+\sigma_2^2-2\rho\sigma_1\sigma_2}$$

三、多项有风险资产的组合

假设现在有n项有风险资产,它们的预期收益率分别为$\mathrm{E}(r_1),\mathrm{E}(r_2),\cdots,\mathrm{E}(r_n)$,彼此间的协方差为$\sigma_{kl}$,其中$k,l=1,2,\cdots,n$(当$l=k$时,$\sigma_{kl}$就成为方差$\sigma_k^2$)。$w_1,w_2,\cdots,w_n$表示相应资产在资产组合中所占的比重。于是投资组合的预期收益率和方差分别为

$$\mathrm{E}(r)=\sum_{k=1}^{n}w_k\mathrm{E}(r_k) \tag{7.7.11}$$

$$\sigma^2=\sum_{k=1}^{n}\sum_{l=1}^{n}w_kw_l\sigma_{kl} \tag{7.7.12}$$

优化组合就是要求组合在一定的预期收益率的前提条件下,使组合的方差最小,即求解以下二次线性规划:

$$\min_{w}\sigma^2=\sum_{k=1}^{n}\sum_{l=1}^{n}w_kw_l\sigma_{kl}$$

$$\text{s.t.}\ \sum_{k=1}^{n}w_k\mathrm{E}(r_k)=\mathrm{E}(r),\quad \sum_{k=1}^{n}w_k=1$$

对于每一给定的 E(r),可以解出相应的标准差 σ,每一对(E(r),σ) 构成标准差 - 收益率曲线图的一个坐标点(见图 7 - 7 - 1)。同样可以从数学上证明,这条曲线是双曲线,即最小方差曲线。

实际上最小方差曲线只有右上方的那一段才有意义,与其对称的右下方那一段没有意义。因为在承受同样风险(同样的标准差) 的情况下,上方的点所代表的投资组合的预期收益率比下方的点所代表的投资组合的预期收益率高。因此,我们称最小方差曲线右上方的那一段为有效组合边界。显然,只有在有效组合边界上的点所代表的组合才是符合正确的投资策略要求的优化组合。不过,现在还没有无风险证券。

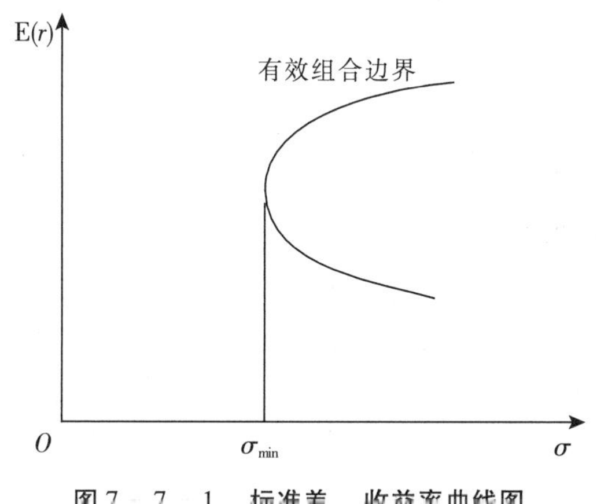

图 7 - 7 - 1　标准差 - 收益率曲线图

由于承受高的风险要求有高的风险补偿,所以等效用曲线是递增的。在已经承受较高风险的情况下,要进一步增加风险,就会要求更多的风险补偿;反之,在预期收益率已经比较低时,要进一步降低风险,就会要求更少的风险补偿。等效用曲线是向右下方凸的,越向左上方移动,等效用曲线所表示的效用函数就越大。显然,如果投资者要从这些有风险资产中选择投资组合的话,其等效用曲线和有效组合边界相切的那一点所代表的组合一定是最佳选择,见图 7 - 7 - 2 中的 E 点。

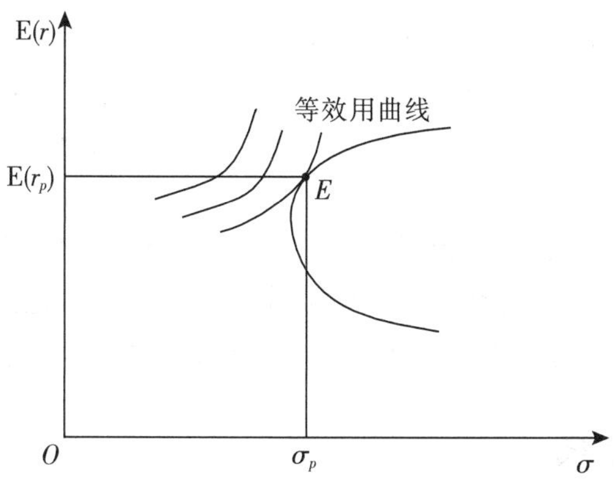

图 7 - 7 - 2　标准差 - 收益率曲线图

假设 n 种有风险资产在投资组合里比重是一样的，即 $w_k=\frac{1}{n}, k=1,2,\cdots,n$，于是组合的方差可写成

$$\sigma^2=\sum_{k=1}^{n}\sum_{l=1}^{n}\frac{1}{n}\cdot\frac{1}{n}\sigma_{kl}=\frac{1}{n^2}\sum_{k=1}^{n}\sigma_{kk}+\frac{1}{n^2}\sum_{k=1}^{n}\sum_{\substack{l=1\\l\neq k}}^{n}\sigma_{kl} \tag{7.7.13}$$

由于 $\sigma_{kk}=\sigma_k^2$ 且数值有界，因此(7.7.13)式右端的第一项当 n 趋于无穷大时趋于0，第二项不会趋于0，而是趋于方差的平均值，即

$$\frac{1}{n^2}\sum_{k=1}^{n}\sum_{\substack{l=1\\l\neq k}}^{n}\sigma_{kl}=\frac{n^2-n}{n^2}\bar{\sigma}_{kl}\to\bar{\sigma}_{kl}\qquad(n\to\infty)$$

这里

$$\bar{\sigma}_{kl}=\frac{1}{n^2-n}\sum_{k=1}^{n}\sum_{\substack{l=1\\l\neq k}}^{n}\sigma_{kl}$$

由此可知，当投资组合含有许多有风险资产时，个别资产的方差将不起作用。各项资产间的协方差有正有负，它们会起相互对冲抵消一部分的作用，但不会完全对冲抵消掉。因而，组合的方差就近似等于平均的协方差(未抵消的部分)。为什么不会完全对冲抵消而使平均协方差等于0? 因为各项资产的收益率变动存在某种同向性，这种同向性的风险是所有的不同资产都同时承受的，被称为系统性风险或市场风险，而可以对冲抵消掉的风险被称为非系统性风险或企业风险。于是，我们得出结论：通过扩大投资组合(增加所包含的资产种类)进行风险分散化，可以消除非系统性风险(企业风险)，但不能消除系统性风险。

非系统性风险是企业特有的风险，诸如企业陷入法律纠纷、罢工、新产品开发失败，等等。系统性风险则是指整个市场所承受的风险，如经济的景气情况、市场总体利率水平的变化等因为整个市场环境发生变化而产生的风险。由于投资者可通过采用分散化投资策略来降低乃至于消除非系统性风险，因此持有风险分散化投资组合的投资者比未持有风险分散化投资组合的投资者要求相对较低的投资回报率(预期收益率)，这样，在市场交易中就处于比较有利的竞争地位。而市场的均衡定价将根据竞争者的行为来定价，其定价的结果将只对系统性风险提供风险补偿，只有系统性风险才是市场所承认的风险。换言之，只有市场所承认的风险(系统性风险)才能获得风险补偿。

对于有风险资产而言，通过市场交易定出的均衡价格，其收益率只包括系统性风险的风险补偿，而不对非系统性风险提供风险补偿。我们讨论的市场上所有有风险资产的可能组合一定是通过充分的风险分散化而消除了非系统性风险的组合。

四、资本市场线

现在考虑在投资组合中引入无风险资产。在所有可能有风险资产构成的双曲线所围区域的有效组合边界右上端就是最小方差组合。因为存在系统性风险，所以最

小方差组合并不是无风险的，其预期收益率也一定高于无风险利率 r_f。于是，在标准差－预期收益率曲线图中，有效组合边界和表示预期收益率大小的纵坐标是不相交的，但代表无风险证券的收益／风险坐标点则将落在这根轴上。因而在加入无风险证券后，代表新的组合的点一定落在连接 r_f 点和包含所有可能的有风险资产组合的双曲线所围区域及其边界的某一点的射线上。这样的射线有无穷多条。但当射线逆时针方向旋转时，不管投资者的收益／风险偏好如何（不管效用函数的曲线形状如何），越在上面的射线上的点的效用值也越大。于是，效用值最大的射线一定是与有效组合边界相切的那一条，即以 r_f 为端点过点 M 的射线。这条射线实际构成了无风险证券和有风险资产组合的有效组合边界，我们称其为资本市场线（见图7－7－3）。

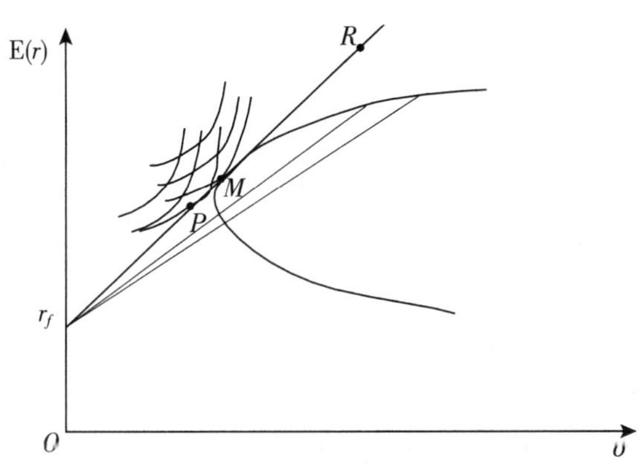

图7－7－3　标准差－预期收益率曲线图

在本节情形1中，一项有风险资产不会落在所有有风险资产的有效组合边界上，更不会是切点 M 所代表的投资组合，因而那里所讲的组合不会是有效组合。在包含无风险证券时，代表有效组合的点必然落在资本市场线上。有关两基金分离定理仍然成立，只不过其中一项基金是无风险证券，而另一项则是切点所代表的有风险资产的组合。资本市场线上任一点（如 P 点）所代表的投资组合，都可以由一定比例的无风险证券和由 M 点代表的有风险资产的组合生成，即对于从事投资服务的金融机构来说，不管投资者的收益/风险偏好如何，只需找到切点 M 所代表的有风险投资组合，再加上无风险证券，就能为所有的投资者提供最佳投资方案，投资者的收益/风险偏好就只反映在组合中无风险证券所占的比重。

这里两基金分离定理指的是：在所有有风险资产组合的有效组合边界上，任意两个分离的点都代表两个分离的有效投资组合，而有效组合边界上任意其他的点所代表的有效投资组合都可以通过这两个分离的点所代表的有效投资组合的线性组合生成。

设 M 点所代表的有风险资产组合的预期收益率和标准差分别为 $E(r_M)$ 和 σ_M，投资于这一有风险资产组合的资金比例是 w_M，投资于无风险证券的资金的比例则是 $1-w_M$，加上无风险证券后的投资组合的预期收益率 $E(r_p)$ 和标准差 σ_p 就为

$$E(r_p) = r_f + \frac{E(r_M) - r_f}{\sigma_M}\sigma_p \tag{7.7.14}$$

$$\sigma_p = w_M \sigma_M \tag{7.7.15}$$

下面来分析 M 点所代表的有风险资产组合是什么样的投资组合。

首先,我们来研究市场组合,它指的是这样一种投资组合,该组合包含市场上存在的所有资产种类,各种资产所占比例和每种资产的总市值占市场所有资产的总市值的比例相同。换言之,市场组合只不过是一个缩小了的市场盘子。例如,假设市场上有三种资产:股票A、股票B和无风险证券,它们的总市值分别为500亿元、300亿元和200亿元,于是,股票A、股票B和无风险证券在市场中所占比例分别为50%、30%和20%,因而一个市场组合中股票A、股票B和无风险证券所占比例分别为50%、30%和20%。而有风险资产的市场组合就是指从市场组合中去掉无风险证券的组合,这样股票A、股票B所占比例就分别为62.5%和37.5%。

其次,我们断言:资本市场线与有风险资产的有效组合边界的切点 M 所代表的资产组合就是有风险资产的市场组合。

一方面,因为任何市场上存在的资产必然包含在 M 所代表的资产组合里。如若不然,理性投资者都会选择资本市场线上的点所代表的投资组合,不被 M 包含的资产会变得无人问津,其价格会下跌,从而收益率会上升,直到进入 M 所代表的资产组合里。另一方面,当市场均衡时,任何一种资产都不会有过度的需求和过度的供给。因为理性的投资者所选择的有风险资产的比例都与 M 所代表的资产组合里的投资比例相同,所以在市场处于均衡状态时,各种有风险资产的市场价值在全部有风险资产的市场总价值里的比重应当和 M 所代表的资产组合的比重相同。于是,M 所代表的资产组合就是有风险资产的市场组合。

这样,我们就引出了虽然被动但很有效的指数化的投资策略。该策略分两步采用:①按照市场组合来构建有风险资产的组合,这样也一定能实现风险的分散化;②将资金按照投资者的收益/风险偏好分投到无风险证券和所构建的有风险市场组合中去。这种策略调节起来非常方便。若觉得风险偏大,则可适当增加无风险证券的比例,反之则增加风险证券的比例。这种投资策略的制定,确实与个别投资者的效用函数无关,它是市场整合的结果。

市场组合(可以看成一个基金)和无风险证券(可以看成另一个基金)构成了新的两基金分离定理:所有合乎理性的投资组合都是有风险资产的市场组合和无风险证券的一个线性组合,而所有这样的线性组合构成了资本市场线。这一新的两基金分离定理成为资本资产定价模型的基础。

五、资本资产定价模型

1965年前后由威廉·夏普(William Sharpe)、约翰·林特纳(John Lintner)和简·莫辛(Jan Mossion)分别独立提出的资产定价模型标志着现代金融学走向成熟。资本资产定价模型有许多前提性的假设条件,主要是关于市场的完善性和环境的无摩擦性的假设。其中的主要假设条件有：

(1) 存在许多投资者,与整个市场相比,每位投资者的财富份额都很小,因此投资者都是价格的接受者,不具备“做市”的力量,市场处于完全竞争状态。

(2) 所有投资者都只计划持有投资资产的一个相同的周期,即所有投资者都是“近视”的,只关心投资计划期内的情况,而不考虑计划期以后的事情。

(3) 投资者只能交易可公开交易的金融投资工具,如股票、债券等,即不把人力资本(教育)、私人企业(负债和权益不公开交易的企业)、政府融资项目等考虑在内;并假设投资者可以不受限制地以固定的无风险利率进行借贷(容易卖空无风险证券)。

(4) 无税和无交易成本,即市场环境是无摩擦的。

(5) 所有投资者的行为都是理性的,都按照马柯维茨的投资组合选择模型来优化自己的投资行为。

(6) 所有的投资者都以相同的观点和分析方法来对待各种投资工具,他们对所交易的金融工具未来的收益现金流的概率分布、预期值和方差都有相同的估计,这就是一致性假设。

资本资产定价模型只有在这些条件都成立的前提下才适用。

记 $\sigma_{kM}=\sum_{l=1}^{n}w_{lM}\sigma_{kl}$, $\sigma_M=\left[\sum_{k=1}^{n}w_{kM}\sigma_{kM}\right]^{\frac{1}{2}}=\left(\sum_{k=1}^{n}\sum_{l=1}^{n}w_{kM}w_{lM}\sigma_{kl}\right)^{\frac{1}{2}}$,其中 w_{kM} 是第 k 项资产在有风险资产的市场组合中的比重。由此可知,有风险资产的市场组合的总风险只与各项资产与市场组合的风险相关性(各项资产的收益率与市场组合的收益率之间的协方差)有关,而与各项资产本身的风险(各项资产的收益率的方差)无关。于是投资者认为,若 σ_{kM} 越大,则第 k 项资产受市场组合的风险影响就越大;在市场均衡时,该项资产应该得到的风险补偿也应该越大。于是可得证券市场线：

$$\mathrm{E}(r_k)=r_f+\frac{\mathrm{E}(r_M)-r_f}{\sigma_M^2}\sigma_{kM}$$

或

$$\mathrm{E}(r_k)=r_f+\beta_k(\mathrm{E}(r_M)-r_f) \qquad (7.7.16)$$

上式中, $\beta_k=\dfrac{\sigma_{kM}}{\sigma_M^2}$ 被称为第 k 项资产的 β 系数。它是资产 k 的系统性风险与市场组合的系统性风险的比率,反映了资产 k 的相对系统性风险。换言之,如果市场组合的系统性风险为 1,那么资产 k 的系统性风险就是 β_k。

事实上,假如按比例 α、$(1-\alpha)$ 将资金分别投入证券 k 和有风险的市场组合 M,这样形成的组合 p 的预期收益率和标准差分别是：

$$\mathrm{E}(r_p)=\alpha\mathrm{E}(r_k)+(1-\alpha)\mathrm{E}(r_M)$$

$$\sigma_p=\left[\alpha^2\sigma_k^2+(1-\alpha)^2\sigma_M^2+2\alpha(1-\alpha)\sigma_{kM}\right]^{\frac{1}{2}}$$

它们分别对参数 α 求导数得

$$\frac{\mathrm{dE}(r_p)}{\mathrm{d}\alpha}=\mathrm{E}(r_k)-\mathrm{E}(r_M)$$

$$\frac{d\sigma_p}{d\alpha}=\frac{\alpha\sigma_k^2-\sigma_M^2+\alpha\sigma_M^2+\sigma_{kM}-2\alpha\sigma_{kM}}{[\alpha^2\sigma_k^2+(1-\alpha)^2\sigma_M^2+2\alpha(1-\alpha)\sigma_{kM}]^{1/2}}$$

因此,标准差—预期收益率曲线的斜率为

$$\begin{aligned}\frac{dE(r_p)}{d\sigma_p}&=\frac{dE(r_p)}{d\alpha}\div\frac{d\sigma_p}{d\alpha}\\&=\frac{[E(r_k)-E(r_M)][\alpha^2\sigma_k^2+(1-\alpha)^2\sigma_M^2+2\alpha(1-\alpha)\sigma_{kM}]^{\frac{1}{2}}}{\alpha\sigma_k^2-\sigma_M^2+\alpha\sigma_M^2+\sigma_{kM}-2\alpha\sigma_{kM}}\end{aligned}$$

若$\alpha=0$,则意味着所有资金都投入有风险的市场组合M中,此时的组合p就成为有风险市场组合M,即上式变为

$$\left.\frac{dE(r_p)}{d\sigma_p}\right|_{p=M}=\frac{[E(r_k)-E(r_M)]\sigma_M}{\sigma_{kM}-\sigma_M^2}$$

因为M在有效组合边界上,连接代表证券k的点和代表有风险市场组合的点M的曲线不能穿越有效组合边界,所以在M点的切线必然和资本市场线重合,即斜率与资本市场线的斜率相等。于是有

$$\frac{[E(r_k)-E(r_M)]\sigma_M}{\sigma_{kM}-\sigma_M^2}=\frac{E(r_M)-r_f}{\sigma_M}$$

由此可得(7.7.16)式。

β系数具有线性可加性。若在一个包含n项资产的投资组合里,各项资产的比重为w_k,则该组合的β系数为

$$\beta_p=\sum_{k=1}^{n}w_k\beta_k$$

该组合的收益率为

$$E(r_p)=r_f+\beta_p[E(r_M)-r_f] \tag{7.7.17}$$

(7.7.17)式表明,一项有价证券的风险补偿应当是它的β系数乘以有风险资产的市场组合的风险补偿,它表明了组合p的风险溢价是市场组合M的风险溢价的β倍。如果一项资产的β系数大于1,该项资产的风险补偿就大于市场组合的风险补偿,意味着这项资产在市场上的价格波动会大于市场的平均价格波动。如果一项资产的β系数小于1,就意味着这项资产在市场上的价格波动会小于市场的平均价格波动。从理论上讲,β系数可能为负,这意味着该项证券的收益率与整个市场存在负相关的关系。由于无风险利率会随着时间的变化而变化,因而点r_f会在$E(r)$轴上上下移动。当r_f点位置变动时,若证券市场线的斜率不变,则证券市场线上下平移,说明整个市场对待风险的态度没有发生变化。若证券市场线的斜率变大,即绕着点r_f逆时针方向旋转,说明整个市场对风险的厌恶增加,对同样的风险要求有更大的风险补偿,市场趋于保守;反之,则说明整个市场对风险的厌恶在减少,对同样的风险只要求比较小的风险补偿,市场更富于进取精神。

资本资产定价模型有很多用途,主要用途有两个:一是在投资基金的实际运作中,

经理人往往只经营他们熟悉的若干种有价证券,而不去经营一个市场组合。因此,证券市场线可以评估他们的经营业绩。二是证券市场线常常用来作为确定资本成本的依据,尤其是对一些非竞争项目(如军事项目或其他秘密项目)来说,是非常有用的。

例 7.7.1　某普通股以 50 元出售,在第 1 年年末支付 2 元的红利,该股票的 β 系数在刚刚过去的时刻为 1.5,当前市场的无风险利率为 5%,假设在市场风险上溢为 7.6%,求股票在年末价格的期望值。

解:由(7.7.16)式得

$$\mathrm{E}(r_k)=r_f+\beta_k[\mathrm{E}(r_M)-r_f]=5\%+1.5\times 7.6\%=16.4\%$$

设 P 为年末价格的期望值,则有如下等值方程:

$$50(1+16.4\%)=2+P$$

解之得 $P=56.2$(元)。

六、调整付款法

前面我们已讨论了风险量化通过风险上溢实现的利率调整法。下面考虑风险量化的另一种方法 —— 调整付款法。

考虑一项投资期为1期的投资。设 W 为不确定资金流,$\mathrm{E}(W)$ 为不确定的资金流在期末的期望值,它以收益率 r(包含了适当的风险上溢)进行折现,其现值 V 可表示为

$$V=\frac{\mathrm{E}(W)}{1+r} \tag{7.7.18}$$

现在将风险在付款中量化而不是在利率中量化,然后再按照无风险利率折现。假设等价的调整付款(已假设为必然支付)为 W',于是

$$V=\frac{W'}{1+r_f} \tag{7.7.19}$$

下面寻找 W' 的表达式,并使 $W'<\mathrm{E}(W)$。记 $\mathrm{E}(r_k)=r$,$\mathrm{E}(r_p)=\mu_p$ 及 $\mathrm{var}(r_p)=\sigma_p^2$,将(7.7.16)式代入(7.7.18)式,并将 M 替换为 p 得

$$\frac{\mathrm{E}(W)}{V}=1+r=1+r_f+\beta_k(\mu_p-r_f)=1+r_f+\frac{\sigma_{kp}}{\sigma_p^2}(\mu_p-r_f)$$

这里

$$\sigma_{kp}=\mathrm{cov}(r_k,r_p)=\mathrm{cov}\left(\frac{W}{V}-1,r_p\right)=\frac{\mathrm{cov}(W,r_p)}{V}$$

于是

$$\frac{\mathrm{E}(W)}{V}=1+r_f+\frac{\mu_p-r_f}{\sigma_p^2}\cdot\frac{\mathrm{cov}(W,r_p)}{V}$$

令 $\lambda=\dfrac{\mu_p-r_f}{\sigma_p^2}$,则有

$$\frac{\mathrm{E}(W)}{V} = 1 + r_f + \lambda \frac{\mathrm{cov}(W, r_p)}{V}$$

解之得

$$V = \frac{\mathrm{E}(W) - \lambda \mathrm{cov}(W, r_p)}{1 + r_f} \tag{7.7.20}$$

比较(7.7.19)式与(7.7.20)式得

$$W' = \mathrm{E}(W) - \lambda \mathrm{cov}(W, r_p) \tag{7.7.21}$$

由于 λ 与协方差一般为正,因此,正如预期,有 $W' < \mathrm{E}(W)$。

公式(7.7.21)给出了对于不确定资金流的期望值由于不确定性所需做出的调整量的表达式,这样就可按照无风险利率计算现值了。

本章小结

1. 内容概要

利率是金融资产定价的重要因素,对利率的波动性进行衡量和预测,是风险管理的重要部分。合理运行相关模型对利率进行管理,可以有效降低利率风险。

首先,将利率作为一个随机变量,研究了有关年金现值与终值的期望与方差,接着研究利率服从对数正态分布条件下的相关计算问题。

其次,为了更好地研究利率的随机波动,本章讲解了随机利率相关模型及其应用,并重点介绍了均衡模型和无套利模型,对 Ho - Lee 模型、Vasicek 模型、CIR 模型的推导以及连续时间随机利率模型下零息债券的定价问题进行了详细阐述。

最后,研究了资产定价模型。金融决策的核心问题就是收益与风险(包括流动性问题)的权衡,个体的决策通过竞争统一到市场的无套利均衡之中。人们在高风险高收益与低风险低收益之间,按照自己对收益/风险的偏好进行权衡与优化,但市场均衡会导致与个体的收益/风险无关的结果。投资组合理论的基本思想就是通过分散化的投资来抵消一部分风险。扩大投资组合(增加所包含的资产种类)有利于风险分散,可以消除非系统性风险(企业风险),但不能消除系统性风险。只有系统性风险才是市场承认的风险。换言之,只有市场承认的风险(系统性风险)才能获得风险补偿。被动但很有效的指数化的投资策略有:① 按照市场组合来构建有风险资产的组合,这样也一定能实现风险的分散化;② 将资金按照投资者的收益/风险偏好分别投到无风险证券和所构建的有风险市场组合中去。风险量化除了可以采用包含风险上溢的利率调整法外,还可采用另一种方法 —— 调整付款法。

2. 重要公式

(1) $\mathrm{E}[a(n)] = (1+i)^n$　　$\mathrm{var}[a(n)] = (1+j)^n - 1(1+i)^{2n}$

上式中,$\mathrm{E}(i_t) = i, \mathrm{var}(i_t) = s^2, j = 2i + i^2 + s^2$

(2) $E(\tilde{\ddot{s}}_{\overline{n}|})=\ddot{s}_{\overline{n}|i}$；$\text{var}(\tilde{\ddot{s}}_{\overline{n}|})=\dfrac{m_2^s+m_1^s}{m_2^s-m_1^s}\ddot{s}_{\overline{n}|j}-\dfrac{2m_2^s}{m_2^s-m_1^s}\ddot{s}_{\overline{n}|i}-(\ddot{s}_{\overline{n}|i})^2$

上式中，$j=2i+i^2+s^2, m_1^s=1+i, m_2^s=1+j$

(3) $E[a^{-1}(n)]=(1+i)^{-n}\quad \text{var}[a^{-1}(n)]=(1+k)^{-n}-(1+i)^{-2n}$

上式中，$(1+k)^{-1}=E[(1+i_t)^{-2}],(1+i)^{-1}=E[(1+i_1)^{-1}]$

(4) $E(\tilde{a}_{\overline{n}|})=a_{\overline{n}|i}\quad \text{var}(\tilde{a}_{\overline{n}|})=\dfrac{m_2^a+m_1^a}{m_2^a-m_1^a}a_{\overline{n}|k}-\dfrac{2m_2^a}{m_2^a-m_1^a}a_{\overline{n}|i}-(a_{\overline{n}|i})^2$

上式中，$m_1^a=(1+i)^{-1}, m_2^a=(1+k)^{-1}$

(5) $E(1+i_t)=e^{\mu+\sigma^2/2}$；$\text{var}(1+i_t)=e^{2\mu+\sigma^2}(e^{\sigma^2}-1)$

上式中，$\ln(1+i_t)\sim N(\mu,\sigma^2)$

(6) 连续时间随机利率模型下零息债券的定价

$$dr_t=\mu(t,r_t)dt+\sigma(t,r_t)dW_t$$

$$dB=\left(\frac{\partial B}{\partial t}+\frac{\partial B}{\partial r}\mu(t,r_t)+\frac{1}{2}\cdot\frac{\partial^2 B}{\partial r^2}\sigma^2(t,r_t)\right)dt+\frac{\partial B}{\partial r}\sigma(t,r_t)dW_t$$

$$c(t,T)=E_Q\left[f(T)\exp\left(-\int_t^T r(u)du\right)\mid F_t\right]$$

(7) Ho - Lee 模型

$$V_n=\frac{p(V_{n+1}^U+F_{n+1}^U)+(1-p)(V_{n+1}^D+F_{n+1}^D)}{1+i}$$

$$dr(t)=a(t)dt+\sigma dW$$

(8) Vasicek 模型

$$A(\tau)=\exp\left[b(\tau)(\mu-\frac{\lambda\sigma}{\alpha}-\frac{\sigma^2}{\alpha^2})-(\mu-\frac{\lambda\sigma}{\alpha}-\frac{\sigma^2}{2\alpha^2})\tau+(1-e^{-2\alpha\tau})\frac{\sigma^2}{4\alpha^3}\right]$$

$$B(t,T)=e^{a(\tau)-b(\tau)r(t)}$$

$$b(\tau)=\frac{1-e^{-\alpha\tau}}{\alpha}$$

$$a(\tau)=b(\tau)\left(\mu-\frac{\lambda\sigma}{\alpha}-\frac{\sigma^2}{\alpha^2}\right)-\left(\mu-\frac{\lambda\sigma}{\alpha}-\frac{\sigma^2}{2\alpha^2}\right)\tau+(1-e^{-2\alpha\tau})\frac{\sigma^2}{4\alpha^3}$$

(9) CIR 模型

$$E(r_T\mid r_t)=\mu+(r_t-\mu)e^{-\alpha(T-t)}$$

$$\text{var}(r_T\mid r_t)=\frac{r_t\sigma^2}{\alpha}[e^{-\alpha(T-t)}-e^{-2\alpha(T-t)}]+\frac{\mu\sigma^2}{2\alpha}[1-e^{-\alpha(T-t)}]^2$$

(10) $E(r)=wE(r_1)+(1-w)E(r_2)$

$$\sigma^2=w^2\sigma_1^2+(1-w)^2\sigma_2^2+2w(1-w)\rho\sigma_1\sigma_2$$

(11) $E(r_k)=r_f+\beta_k[E(r_M)-r_f]$

上式中，$\beta_k=\dfrac{\sigma_{kM}}{\sigma_M^2},\sigma_{kM}=\sum\limits_{l=1}^{n}w_{lM}\sigma_{kl},\sigma_M=\left(\sum\limits_{k=1}^{n}w_{kM}\sigma_{kM}\right)^{\frac{1}{2}}$

(12) $E(r_p)=r_f+\beta_p[E(r_M)-r_f]$, $\beta_p=\sum_{k=1}^{n}w_k\beta_k$

(13) $V=\dfrac{E(W)}{1+r}=\dfrac{W'}{1+r_f}$, $W'=E(W)-\lambda\mathrm{cov}(W,r_p)$

习题 7

7－1　投资1 000元,为期3年,第1年的实际利率为8%,第2年的实际利率有相等的可能性比第1年高1%或低1%;第3年的实际利率有相等的可能性比第2年高1%或低1%。求:(1)3年内每1年的平均利率;(2)3年内每1年利率的标准差;(3)第3年年末的最大可能积累值;(4)第3年年末的最小可能积累值;(5)第3年年末按平均利率计算的积累值;(6)第3年年末积累值的平均值;(7)第3年年末积累值的标准差。

7－2　已知$1+i_t$服从参数为0.06和0.2^2的对数正态分布,仅在时刻0投入1单位本金。求在时刻10积累值$a(10)$大于5.511 3的概率及其期望与方差。

7－3　假设i_t对于$t=1,2,3$均为在区间[0.07,0.09]上服从均匀分布的实际利率。试求1单位投资在第3年年末的积累值的期望与标准差。

7－4　假设i_t对于$t=1,2,3$均为在区间[0.07,0.09]上服从均匀分布的实际利率。3年内每年年初投资1,求其积累值的期望与方差。

7－5　已知$1+i_t$服从参数为0.06和0.01^2的对数正态分布,求以下各随机变量的期望值与标准差:(1)$a(10)$;(2)$\tilde{s}_{\overline{10|}}$;(3)$a^{-1}(10)$;(4)$\tilde{a}_{\overline{10|}}$。

7－6　某普通股以40元出售,第1年年末支付1.5元的红利,该股票的β系数在刚刚过去的时刻为1.3,当前的无风险利率为年6%。假设风险上溢为5.5%,求该股票年末价格的期望值。

7－7　已知股票A的$\beta=0.3$,而投资者期望得到6%的年收益率;股票B的$\beta=1.2$,而投资者期望得到12%的年收益率。求无风险利率。

7－8　某投资计划在第1年年末可收回11 000元,第2年年末可再收回12 100元,无风险利率为年6%,市场风险上溢为10%,此项投资的β值为0.4。求:(1)此项投资按风险调整利率的现值;(2)在每年年末等价的调整付款额。

7－9　假设$\{i_t\}_{t=1}^{\infty}$独立,且$1+i_t\sim LN(\mu,\sigma^2)$,已知$E(i_t)=0.05$,$\mathrm{var}(i_t)=0.088^2$,计算:(1)$\mu$与$\sigma^2$;(2)$P(a(12)>1.8)$;(3)$E(\tilde{s}_{\overline{12|}})$,$\mathrm{var}(\tilde{s}_{\overline{12|}})$。

7－10　假设i_t各以$\dfrac{1}{3}$的概率取值0.02、0.05、0.08($t=1,2,3,\cdots$),X表示在时刻0、时刻1分别投资2、1在时刻2的终值。计算$E(X)$与$\mathrm{var}(X)$。

7－11　假设从时刻$t-1$到时刻t的利率为i_t,$1+i_t$服从对数正态分布,利率i_t期望值与标准差分别为5%与11%。(1)求该对数正态分布的参数;(2)计算利率i_t界于4%与7%间的概率。

7-12 假设现在为时刻$t=5$，过去5年间利息力为常数4%，当前市场蕴涵着未来2年仍能维持4%的常数利息力，接下来的时间将保持6%的常数利息力。如果$T=10, S=15$，计算$B(t,T), r(t), F(t,T,S), f(t,T), R(t,T)$。

7-13 给定以下利率二叉树，假定所有利率变动的概率均为0.5，求该两年期零息债券的价格。

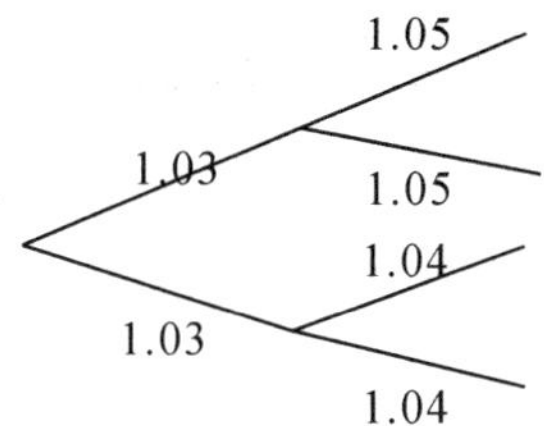

7-14 假设某面值为1 000元的10年期零息债券的远期利率满足：

$$f(0,T)=0.08+0.02T$$

其中T为年数，求该零息债券的价格。

7-15 在二叉树模型中，即期利率为年4%，利率变动幅度为上升50%或者下降50%，上升的概率是下降的概率的4倍，求第二年年末即期利率的期望值。

7-16 求解Vasicek模型的瞬时远期利率表达式。

7-17 设在Vasicek模型中，$\alpha=0.1, \mu=0.11$。对于某10年期零息债券，初始短期利率为8%，在Δt年内短期利率变化的标准差为$0.02\sqrt{\Delta t}$，求该零息债券的价格。

7-18 现在从市场上观察到一年期零息债券的年利率为5.5%。假设短期利率每年变动一次，且服从Ho-Lee模型分布。已知年波动率$\sigma=0.010\,5, a(1)=0.009\,7, a(2)=0.010\,9$，求面值为100元的三年期零息债券的价格。

7-19 有两种在市场上交易的无风险零息债券X与Y，市场上短期利率r_t服从Vasicek模型分布：$dr_t=\alpha(\mu-r_t)dt+\sigma dW_t$，其中$\alpha=0.5, \mu=4\%, \sigma=10\%$，在时刻0的短期利率$r(0)=2\%$。已知债券$X$在时刻1到期，债券$Y$在时刻3到期，且两债券的面值均为100元。(1) 计算债券X的市场平价；(2) 假设债券Y在时刻0的市场平价为90元，求出市场所隐含的3年期无风险即期利率$R(0,3)$；(3) 求出市场所隐含的时刻1到时刻3的无风险远期利率$F(0,1,3)$。

7-20 在CIR模型中，$\alpha=0.1, \mu=0.08$。初始短期利率为10%，$\sigma=0.04$，求5年期零息债券的价格。

第八章 金融衍生工具定价理论

金融衍生工具是指在货币、股票、债券等基础金融资产的基础上衍生和派生出的金融产品,其价值依赖于基础金融产品(也称作标的资产)的价值。常见的金融衍生工具包括远期合约、期货合约、互换合约以及期权合约。

金融衍生工具有如下几种分类:按基础工具分类,可分为股权式衍生工具、货币衍生工具、利率衍生工具和信用衍生工具;按风险-收益特性分类,可分为对称型衍生工具与不对称型衍生工具;按其交易方式与特点分类,可分为金融远期合约、金融期货、金融期权、金融互换与结构化金融衍生工具;按照产品形态和交易场所分类,可分为独立衍生工具、嵌入式衍生工具、交易所交易的衍生工具及 OTC 交易(场外交易)的衍生工具。

金融衍生工具的特征为保证金交易、零和博弈、跨期性、杠杆性、联动性以及不确定性或高杠杆性。金融衍生工具的功能主要包括规避风险、发现价格、套期保值、提高金融创新能力,它是重要的对冲资产风险的工具,也可进行利润投机。由于衍生工具的损益在未来实现,交易双方均存在损失和获利的可能性,故会有较大的信用风险产生;由于具有高杠杆性的特征,其预期损失也可能比较大,因此加强金融衍生工具的风险监管是非常必要的。

本章将主要介绍远期、期货、互换和期权这四种金融衍生工具及其定价理论。

第一节 远期

一、远期的含义及盈亏分析

(一)远期的含义

远期合约简称“远期”,是一种交易双方于现在时点约定在未来的某一确定时间,以确定的价格买卖特定数量的某种资产的合约。在远期合约中,双方约定了交易的对象、数量、时间以及交易价格，通常称合约中双方约定的交易时间为远期的到期日，约定的交易价格为远期价格，约定买卖的资产称为标的资产。在远期合约中，同意买入资产的一方称为多头，同意卖出资产的一方称为空头。

（二）远期的回收与盈亏分析

合约的回收是指在到期日不考虑该合约初始费用的合约价值。盈亏是指在回收的基础上，考虑初始费用后的合约价值。由于远期合约的初始费用为零，故远期的盈亏始终等于其回收。用 T 表示远期合约的到期日，S_T 表示标的资产在到期日的市场价格，$F_{0,T}$ 表示 0 时刻约定、T 时刻到期远期的交割价格。用符号表示远期合约的回收及盈亏如下：

$$\text{远期多头的回收} = \text{盈亏} = S_T - F_{0,T} \quad (8.1.1)$$

$$\text{远期空头的回收} = \text{盈亏} = F_{0,T} - S_T \quad (8.1.2)$$

远期多头与空头的盈亏图分别如图 8－1－1 和图 8－1－2 所示。

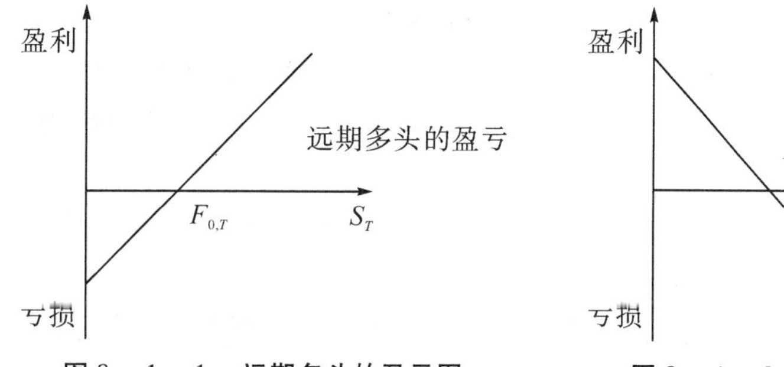

图 8－1－1　远期多头的盈亏图

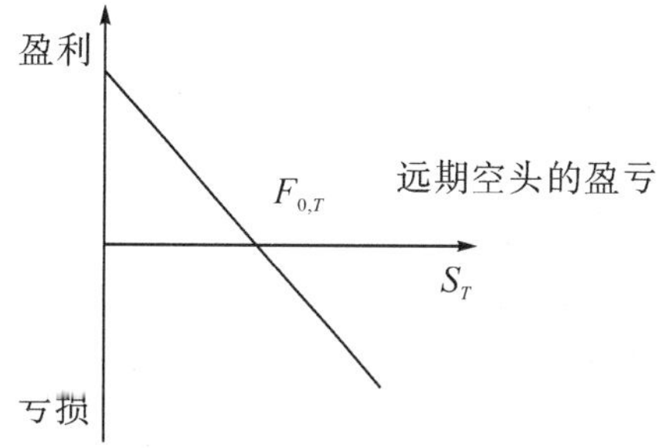

图 8－1－2　远期空头的盈亏图

下面考虑远期合约在时刻 t 的价值 f_t，这里 $t \in [0,T]$。显然，

$$f_0 = 0,$$

$$f_T = \begin{cases} S_T - K, \text{多头时} \\ K - S_T, \text{空头时} \end{cases}，\text{其中 } K \text{ 为远期价格。}$$

对于多头远期合约而言，在时刻 t 考虑如下两个投资组合：

组合 A：作为多头以价格 f_t^l 购买已经存在的远期合约，其交割价格为 K_l。同时，以利息力 r 将 $K_l e^{-r(T-t)}$ 投资 $T-t$ 年。显然，组合 A 的价值为 $f_t^l + K_l e^{-r(T-t)}$。

组合 B：签订一个新的远期合约以便在时刻 T 按远期价格 K 购买资产；同时，以利息力 r 将 $Ke^{-r(T-t)}$ 投资 $T-t$ 年。显然，组合 B 的价值为 $Ke^{-r(T-t)}$。

在时刻 T，组合 A 的价值为 $S_T - K_l + K_l = S_T$，组合 B 的价值为 $S_T - K + K = S_T$，显然二者价值相等，根据无套利原则，二者在时刻 t 的价值也应相等，即

$$f_t^l + K_l e^{-r(T-t)} = Ke^{-r(T-t)}$$

即

$$f_t^l = (K - K_l)e^{-r(T-t)} \quad (8.1.3)$$

同理可得，远期合约空头的价值为

$$f_t^s = (K_l - K)e^{-r(T-t)} \quad (8.1.4)$$

二、远期定价理论

在远期的定价理论中，存在着一系列的假设，包括不存在交易成本及税收、市场参与者可以按照无风险利率借出或借入资金、无信用风险、允许现货卖空、采用无套利定价法等。其中，无套利定价法的基本原理为：构建两种投资策略，若它们终值相等，则其现值也一定相等，否则市场上就会存在套利机会。套利可能性的存在使现值较高的策略价格降低、现值较低的策略价格上升，直至二者现值相等时套利机会消失。

下面以示例形式讲解套利的含义。考虑某投资者已同意在时刻 T 以远期价格 $K=S_0e^{rT}$ 提供某标的资产，他有两种策略以实现此目标。策略1：在时刻 T 之前不进行任何操作，在时刻 T 以价格 S_T 购买该标的资产，然后以远期价格 K 卖出并完成交付，显然他在时刻0没有任何收支，在时刻 T 净收入为 $K-S_T$（有可能为负，即亏损）。策略2：在时刻0，按无风险利息力 r 借入资金 $Ke^{-rT}(=S_0)$ 并立即购买标的资产；在时刻 T 以价格 K 卖出标的资产而将获得的资金偿还贷款本息；显然，在时刻0与时刻 T，该投资者没有资金支出。策略2既没有盈利的机会，也没有损失的风险，它可称为远期合约静态对冲。

考虑标的资产为无分红、离散分红与连续分红这三种类型股票的远期合约。

（一）无分红股票的远期定价

首先考虑无分红股票的远期定价。某投资者想要在 T 时刻拥有某份无分红股票的策略有两种：

（1）即期购买，在0时刻立即购买1份该股票并持有至时刻 T；

（2）作为多头在0时刻签订一份以该股票为标的资产、到期日为 T 的远期合约。

策略（1）的成本为0时刻的股票价格 S_0；策略（2）的成本为 T 时刻的远期价格 $F_{0,T}$ 或 K 折现到0时刻的值为 $F_{0,T}e^{-rT}=Ke^{-rT}$，其中 r 为连续复利计息的无风险利率或利息力。由无套利原则，这两种策略必须有相同的成本（因为在 T 时刻两种策略都获得了股票资产，即终值相同）：

$$S_0=F_{0,T}e^{-rT}=Ke^{-rT} \tag{8.1.5}$$

故无分红股票的远期价格为

$$F_{0,T}=K=S_0e^{rT} \tag{8.1.6}$$

容易证明该远期合约多头在时刻0的价值为

$$f_0^l=S_0-Ke^{-rT} \tag{8.1.7}$$

事实上，当前准备资金 Ke^{-rT}，并购买一份在时刻 T 交割价格为 K 远期合约多头，那么在时刻 K 将拥有一份标的资产。根据无套利原则，那么在时刻0，应该有 $f_0^l+Ke^{-rT}=S_0$，即所证等式（8.1.7）成立。

同理可得，该远期合约空头在时刻0的价值为

$$f_0^s=Ke^{-rT}-S_0 \tag{8.1.8}$$

从远期合约公平性出发，$f_0^l = f_0^s = 0$，从而说明 $K = S_0 e^{rT}$。

其他在到期日之前不产生收益的标的资产的远期合约（如零息债券远期合约）的定价与之相同。

（二）离散分红股票的远期定价

现考虑离散分红股票的远期定价问题。接前面无分红股票的远期定价方法分析，若该投资者在0时刻购买的股票在远期合约期限内有离散分红，则拥有这些离散分红在到期日 T 的终值 AV(Divs)；如果购买远期，那么他不会拥有这些分红的终值。为了使这两种投资策略的成本相同，有离散分红股票的远期价格为

$$F_{0,T} = S_0 e^{rT} - \mathrm{AV}(\mathrm{Divs}) \tag{8.1.9}$$

其他在到期日之前产生已知收益的标的资产的远期合约（如付息债券的远期合约）的定价与之相同。

假设某标的资产在已知时刻 t（其中 $t \in (0,T)$）提供已知的现金红利 C，无风险利息力为 r，则该标的资产的远期价格为

$$K = (S_0 - Ce^{-rt})e^{rT} \tag{8.1.10}$$

否则，就存在套利机会。

事实上，(1) 当 $K > (S_0 - Ce^{-rt})e^{rT}$ 时，一个套期保值者会采用如下策略：现在借款 S_0 去购买标的资产，并签订一个远期合约以便在时刻 T 以价格 K 售卖该标的资产。由于红利 C 的现值为 Ce^{-rt}，因此，在金额 S_0 中的 Ce^{-rt} 部分到时可以用红利偿还，剩余金额 $S_0 - Ce^{-rt}$ 只须以利息力 r 借款 T 年。T 年后，售卖标的资产获得资金 K，而需要偿还的贷款本息为 $(S_0 - Ce^{-rt})e^{rT}$，显然，套期保值者在没有初始投资的情况下获利 $K - (S_0 - Ce^{-rt})e^{rT}$，从而形成套利机会。

(2) 当 $K < (S_0 - Ce^{-rt})e^{rT}$ 时，一个套期保值者会采用如下策略：现在卖空标的资产可获得资金 S_0，并签订一个远期合约以便在时刻 T 以价格 K 购买该标的资产。由于红利 C 的现值为 Ce^{-rt}，这必须由卖空者留出此资金积累 t 年以支付到期红利，因此，剩余金额 $S_0 - Ce^{-rt}$ 以利息力 r 积累 T 年而达到 $(S_0 - Ce^{-rt})e^{rT}$。T 年后，可用资金 K 购回标的资产，显然，套期保值者在没有初始投资的情况下获利 $(S_0 - Ce^{-rt})e^{rT} - K$，从而形成套利机会。

从上面的分析容易得到该远期合约多头在时刻0的价值为

$$f_0^l = S_0 - Ke^{-rT} - Ce^{-rt} = S_0 - Ke^{-rT} - D_0 \tag{8.1.11}$$

其中，$D_0 = Ce^{-rt}$ 为红利在时刻0的现值。

通过在时刻0构建投资策略A：一份远期合约多头加上资金 Ke^{-rT} 与投资策略B：一单位标的资产加上金额为 D_0 的借款（以利息力 r 计息）；不难发现：两种投资策略在时刻 T 的价值正好等于一单位标的资产，根据无套利原理，在时刻0这两个投资策略的价值也应相等，即有 $f_0^l + Ke^{-rT} = S_0 - D_0$，从而(8.1.11)式得证。

同理可得该远期合约空头在时刻0的价值为

$$f_0^s = Ke^{-rT} + D_0 - S_0 \tag{8.1.12}$$

从公平角度看，$f_0^l = f_0^s = 0$，从而说明 $K = (S_0 - D_0)e^{rT}$。

假设在时刻 t 标的资产的现价为 S_t，D_t 为标的资产在时刻 t 与 T 之间产生的红利收入在时刻 t 的现值，在时刻 t 签订关于标的资产在时刻 T 以交割价格 K' 进行交割的新远期合约，其价格为 $K' = (S_t - D_t)e^{r(T-t)}$，初始远期合约的多头在时刻 t 的价值为

$$f_t^l = S_t - D_t - Ke^{-r(T-t)} \tag{8.1.13}$$

（三）连续分红股票的远期定价

考虑连续分红的情况，假设远期合约期限内某股票按照连续复利计息的平价分红的利息力为 δ。考虑在时刻 0 采用如下两种投资策略：

投资策略 A：一份远期合约多头加上一笔金额为 Ke^{-rT} 的现金。

投资策略 B：投资 $e^{-\delta T}$ 单位标的资产（如股票）。

显然，在时刻 T 两种策略下都拥有一单位标的资产，即它们的价值相等，根据无套利原理，在时刻 0 价值也应相等，即 $f_l + Ke^{-rT} = S_0e^{-\delta T}$，从而得到该远期合约多头在时刻 0 的价值为

$$f_l = S_0e^{-\delta T} - Ke^{-rT} \tag{8.1.14}$$

同理可得该远期合约空头在时刻 0 的价值为

$$f_s = Ke^{-rT} - S_0e^{-\delta T} \tag{8.1.15}$$

从公平角度出发，$f_l = f_s = 0$，从而有

$$F_{0,T} = K = S_0e^{(r-\delta)T} \tag{8.1.16}$$

其他关于在到期日之前产生与该资产现货价格成一定比例收益的标的资产的远期合约的定价与其相同。

例 8.1.1　某不分红的股票当前价格为 50 元，假设某投资者借入和借出的款项按连续复利计息的无风险年利率或利息力均为 5%，试用无套利原则证明以该股票作为标的资产的一年期远期的价格约为 52.56 元。

证明：(1) 若该远期价格低于 52.56 元，比如为 51 元，则该投资者可以按 50 元卖空 1 单位该股票，同时作为多头签订 1 份以远期价格 $K = 51$ 元购买该股票的远期合约。将卖空股票所获得的 50 元以 5% 的无风险连续复利率或利息力进行投资，一年后该投资的积累值为 $50e^{0.05}$(52.56) 元；此时足以支付 51 元以购入 1 单位股票，并偿还所卖空的股票，即可获得 52.56 元与远期价格 51 元之差的无风险收益 1.56 元。(2) 若该远期价格高于 52.56 元，比如为 53 元，则投资者可以按 5% 的无风险连续复利率借入 50 元以买入 1 单位该股票并持有至一年期满，同时作为空头签订该远期合约，一年后以 $K = 53$ 元的远期价格卖出 1 单位该股票，并偿还借款的本利和 $50e^{0.05}$(52.56 元)，这样就可获得远期价格与 52.56 元之差的无风险收益 0.44 元。综上所述，只有当远期价格约为 52.56 元时，市场上才不存在套利机会，高于或低于这个价格都存在套利的机会。

例 8.1.2　考虑一种 10 年期债券的现货价格为 900 元，该债券将在 6 月末、12 月末都收到 40 元的利息，且第二次付息日是在远期合约的交割日之前。假设以连续复

利计息的无风险年利率为 9%,计算该远期合约的价格。

解:由公式(8.1.9) 可知,该远期合约的价格为

$$F_{0,T} = 900e^{0.09\times1} - 40e^{0.09\times0.5} - 40 \approx 902.92(\text{元})$$

例 8.1.3　考虑某只按照连续复利计算的平价年红利率 3% 分红的股票,现价为 40 元,假设以连续复利计息的无风险年利率为 5%,试求以该股票为标的资产的两年期远期合约的价格。

解:由公式(8.1.16) 可知,该远期合约的价格为

$$F_{0,T} = 40e^{(0.05-0.03)\times2} \approx 41.63(\text{元})。$$

例 8.1.4　关于货币的远期合约,S_0 表示 1 单位外币的当前价格,δ_f 为外币的无风险利息力,δ 为本币无风险利息力,那么时刻 T 的远期合约的价格 K 应为 $S_0e^{(\delta-\delta_f)T}$,否则就存在套利机会。假设当前美元兑英镑的汇率为:1 美元 = 0.810 1 英镑,英镑无风险年利率为 4.5%,美元无风险年利率为 5.5%,考虑一笔 3 个月的投资,求该外币远期合约的价格。

解:(1) 不妨假设该远期合约的价格为 $K > S_0e^{(\delta-\delta_f)T}$。在时刻 0 建立一个投资策略:按利息力 δ 借入本币 $S_0e^{-\delta_fT}$,借款期限为 T 年;同时购买 $e^{-\delta_fT}$ 单位外币(显然需要用本币 $S_0e^{-\delta_fT}$),并将其按利息力 δ_f 投资 T 年;签订一个远期合约以便在时刻 T 按价格 K 售卖一单位外币。显然,在时刻 0 该策略的价值为 0,而在时刻 T,该策略的价值为 $K-S_0e^{(\delta-\delta_f)T}$,即存在套利机会。因此,只有 $K=S_0e^{(\delta-\delta_f)T}$ 才不存在套利机会。

(2) 由题意知,$S_0 = 0.810\ 1$,$\delta = \ln(1.045)$,$\delta_f = \ln(1.055)$,$T = 0.25$,从而可得远期合约的价格为

$$K = 0.810\ 1e^{(\ln(1.045)-\ln(1.055))\times0.25} \approx 0.808\ 2(\text{英镑})$$

例 8.1.5　考虑某付息债券,其现价为 860 元,该债券在未来一年内每 6 个月支付一次 40 元的利息。6 个月期零息债券无风险利息力为 10%,1 年期零息债券无风险利息力为 10%;求关于此付息债券付息后立即开始计时的一年期远期合约的价格。假设在时刻 0.5 第 1 次付息后 6 月期零息债券的利息力仍为 10%,在时刻 0.5 该债券的现价上升到 870 元。求此时关于该债券在时刻 1 到期的远期合约的交割价格,并求在时刻 0 签订的初始远期合约的价值。

解:初始远期合约的交割价格为

$$K = (860 - 40e^{-0.1\times0.5} - 40e^{-0.1\times1})e^{0.1\times1} \approx 868.40$$

新远期合约的交割价格为

$$K' = (870 - 40e^{-0.1\times0.5})e^{0.1\times0.5} = 870e^{0.05} - 40 \approx 874.61$$

在时刻 0.5 初始远期合约多头的价值为

$$S_{0.5} - I_{0.5} - Ke^{-r(0.5)} = 870 - 40e^{-0.1\times0.5} - 868.40e^{-0.1\times0.5} \approx 5.90(\text{元})$$

第二节　期货

一、期货的含义及交易

（一）期货的含义

期货合约简称“期货”，简言之，期货是标准化的远期。具体而言，期货是买卖双方同意在未来某一特定时间，以事先约定的特定价格买入或卖出某种资产的一种协议。双方在期货合约中约定的价格称为期货价格，双方将来必须进行交易的指定日期称为结算日或交割日。期货合约是在远期合约的基础上发展起来的。与远期不同，期货合约标的物的数量、数量单位、交割地点、交割时间等条款都是标准化的，只有期货价格是唯一变量，在交易所内以公开竞价的方式产生。

（二）期货的交易

期货合约是在交易所内交易的衍生工具。我国有四大期货交易所，即郑州商品交易所、上海期货交易所、中国金融期货交易所和中国金融期货交易所。交易所的清算部或专设的清算所对每一笔期货交易进行清算。

在期货交易前，双方必须在保证金账户中存入一定数量的初始保证金，在每日交易结束时，清算所会根据期货价格的涨跌，在交易者的保证金账户中进行调整，称为“逐日盯市”方法。当交易者保证金账户中的余额低于交易所规定的维持保证金水平（通常为初始保证金水平的75%）时，清算所会通知其限期将保证金补足到初始保证金水平，否则会被强制平仓。

对冲平仓是期货市场中最常见的结清头寸的方法，即交易者在到期前通过买卖与原头寸数量相等、方向相反的期货合约来冲销其所持有的期货头寸，无须进行实物交割而使净头寸为零。

二、期货定价理论

由前述分析可知，期货可以看作一种标准化的远期，即期货价格与同期限的远期价格相等，定价原理相同。

第三节　互换

一、互换的含义

互换合约又称为掉期合约，简称“互换”，是一种由交易双方签订的在未来某一时期相互交换某种资产的合约。更准确地说，互换协议是双方当事人之间签订的在未来某一期间内相互交换他们认为具有相等经济价值的现金流的合约。互换合约交换的具体对象可以是不同种类的货币、债券,也可以是不同种类的利率、汇率、价格指数等。金融互换中较为常见的是利率互换和货币互换。

利率互换产生于交易双方在固定利率和浮动利率市场各自存在的比较优势,货币互换产生于交易双方在不同的货币市场融资所存在的比较优势,通过互换达到降低各自融资成本的目的。

二、利率互换及定价理论

(一)利率互换概述

利率互换是指双方签署协议,规定双方就两笔货币名称相同、名义本金相同、期限相同的资金(资产或负债),进行固定利率与浮动利率的现金流互换。互换的一方为固定利率的支付方,互换的另一方为浮动利率的支付方。

下面通过一个示例说明利率互换的具体含义。假设 A、B 两家公司都想借入 5 年期的 500 万元借款,市场给予 A、B 公司的借款利率如表 8-3-1 所示。

表 8-3-1 利率互换表

对比项	固定利率(每年复利 2 次)	浮动利率
A 公司	10%	6 个月 LIBOR+0.4%
B 公司	11%	6 个月 LIBOR+0.8%
利率之差	1%	0.4%

由于各公司的现金流量、利率风险不同,A 公司希望支付浮动利率进行借款,而 B 公司希望支付固定利率获得借款。若不进行互换,A 公司将按照 6 个月 LIBOR+0.4%的浮动利率,B 公司将支付 11%的固定利率。

而由表 8-3-1 中 A、B 两公司的市场利率可以看出,A 公司在固定利率和浮动利率两个市场都有绝对优势,但在两个市场的利率之差不同,便产生了比较优势,即 A 公司在固定利率市场上具有比较优势,B 公司在浮动利率市场上具有比较优势。由比较优势理论可知,双方可以利用各自在两个利率市场上的比较优势进行借款并互换,使得双方的借款总成本降低。

比如,A 公司以 10%的固定利率向外部放贷人借入 500 万元,B 公司以 6 个月 LIBOR+0.8%的浮动利率向外部放贷人借入 500 万元,并进行互换。如图 8-3-1 所示,在每个付息日,A 公司按 6 个月 LIBOR 支付浮动利率给 B 公司,B 公司按照 9.9%的固定利率支付给 A 公司。互换后,A 公司实际上按 6 个月 LIBOR+0.1%支付利息,B 公司实际按 10.7%支付利息。通过此次互换,A 公司节约 0.3%的借款成本,而 B 公司节约 0.3%的借款成本,共节约 0.6%的成本,恰好为 A、B 两公司在两个市场互换利率前后的借款成本之差,或为比较优势之差:

$$(LIBOR+0.4\%+11\%)-(LIBOR+0.1\%+10.7\%)=1\%-0.4\%=0.6\%$$

总成本降低是双方互换合作的收益,由双方共享,比例由双方协商决定,上面的交换是假设双方平均分配,也可不平均分配。

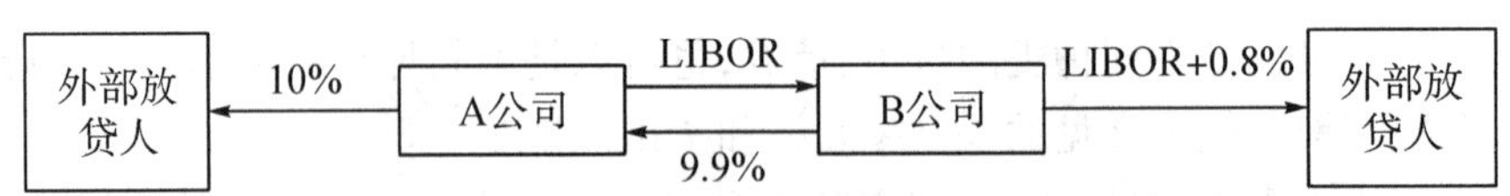

图 8-3-1　利率互换流程

(二)利率互换定价

利率互换合约可看作债券空头与多头的组合,从而可用债券价值对利率互换进行定价。

考虑一个 A 公司与 B 公司的利率互换合约,名义本金为 100 万元,期限为 2 年,A 公司每半年向 B 公司支付年利率 5%的固定利率,B 公司向 A 公司按 6 个月的 LIBOR 支付浮动利率。虽然利率互换是固定利率与浮动利率的现金流互换,本身不涉及本金交换,也可认为双方期初交换 100 万的名义本金,不会改变互换的现金流及互换的价值。故该利率互换可以看作以下两种债券的本金及其利息的交换:(1)A 公司向 B 公司借款 100 万元,按年利率为 5%的固定利率每半年支付一次利息,等价于 A 公司向 B 公司出售面值 100 万元的固定利率债券(年利率 5%,每半年付息一次)。(2)B 公司向 A 公司借款 100 万元,按 6 个月 LIBOR 支付浮动利率,等价于 B 公司向 A 公司出售面值 100 万元的浮动利率债券(LIBOR)。

对于 A 公司而言,该利率互换等价于出售固定利率债券并购买浮动利率债券,其价值为浮动利率债券与固定利率债券的价值之差;对于 B 公司而言,该利率互换等价于出售浮动利率债券并购买固定利率债券,其价值为固定利率债券与浮动利率债券的价值之差。

用符号表示:令 $B_{固定}$ 为固定利率债券的价值,$B_{浮动}$ 为浮动利率债券的价值,s_i 为到期时间为 t_i 的以连续复利计息的即期利率,Q 为名义本金,I 为每次支付的固定利息额,I_i^* 为在时刻 t_i 支付的浮动利息额(上一次利息支付时按 LIBOR 或某一浮动利率确定的利息额)。

固定利率债券的价值表示为

$$B_{固定} = \sum_{i=1}^{n} I\mathrm{e}^{-s_i t_i} + Q\mathrm{e}^{-s_n t_n} \tag{8.3.1}$$

浮动利率债券的价值表示为

$$B_{浮动} = \sum_{i=1}^{n} I_i^* \mathrm{e}^{-s_i t_i} + Q\mathrm{e}^{-s_n t_n} \tag{8.3.2}$$

在上例中,该利率互换对于 A 公司的价值为

$$f_A = B_{浮动} - B_{固定} = \sum_{i=1}^{n} I_i^* \mathrm{e}^{-s_i t_i} - \sum_{i=1}^{n} I\mathrm{e}^{-s_i t_i} \tag{8.3.3}$$

该利率互换对于 B 公司的价值为

$$f_B = B_{固定} - B_{浮动} = \sum_{i=1}^{n} I\mathrm{e}^{-s_i t_i} - \sum_{i=1}^{n} I_i^* \mathrm{e}^{-s_i t_i} \tag{8.3.4}$$

一个对双方公平的互换合约在签订日的价值应该等于零,即 $f=0$,由此求出固定利息额为

$$I = \frac{\sum_{i=1}^{n} I_i^* e^{-s_i t_i}}{\sum_{i=1}^{n} e^{-s_i t_i}} \tag{8.3.5}$$

若名义本金为1,则上式所求的固定利息额是利率互换中的固定利率,即互换利率,浮动利息额是浮动利率(可用即期利率中隐含的远期利率替代),固定利率可以表示为浮动利率的加权平均,其权重为利息支付日的折现因子。

例8.3.1 假设在某利率互换协议中,互换名义本金为1 000万元,A公司支付6个月的LIBOR,同时收取年利率为7%的固定利率(每半年支付一次利息),互换还有1.25年到期。已知3个月、9个月、15个月期的即期连续复利的年利率分别为9%、10%和11%。在上一个付息日,6个月期的LIBOR为8%,试求该利率互换对A公司的价值。

解:A公司每次收取的固定利息为

$$I = 1\ 000 \times 7\% \times 0.5 = 35(\text{万元})$$

(1) 由于在上一个付息日,6个月期的LIBOR为8%,故3个月后需要交换的现金流是已知的,即收取35万元的同时需支付:

$$1\ 000 \times 8\% \times 0.5 = 40(\text{万元})$$

故3个月末的互换对A公司的价值为

$$(35 - 40)e^{-0.09\times0.25} \approx -4.89(\text{万元})$$

(2) 由即期利率与远期利率的关系可知,连续复利计息的3个月到9个月的远期利率为

$$f_{0.25,0.75} = \ln\left(\frac{e^{0.1\times0.75}}{e^{0.09\times0.25}}\right) \div 0.5 = 0.105$$

9个月末A公司支付的浮动利息为

$$1\ 000(e^{0.105\times0.5} - 1) \approx 53.90(\text{万元})$$

故9个月末的互换对A公司的价值为

$$(35 - 53.9)e^{-0.1\times0.75} \approx -17.53(\text{万元})$$

(3) 由即期利率与远期利率的关系可知,连续复利计息的9个月到15个月的远期利率为

$$f_{0.75,1.25} = \ln\left(\frac{e^{0.11\times1.25}}{e^{0.1\times0.75}}\right) \div 0.5 = 0.125$$

15个月末A公司支付的浮动利息为

$$1\ 000(e^{0.125\times0.5} - 1) \approx 64.49(\text{万元})$$

故15个月末的互换对A公司的价值为

$$(35 - 64.49)e^{-0.11\times1.25} \approx -25.70(\text{万元})$$

因此,该利率互换对A公司的价值为上述三笔互换的现金流价值之和,即

$$-4.89 - 17.53 - 25.70 = -48.12(\text{万元})$$

第四节 期权

一、期权的含义、分类及回收与盈亏分析

(一)期权的含义

所谓期权,就是一种选择权或契约,其持有人有权在未来一段时间内或某特定日期以特定价格买入或卖出一定数量的某种特定商品,除了支付购买价格外没有其他义务。换言之,期权买方可以放弃行使该权利,而卖方负有期权合约规定的义务。具有期权性质的交易可以追溯到很久以前。最早有史料记载的期权交易是由古希腊哲学家萨勒(Thales)进行的。在17世纪的荷兰郁金香热中期权得到了广泛应用。期权作为在期货的基础上产生的一种金融衍生商品与金融创新工具,20世纪70年代盛行于西方,在1973年Black-Scholes期权定价模型(OPM)建立后得到了日新月异的发展,各种金融衍生品层出不穷,OPM也在原有的基础上出现了十多个变种,用以处理不同类型期权交易和类似行为。如今,期权已经具有丰富的内涵和日益复杂的交易技巧,被广泛应用于金融工程、投资、保险、财务管理之中。

期权作为一种金融商品,具有如下三个显著特点:①期权的交易对象是一种权利,即买进或卖出特定标的物的权利,但并不承担一定要买进或卖出的义务;②这种权利具有很强的时效性,超过规定的有效期限不行使,期权即自动失效;③期权具有以小搏大的杠杆效应。期权合约的买者和卖者的权利和义务是不对称的。这表现在买者拥有要求履约的权利而不负担义务以及风险与收益的不对称上。对买者来说,他在价格有利的情况下行使期权有可能取得无限的收益,而他所承担的最大风险只是为购买期权所支付的权利金,对卖者而言则相反。这意味着期权投资能以支付有限的权利金为代价购买到无限盈利的机会。上述特点使得期权很适宜成为规避风险、增加收益的手段。企业可以把经营中闲置的资金投入期权市场,或者同时投资于股票和期权,在投资时即可预知风险(最大损失为权利金),却有获取成倍回报的可能性。一旦行情不好,还可以反向操作以补偿损失,效果比传统的交易工具理想,这也是期权衍生物迅猛发展的主要原因。在西方国家,由于收益税和资本所得税的负担不同,一些投资者倾向于连续不断地持有期权,直到其短期收益转化为长期的资本所得为止,这样可以达到免缴短期收益税金的目的。期权有时也被用于接管策略,兼并公司购买目标公司股票的买权,当购买了足够的买权且拥有的股票数额已达到必须向证券交易委员会声明时,就执行这些期权,从而取得这些股票,这一策略降低了兼并公司的接管成本。这些都是直接利用期权作为理财手段的例子。事实上,任何资产,不管是有形的还是无形的,都可以成为期权的标的物,甚至期权本身也可以成为标的物,从而形成复式期权。期权的不断创新使交易更加灵活、功能更加齐全,可满足企业多种多样的规避风险和投机的需求。

期权交易中经常使用的基本概念如下:期权的买方也称为多头;卖方也称为空头;期权合约规定的、期权买方在行使其权利时实际执行的标的资产的价格称为执行价格;期权属买方的一种权利,是卖方的义务,买方要为该项权利支付给卖方一定的费用,称为期权费或期权价格。

用符号表示期权中相关变量: S_T 为标的资产在时刻 T 的价格,K 为期权的执行价格,r 为无风险的连续复利利率或利息力,T 为期权的到期时间,C 为看涨期权的期权费,P 为看跌期权的期权费。

与期货类似,期权合约大多是标准化的合约,为场内交易的金融衍生工具。期权费(期权价格)是期权合约中唯一变量。期权合约上的其他要素,如执行价格、合约到期日、交易品种、交易金额、交易时间、交易地点等都是在合约中事先规定好的,且是标准化的,而期权价格是由交易者在交易所里竞价而得出的。

(二)期权的分类

按期权的交易方式划分,期权可分为看涨期权和看跌期权两类。看涨期权,又称买入期权,是指期权买方向期权卖方支付一定数额的权利金后,即拥有在期权合约的有效期内,按事先约定的价格向期权卖方买入一定数量的期权合约规定的特定商品的权利。看跌期权,又称卖出期权,是指期权买方向期权卖方支付一定数额的权利金后,即拥有在期权合约的有效期内,按事先约定的价格向期权卖方卖出一定数量的期权合约规定的特定商品的权利。

按期权的履约时间划分,期权可分为美式期权、欧式期权和百慕大期权三类。美式期权是指在期权合约规定的有效期内任何时候都可以行使权利;欧式期权是指在期权合约规定的到期日方可行使权利;百慕大期权是一种可以在到期日前所规定的一系列行权时间的期权。

按期权合约上的标的划分,期权有股票期权、股指期权、利率期权、商品期权以及外汇期权等种类。

(三)期权的回收与盈亏分析

下面以欧式期权为例,说明期权的回收与盈亏。

1. 期权的回收与盈亏

期权的回收是指在不考虑期权费的情况下,期权在到期日的价值;在进行期权的盈亏分析时,则需要扣除掉期权费的终值。

用符号表示看涨期权买方的回收与盈亏分析如下:

$$\text{回收} = \max(0, S_T - K) \tag{8.4.1}$$

$$\text{盈亏} = \max(0, S_T - K) - \mathrm{AV}(C) \tag{8.4.2}$$

其中,$\mathrm{AV}(C)$ 为看涨期权费终值。

期权合约为零和交易,买卖双方的盈亏正好相反。看涨期权买方的回收与盈亏的相反数即看涨期权卖方的回收与盈亏。

看跌期权买方的回收与盈亏分析如下:

$$\text{回收} = \max(0, K - S_T) \tag{8.4.3}$$

$$盈亏 = \max(0, K - S_T) - AV(P) \tag{8.4.4}$$

其中 AV(P) 为看跌期权费的终值。

看跌期权买方的回收与盈亏的相反数即看跌期权卖方的回收与盈亏。

例 8.4.1 一个期限为 1 年且标的资产为股票的欧式看跌期权，执行价格为 55 元，假设 1 年期的年实际利率为 6%，看跌期权的期权费是 3 元。若 1 年后的股票价格是 50 元或 55 元，分别计算看跌期权多头的回收和盈亏。

解：(1) 若 1 年后的股票价格是 50 元，小于看跌期权的执行价格 55 元，则看跌期权的多头行权。于是看跌期权多头的回收为

$$\max(0, 55 - 50) = 5\ (元)$$

看跌期权多头的盈亏为

$$5 - 3 \times 1.06 = 1.82(元)$$

(2) 若 1 年后的股票价格是 60 元，大于看跌期权的执行价格 55 元，则看跌期权的多头不行权。于是看跌期权多头的回收为

$$\max(0, 55 - 60) = 0(元)$$

看跌期权多头的盈亏为

$$0 - 3 \times 1.06 = -3.18(元)$$

2. 期权的盈亏图

(1) 看涨期权的盈亏图

假设以无风险利息力为 r，看涨期权的期权费为 C，那么看涨期权买方的盈亏 $= \max(0, S_T - K) - Ce^{rT}$，当 $S_T \geqslant K$ 时，看涨期权买方会行权，其盈亏为 $S_T - K - Ce^{rT}$，特别地当 $S_T > K + Ce^{rT}$ 时，看涨期权的买方实现盈利；当 $S_T = K + Ce^{rT}$ 时，看涨期权买方盈亏为零，达到盈亏平衡点；当 $K \leqslant S_T < K + Ce^{rT}$ 时，看涨期权买方亏损。当 $S_T < K$ 时，看涨期权的买方不行权，其盈亏为 $-Ce^{rT}$，即损失期权费及其利息。因此，看涨期权买方的盈亏情况如图 8－4－1 所示，从图中可以看出，看涨期权多头的盈利可能是无限的，其亏损是有限的，到期时最大亏损则为期权费的终值。

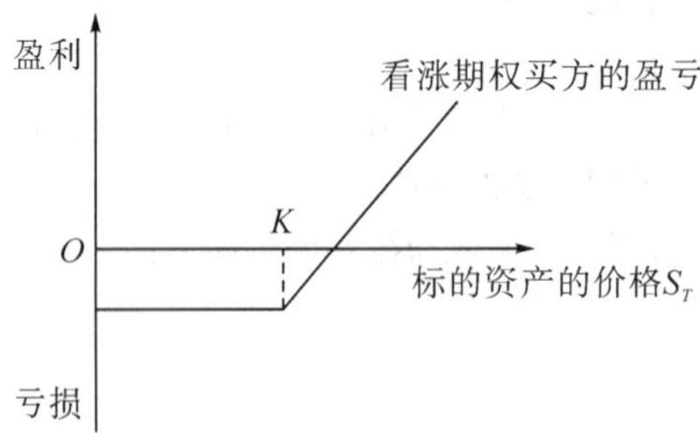

图 8－4－1 欧式看涨期权买方的盈亏图

由于期权合约买卖双方的盈亏正好相反，因此看涨期权卖方的盈亏情况如图 8－4－2 所示，从图中可以看出，看涨期权空头的亏损可能是无限的，其盈利是有限的，到期时最大盈利为期权费的终值。

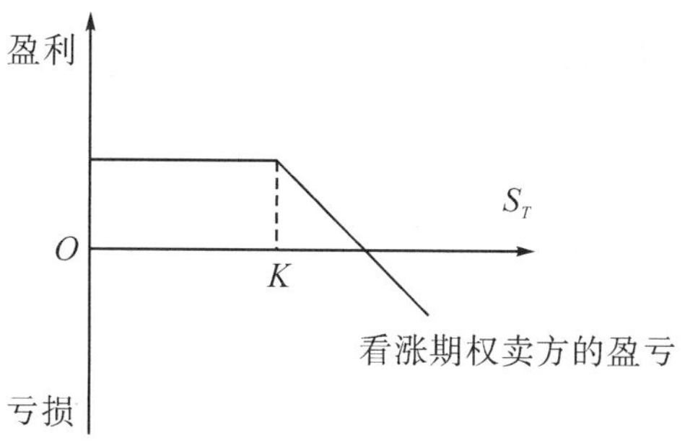

图 8-4-2　欧式看涨期权卖方的盈亏图

(2) 看跌期权的盈亏图

看跌期权买方盈亏 = $\max(0,K-S_T)-Pe^{rT}$,其中 P 为看跌期权的期权费。当 $S_T \leqslant K$ 时,看涨期权买方会行权,其盈亏为 $K-S_T-Pe^{rT}$,特别地当 $S_T<K-Pe^{rT}$ 时,看跌期权的买方盈利;当 $S_T=K-Pe^{rT}$ 时,看跌期权买方盈亏为零,达到盈亏平衡点;当 $K-Pe^{rT}<S_T\leqslant K$ 时,看跌期权的买方亏损。当 $S_T>K$ 时,看跌期权买方不行权,其盈亏为 $-Pe^{rT}$,即损失期权费及其利息。因此,看跌期权买方的盈亏情况如图 8-4-3 所示,从图中可以看出,看跌期权多头的盈利是有限的,特别地当 $S_T=0$ 时,盈利达到最大即 $K-Pe^{rT}$;而且,看跌期权的亏损也是有限的,到期时最大亏损为期权费及其利息或期权费的终值。

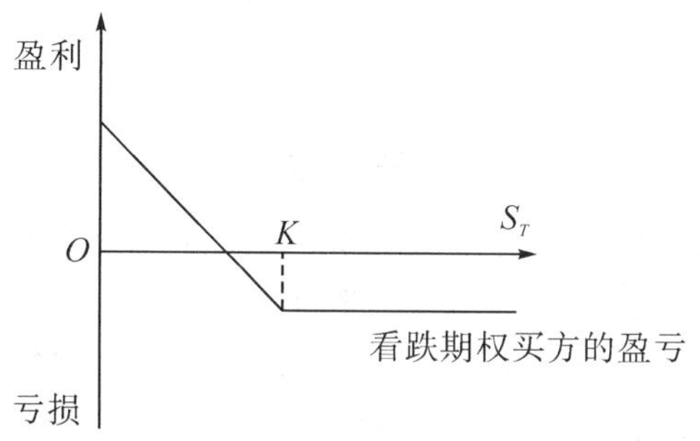

图 8-4-3　欧式看涨期权买方的盈亏图

由于期权合约买卖双方的盈亏正好相反,因此看跌期权卖方的盈亏情况如图 8-4-4 所示,从图中可以看出,看跌期权空头的亏损是有限的,特别地当 $S_T=0$ 时,亏损达到最大,即 $K-Pe^{rT}$;而且,看跌期权的盈利也是有限的,到期时最大盈利为期权费的终值。

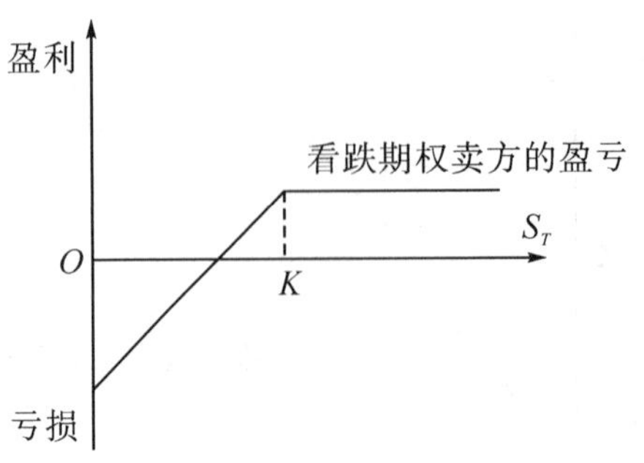

图 8-4-4　欧式看跌期权卖方的盈亏图

例 8.4.2　一份 2 年到期的股票看涨期权的执行价格为 40 元，期权费为 2 元。假设以连续复利计息的无风险年利率为 6%。若在期权到期日股票的价格为 45 元，试计算此时该看涨期权买方的盈亏；并计算在期权到期日之前，买方达到盈亏平衡点时的股票价格。

解：由题意知，$S_T = 45, K = 40$，即 $S_T > K$，故看涨期权买方会行权。此时其盈亏为

$$(45 - 40) - 2e^{0.06\times2} \approx 2.75(元)$$

买方的盈亏平衡点时资产价格满足方程：

$$(S_T - 40) - 2e^{0.06\times2} = 0$$

由此可求得看涨期权买方达到盈亏平衡点的股票价格为

$$S_T = 40 + 2e^{0.06\times2} \approx 42.25(元)$$

二、欧式看涨－看跌期权平价公式

标的资产相同、执行价格相同、到期日相同的欧式看涨期权和看跌期权之间存在着具体的关系，即欧式看涨－看跌期权的平价公式。

假设某投资者是一个欧式看涨期权的多头，同时是一个欧式看跌期权的空头，这两个期权具有相同的标的资产、执行价格和到期日。在到期日 T，标的资产的市场价格 S_T 与执行价格 K 之间的关系有如下三种可能：

(1) 当 $S_T > K$ 时，看涨期权行权，该投资者付出资金 K 就可获得标的资产；此时，看跌期权不行权。

(2) 当 $S_T = K$ 时，拥有资金 K 与拥有标的资产是无差别的。

(3) 当 $S_T < K$ 时，看跌期权交易的对手方行权，此时该投资者实际上付出资金 K 而获得标的资产。

显然，有如下两种策略可在时刻 T 获得 S_T：

(1) 策略一：在 0 时刻购买一个看涨期权并出售一个看跌期权，在 T 时刻付出资金 K；(2) 策略二：签订一个远期合约，在 T 时刻可以购买标的资产，所付出远期价格为 $F_{0,T}$。由于上述两种策略在时刻 T 获得的收益相同，故由市场无套利的原则可知，折现到 0 时刻，其成本也相同。用公式表示为

$$C(K,T) - P(K,T) + Ke^{-rT} = F_{0,T}e^{-rT} \tag{8.4.5}$$

或者写成如下欧式期权平价公式：

$$C(K,T) - P(K,T) = (F_{0,T} - K)e^{-rT} \tag{8.4.6}$$

以股票作为标的资产的期权十分常见，其欧式期权的平价公式可以具体写出。对于无分红的股票而言，远期价格 $F_{0,T} = S_0e^{rT}$，故其欧式期权平价公式为

$$C(K,T) - P(K,T) = S_0 - Ke^{-rT} \tag{8.4.7}$$

对于有离散分红的股票而言，其欧式期权平价公式为

$$C(K,T) - P(K,T) = S_0 - \mathrm{PV}_{0,T}(Divs) - Ke^{-rT} \tag{8.4.8}$$

其中，$\mathrm{PV}_{0,T}(Divs)$ 为红利的现值。

对于有连续分红的股票而言，其期权平价公式为

$$C(K,T) - P(K,T) = S_0e^{-\delta T} - Ke^{-rT} \tag{8.4.9}$$

其中，δ 为连续分红的利息力。

例 8.4.3　某只无分红股票的现价为20元，一个以该股票为标的资产、执行价格为25元且到期期限为半年的看涨期权，其期权价格为1.5元。假设以连续复利计息的无风险年利率或利息力为5%，试计算以该股票为标的、有相同执行价格和到期期限的欧式看跌期权的期权价格。

解：设所求的看跌期权的期权价格为 $P(K,T)$ 元，于是由公式(8.4.7)可有如下方程

$$1.5 - P(K,T) = 20 - 22e^{-0.05\times 0.5}$$

解之，得

$$P(K,T) = 22e^{-0.025} - 18.5 \approx 2.96(\text{元})$$

例 8.4.4　某只股票的现价为45元，且1个月后有2元的分红，一个以该股票为标的资产、执行价格为43元且到期期限为3个月的看跌期权，其期权价格为2.5元。假设以连续复利计息的无风险年利率为6%，试计算以该股票为标的、有相同执行价格和到期期限的欧式看涨期权的期权价格。

解：设所求的看涨期权的期权价格为 $C(K,T)$ 元，于是由(8.4.8)式可有如下方程

$$C(K,T) - 2.5 = 45 - 2e^{-0.06\times(1/12)} - 43e^{-0.06\times 0.25}$$

解之，得

$$C(K,T) = 47.5 - 2e^{-0.005} - 43e^{-0.015} \approx 3.15(\text{元})$$

三、期权的价值构成

期权的价值由内在价值和时间价值两部分组成，即期权价值为两者之和。

（一）内在价值

期权的内在价值，也称内涵价值，是指执行期权合约时可获取的收益，体现期权执行价格和标的资产的市场价格之间的关系。从内在价值的角度分类，期权可以分为实值期权、虚值期权和平价期权。当内在价值为正，即看涨期权的执行价格低于当

时的实际价格时,或者当看跌期权的执行价格高于当时的实际价格时,该期权为实值期权(价内期权);当内在价值为零时,为平价期权;当内在价值为负时该期权为虚值期权(价外期权)(见表 8 - 4 - 1)。

表 8 - 4 - 1　期权内在价值表

期权	看涨期权	看跌期权
实值期权	期权执行价格 < 市场价格	期权执行价格 > 市场价格
平价期权	期权执行价格 = 市场价格	期权执行价格 = 市场价格
虚值期权	期权执行价格 > 市场价格	期权执行价格 < 市场价格

(二) 时间价值

期权的时间价值,也称外在价值,是指期权合约的购买者为购买期权而支付的权利金超过其内在价值的那部分价值。期权的时间价值 = 期权价格 - 内在价值。期权距到期日时间越长,大幅度价格变动的可能性越大,期权买方执行期权而获利的机会也越大。与较短期的期权相比,期权买方对有较长时间的期权应付出较高的权利金。期权的时间价值反映了期权交易期间的时间风险和价格波动风险,它随着到期日的临近而下降,在到期日降为零(见表 8 - 4 - 2)。

表 8 - 4 - 2　期权的时间价值表

期权	期权价格(未到期)	期权价格(到期)
实值期权	内在价值 + 时间价值	内在价值
平价期权	时间价值	零
虚值期权	时间价值	零

四、期权定价理论

期权定价理论就是计算期权费或期权价格的方法与原理。期权定价有两种基本模型:二叉树模型和 Black - Scholes 模型。其中,二叉树模型更简单、适用性更广,不仅适用于欧式期权定价,也适用于美式期权定价。

(一) 二叉树模型定价

期权定价的二叉树模型,需把期权的有效期期限划分为若干个阶段,并假设在每一阶段期初已知该标的资产的期末价格只有两种可能:① 从初始价格 S 上升至 $uS(u>1)$;② 从初始价格 S 下降至 $dS(0<d<1)$。从二叉树的最右端开始,计算每个节点处的期权价值,回溯直至得到期权的价格。

1. 单步二叉树模型

首先,从简单的欧式股票期权单步二叉树模型开始分析。考虑如下示例。假设一个标的资产为某无分红股票的1年期欧式看涨期权,股票现价为40元,年末股票价格为 45 元或 35 元，期权的执行价格为 42 元，以连续复利计息的无风险年利率 r 为 5%。该期权的二叉树模型如图 8－4－5 所示，其中(5) 表示股价为45元时的看涨期权价值 $\max(45-40,0)=5$；(0) 表示股价为35元时的看涨期权价值 $\max(35-40,0)=0$。

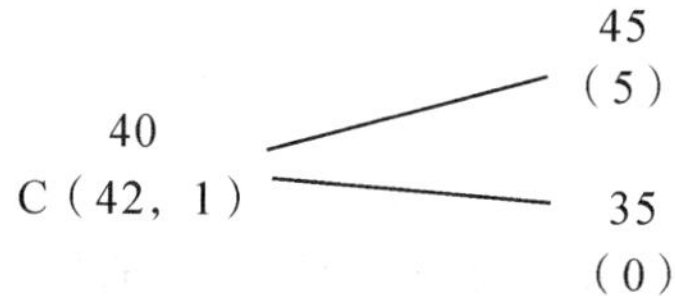

图 8－4－5　二叉树模型图

其次，从风险中性定价和复制投资组合定价两个角度介绍期权的单步二叉树模型定价理论。

(1) 风险中性定价

假设在一个没有风险溢价的风险中性世界里，上述例子中的股票现价 40 元等于未来(一年末) 价格 35 元或 45 元的加权平均，权重为各自发生的概率，设股价上涨至 45 元的风险中性概率为 p^*，则跌到 35 元的风险中性概率为 $1-p^*$，于是

$$40 = e^{-0.05\times1}[45p^* + 35(1-p^*)]$$

解之，得

$$p^* \approx 0.705\ 084$$

运用风险中性概率计算该期权的价格为

$$C(42,1) = e^{-0.05\times1}[0.705\ 084\times5 + (1-0.705\ 084)\times0] \approx 3.35(\text{元})$$

在该例中，该股票的初始价格为 $S=40$ 元，若一年后上涨至 $uS=45$ 元，则 $u=1.125$；若下降至 $dS=35$ 元，则 $d=0.875$；一阶段期权的期限 $h=1$ 年。用符号总结单步二叉树的定价公式，股票在当前时刻的价格等于未来股价的期望值在无风险利率条件下的现值，即

$$S = e^{-rh}[p^*uS + (1-p^*)dS] \tag{8.4.10}$$

$$p^* = \frac{e^{rh}-d}{u-d} \tag{8.4.11}$$

故看涨期权的价格为

$$C = e^{-rh}[p^*C_u + (1-p^*)C_d] \tag{8.4.12}$$

看跌期权的价格为

$$P = e^{-rh}[p^*P_u + (1-p^*)P_d] \tag{8.4.13}$$

其中，C_u、P_u 分别为看涨期权、看跌期权在股价为 uS 时的价值；C_d、P_d 分别为看涨期权、看跌期权在股价为 dS 时的价值。

例 8.4.5　假设某股票不支付红利，当前股价为 20 元，且已知在半年后，其价格为23元或18元。假设以该股票为标的资产的看涨期权的期限为半年，执行价格为22元，以连续复利计息的无风险年利率为 8%，试计算该期权的价格。

解：由题意知 $S=20$，$u=\frac{23}{20}=1.15$，$d=\frac{18}{20}=0.9$，$h=0.5$，$K=22$，$r=0.08$，于是由

公式(8.4.11)可得到

$$p^{*}=\frac{e^{0.08\times0.5}-0.9}{1.15-0.9}\approx0.563\ 243$$

故,所求的看涨期权的价格为

$$C=e^{-0.08\times0.5}[0.563\ 243\times1+(1-0.563\ 243)\times0]\approx0.54(元)$$

(2) 复制投资组合定价

在本节图8-4-5所涉及的例子中,该期权在股价为45元时将支付给期权购买者5元,在股价为35元时无支付。现考虑一个包含Δ单位股票和B单位债券的投资组合,这里假定所涉及的债券为零息债券,初始价格为1元,并假设债券的无风险收益利息力为5%,目的是使该投资组合与该期权所获得收益相等。则依据股价上涨与下跌可写出如下方程组

$$\begin{cases}45\Delta+e^{0.05}B=5\\35\Delta+e^{0.05}B=0\end{cases}$$

解之,得

$$\begin{cases}\Delta=0.5\\B\approx-16.646\ 515\end{cases}$$

上述结果表明:可通过购买0.5单位股票并卖出16.646 51单位债券来复制该期权。于是,初始投资额,亦即看涨期权的价格为

$$0.5\times40-16.646\ 51\approx3.35(元)$$

推广至有连续复利计算的平价年红利率δ的股票,在上例中假设该股票的$\delta=2\%$。则可写出如下方程组

$$\begin{cases}45e^{0.02}\Delta+e^{0.05}B=5\\35e^{0.02}\Delta+e^{0.05}B=0\end{cases}$$

解之,得

$$\begin{cases}\Delta\approx0.490\ 099\\B\approx-16.646\ 515\end{cases}$$

结果表明:可通过购买0.490 099单位股票并卖出16.646 515单位债券来复制该期权。于是,初始投资额即看涨期权的价格为

$$0.490\ 099\times40-16.646\ 515\approx2.96(元)$$

综上所述,可以用符号归纳出复制投资组合以获得看涨期权的价格。该投资组合所拥有的股票单位数为

$$\Delta=\frac{C_u-C_d}{S(u-d)}e^{-\delta h}\tag{8.4.14}$$

所拥有的债券单位数为

$$B=\frac{uC_d-dC_u}{u-d}e^{-rh}\tag{8.4.15}$$

看涨期权的价格为

$$C = \Delta S + B \tag{8.4.16}$$

其中 C_u、C_d 分别为股价上涨到 uS、下跌到 dS 时看涨期权的价值。

同理，将看涨期权公式中的 C_u、C_d、C 分别替换为 P_u、P_d、P 就可得到看跌期权的定价相关公式。

例 8.4.6　假设某股票按照连续复利计算的平价年红利率为3%，当前股价为30元，且已知在1年后，其价格为33元或27元。假设以该股票为标的资产的看涨期权的期限为1年，执行价格为31元，以连续复利计息的无风险年利率为5%，试求与之等价的复制投资组合中持有股票单位数 Δ 和持有债券单位数 B，并计算该看涨期权的价格。

解：由题意知 $S=30, u=\dfrac{33}{30}=1.1, d=\dfrac{27}{30}=0.9, h=1, K=31, r=0.05, \delta=0.03, C_u=2, C_d=0$。于是由(8.4.14)式可得

$$\Delta=\frac{2-0}{30\times(1.1-0.9)}e^{-0.03\times 1}\approx 0.323\,482$$

由(8.4.15)式可得

$$B=\frac{1.1\times 0-0.9\times 2}{1.1-0.9}e^{-0.05\times 1}\approx -8.561\,065$$

由(8.4.16)式可得

$$C=0.323\,482\times 30-8.561\,065\approx 1.14(\text{元})$$

2. 多步二叉树模型

(1) 欧式期权定价

单步二叉树模型可以进一步拓展为多步的二叉树模型，从二叉树的最右端开始往回倒推，计算每个节点处的期权价值，从而为期权进行定价。假设期权的期限为 T，每阶段期限为 h，则在时刻 $T-h$，期权价值等于 T 时刻两个节点期权价值的加权平均值以无风险利率计算的现值；$T-2h$ 时刻的期权价值等于 $T-h$ 时刻两个节点期权价值的加权平均值以无风险利率计算的现值；以此类推，倒推可计算出0时刻的期权价格。用多步二叉树模型来表示股票价格变化如图8－4－6所示。

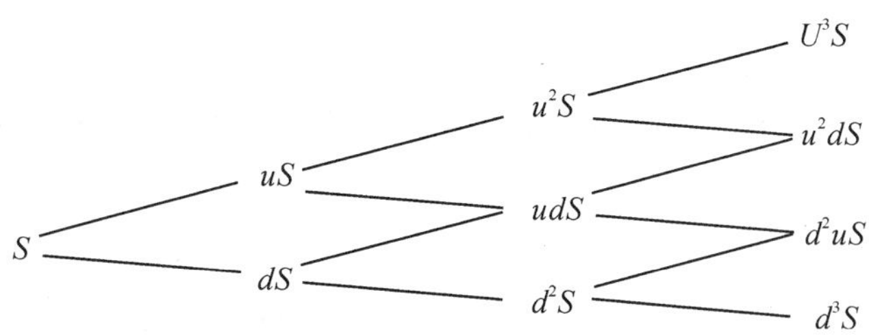

图8－4－6　股票的多步二叉树模型

例 8.4.7 关于某 6 个月期限的欧式看跌期权,已知信息如下:标的股票现价为 100 元且无分红,执行价格为 110 元,$u=1.2, d=0.8$;以连续复利计息的无风险年利率为 6%。该期权用两阶段二叉树模型定价,求该看跌期权的价格。

解: 该期权的两阶段二叉树模型如图 8 - 4 - 7 所示。

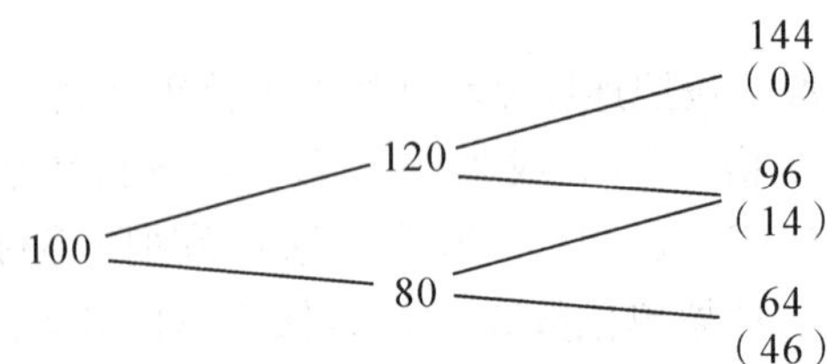

图 8 - 4 - 7 例 8.5.3 股票的两阶段二叉树模型

上图中(0)表示股价为 144 元时的看跌期权价值 $\max(0,110-144)=0$;(14)表示股价为 96 元时的期权价值 $\max(0,110-96)=14$;(46)表示股价为 64 元时的期权价值 $\max(0,110-64)=46$。期权期限为 6 个月,每阶段 3 个月,股价上涨的风险中性概率

$$p^*=\frac{e^{0.06\times 0.25}-0.8}{1.2-0.8}\approx 0.537\ 783。$$

由 uu 和 ud 节点处的期权价值计算 u 点处的期权价值

$$P_{uu}=\max(0,110-144)=0$$

$$P_{ud}=\max(0,110-96)=14$$

因此,根据公式 $P_u=e^{-rh}[p^*P_{uu}+(1-p^*)P_{ud}]$ 可计算出

$$P_u=e^{-0.06\times 0.25}[0.537\ 783\times 0+(1-0.537\ 783)\times 14]\approx 6.374\ 697(\text{元})$$

由 ud 和 dd 节点处的期权价值计算 d 点处的期权价值

$$P_{ud}=\max(0,110-96)=14$$

$$P_{dd}=\max(0,110-64)=46$$

因此,根据公式 $P_d=e^{-rh}[p^*P_{ud}+(1-p^*)P_{dd}]$ 计算出

$$P_d=e^{-0.06\times 0.25}[0.537\ 783\times 14+(1-0.537\ 783)\times 46]\approx 28.362\ 397(\text{元})$$

根据公式 $P=e^{-rh}[p^*P_u+(1-p^*)P_d]$ 可以计算出 0 时刻的期权价值

$$P=e^{-0.06\times 0.25}[0.537\ 783\times 6.374\ 697+(1-0.537\ 783)\times 28.362\ 397]\approx 16.29(\text{元})$$

另解: 对于欧式期权而言,只有期权到期日才可行权,故在计算期权价格时可以不计算中间节点的期权价值。最终节点的上涨次数(u 的个数)服从二项分布 $B(n,p^*)$,其中 n 为阶段数,p^* 为风险中性概率。在本例中,在最终节点处的上涨次数服从参数为 2,0.537 783 的二项分布,故股价最终为 uu、ud、dd 三个节点的概率如下:

在 uu 节点处的概率为$\binom{2}{2} \times 0.537\ 783^2 \approx 0.289\ 211$

在 ud 节点处的概率为$\binom{2}{1} \times 0.537\ 783 \times (1 - 0.537\ 783) \approx 0.497\ 145$

在 dd 节点处的概率为$\binom{2}{0} \times (1 - 0.537\ 783)^2 \approx 0.213\ 645$

因此,该看跌期权的价格为

$$P = e^{-0.06\times0.5}(0.289\ 211 \times 0 + 0.497\ 145 \times 14 + 0.213\ 645 \times 46)$$
$$\approx 16.29(元)$$

(2) 美式期权定价

美式期权与欧式期权的区别在于:欧式期权只能在到期日行权,而美式期权可在期权有限期内任意时刻行权,故在美式期权的二叉树定价模型中,每个节点处的期权价值为由下一时点计算的期权价值加权平均的现值与在该节点立即行权的期权价值中的最大值。若在某节点立即行权的期权价值更大,该美式期权会立即行权。

例 8.4.8 保持例 8.4.7 的其他已知条件不变,将其变为美式看跌期权,试计算该期权的价格。

解:该期权的两阶段二叉树模型如图 8 - 4 - 8 所示。

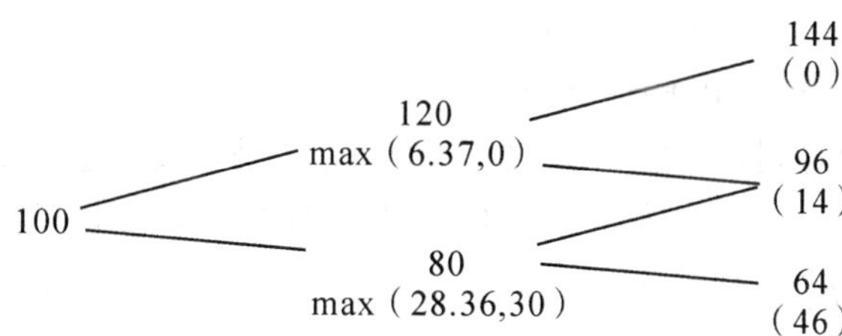

图 8 - 4 - 8 例 8.5.4 股票的两阶段二叉树模型

美式期权可提前行权。首先,需要比较在 u 节点处立即行权时的期权价值 0 与在由下一层次的 uu、ud 两节点处期权价值加权平均的现值 6.37 元的大小,应取较大值 6.37 元。其次,比较在 d 节点立即行权时期权价值 30 元与由下一层次的 ud、dd 两节点处期权价值加权平均的现值 28.36 元的大小,应取最大值 30 元。最后,可以计算出该美式看跌期权的价格为

$$P = e^{-0.06\times0.25}[0.537\ 783 \times 6.374\ 697 + (1 - 0.537\ 783) \times 30] \approx 17.04(元)$$

(二)Black - Scholes 期权定价模型

资产价格的随机波动行为是金融经济学领域的一个重要内容。价格波动的合理解释在决定资产本身的均衡价格及衍生品定价中起着重要的作用。1973 年由 F. Black 和 M. Scholes 首次提出的欧式看涨期权定价公式是目前世界上最普遍使用的期权定价公式。该公式最初主要用于股票期权,现在也用于其他期权。

1. 定价模型的假设条件

Black - Scholes 期权定价模型有如下一些假设条件:

(1) 市场无摩擦性:② 没有交易费用和税负;③ 所有的资产可以无限细分;③ 没有卖空限制。

(2) 从时刻 $t=0$ 到时刻 $t=T$ 都可以以一相同的不变的利率借贷,利率按连续复利或利息力 r 计算。

(3) 从时刻 $t=0$ 到时刻 $t=T$,股票不分红。

(4) 无套利机会。

(5) 标的物资产价格的变化是遵循对数正态分布的随机过程,包括以下条件:① 资产价格连续变化;② 在整个期权生命期内,资产的预期收益率和收益率方差保持不变;③ 任何时间段资产的收益和其他时间段资产的收益互相独立;④ 任何时间段资产的价格变化指数服从对数正态分布,即有

$$\ln\left(\frac{S(t_2)}{S(t_1)}\right) \sim N(\mu(t_2-t_1),\sigma^2(t_2-t_1))$$

当然,该模型原始定价的欧式期权必须到到期日才能执行。

在上述假设条件下,Black 和 Scholes 推导出了看涨期权的定价模型,以股票为基础资产。

2. 伊藤过程

在以上假设条件下,股票价格遵循一种几何布朗运动的规律,在数学上则表现为一种被称为伊藤过程的随机过程,即

$$\mathrm{d}S(t)=\mu^* S(t)\mathrm{d}t+\sigma S(t)\mathrm{d}z \tag{8.4.17}$$

上式中,$S=S(t)$ 为时刻 t 的资产(如股票)价格;μ^* 是连续计息收益率的资产在单位时间内的预期收益率;σ 为资产价格的波动率,即连续计算收益率的股票在单位时间内收益的自然对数的标准差;$\mathrm{d}z=\varepsilon\sqrt{\mathrm{d}t}$ 是被称为维纳过程(布朗运动)的一种随机过程,其中 ε 服从标准正态分布,即 $\varepsilon\sim N(0,1)$,所以 $\mathrm{d}z\sim N(0,\mathrm{d}t)$,$\sigma\mathrm{d}z\sim N(0,\sigma^2\mathrm{d}t)$。由于布朗运动的每一连续瞬间都是独立同分布的随机变量,因此有

$$\int_{t_1}^{t_2}\sigma\mathrm{d}z\sim N(0,\sigma^2(t_2-t_2)) \tag{8.4.18}$$

3. 伊藤引理

为方便说明问题,下面我们引入伊藤引理。

定理 8.4.1 (伊藤引理)设 $f(S,t)$ 是衍生品的价格(取决于标的物资产的价格 S 和时间 t),是关于 S 的两次连续可微、关于 t 的一次可微的函数,$S(t)$ 是满足随机微分方程(8.4.17)的扩散过程,则有以下随机变量函数的伊藤微分公式:

$$\mathrm{d}f=\frac{\partial f}{\partial t}\mu^* S\mathrm{d}t+\frac{\partial f}{\partial S}\mathrm{d}t+\frac{\partial f}{\partial S}\sigma S\mathrm{d}z+\frac{1}{2}\frac{\partial^2 f}{\partial S^2}\sigma^2 S^2\mathrm{d}t \tag{8.4.19}$$

事实上,因为函数 $f=f(S,t)$ 的泰勒展开式(差分形式)为

$$\Delta f=\frac{\partial f}{\partial S}\Delta S+\frac{\partial f}{\partial t}\Delta t+\frac{1}{2}\frac{\partial^2 f}{\partial S^2}\Delta S^2+\frac{\partial^2 f}{\partial S\partial t}\Delta S\Delta t+\frac{1}{2}\frac{\partial^2 f}{\partial t^2}\Delta t^2+\cdots \tag{8.4.20}$$

伊藤过程也可写成差分形式:

$$\Delta S = \mu^* S\Delta t + \sigma S\varepsilon\sqrt{\Delta t}$$

于是

$$\Delta S^2 = \sigma^2 S^2 \varepsilon^2 \Delta t + o(\Delta t) \tag{8.4.21}$$

因为 $\varepsilon \sim N(0,1)$，所以 $\mathrm{E}(\varepsilon)=0$，$\mathrm{var}(\varepsilon)=1$，从而 $\mathrm{E}(\varepsilon^2)=1$。

由于

$$\mathrm{var}(\varepsilon^2\Delta t) = (\Delta t)^2 \mathrm{E}[\varepsilon^2 - \mathrm{E}(\varepsilon^2)]^2$$

因此，当 $\Delta t \to 0$ 时，$\mathrm{var}(\varepsilon^2\Delta t)$ 是 Δt 的高阶无穷小量。这意味着当 $\Delta t\to 0$ 时，$\varepsilon^2\Delta t$ 将不再是随机变量，而是 $\varepsilon^2\Delta t \to \mathrm{d}t$。由(8.4.21)式可得

$$\mathrm{d}S^2 = \sigma^2 S^2 \mathrm{d}t \tag{8.4.22}$$

将此结果代入泰勒展开式，并略去关于 Δt 的二阶及其以上的高阶无穷小量，可得

$$\mathrm{d}f = \frac{\partial f}{\partial S}\mathrm{d}S + \frac{\partial f}{\partial t}\mathrm{d}t + \frac{1}{2}\frac{\partial^2 f}{\partial S^2}\sigma^2 S^2 \mathrm{d}t \tag{8.4.23}$$

将(8.4.17)式代入(8.4.23)式可得(8.4.19)式。

4. 任何时间段资产的价格变化指数均服从对数正态分布

如果 f 是 S 的一元函数 $f=f(S)$，则同理可导出伊藤引理的结果

$$\mathrm{d}f = \left(\frac{\mathrm{d}f}{\mathrm{d}S}\mu^* S + \frac{1}{2}\frac{\mathrm{d}^2 f}{\mathrm{d}S^2}\sigma^2 S^2\right)\mathrm{d}t + \frac{\mathrm{d}f}{\mathrm{d}S}\sigma S \mathrm{d}z \tag{8.4.24}$$

两边从 t_1 到 t_2 积分得

$$f[S(t_2)] = f[S(t_1)] + \int_{t_1}^{t_2}\left(\frac{\mathrm{d}f}{\mathrm{d}t}\mu^* S + \frac{1}{2}\frac{\mathrm{d}^2 f}{\mathrm{d}S^2}\sigma^2 S^2\right)\mathrm{d}t + \int_{t_1}^{t_2}\frac{\mathrm{d}f}{\mathrm{d}S}\sigma S\mathrm{d}z \tag{8.4.25}$$

令 $f(S)=\ln S$，则

$$\frac{\mathrm{d}f}{\mathrm{d}S} = \frac{1}{S}, \frac{\mathrm{d}^2 f}{\mathrm{d}S^2} = -\frac{1}{S^2}$$

于是(8.4.25)式可变为

$$\ln\left(\frac{S(t_2)}{S(t_1)}\right) = \left(\mu^* - \frac{1}{2}\sigma^2\right)(t_2 - t_1) + \int_{t_1}^{t_2}\sigma \mathrm{d}z$$

由(8.4.18)式得

$$\ln\left(\frac{S(t_2)}{S(t_1)}\right) \sim N(\mu(t_2-t_1), \sigma^2(t_2-t_1)) \tag{8.4.26}$$

上式中，$\mu = \mu^* - \frac{1}{2}\sigma^2$。

这实际上表明，服从伊藤过程的股票价格变化服从对数正态分布。

特别地，

$$\ln\left(\frac{S(t)}{S(0)}\right) \sim N(\mu t, \sigma^2 t) \tag{8.4.27}$$

5. 欧式看涨期权值(Black - Scholes 公式)

对看涨期权而言，其在到期日的价值为

$$C(T)=\max[S(T)-K,0]=\begin{cases}0, & S(T)\leqslant K\\ S(T)-K, & S(T)>K\end{cases} \tag{8.4.28}$$

上式中 $S(T)$ 代表对应资产到期日的价格(下面简记为 S),K 代表期权的交割价格。

$$\begin{aligned}\mathrm{E}[C(T)]&=\int_{-\infty}^{K}0\cdot f_S(s)\mathrm{d}s+\int_{K}^{\infty}(s-K)f_S(s)\mathrm{d}s\\&=\int_{K}^{\infty}sf_S(s)\mathrm{d}s-K\int_{K}^{\infty}f_S(s)\mathrm{d}s=A-KB\end{aligned}$$

上式中,$f_S(s)$ 为 S 概率密度函数,A、B 代表相应的定积分。

令 $Y=\ln(\dfrac{S}{S_0})$,则

$$S=S_0\mathrm{e}^Y,y=y(s)=\ln(\frac{s}{S_0})$$

由(8.4.27)式知

$$Y\sim N(\mu t,\sigma^2 t)$$

从而有

$f_S(s)=f_Y[y(s)]\dfrac{\mathrm{d}y(s)}{\mathrm{d}s}$,这里 $f_Y(y)$ 为随机变量 Y 的概率密度函数。

一方面,

$$\begin{aligned}A&=\int_{K}^{\infty}sf_S(s)\mathrm{d}s=\int_{K}^{\infty}sf_Y[y(s)]\frac{\mathrm{d}y(s)}{\mathrm{d}s}\mathrm{d}s=\int_{K}^{\infty}sf_Y[y(s)]\mathrm{d}y(s)\\&=\int_{\ln(\frac{K}{S_0})}^{\infty}S_0\mathrm{e}^y\frac{1}{\sqrt{2\pi t}\sigma}\mathrm{e}^{-\frac{(y-\mu t)^2}{2\sigma^2 t}}\mathrm{d}y\ [令\ y=y(s)]\\&=\int_{\ln(\frac{K}{S_0})}^{\infty}S_0\mathrm{e}^{\mu t+\frac{1}{2}\sigma^2 t}\frac{1}{\sqrt{2\pi t}\sigma}\mathrm{e}^{-\frac{(y-\mu t-\sigma^2 t)^2}{2\sigma^2 t}}\mathrm{d}y\\&=S_0\mathrm{e}^{\mu^* t}\int_{-d_1}^{\infty}\frac{1}{\sqrt{2\pi}}\mathrm{e}^{-\frac{1}{2}u^2}\mathrm{d}u\ (令\ u=\frac{y-\mu t-\sigma^2 t}{\sigma\sqrt{t}})\\&=S_0\mathrm{e}^{\mu^* t}\int_{-\infty}^{d_1}\frac{1}{\sqrt{2\pi}}\mathrm{e}^{-\frac{1}{2}x^2}\mathrm{d}x\ (令\ x=-u)\\&=S_0\mathrm{e}^{\mu^* t}N(d_1)\end{aligned}$$

上式中,

$$\mu^*=\mu+\frac{1}{2}\sigma^2,d_1=\left\{\ln(\frac{S_0}{K})+(\mu^*+\frac{1}{2}\sigma^2)t\right\}\Big/(\sigma\sqrt{t})$$

$$N(d_1)=\int_{-\infty}^{d_1}\frac{1}{\sqrt{2\pi}}\mathrm{e}^{-\frac{1}{2}x^2}\mathrm{d}x$$

另一方面,

$$B=\int_{K}^{\infty}f_S(s)\mathrm{d}s=\int_{K}^{\infty}f_Y[y(s)]\frac{\mathrm{d}y(s)}{\mathrm{d}s}\mathrm{d}s=\int_{K}^{\infty}f_Y[y(s)]\mathrm{d}y(s)$$

$$= \int_{\ln(\frac{K}{S_0})}^{\infty} \frac{1}{\sqrt{2\pi t}\,\sigma} e^{-\frac{(y-\mu t)^2}{2\sigma^2 t}} dy \quad [令 y = y(s)]$$

$$= \int_{\ln(\frac{K}{S_0})}^{\infty} \frac{1}{\sqrt{2\pi t}\,\sigma} e^{-\frac{(y-\mu t)^2}{2\sigma^2 t}} dy$$

$$= \int_{-\infty}^{d_2} \frac{1}{\sqrt{2\pi}} e^{-\frac{1}{2}x^2} dx \quad (令 x = -\frac{y-\mu t}{\sigma\sqrt{t}})$$

$$= N(d_2)$$

上式中，

$$d_2 = \left[\ln(\frac{S_0}{K}) + (\mu^* - \frac{1}{2}\sigma^2)t\right] / (\sigma\sqrt{t})$$

从而可得期权的预期价值为

$$E[C(T)] = A - KB = S_0 e^{\mu^* t} N(d_1) - KN(d_2)$$

将其折现为在0点的现值即得期权的合理价格：

$$C = E[C(T)]e^{-\mu^* t} = S_0 N(d_1) - Ke^{-\mu^* t} N(d_2) \tag{8.4.29}$$

需要说明的是，μ^* 不仅是 $\mu + \frac{1}{2}\sigma^2$ 的简单表达式，还是连续的复合零风险利率，即无风险利息力。这并不奇怪，因为期权价值的确定并不依赖于投资者的偏好，即风险中性，而风险中性的本质含义就是要求将资产的终值以该项资产的收益率为利息力计算现值。因此以何种利率推导期权定价模型是无关紧要的，这里选择无风险利率是因为较方便而已。这样，自然要求有

$$E\left(\frac{S(T)}{S_0}\right) = e^{(\mu + \frac{1}{2}\sigma^2)t} = e^{\mu^* t}，即 \mu^* = \mu + \frac{1}{2}\sigma^2$$

另外，$N(d_1) = \Phi(d_1)$，$N(d_2) = \Phi(d_2)$。

欧式看跌期权价格的 Black - Scholes 公式是

$$P = Ke^{-\mu^* t}[1 - N(d_2)] - S_0[1 - N(d_1)] \tag{8.4.30}$$

$$= C - S_0 + Ke^{-\mu^* t} \tag{8.4.31}$$

$$= Ke^{-\mu^* t} N(-d_2) - S_0 N(-d_1) \tag{8.4.32}$$

上式中，P 是看跌期权的价格，而其余符号的意义与(8.4.29)式相同。令人惊奇的是，美国看跌期权的值大于欧式看跌期权的值，甚至在基础股票不分红的情况下，早期履行也可以是最优的。一方面，长期看跌期权可能比短期看跌期权更有价值，这是因为可以有更长的时间让基础股票价格向自己喜欢的方向移动；另一方面，短期看跌期权也可能比长期看跌期权更有价值，这是由于金钱存在时间价值。未来的日期越远，在未来以喜欢的价格购买某些东西的权利价值越低。因此，看跌期权的早期履行可能是最优的，故美国看跌期权比欧洲看跌期权更值钱。

用经验数据对 Black - Scholes 公式进行测试的结果表明，该公式在某些条件下是合理的，但在以下情形时会有较大的误差：① 当履行价格 K 与当前市场价格 S_0 相

差很大时；② 对于那种波动远高于或远低于平均值的证券，即 σ 很大或很小；③ 若到期日在很远的未来，即 n 很大。

例 8.4.9　用 Black - Scholes 公式求一种欧洲看涨期权的值，该期权在 2 年后到期，它对当前售价为 50 元的股票的期权执行价格为 70 元，股票连续收益率的标准差为 0.4，无风险利息强度为 10%。

解： $\because S_0 = 50, K = 70, t = 2, \sigma = 0.4, \mu^* = 10\%$

$$\therefore d_1 = \left[\ln(\frac{S_0}{K}) + (\mu^* + \frac{1}{2}\sigma^2)t\right] \Big/ (\sigma\sqrt{t})$$

$$= \left[\ln(\frac{50}{70}) + (0.1 + \frac{1}{2} \times 0.4^2) \times 2\right] \Big/ (0.4\sqrt{2}) \approx 0.041\ 591\ 60$$

$$d_2 = \left[\ln(\frac{S_0}{K}) + (\mu^* - \frac{1}{2}\sigma^2)t\right] \Big/ (\sigma\sqrt{t})$$

$$= \left[\ln(\frac{50}{70}) + (0.1 - \frac{1}{2} \times 0.4^2) \times 2\right] \Big/ (0.4\sqrt{2}) \approx -0.524\ 093\ 82$$

查表可得

$$N(d_1) = \Phi(d_1) \approx 0.516\ 588$$

$$N(d_2) = \Phi(d_2) \approx 0.300\ 107$$

代入(7.3.13)式得

$$C = S_0N(d_1) - Ke^{-\mu^* t}N(d_2)$$

$$= 50 \times 0.516\ 588 - 70e^{-10\% \times 2} \times 0.300\ 107 \approx 8.63(\text{元})$$

顺便提一句，本问题的看跌期权价格可由公式(7.3.15)得，即

$$P = C - S_0 + Ke^{-\mu^* t} \approx 8.63 - 50 + 70e^{-10\% \times 2} \approx 15.94(\text{元})$$

6. Black - Scholes 公式的发展与推广

(1) 外汇市场期权定价模型

1983 年 Garman 和 Kohlhagen 对 Black - Scholes 的期权定价公式提出了修正，创造了适用于外汇期权的第二种定价公式。该模式进一步考虑了本国货币和外国货币不同的利率水平，使计算结果更加精确。修正后的公式如下：

$$C = e^{-Ft}S_0N(d_1 + \sigma\sqrt{t}) - e^{-Dt}KN(d_1) \tag{8.4.33}$$

上式中，

$$d_1 = \frac{\ln\left(\frac{S_0}{K}\right) + \left(D - F - \frac{1}{2}\sigma^2\right)t}{\sigma\sqrt{t}}$$

上式中，D 为本国货币利率，F 为外国货币利率，其他符号的意义不变。

上述公式计算的是看涨期权价格，看跌期权的价格可在计算出看涨期权的价格后，利用外汇市场看跌期权、看涨期权和远期汇率的平价理论公式，用代入法求出。该平价理论用下列公式表示：

$$C - P = \frac{G - K}{(1 + i)^t} \tag{8.4.34}$$

上式中,G 为与期权到期时间相同的远期汇率;C 为看涨期权的价格;P 为看跌期权的价格;K 为协定价格;i 为利率;t 为到期时间,以年表示。

(2) 标的物(股票) 支付已知红利

设标的物(股票) 在时刻 t 支付已知数额的红利 D。因为在买权的到期日之前要支付红利,标的物(股票) 的价值不是股票本身,而应是股票减去红利后的现值,因此,标的物现在的价值(在0时刻的价值)S_0 由两部分构成:① 发生在时刻 t 的无风险红利(因为红利的数额是预先确定的);② 红利支付后到时刻 T 股票价值的现值,这一部分价值是有风险的,故称为 $\tilde{S}_0$。显然

$$\tilde{S}_0 = S_0 - De^{-\mu^* t} \tag{8.4.35}$$

(8.4.35) 式对于在时刻0与时刻 T 之间多次发生已知数额红利的情况也是适用的。更一般情形有 $\tilde{S}_0 = S_0 - D^*$。上式中,D^* 为在时刻0与时刻 T 之间发生的红利的现值。于是期权值为

$$C = \tilde{S}_0 N(d_1) - Ke^{-\mu^* t} N(d_2)$$

上式中,

$$d_1 = \left[\ln\left(\frac{\tilde{S}_0}{K}\right) + \left(\mu^* + \frac{1}{2}\sigma^2\right)t\right] \Big/ (\sigma\sqrt{t})$$

$$d_2 = \left[\ln\left(\frac{\tilde{S}_0}{K}\right) + \left(\mu^* - \frac{1}{2}\sigma^2\right)t\right] \Big/ (\sigma\sqrt{t}) = d_1 - \sigma\sqrt{t}$$

本章小结

1. 内容概要

本章首先介绍了金融衍生工具的定义、分类和作用。接下来本章分别探讨了四种重要的金融衍生工具 —— 远期、期货、互换和期权,以及这几种金融衍生工具的定价理论。

从远期和期权这两种金融衍生工具入手,介绍其含义、进行其盈亏情况的分析并绘制盈亏图。从无套利定价方法出发,以标的资产为无分红、离散分红以及连续分红这三种类型股票的远期合约为例,研究了远期合约的定价理论,期货作为标准化的远期,定价原理与远期相同,但与远期不同的是,期货交易采用"逐日盯市" 的特殊方法定价。

接下来以利率互换为例,阐述了互换的基本原理,将利率互换合约看作债券空头和多头的组合,进而利用债券价值对利率互换进行定价。

最后阐释了期权概念与分类,用图形展示了欧式期权多头及空头双方的盈亏情况,研究了欧式看涨 - 看跌期权的平价公式,分析了期权内在价值及时间价值的价值

构成;通过二叉树模型与 Black - Scholes 期权模定价模型对欧式看涨期权、看跌期权进行了定价研究。

当下,金融衍生工具作为重要的金融创新工具,发挥着规避风险、价格发现等重要作用,是对冲资产风险的良好方法,被投资者广泛应用。

2. 重要公式

(1) 远期定价公式

$$F_{0,T} = S_0 e^{rT}$$

$$F_{0,T} = S_0 e^{rT} - AV(Divs)$$

$$F_{0,T} = S_0 e^{(r-\delta)T}$$

(2) 利率互换公式

$$I = \frac{\sum_{i=1}^{n} I^* e^{-s_i t_i}}{\sum_{i=1}^{n} e^{-s_i t_i}}$$

(3) 欧式看涨看跌期权公式

$$C(K,T) - P(K,T) = (F_{0,T} - K) e^{-rT}$$

$$C(K,T) - P(K,T) = S_0 - Ke^{-rT}$$

$$C(K,T) - P(K,T) = S_0 - PV_{0,T}(Divs) - Ke^{-rT}$$

$$C(K,T) - P(K,T) = S_0 e^{-\delta T} - Ke^{-rT}$$

(4) 二叉树定价模型

$$C = e^{-rh}[p^* C_u + (1 - p^*) C_d]$$

$$P = e^{-rh}[p^* P_u + (1 - p^*) P_d]$$

其中,$p^* = \frac{e^{(r-\delta)h} - d}{u - d}$。

(5) $\Delta = \frac{C_u - C_d}{S(u - d)} e^{-\delta h}$

$$B = \frac{uC_d - dC_u}{u - d} e^{-rh}$$

$$C = \Delta S + B$$

(6) 欧式看涨期权价格公式

$$C(K,T) = S_0 N(d_1) - Ke^{-\mu^* T} N(d_2)$$

欧式看跌期权价格公式

$$P(K,T) = Ke^{-\mu^* T} N(-d_2) - S_0 N(-d_1)$$

其中,$d_1 = \frac{\ln(\frac{S_0}{K}) + (\mu^* + \frac{\sigma^2}{2})T}{\sigma\sqrt{T}}$,$d_2 = \frac{\ln(\frac{S_0}{K}) + (\mu^* - \frac{\sigma^2}{2})T}{\sigma\sqrt{T}}$。

(7) 外汇市场看涨期权定价模型

$$C(K,T) = e^{-FT}S_0N(d_1 + \sigma\sqrt{T}) - e^{-Dt}KN(d_1)$$

外汇市场看跌期权定价模型

$$P(K,T) = C(K,T) - \frac{G - K}{(1 + i)^T}$$

其中，$d_1 = \dfrac{\ln(\dfrac{S_0}{K}) + (D - F - \dfrac{\sigma^2}{2})T}{\sigma\sqrt{T}}$。

习题 8

8－1　考虑某只按照连续复利计息的平价年红利率 2% 分红的股票，现价为 80 元，假设连续计息的无风险年利率为 5%，求以该股票为标的资产的半年期远期合约的价格。

8－2　考虑某只股票当前价格为 60 元，假定该股票在 3 个月及 6 个月后会各支付 1.5 元的红利，以连续复利计息的无风险年利率为 5%，求以该股票为标的资产的 1 年期远期合约的价格。

8－3　考虑一种 5 年期债券的现货价格为 95 元，该债券在 6 个月和 12 个月末都将收到 6 元的利息，且第二次付息日是在远期合约的交割日之前。假设以连续复利计息的无风险年利率为 10%，计算该远期合约的价格。

8－4　某股票当前价格为 134.75 元，无风险年利息力为 3.99%，适合于一个 3 个月的投资，求该 3 月期股票的远期价格。如果该股票在一月末有 10 元的红利分配，求该 3 月期股票的远期价格。

8－5　现有一个关于 3 个月期的美元远期合约，当前汇率是 1 美元 = 0.810 1 英镑，3 个月的英镑无风险利率为年 4.5%，而 3 个月的美元无风险年利率为 5.5%。一个月后，汇率变为 1 美元 = 0.802 5 英镑，两个月的英镑无风险利率为年 3.9%，而 3 个月的美元无风险年利率为 5.2%。求 1 月后远期合约空头的价值。

8－6　考虑关于按利息力 δ 的连续分红的标的资产的远期合约，在时刻 T 的交割价格为 K，1 单位标的资产在时刻 0 的价格为 S_0。当 $K \neq S_0e^{(r-\delta)T}$ 时，试通过借款购买或卖空 $e^{-\delta T}$ 个单位的标的资产说明存在套利机会。

8－7　考虑某付息债券，其现价为 860 元，该债券在未来一年内每 6 个月支付一次 40 元的利息。6 个月期零息债券无风险利息力为 8%，1 年期零息债券无风险利息力为 10%；求关于此付息债券付息后立即开始计时的一年期远期合约的价格。假设在时刻 0.5 第 1 次付息后 6 月期零息债券的利息力仍为 8%，在时刻 0.5 该债券的现价上升到 870 元，求此时关于该债券在时刻 1 到期的远期合约的交割价格，并求在时刻 0

签订的初始远期合约多头的价值。

8 - 8　某股票当前价格是10 000元,无风险年利率是5%。(1) 在下列假设条件下计算在9个月末交付的股票远期价格:① 没有红利;②3个月末将600元的红利;③3个月末将支付800元的红利;④6个月末将支付600元的红利。(2) 假设3个月末将支付600元的红利,且9个月末交付的股票的远期价格为10 450元,解释通过借款10 000元购买股票来赚取利润并计算出利润。

8 - 9　假设在某利率互换中,互换名义本金为500万元,B公司支付6个月的LIBOR,同时收取年利率为8%的固定利率(每半年支付一次),互换还有1.25年到期。已知3个月、9个月、15个月期的即期连续复利率分别为10%、10.5%和11%。在上一个付息日,6个月期的LIBOR为8.5%,求该利率互换对B公司的价值。

8 - 10　一份半年到期的股票看跌期权的执行价格为35元,期权费为1.7元。假设以连续复利计息的无风险年利率为6%。若在期权到期日股票的价格为30元,试计算此时该看跌期权多头的盈亏;并计算在期权到期日,多头达到盈亏平衡点时的股票价格。

8 - 11　某只股票的现价为30元,且2个月后有1.5元的分红,一个以该股票为标的资产、执行价格为32元且到期期限为3个月的看涨期权,其期权价格为2.3元。假设以连续复利计息的无风险年利率为6%,试计算以该股票为标的、有相同执行价格和到期期限的欧式看跌期权的期权价格。

8 - 12　某只按照连续复利计息的平价年红利率2.5%分红的股票,现价为45元,一个以该股票为标的资产、执行价格为40元且到期期限为1年的看跌期权,其期权价格为3.8元。假设以连续复利计息的无风险年利率为5%,试计算以该股票为标的、有相同执行价格和到期期限的欧式看涨期权的期权价格。

8 - 13　某投资者购买了一个执行价格为36元的股票看涨期权,期权费为2元。若股票当前的市场价格为39元,则该期权的内在价值是多少?

8 - 14　假设某股票不支付红利,当前股价为35元,且已知在半年后其价格为40元或33元。假设以该股票为标的资产的看涨期权的期限为半年,执行价格为37元,以连续复利计息的无风险年利率为6%,试计算该期权的价格。

8 - 15　假设某股票按连续复利计息的平价年红利率为2%,当前股价为50元,且已知在1年后其价格为60元或45元。假设以该股票为标的资产的看涨期权的期限为1年,执行价格为55元,以连续复利计息的无风险年利率为7%,试求与之等价的复制投资组合中持有股票单位数Δ和持有债券单位数B,并计算该看涨期权的价格。

8 - 16　假设某6个月期限的欧式看涨期权,已知如下条件:标的股票现价为60元且无分红,执行价格为70元,$u = 1.3$,$d = 0.7$,以连续复利计息的无风险年利率为6%。该期权用两阶段二叉树模型定价,试求该看涨期权的价格。

8 - 17　假设某6个月期限的美式看涨期权,已知如下条件:标的股票现价为120元且无分红,执行价格为130元,$u = 1.2$,$d = 0.8$,以连续复利计息的无风险年利率为

5%。该期权用两阶段二叉树模型定价,试求该看涨期权的价格。

8 - 18　某 ABC 公司 1 月 15 日股票价格为 50 元,假设无风险年利率为 8%,关于该股票连续复利回报率有标准差 $\sigma = 0.03$。用 Black - Scholes 期权定价公式求出 1 月 15 日去购买 1 份 7 月 15 日到期的该公司股票的期权,分别具有执行价或交割价为 45 元、50 元、55 元。

8 - 19　用 Black - Scholes 公式求一种欧式看涨期权的值或价格,该期权在 2 年后到期,它对当前售价为 40 元的股票期权的执行价格为 50 元,股票连续收益率的标准差为 0.3,无风险利息力为年 8%。

8 - 20　用 Black - Scholes 公式求一种欧式看跌期权的值或价格,该期权在 2 年后到期,它对当前售价为 40 元的股票期权的执行价格为 50 元,股票连续收益率的标准差为 0.3,无风险利息力为年 8%。

复习思考题

1. 每年年初存入 10 000 元，单利条件下在第 20 年年末的积累值为 284 000 元，那么在复利条件下的终值为多少？

2. 一项每月第 1 日支付 1 次的 10 年期年金：1 月份付款 1 000 元，2 月份付款 2 000 元……第 12 月份付款 12 000 元，每年皆这样循环。已知年利率为 5%，求该年金的现值与终值。

3. 已知利息力 $\delta_t=\begin{cases}0.05 & (0\leqslant t\leqslant 3)\\ 0.09-0.01t & (3<t\leqslant 8)\\ 0.01t-0.03 & (t>8)\end{cases}$，在时刻 2 投资 500 元，在时刻 9 再投资 800 元，求在时刻 10 的积累值。

4. 已知某种期末付年金，年利率为 5%，每 4 年增长 10.25%，支付 40 年，第 1 次付款 1 000 元发生在第 1 年年末。求下列条件下该年金的现值：(1) 每年支付 1 次，每 4 年内各次支付保持不变；(2) 每 4 年支付 1 次。

5. 已知某种贷款等额本利偿还法，贷款 30 期，每期期末还款 R 元，写出第 13 次还款中的利息部分的表达式。

6. 已知某种贷款 50 000 元，年实际利率为 5%，每月末还款一次，贷款 5 年，每月还款多少？贷款的 APR 为 6%，则结果又如何？

7. 已知某种贷款 50 000 元，等额本利还款，年计息 12 次的年名义利率为 15%，贷款 3 年，第 25 次还款后贷款利率上升为年计息 12 次的年名义利率 18%，则每月还款额将增加多少元？

8. 已知某种贷款 50 000 元，贷款 7 年，每半年还款一次，每次还款 X 元，前 2 年每年计息 2 次的年名义利率为 6%，后 5 年每年计息 2 次的年名义利率为 8%，求 X。

9. 已知贷款 50 000 元，贷款 20 年，年利率为 7%，每一次还款比上一次增加 2%，第 15 次还款后的贷款余额是多少？

10. 已知当前银行储蓄存款 2 年期、3 年期、5 年期的年利率分别为 4.50%、5.22%

和 5.76%，求 2 年后 3 年期的远期年利率。

11. 已知$\delta_t = 0.006t^2$，$0 \leqslant t \leqslant 10$，现在投资3万元，在时刻3再投资2万元，则在时刻 9 可获得的终值是多少？

12. 已知$a(t)$为t的二次函数，且前半年的年计息2次的年名义利率为4%，后半年为年计息 2 次的年名义利率为 6%。求$\delta_{0.25}$、i_4。

13. 已知某一种年金第1年年末支付800元，第2年年末支付900元……第9年年末支付 1 600 元，$i = 4\%$。求其现值。

14. 已知$i = 6\%$，第1年年末付款500元，第4年年末付款800元，第5年年末付款400 元，第 7 年年末付款 600 元。这 4 次付款等价于何时一次性付款 2 300 元？

15. 投资 100 万元，每年可获得 12%的利息，投资 10 年，其利息以 4%的年利率再投资。求年平均收益率。

16. 每年年初投资 10 000 元，年利率为 6%，投资 10 年，利息以年利率 7%进行再投资。求年平均收益率。

17. 某债券以 1 000 元的价格出售，其面值为 1 000 元，年票息率为 6%，每年获得的利息以 5%的年利率进行再投资，债券 10 年到期，并以面值赎回。求年收益率。

18. 某项投资在时刻t的利息力为$\dfrac{1}{5+t}$，其中$0 \leqslant t \leqslant 10$，若在时刻 5 投资 10 000 元，则在时刻 10 的积累值是多少？

19. 已知某项每年年末支付一次的永久年金：在第$3t+1$年年末支付 1 元，在第$3t+2$年年末支付2元，在第$3t+3$年年末支付3元，$t = 0,1,2,\cdots,n$，年计息2次的年名义利率为 6%。求该年金的理论价格。

20. 若$(I\ddot{a})_{\overline{n+1}|} = X(I\ddot{a})_{\overline{n}|} + Y$，求$X$、$Y$。

21. 一项贷款计划在n年内($n > 5$)，每年年末还款X元，若在第1年年末、第3年年末、第 5 年年末还款中的利息部分分别为 1 000 元、982 元、960 元，求X。

22. 已知某项贷款的本金为L，计划n年内每年年末还款 1，该贷款年利率设为i，且B为本金部分的现值，写出$(Ia)_{\overline{n}|}$、$(I\ddot{a})_{\overline{n}|}$的表达式。

23. 已知$\ddot{a}_{\overline{7}|} = 8.9887$，$\ddot{a}_{\overline{2n}|} = 13.5842$，求$i$和$n$。

24. 某人签订了一张 1 年期的 100 000 元的借款合同，并从银行收到 92 000 元。在第 6 个月月末，他还款 28 800 元，在单贴现条件下，年末还应还款多少元？

25. 已知$a_{\overline{7}|} = 5.153$，$a_{\overline{11}|} = 7.036$，$a_{\overline{18}|} = 9.180$，求$i$。

26. 某期末付永久年金的付款额依次为：1，3，5，7…… 若第 6 次、第 7 次付款额现值相等，求该永久年金现值。

27. 延期1年连续支付的年金共付款13年，在时刻t时，年付款率为t^2-1，在时刻t的利息力为$(1+t)^{-1}$，其中$1 \leqslant t \leqslant 14$。求该年金的现值。

28. 某人从银行获得贷款 100 000 元，贷款 25 年，年利率为 3%，每月末还款一次。在还款 10 年后年利率上升为 5%。求每月还款增加额。

29. 假设一个每年年末支付一次的 60 年期年金，在第$3t+1$年年末付款 2，在第

$3t+2$ 年年末付款4,在第 $3t+3$ 年年末付款6,其中 $t=0,1,2\cdots\cdots19$,已知年计息2次的年名义利率为5%。求该年金的现值。

30. 某项等额季末还款的贷款,贷款10年,贷款每季计息1次,第8次、第24次还款的本金部分分别为30 000元和50 000元。求第15次还款中的利息部分。

31. 某投资者立即投资7 000元,第2年年末投资1 000元,而在第1年年末、第3年年末分别收回4 000元和5 500元。求该资金流的年收益率。

32. 某基金账户信息如表复－1所示。

表复－1 单位:元

时间	1月1日	3月1日	4月1日	*M*月1日	12月31日
账户余额	100 000	110 000	102 000	118 000	140 000
投入		－15 000	20 000	*X*	

其中 $X>0$,该账户的时间加权收益率为13.90%,投资额加权收益率为11.86%。求 M 与 X。

33. 基金A与基金B的数据分别如表复－2、表复－3所示,基金A的投资额加权收益率与基金B的时间加权收益率相等。求 X。

表复－2 基金A 单位:元

时间	1月1日	3月1日	5月1日	11月1日	12月31日
账户余额	5 000	5 500	5 200	7 731	4 310
投入			2 400	－3 600	

表复－3 基金B 单位:元

时间	1月1日	4月1日	12月31日
账户余额	5 000	5 250	*X*
投入		－720	

34. 某项贷款10 000元,在20年内偿还完毕,每年年末偿还额为1 000元,贷款人即刻将还款投资于某项基金,其年利率为5%。求这20年内贷款者的实际年收益率。

35. 某人在银行账户中存入10 000元人民币,年利率为4%,如果存款在5年半以前从银行支取存款,就会有相当于支取额的5%的罚金从账户中扣除。该储户在第4、5、6、7年年末各从银行支取了 K 元,该账户在第10年年末的积累值恰好为10 000元。求 K。

36. A先生获得了100 000元保险金,他用这笔钱可以购买到10年期每年年末给付15 380元的年金,也可以购买20年期的期末付年金,则每年年末可以领取10 720元。求年收益率 i。

37. 某人以10倍于目前股票年收入的价格购买股票,8年后,股票年收入增加了

50%,8 年中股票无任何分红;第 8 年年末,他以股票年收入的 13.5 倍的价格卖出股票。求年收益率。

38. 某投资基金年初有500 000元,年末有680 000元,当年毛利息为60 000元,投资费用为 5 000 元。求该基金的年收益率。

39. 甲需要贷款10 000元,分4年每年年末等额偿还。乙、丙可提供这笔贷款,乙要求每年年末支付利息,同时建立偿债基金,贷款年利率为 10%,偿债基金的年利率为 8%。丙则要求分期偿还。求使两种贷款等价的丙提供的贷款的年利率。

40. 某贷款 10 000 元,为期 10 年,年利率为 i,按偿债基金法等额还款,偿债基金年利率为 8%,则借款人每年年末支出总额为 X 元;若贷款年利率翻一番,则每年年末支出总额将升为 $1.5X$ 元。求 i。

41. 某项每年连续还款 1 000 元的 25 年期的贷款,已知其年利率为 6%,求第 6 年到第 10 年间利息的支付总额。

42. 某贷款分 20 年均衡偿还,年利率为 9%,则偿还额中利息部分与本金部分最接近的是第几次还款?

43. 若贷款年利率为 5%,每年年末还款 1 次,共 10 年,首期还款 200 万元,以后每期比上一期增加 10 万元。计算第 5 次还款中的利息部分。

44. 若贷款年利率为 5%,每年年末还款 1 次,共 10 年,首期还款 200 万元,以后每期比上一期增加 10%,计算第 5 次还款中的利息部分。

45. 某公司贷款 100 万元,期限 30 年,年利率为 4%,每年年末还款 1 次,其中最后 10 年每年年末还款额是前 20 年的年度还款额的 2 倍,在第 10 年年末正常还款后,可再选择一次性支付 X 万元来还清贷款,这将使贷款的年利率上升到 4.6%。求 X。

46. 某面值为 1 000 元的 10 年期债券,票息率为每年计息 2 次的年名义利率 10%,赎回值为 1 050 元,收益率为每年计息 2 次的年名义利率 8%。若所得税税率为 25%,资本增益税率为 20%。求:(1) 缴纳所得税后的债券价格;(2) 缴纳所得税和资本增益税后的债券价格。

47. 已知债券 A 的面值为 1 000 元,票息率为每年计息 2 次的年名义利率 8%,期限 5 年,到期按面值赎回。现以面值出售,若市场现行利率突然达到年计息 2 次的年名义利率 10%。求债券 A 的价格下跌的幅度。

48. 两种面值 1 000 元的债券在相同时间以面值赎回,现以年计息 2 次的年名义利率4%的收益率购买,债券 A 的价格为 1 128.49 元,票息率为年计息 2 次的年名义利率 6%。债券 B 的票息率为年计息 2 次的年名义利率 5%。求债券 B 的价格。

49. 面值为 1 000 元的 n 年期债券,到期以面值赎回,票息率为年计息 2 次的年名义利率 6%,收益率为年计息 2 次的年名义利率 5%。若债券期限加倍,则价格将增加 42 元。求该 n 年期债券的价格。

50. 投资者购买了两种 20 年期债券,均附有半年期息票,都以面值到期,都产生相同的收益率。债券 A 的面值为 500 元,票息为 45 元;债券 B 的面值为 1 000 元,票息为 30 元。债券 A 的溢价额是债券 B 的折价额的 2 倍。求年计息 2 次的年名义收益率。

51. 现有系列债券，年计息 2 次的年名义票息率为 6%，均按面值赎回。面值 1 000 元的债券在第 10 年年末赎回，面值 2 000 元的债券在第 11 年年末赎回…… 面值 20 000 元的债券在第29年年末赎回。若投资者要通过购买该系列债券实现8%的年实际收益率，求该债券的价格。

52. 现有两个 n 年期面值为5 000元的债券。债券A有年计息2次的年名义票息率14%，售价为7 038.5元，半年计息1次；债券B有年计息2次的年名义票息率12%，售价为6 359元，与A有相同的年名义收益率。债券C与A相比，只是其年计息2次的年名义收益率低 1 个百分点。假设三种债券均以面值赎回，求债券 C 的价格。

53. A先生以1 759.38元购买了一个20年期、面值为1 500元、年计息2次的10%的年名义票息率的可赎回债券，可在第 15 年起及以后的每年年末均以面值 C 提前赎回，以确保至少能获得8%的年计息2次的年名义收益率。除了不可赎回外，B先生购买了与 A 先生同样条款的债券。假设 B 先生获得了 8%的年计息 2 次的年名义收益率，求其购买价格。

54. 某优先股在第 1 年年末付红利 10 元，以后每年红利比上一年增加 5%，$i=12\%$。求与之等价的等额年红利。

55. 以10 000元出售的机器在第10年年末有残值1 000元，年维修费为500元，年利率为 5%，该资产的周期性费用为多少？其投资成本为多少？

56. 价值为 11 000 元的新机器预计有残值 900 元，使用寿命为 100 年。设第 t 年年末其账面值按直线法为 $(BVSL)_t$，按年数和法为 $(BVSD)_t$，求使 $(BVSD)_t-(BVSL)_t$ 最大的 t 值。

57. 某塑料托盘值 20 元，能使用 8 年；金属托盘值 X 元，能用 24 年。要求使用托盘 48 年，通货膨胀使托盘成本每年增加 5%，年利率为 10.25%。若消费者购买两种托盘无差别，求 X。

58. 某财务公司要求对每100万元原始贷款在16个月内每月偿还7.66万元。求该公司贷款的 APR。

59. 每年年末支付红利和股息的普通股，若每年的红利和股息比前一年增加4%，年实际利率为 8%。求该普通股的久期。

60. 李先生用600 000元购买了一套商品房，首期付款30%，同时获得了年名义利率 6.21%（每月计息一次）、20 年期等额分期付款的贷款。另外，他必须在购房时支付贷款额度的2%和500元的结算费用，并且贷款额的1.5%和300元的结算费用必须包含在 APR 的计算中。求该信贷合同的 APR。

61. 某人贷款50万元，需要在30年内还清。他在第1年年末付款 X 元，接着的19年内每年付款比上一年增加 1 000 元，20 年以后的付款不再增加。该贷款的年实际利率为 6%，求 X。

62. 10 年前某投资者把 10 000 元投入了一笔买卖，每年年末取得 1 500 元收入，共收入了 10 次，正要收回投入的 10 000 元本金时失败了。他把每年的收入都投进了年实际利率为 8%的基金。求投资者实际的年收益率。

63. 某机器A售价100 000元,使用15年,残值为0元,年产量20 000个单位;机器B使用12年,残值为售价的10%,年产量17 000个单位。年实际利率为6.5%,计算年度折旧费时采用的年实际利率也为6.5%。两种机器均没有维修费用。求两种机器使用上无差异时机器B的价格。

64. 某银行发放了100万元的两年期抵押贷款,年利率为8%,第1年年末除支付到期利息外,还需等额偿还本金,借款人可能在第1年年末提前还清贷款,而无需交纳罚金。第1年年末的实际利率等可能为6%或10%,银行能以该利率将第1年年末的收入在第2年进行再投资。借款人是否提前还款取决于是否对自己有利,违约概率为0。求:(1) 第2年年末抵押贷款的期望值;(2) 银行的预期年收益率。

65. 某投资者购买了1 000元的可赎回债券,年票息率为10%,并可能在第10年年末以面值到期,也可能在第5年年末以1 050元提前赎回。投资者能将取得的各种收入以7%的年实际利率投资于接下来的10年。投资者买此债券花了1 100元。假设债券提前赎回的概率为25%。求该投资者在今后10年间的预期收益率。

66. 某股票每年末分红一次,2个月后将有一次分红,假设该股票年风险收益率为7%,下一次每股红利为12元,红利年增长率为4%。求该股票的价格。

67. 已知某10年期年金,每年支付10 000元,于每季末等额支付。假设年实际利率为5%,求该年金的现值。

68. 已知5年期即期利率为6.66%,2年期的即期利率为5.63%,求2年后的3年期远期利率。

69. 若10年间每年年初投资1 000元,年投资收益率为7%,利息的再投资收益率为年5%,若投资者要求8%的年收益率,求该投资的最高价格。

70. 某人以贴现方式向银行申请贷款10 000元,贷款期限为2年,第1年按年计息2次的6%的年名义利率计息,第2年按年实际利率7%计息,则此人年初可获得的贷款额度为多少元?

71. 某债券面值为1 000元,票息率为年计息2次的年名义利率6%,期限为10年,投资者要求的收益率为年计息2次的年名义利率8%,票息所得税税率为20%。若该债券的购买价格为819元,求赎回值。

72. 表复-4给出了投资年度法和投资组合法的收益率,选择期为2年,即2年后可运用组合收益率。

表复-4 收益率

原始投资日历年	投资年利率		组合年利率	组合利率日历年
y	i_1^y	i_2^y	i^{y+2}	$y+2$
z	9.00%	10.00%	11.00%	$z+2$
$z+1$	7.00%	8.00%		
$z+2$	5.00%			

在日历年 z、$z+1$、$z+2$ 年的每年年初投资 1 000 元，求三年间年实际加权收益率。

73. 某投资账户有如表复 - 5 所示信息：

表复 - 5　账户信息　　单位：元

时间	1/1/2007	3/1/2007	4/1/2007	T/2007	1/1/2008
账户余额（存入或撤出前）	100	104	99	118	130
存入			17	X	
撤出		9			

时间加权收益率为 13.75%，币值加权收益率为 12.81%，求 T。

74. 有如下两种年金：年金 A 是一个 60 年期的定期年金，头 2 年每年年末支付 1，接下来的 2 年间每年年末支付 2，再接下来的 2 年间每年年末支付 3…… 而年金 B 也是一个 60 年期的定期年金，头 3 年每年年末支付 k，接下来的 3 年间每年年末支付 $2k$，再接下来的 3 年间每年年末支付 $3k$…… 已知两种年金的现值相等且 $i=5\%$，求 k。

75. A 先生以 1 968 元的价格购买了一个面值为 1 200 元的 28 年期债券，该债券到期时以面值赎回，年实际收益率为 i，年票息率为 $2i$。在第 7 年年末，A 先生以价格 P 元卖给 B 先生，而 B 先生同样获得年实际收益率 i。求 P。

76. 一个面值为 1 000 元的附有 4.20% 的年度票息率的债券以某一价格卖出将产生年收益率 i。已知如下信息：① 若年票息率不是 4.20% 而是 5.25%，则价格将增加 100 元；② 在购买日，所有票息的现值之和等于赎回值 1 000 元的现值。求 i。

77. 面值为 1 000 元的 3 年期债券，附有年度票息：第 1 年为 50 元，第 2 年为 70 元，第 3 年为 90 元，到期以面值赎回，购买该债券产生的收益可用息力 δ_t：

$$\delta_t=\frac{2t-1}{2(t^2-t+1)}\ (t>0)$$ 来表示，求该债券的价格。

78. 某投资基金在年初有 5 000 元余额，在第 4 月月末投资了 1 000 元，在第 8 月月末又追加了 4 000 元的投资，没有投资撤出，该基金余额在年末已达到了 10 560 元。

已知利息力为 $\delta_t=\dfrac{r}{1+(1-t)r}\ (0\leqslant t\leqslant 1)$，求 r。

79. 一种 10 年期债券，面值为 1 000 元，年票息率为 r，到期可以 1 100 元赎回。若要获得 4% 的年收益率，则该债券可定价为 P 元；若要获得 5% 的年收益率，则该债券可定价为 $P-81.49$ 元；若产生 r 的年收益率，则该债券可定价为 X 元。求 X。

80. 某贷款在 10 年间每年年末偿还 P 万元，已知该贷款前 3 年偿还的本金部分之和为 290.35 万元，最后 3 年偿还的本金部分之和为 408.55 万元。求该贷款利息负担总额。

81. 某 n 年期债券的面值为 1 000 元，到期以面值赎回，具有 12% 的年票息率，假设年收益率为 $i(i>0)$，第 2 年年末面值为 1 479.65 元，第 4 年年末面值为 1 439.57 元。求该债券的价格。

82. A 先生希望获得 10 000 元的贷款。贷款人 X 与贷款人 Y 开出如下条件：

(1) 贷款人 X 要求按年利率 8%在 10 年间等额偿还；

(2) 贷款人 Y 要求的年利率为 i，按偿债基金法，每年等额向年利率为 7%的偿债基金储蓄以偿还本金。

两种情形下，借款人每年支付的金额保持不变，求 i。

83. 面值为 1 000 元的 10 年期债券，到期可按面值赎回，购买价格为 870 元，年收益率为 i，年票息率为 $i-0.02$，求 i。

84. 下列三种年金有相同的现值 P：

(1) 一项期末付永久年金，每年年末支付 2，年实际利率为 i；

(2) 一项 20 年期末付年金，每年年末支付 X，年实际利率为 $2i$；

(3) 一项 20 年期初付年金，每年年初支付 $0.961\ 54X$，年实际利率为 $2i$，求 P。

85. 现有两项贷款，其额度相同，年利率为 5%。贷款 L 要求 30 年间采用等额本利偿还法偿还，而贷款 N 则要求 30 年间采用等额本金偿还法偿还，贷款 L 年度偿还额在第 t 年年末首次超过贷款 N，求 t。

86. 已知信息如表复 - 6 所示：

表复 - 6　已知信息　　单位：万元

序列	支付时点			
	6	12	18	第 18 年年末积累值
A	240	200	300	X
B	0	360	700	$X+100$
C	Y	600	0	X

求 X 与 Y。

87. 年金 X 与 Y 提供如下支付：

年末	年金 X	年金 Y
1 ~ 10	1	K
11 ~ 20	2	0
21 ~ 30	1	K

使年金 X 与年金 Y 现值相等的年实际利率 i 满足 $v^{10}=\frac{1}{2}$，求 K。

88. 已知 $(Ia)_{\overline{n}|0.1}=55$，$a_{\overline{n}|0.1}=8.08$，利用 $\frac{\partial}{\partial i}a_{\overline{n}|}$ 近似计算 $a_{\overline{n}|0.102}$。

89. 已知 $A(t)=Kt^2+Lt+M(0\leqslant t\leqslant 2)$，且 $A(0)=100$，$A(1)=110$，$A(2)=136$，求 $\delta_{0.5}$。

90. 已知 $\delta_t=\frac{3+2t}{50}(0\leqslant t\leqslant 1)$，在年中若投资 1 000 元，求其在年末的积累值。

91. 某5年期投资项目的本金为1万元，第1年年结转利息2次的年名义利率为4%，第2年年实际利率为4%，第3年年计算贴息4次的年名义贴现率为4%，第4年的年实际贴现率为4%，第5年连续计息的利息力为4%，则第5年年末该投资的余额为多少？

92. 设某公司最新估计其股票的β系数为1.2，无风险利率$r_f = 3.5\%$，市场组合的风险溢价$E(r_p) - r_f = 4.5\%$。求该公司股票收益率的期望值。

93. 已知年实际利率为7%，10年间每年年末等额本利偿还贷款。求该贷款的持续期限与修正持续期限。

94. 李先生用800 000元购买了一套商品房，首期付款25%，同时获得了年名义利率7.5%（每月计息一次）、30年期等额分期付款的贷款。另外，他必须在购房时支付贷款额度的2%和600元的结算费用，根据诚实信贷法，贷款额的1.5%和400元的结算费用必须包含在APR的计算中，求该信贷合同的APR。必要时可查阅表复-7。

表复-7

i	$a_{\overline{360}\rceil i}$
0.625%	143.02
0.630%	142.18
0.635%	141.35
0.640%	140.53
0.645%	139.72

95. 现在从市场上观察到一年期零息债券的年利率为3.5%。假设短期利率每年变动一次，且服从Ho-Lee模型。已知年波动率$\sigma = 0.009\,7$，$a(1) = 0.009\,2$，$a(2) = 0.011\,2$，求面值为100元的三年期零息债券的价格。

96. 假设某一10年期债券，票息率为年计息2次的年名义利率10%，以面值的120%赎回，资本增益税为25%，若要产生7%的年实际收益率。假设面值为100元，在如下两种假设下：(1) 票息所得税税率为25%，(2) 没有票息所得税，分别求该债券的价格。

97. 现在投资100万元，在未来10年间每年年末可以收到10万元，如果市场利率为6%的年实际利率，求其净流入现值以及盈亏平衡年。

98. 某人购买了一个递增永久期初付年金，每年支付一次，支付额从5 000元开始，以后每次比上一次增加5 000元，直到达到100 000元，然后保持该水平。假设年实际利率为6%，求此年金的现值。

99. 求下列现金流在时刻15的积累值。已知年利率为5%，该现金流在时刻t以年利率$\rho(t)$从时刻0连续支付到时刻15，$\rho(t) = \begin{cases} 10, & 0 \leqslant t < 5 \\ 15, & 5 \leqslant t < 10 \\ 20, & 10 \leqslant t < 15 \end{cases}$。

100. 某债券的面值为1 000元，期限为15年，年票息率为11%，到期时按面值赎回。如果当时市场利率为年12%时，试计算其价格、久期、修正持续期与凸度。

习题参考答案

习题 1

1 - 1　50 834.93 元　　1 - 2　1 190.91 元　　1 - 3　7.53%

1 - 4　14 129.74 元　　1 - 5　$\ln(1+i)$, $\ln(1+i)$

1 - 6　5.83%, 5.78%, 5.66%, 5.84%　　1 - 9　0.037 864

1 - 10　$\ln a + 2t\ln b + c^t\ln c\ln d$;(2)19.92 年　　1 - 11　12.84 万元

1 - 12　2.28 年; 2.31 年　　1 - 13　120 922.64 元, 5.30%

1 - 14　0.075 638　　1 - 15　0.046 402　　1 - 16　$(n+1)^2$

习题 2

2 - 1　32 329.28 元　　2 - 2　144.95 元

2 - 3　(1) 前 5 年每年 19 403.71 元;(2) 后 5 年每年 9 701.85 元

2 - 4　(1) $\frac{x+y-z}{xy}$;(2)4,7,4　　2 - 6　155 970.91 元　　2 - 7　8 004.17 元

2 - 9　6 764.25 元;7 359.59 元　　2 - 10　21.47 万元;2 168.58 万元

2 - 11　10.961 3 万元; 54.630 5 万元　　2 - 12　15.785 8 万元

2 - 13　25　　2 - 15　8.106 817 万元　　2 - 16　95 次, 965.74 元; 453.01 元

2 - 17　第21年年末; 146.07 万元　　2 - 18　14.5　　2 - 19　384 089.42 元

2 - 20　406 331.58 元　　2 - 22　179 259.89 元　　2 - 23　$\frac{1}{30}$

2 - 24　45 281.05 元　　2 - 25　(1) 90 724.32 元；(2) 90 194.79 元

2 - 26　9.46%　　2 - 27　40　　2 - 28　6.93%

2 - 30　18 860.25 元　　2 - 32　0.062 996　　2 - 34　(1) $\frac{q}{p-q}$；(2) $\frac{2q}{p-q}$

2 - 35　$\frac{a^3}{(2a-b)^2}\left[2a-b-(b-a)\ln\frac{a}{b-a}\right]$　　2 - 36　15.815 717

2 - 37　(1) $\frac{a_{\overline{n}|}}{i}$；(2) $a_{\overline{n}|}\ddot{a}_{\overline{n}|}$；(3) $a_{\overline{n}|}a_{\overline{n-1}|} + {}_{n|}a_{\overline{\infty}|}$　　2 - 38　$\frac{1+v+v^2}{1+v}$

2 - 39　$\frac{n(1+i)-2\ddot{a}_{\overline{n}|}+nv^n}{i^2}$；$\frac{in(n+1)-2n+2a_{\overline{n}|}}{2i^2}$

习题 3

3 - 1　(1) 可行；(2) 不可行；(3) 7.16%

3 - 2　(1) 3 个；(2) 存在，6.60%　　3 - 3　不存在；(2) 7%、9%

3 - 5　币值加权收益率的精确法 0.105 242，近似法 0.105 572，0.089 552；时间加权收益率 0.108 305

3 - 6　0.33，0.35　　3 - 7　0.087 179；0.079 487

3 - 8　当债券 A 的再投资收益率不低于 0.020 699 时，选择 A；否则选择 B

3 - 9　(1) 5%；(2) 4.81%；(3) 4.51%　　3 - 10　7.31%

3 - 12　$(n+1)^2$；$(n+1)^{\frac{1}{n}}-1$

3 - 13　等价　　3 - 14　1 166.53 元　　3 - 15　5.51%

3 - 17　(1) 13 848.14 元；(2) 7 039.69 元；(3) 14 234.12 元，7 235.90 元

3 - 18　9.47%　　3 - 19　4 945.45，8 654.55；4 650，8 950

3 - 20　(1) 12.07%；(2) 是；(3) 14.78%；(4) 拒绝

习题 4

4 - 1　4 480.02 元　　4 - 2　(1) 9 266.93 元；(2) 17 次；(3) 1 600.58 元

4 - 3　24 981.41 元　　4 - 4　74 004.66 元　　4 - 7　21 次；30 次

4 - 8　(1) 1 287.76 元；(2) 276.24 元

4 - 9　26.30 元；559.01 元；791.62 元；125 538.32 元

4 - 10　1 378.03 元；587.20 元；790.84 元；126 861.19 元

4 - 11　13 次　　4 - 12　1 297.17 元；463.83 元；833.33 元；100 000 元

4 - 13　27 354. 56 元　　4 - 14　757. 19 元　　4 - 15　6 653. 37 元
4 - 16　1 495. 96 元
4 - 18　(1)1 384. 50 元,920 元,464. 50 元；(2)126 306. 12 元
4 - 19　26 999. 38 元；7 965. 88 元；19 033. 50 元
4 - 20　12 010. 51 元；80 421. 36 元；6 年

习题 5

5 - 1　1 200 元；1 051. 13 元；1 027. 66 元
5 - 2　833. 33 元；965. 35 元；990. 57 元
5 - 3　979. 21 元　　5 - 4　794. 83 元　　5 - 5　1 100 元　　5 - 6　0. 9 单位
5 - 7　(1)712. 99 元；(2)747. 26 元　　5 - 8　844. 77 元
5 - 9　884. 45 元；868. 55 元　　5 - 10　6. 96%　　5 - 11　6. 51%
5 - 12　11. 93%　　5 - 13　27 种　　5 - 14　121. 60 元
5 - 15　(1)1 148. 77 元；(2)846. 28 元
5 - 16　(1)918. 56 元；(2)1 152. 27 元
5 - 17　926 元　　5 - 18　1 153. 21 元　　5 - 19　77. 65 元　　5 - 20　15. 71%

习题 6

6 - 1　13. 47%　　6 - 2　9. 18%
6 - 3　(1)3 047. 76 元；(2)3 030 元；(3)3 034. 32 元
6 - 4　758. 29 元　　6 - 5　129. 17 元；105. 74 元　　6 - 6　15 或 44 年
6 - 9　(1)1 931. 76 元；(2)29 719. 43 元　　6 - 10　196 942. 48 元
6 - 11　(1)7 401. 38 元；(2)4. 13 年；(3)3. 76 年
6 - 12　(1)94. 31；(2)312. 50　　6 - 14　8. 99%；7. 29%
6 - 15　3 945. 21 元　　6 - 16　439. 25 元　　6 - 17　12. 04%；13. 03%
6 - 18　98. 41；7. 43%
6 - 20　售出 1 525 元 1 年期、售出 3 000 元 2 年期债券；分别购买 3 年、4 年、5 年期债券 850 元、2 400 元、1 250 元

习题 7

7 - 1　(1) 均为 8%；(2)0;0. 01；$0.01\sqrt{2}$；(3)1 294. 92 元；
(4)1 224. 94 元；(5)1 259. 71 元；(6)1 259. 82 元；(7)26. 08 元

7 - 2　0.040 1; 2.225 5; 2.436 0　　7 - 3　1.259 7; 0.011 664

7 - 4　3.506 1; 0.000 564

7 - 5　(1)1.823; 0.058; (2)14.121, 0.295; (3)0.549, 0.017; (4)7.298, 0

7 - 6　43.76元　　7 - 7　4%　　7 - 8　(1)20 000元; 10 600元; 11 236元

7 - 9　(1)0.045 29, 0.007; (2)0.440 4; (3)2.152 5, 0.041 14

7 - 10　3.255; 0.008 4　　7 - 11　(1)0.043 333, 0.104 476; (2)0.106 907

7 - 12　0.771 1; 0.04; 0.06; 0.06; 0.052　　7 - 13　0.929 1

7 - 14　165.30元　　7 - 15　7.11%

7 - 16　$e^{-\alpha\tau}\left[r_t-(\mu-\frac{\lambda\sigma}{\alpha}-\frac{\sigma^2}{\alpha^2})\right]+(\mu-\frac{\lambda\sigma}{\alpha}-\frac{\sigma^2}{2\alpha^2})-e^{-2\alpha\tau}\frac{\sigma^2}{2\alpha^2}$,其中$\tau=T-t$。

7 - 17　0.416 1　　7 - 18　82.80　　7 - 19　97.72; 3.51%; 4.11%

7 - 20　0.872 8

习题 8

8 - 1　81.21元　　8 - 2　59.98元　　8 - 3　92.68元

8 - 4　136.10元; 126.03元

8 - 5　0.007 3英镑　　8 - 7　867.97元; -2.37元

8 - 8　(1)10 382元; 9 767元、9 652元、9 775元; (2)683元

8 - 9　-18.51万元　　8 - 10　3.25元; 33.25元　　8 - 11　5.31元

8 - 12　9.64元　　8 - 13　3元　　8 - 14　1.28元

8 - 15　0.327元; -13.985 9元; 2.36元

8 - 16　8.4元　　8 - 17　11.79元　　8 - 18　6.80元; 2.01元; 0.02元

8 - 19　5.71元　　8 - 20　8.32元

复习思考题

1. 309 692.02元　　2. 613 875.86元; 999 939.09元　　3. 1 559.72元

4. (1)23 765元; (2)80元; 6 383.09元　　5. $R(1-v^{18})$

6. 941.02元; 966.64元　　7. 25.24元　　8. 4 577.28　　9. 23 247.32元

10. 6.61%　　11. 21.03万元　　12. 0.039 7; 13.90%　　13. 8 728.39元

14. 4.30年或4.18年　　15. 9.33%　　16. 6.15%　　17. 5.78%

18. 15 000元　　19. 32.19元　　20. $v, \ddot{a}_{\overline{n+1}|}$或$1, (n+1)v^n$　　21. 1 081

22. $\frac{L-B}{d}, (1+i)\frac{L-B}{d}$　　23. 5.75%; 13　　24. 69 948　　25. 8.30%

26. 66　　27. 84.5　　28. 66.08 元　　29. 73.70　　30. 48 523.96 元
31. 9.56%　　32. 22 409.26；11　　33. 4 681　　34. 6.16%　　35. 979.93
36. 8.69%　　37. 9.22%　　38. 9.78%　　39. 10.94%　　40. 1 380.29
41. 3 190.11 元　　42. 13　　43. 173.11 万元　　44. 94.28 万元
45. 97.98　　46. (1)988.84 元；(2)982.70 元　　47. 7.72%
48. 1 064.25 元　　49. 1 140 元或 1 060 元　　50. 8.40%
51. 169 286.83 元　　52. 7 487.17 元　　53. 1 796.89 元　　54. 17.14 元
55. 1 715.54 元；34 310.82 元　　56. 50　　57. 42.70　　58. 30%
59. 27　　60. 6.41%　　61. 26 819.53　　62. 8.07%　　63. 77 389.63 元
64. (1)1 161 400 万元；(2)7.77%　　65. 7.91%　　66. 423.20 元
67. 78 650.46 元　　68. 7.35%　　69. 6 711.44 元　　70. 8 809.31
71. 1 079.86 元　　72. 8.58%　　73. 7　　74. 1.458 126　　75. 1 842.29
76. 6.30%　　77. 502.40　　78. 0.08　　79. 1 070.80　　80. 341.76 万元
81. 1 514.80 元　　82. 7.67%　　83. 8.71%　　84. 100　　85. 12
86. 1 140；106.67　　87. 1.8　　88. 7.98　　89. 9.71%　　90. 1 046.03 元
91. 1.22 万元　　92. 8.9%　　93. 4.95 年；4.62　　94. 7.66%
95. 87.70　　96. 113.80；132.45　　97. 47.26 万元；第 7 年
98. 107.40 万元　　99. 313.90　　100. 931.89；7.75；6.92；74.67

附录

附录 A　线性插值迭代法实验

1. 基本思路

反复运用(1.2.10)式,即

$$\hat{i}_k = \tilde{i}_1 - (\tilde{i}_2 - \tilde{i}_1)\frac{f(\tilde{i}_1)}{f(\tilde{i}_2) - f(\tilde{i}_1)}$$

求解例 1.2.8 的方程

$$f(i) \triangleq (1+i)^{12} + 3(1+i)^6 + (1+i)^2 - 7 = 0$$

2. 操作过程

(1)打开一个工作簿,命名为“利息理论实验”(可任意命名),将其工作表 sheet1 重新命名为“linear”,下面在此工作表上操作。

(2)在第 5 行的 A5、B5、C5、D5、E5、F5 分别输入提示符号:k、$\tilde{i}_1$、$\tilde{i}_2$、$f(\tilde{i}_1)$、$f(\tilde{i}_2)$、$\hat{i}_k$。

(3)从 A6 向下依次输入 1,2,3,…,10,表示线性插值次数。必要时可增加迭代次数,以得到更精确的近似解。

(4)在 D6 中输入“=(1+B6)^12+3 * (1+B6)^6+(1+B6)^2-7”,即按单元格 B6 中的利率计算出函数值 $f(\tilde{i}_1)$,这里 B6 中并没有输入任何数据,即默认为已输入“0”。将单元格 D6 向下拖动到 D15(必要时可增加),向右拖动即得 E6,再向下拖动到 E15,即得到 $f(\tilde{i}_2)$ 的值。

(5)在 F6 中输入“=B6-(C6-B6) * D6/(E6-D6)”,即输入(1.2.10)式的右边。再向下拖动到 F15。注意这里会出现分母为 0 无法计算的情况,现在不必考虑这些问题。

(6)在 B7 中输入“=F6”,即相当于第 2 次线性插值时运用第一次线性插值的结果,将其作为 $\tilde{i}_1$,并向下拖动到 B15。

(7)下面寻找初始的 $\tilde{i}_1$、$\tilde{i}_2$ 的值,要求其对应的函数值异号。在 C6、C7 中分别输入 0 与 0.01(或者 0 与 0.05,或者 0 与 0.1),然后拖动此区域直到第 E 列相应函数值变号时即终止。本例已找到这样的值为 0.05 与 0.06。

(8)在 B6、C6 中分别输入 0.05、0.06(或者 0.06、0.05),当然第一次线性结果已得到 $\hat{i}_1 \approx 0.051\ 721\ 07$,在下一次线性插值中将其作为 $\tilde{i}_1$ 的值,依次计算下去。

(9)观察 D7,由于其值为负,即 $f(\tilde{i}_1)$ 为负,需要在 0.05 与 0.06 的函数值中找一个与 D7 异号的,即 0.06,在 C7 中直接输入 0.06,并拖动此数字到 C15。

(10)观察 F 列,不难发现第 4 次线性插值结果 0.051 772 95,就可达到 8 位小数的精度。

(11)保留此模版,可求解任何一元方程。只需重复上述(4)、(7)、(8)、(9)步骤。可在空白处留下线性插值公式与方程,以作为提示(见附图 A-2-1)。

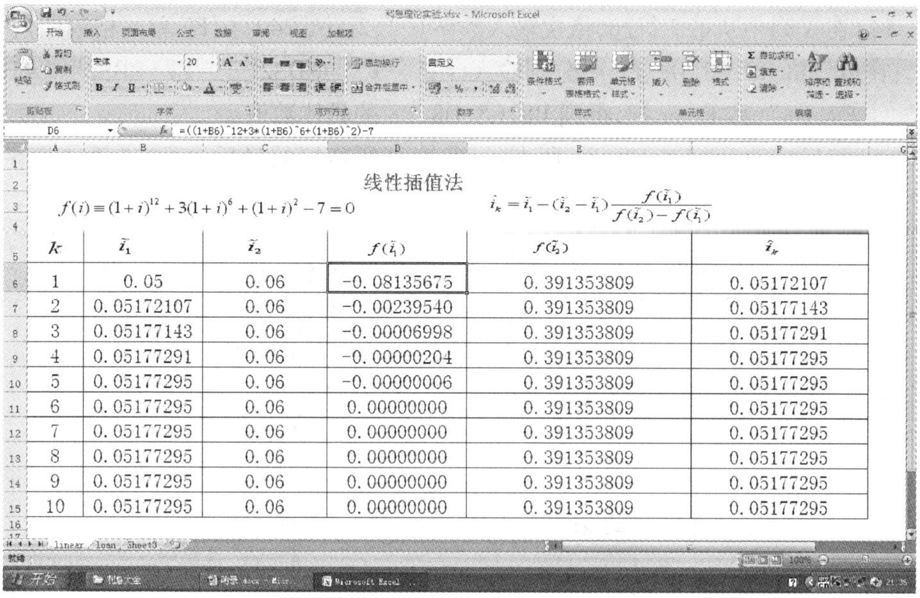

D6 =((1+B6)^12+3*(1+B6)^6+(1+B6)^2)-7

线性插值法

$f(i) \equiv (1+i)^{12} + 3(1+i)^6 + (1+i)^2 - 7 = 0$　　$\hat{i}_k = \tilde{i}_1 - (\tilde{i}_2 - \tilde{i}_1)\dfrac{f(\tilde{i}_1)}{f(\tilde{i}_2) - f(\tilde{i}_1)}$

k	$\tilde{i}_1$	$\tilde{i}_2$	$f(\tilde{i}_1)$	$f(\tilde{i}_2)$	$\hat{i}_k$
1	0.05	0.06	-0.08135675	0.391353809	0.05172107
2	0.05172107	0.06	-0.00239540	0.391353809	0.05177143
3	0.05177143	0.06	-0.00006998	0.391353809	0.05177291
4	0.05177291	0.06	-0.00000204	0.391353809	0.05177295
5	0.05177295	0.06	-0.00000006	0.391353809	0.05177295
6	0.05177295	0.06	0.00000000	0.391353809	0.05177295
7	0.05177295	0.06	0.00000000	0.391353809	0.05177295
8	0.05177295	0.06	0.00000000	0.391353809	0.05177295
9	0.05177295	0.06	0.00000000	0.391353809	0.05177295
10	0.05177295	0.06	0.00000000	0.391353809	0.05177295

附图 A-2-1　线性插值法的应用图示

3. 思考题

求解下列方程:

(1)$f(i) = 11(1+i) - 4.8(1+i)^{\frac{2}{3}} + 2.9(1+i)^{\frac{1}{4}} - 10 = 0$;

(2)$100 = 8a_{\overline{10}|} + 115v^{10}$。

附录 B　等额本利分期偿还法实验

1. 基本原理

运用(4.1.2)式~(4.1.5)式做出等额分期还款表。已知贷款年计息 12 次的年名义利率为 7.8%，贷款本金为 60 万元，贷款 20 年，每月末等额本利还款，试做出分期还款表。

2.操作过程

（1）任意打开工作簿“利息理论实验”，将工作表 sheet2 重新命名为“loan”，任意选择一行（如第 1 行），在单元格 A1、B1、C1、D1 内分别输入提示文字“贷款本金 L_0”“贷款利率 i”“贷款期限 n”和“每期期末还款数额 R”。

（2）在这些选定的单元格下一行（如第 2 行）对应单元格，即在 A2、B2、C2 内，输入具体的贷款本金、贷款期限、贷款利率的取值，并用红色数字标注，意味着它们可以变动，其余数字也将自动变动。在 D2 单元格内输入每期期末还款数额 R 的具体的计算公式“=A2 * B2/[1-(1+B2)^(-C2)]”，按 Enter 键，即得 R 值。

（3）在同一工作表上，任意选定其他行（如第 6 行）中的单元格 A6、B6、C6、D6、E6，分别输入提示文字“第 k 期末”“每期偿还额 R”“偿还的利息 I_k”“偿还的本金 P_k”和“残余本金 L_k”。

（4）在 A 列中从第 7 行起，依次输入数字 0，1，2，…，240；在 E7 单元格内输入“=A2”；在单元格 B8、C8、D8、E8 中分别输入计算公式“=D2”“=E7* B2”“=B8-C8”“=E7-D8”，按 Enter 键，得到 B8、C8、D8、E8 的具体数值。

（5）然后拖动 B8、C8、D8、E8 所在的列，直至所需要的最后一行，本例将拖至第 247 行，这样就得到了等额分期偿还表（见附图 A-2-2）。

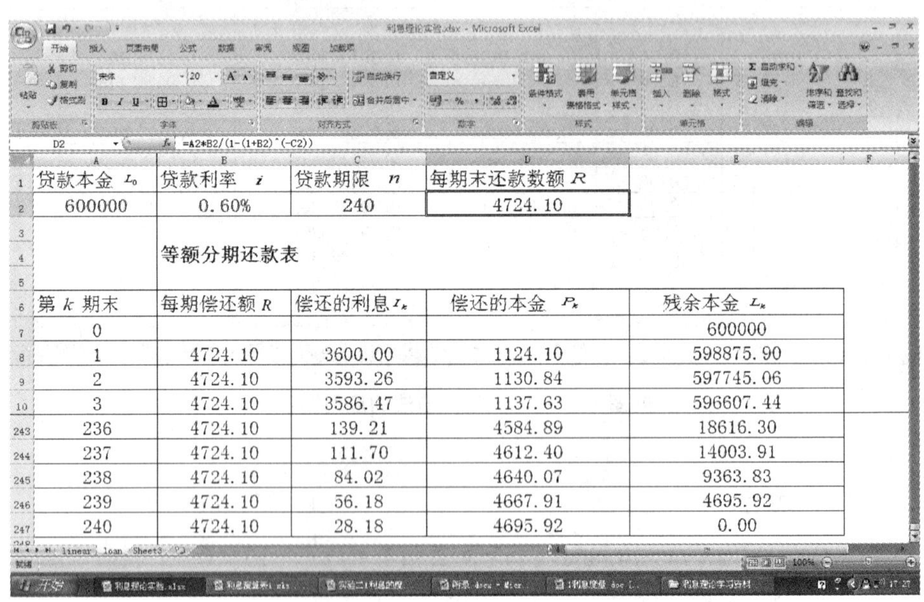

D2 =A2*B2/(1-(1+B2)^(-C2))

贷款本金 L_0	贷款利率 i	贷款期限 n	每期末还款数额 R
600000	0.60%	240	4724.10

等额分期还款表

第 k 期末	每期偿还额 R	偿还的利息 I_k	偿还的本金 P_k	残余本金 L_k
0				600000
1	4724.10	3600.00	1124.10	598875.90
2	4724.10	3593.26	1130.84	597745.06
3	4724.10	3586.47	1137.63	596607.44
236	4724.10	139.21	4584.89	18616.30
237	4724.10	111.70	4612.40	14003.91
238	4724.10	84.02	4640.07	9363.83
239	4724.10	56.18	4667.91	4695.92
240	4724.10	28.18	4695.92	0.00

附图 A-2-2　等额分期偿还表图示

3. 思考题

做出下列分期还款表：

（1）贷款 50 万元，期限 10 年，贷款年计息 12 次的年名义利率为 7.83%，每月月末等额本利还款。

(2)贷款100万元,期限20年,贷款年计息12次的年名义利率为7.2%;但从第6年起贷款利率已上升至年计息12次的年名义利率为7.8%,每月末等额本利还款。

附录C 其他Excel方法

1. 运用牛顿迭代法

利用定理2.1.2,或(2.1.39)式、(2.1.44)式求解方程。

2. 仿照分期还款表做出债券账面值表

利用第五章的基本原理完成。

3. 利用Excel的财务函数完成计算

常见的函数有:

(1)现值函数PV(rate,nper,pmt,fv,type);

(2)终值函数FV(rate,nper,pmt,pv,type);

(3)名义利率NOMINAL(effect_rate,npery);

(4)实际利率NOMINAL(effect_rate,npery);

(5)每期还款额PMT(rate,nper,pv,fv,type);

(6)每期还款额中利息部分IPMT(rate,per,nper,pv,fv,type);

(7)每期还款额中本金部分PPMT(rate,per,nper,pv,fv,type);

(8)贷款中的利率RATE(nper,pmt,pv,fv,type,guess);

(9)贷款偿还中的期数NPER(rate,pmt,pv,fv,type);

(10)固定余额递减法DB(cost,salvage,life,period,month);

(11)双倍余额递减法DDB(cost,salvage,life,period,factor);

(12)内部收益率IRR(values,guess);

(13)Macaulay修正持续期限:

MDURATION(settlement,maturity,coupon,yld,frequency,basis);

(14)净现值NPV(rate,value1,value2, …);

(15)有价证券收益率:

YIELD(settlement,maturity,rate,pr,redemption,frequency,basis)。

附录D 单贴现与复贴现有关问题的理论与应用探讨

单贴现与复贴现是利息理论、金融数学、精算学、金融学、财务管理等领域中常见的议题。首先,本附录分析了教材中积累值函数、现值函数、实际贴现率及其相关问题。对于单贴现问题,相关教材中关于其实际贴现率与积累值函数的结论会出现一些前后矛盾的地方,甚至发生错误。尽管对于复贴现情形,不会出现矛盾的结论,但其分析是不充分的或易引起误解。其次,本附录分析了产生这种错误的原因,提出了正确的分析方法,并对传统方法进行了修正。最后,总结全文,得出了几个有用的结论,并进行了一些简单的应用。

1. 问题的引出

所谓贴现就是商业银行的一种放款行为,票据持有者将未到期的票据向商业银行申请贴现以融通资金,银行根据该票据的信誉程度与市场利率等因素做出一个贴现率,并依据剩余期限扣除贴息后将剩余金额支付给票据持有人。票据到期时,商业银行将获得票面约定的款项。这实际上就是票据持有者为了提前获得现款而贴补利息。实际贴现率指的是一期内的贴息额(或利息额)与到期日应付金额之比,或者说它反映了单位到期值每提前一期(支取)所损失的利息,因而可用积累值函数与总量函数来表示。设在 0 点(计时开始) 投入本金 $A(0)$,在时刻 t 连本带利可以回收 $A(t)$(称之为在时刻 t 的积累值),特别地当 $A(0)=1$ 时对应的第 t 期期末的积累值记为 $a(t)$,显然 $a(0)=1$。也就是说,0 点投入的本金 1 在第 t 期期末的积累值或终值为 $a(t)$;反之,第 t 期期末 1 单位金额(或到期值) 在 0 点的现值记为 $a^{-1}(t)$(如附图 D－1－1 所示)。

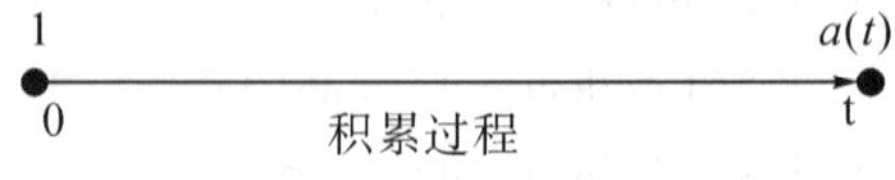

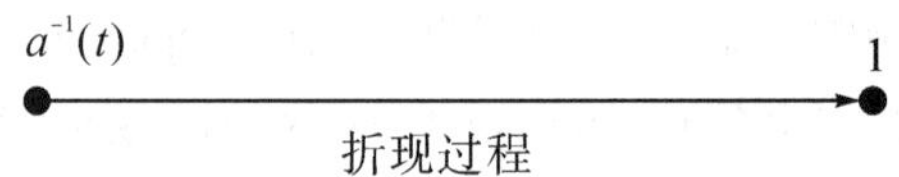

附图 D－1－1　积累过程与折现过程

不难发现,$a^{-1}(t)$ 就是 $a(t)$ 的倒数。$A(t)$ 与 $a(t)$ 均是积累值函数,二者的关系为 $A(t)=A(0)a(t)$,这里 $a(t)$ 为积累因子。显然,$A(0)=A(t)a^{-1}(t)$,称 $a^{-1}(t)$ 为折现因子。一个积累过程就是由过去到现在在本金基础上的一个利息积累的过程,目的是获得一个终值或积累值。而一个贴现过程实际上就是由未来到现在在到期值(或金额)的基础上一个利息损失的过程,目的是获得现值(如附图 D－1－2 所示)。设第 t 期期末的实际贴现率为 d_t,那么

$$d_t=\frac{A(t)-A(t-1)}{A(t)} \tag{D.1.1}$$

$$=\frac{a(t)-a(t-1)}{a(t)} \tag{D.1.2}$$

A(0)　d_1　A(1)　d_2　A(2)　……　A(t−1)　d_t　A(t)

0　1　2　……　t−1　t

附图 D－1－2　贴现过程

贴现通常有两种形式:单贴现与复贴现。这些是“利息理论”“金融数学”“寿险精算”“保险精算”“金融学”“财务管理” 等课程中经常探讨的问题。

在单贴现情形下，假设每期贴现率为 d，则第 t 期期末 1 单位(金额)到期值在 0 点的现值为 $a^{-1}(t)=1-\mathrm{d}t$，其中 $0\leqslant t\leqslant\frac{1}{d}$，这里贴息不对到期值产生影响，或者说贴息与时间长度成正比，由此可以得到积累值函数为 $a(t)=(1-\mathrm{d}t)^{-1}$，于是根据(D.1.2)可以得到各期的实际贴现率为

$$d_t=\frac{(1-td)^{-1}-(1-(t-1)d)^{-1}}{(1-td)^{-1}}=\frac{d}{1-(t-1)d} \tag{D.1.3}$$

这意味着单贴现条件下的实际贴现率是 t 的增函数。

在复贴现情形下，假设每期贴现率为 d，则第 t 期期末 1 单位到期值在 0 点的现值为 $a^{-1}(t)=(1-d)^{t}$，从而 $a(t)=(1-d)^{-t}$，它具有“折上有折”的特点。于是，由(D.1.2)可以得到各期的实际贴现率为

$$d_t=\frac{(1-d)^{-t}-(1-d)^{-(t-1)}}{(1-d)^{-t}}=d \tag{D.1.4}$$

这意味着复贴现条件下的实际贴现率为与 t 无关的常数。

关于单贴现与复贴现问题中的 $a^{-1}(t)$、$a(t)$、d_t 的结论，国内外学者都是按照上述方式表达的，尽管文字表述与侧重点上有少许差异。Stephen G. Kellison(1991)、M.E.Atkinson, D.C.M. Dickson(2000)、李秀芳与傅安平(2002)、卓志(2003)、刘占国(2006)、徐景峰(2010)、张运刚(2011)、Kevin Shand 等大多涉及实际贴现率、单贴现与复贴现条件下的实际贴现率等问题的探讨，一般先通过贴现获得现值 $a^{-1}(t)$，再通过倒数关系获得 $a(t)$，然后再求得 d_t，主要精神体现在上文所述内容之中。艾小莲(2011)专门谈及了单贴现问题，通过实例表明了选择不同的观察点(计算现值或终值的时点)有不同的结果，但对其中原因的理论解释不够清楚。除此之外，国内外期刊几乎没有涉及单贴现、复贴现问题。

现行《利息理论》或《寿险精算》等教材中，对单贴现情形会出现知识方面的错乱，或者说前后矛盾而不能自圆其说的地方。

比如，根据公式(D.1.2)或公式(D.1.3)可以得到

$$d_1=d,d_2=\frac{d}{1-d},d_3=\frac{d}{1-2d},\cdots\cdots,d_n=\frac{d}{1-(n-1)d} \tag{D.1.5}$$

这里的贴现率指的是从 0 点开始从第 1 期直到第 n 期的实际贴现率

下面笔者换一种方法来思考，即根据单贴现的基本原理可以得到单贴现过程(如附图 D-1-3 所示)中的积累值函数，这里假设每期贴现率为 d，于是

$$A(0)=1-nd,A(1)=1-(n-1)d,\cdots\cdots,A(n-1)=1-d,A(n)=1$$

或者

$$A(t)=1-(n-t)d,t=0,1,2,\cdots,n \tag{D.1.6}$$

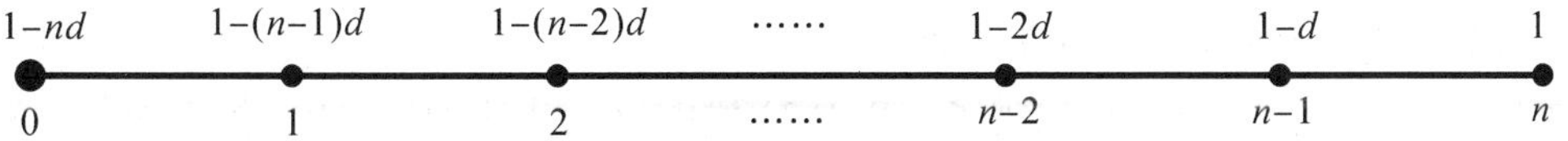

附图 D-1-3　单贴现过程

于是，根据公式（D.1.1）可以得到

$$d_1=\frac{d}{1-(n-1)d},d_2=\frac{d}{1-(n-2)d},\cdots\cdots,d_{n-1}=\frac{d}{1-d},d_n=d \quad (D.1.7)$$

显然，结论（D.1.7）与（D.1.5）刚好顺序相反，严格地讲就是矛盾。那么，我们究竟应该采信结论（D.1.5）还是结论（D.1.7）？似乎上面的推理没有错误，为什么会出现这样的情形？复贴现情形是否会也有这种类似而前后矛盾的结论呢？

2. 单贴现情形下的结论（D.1.5）与（D.1.7）的合理性分析

（1）结论（D.1.7）具有合理性

公式（D.1.1）与（D.1.2）是正确的，那么问题就在于对于单贴现情形，$A(t)$ 与 $a(t)$ 的获得过程是否可靠或可信？从图 D.1.1 可知，票据将在第 n 期期末到期并可获得金额 1，即 $A(n)=1$；而票据持有人若想提前 1 期获得款项，即在时刻 $n-1$ 则只能获得 $1-d$，这表明 $A(n-1)=1-d$；同理，若持有人想提前 2 期获得款项，即在时刻 $n-2$ 则只能获得 $1-2d$，即 $A(n-2)=1-2d$；如此下去可得 $A(1)=1-(n-1)d$，$A(0)=1-nd$，因而笔者认为结论（D.1.7）是合理的，且与通常有关期数的序号是一致的，即从现在开始的一期为第 1 期，接下来就是第 2 期、第 3 期……直到第 n 期。而结论（D.1.5）不是这样的，与通常的理解顺序不一致，这也是用常理解释不通之处，或者说出现了错误。

然而结论（D.1.5）有一定的合理性：

（1）实际上，贴现是先从时刻 n 到时刻 $n-1$，即第 1 次贴现，故其实际贴现率为 $d_1=d$；然后再从时刻 $n-1$ 到时刻 $n-2$，即第 2 次贴现，故其实际贴现率为 $d_2=\frac{d}{1-d}$；如此下去，可以得到第 n 次贴现的实际贴现率为 $d_n=\frac{d}{1-(n-1)d}$。

（2）如果相同的到期值都经历相同时期的贴现，那么其现值 $a^{-1}(n)$，即 $(1-d_1)(1-d_2)\cdots(1-d_n)$ 应该相同。差异只是贴现因子的排列顺序相反，但这并不影响乘积的结果。

（2）结论（D.1.5）错误的原因分析

在单贴现情形下，我们有 $a^{-1}(t)=1-\mathrm{d}t$，$a^{-1}(t-1)=1-(t-1)d$，这是正确的，（D.1.2）式没有问题，错误就在于是否可由它们的倒数来求积累值 $a(t)$ 与 $a(t-1)$ 了。$a^{-1}(n)=1-dn$ 表明为了获得第 n 期期末的到期值 1 现在应投入本金 $1-dn$；反过来，若现在投入本金 $1-dn$，则可在第 n 期期末获得金额 1；换言之，若在时刻 0 投入本金 1，则在第 n 期期末可获得金额 $(1-dn)^{-1}$。同理，根据单贴现流程图，$a^{-1}(n-1)=1-(n-1)d$ 表明为了获得第 n 期期末的到期值 1 在时刻 1 应投入本金 $1-(n-1)d$；反过来，若在时刻 1 投入本金 $1-(n-1)d$，则在第 n 期期末可获得金额 1；换言之，若在时刻 1 投入本金 1，则在第 t 期期末获得金额 $(1-(t-1)d)^{-1}$。依次类推，详见附图 D-2-1。于是，问题就出现了：（D.1.2）式中 $a(t)$ 表明如果在 0 点投入本金 1，那么在时刻 1 可获得 $a(1)$、在时刻 2 可获得 $a(2)$，依此类推，在时刻 t 可获得 $a(t)$。换言之，在后续时点获得的金额都是在 0 点投入的本金 1 的结果。综合以上分析，获得结论（D.1.5）所涉及的 $a(n)$ 与 $a(n-1)$ 的本金投入的时点不同，前者为时刻0，后者为时刻 1；而（D.1.2）式中所涉及的积累因子的本金投入都在 0 点。这就是结论（D.1.5）不成立的原因。

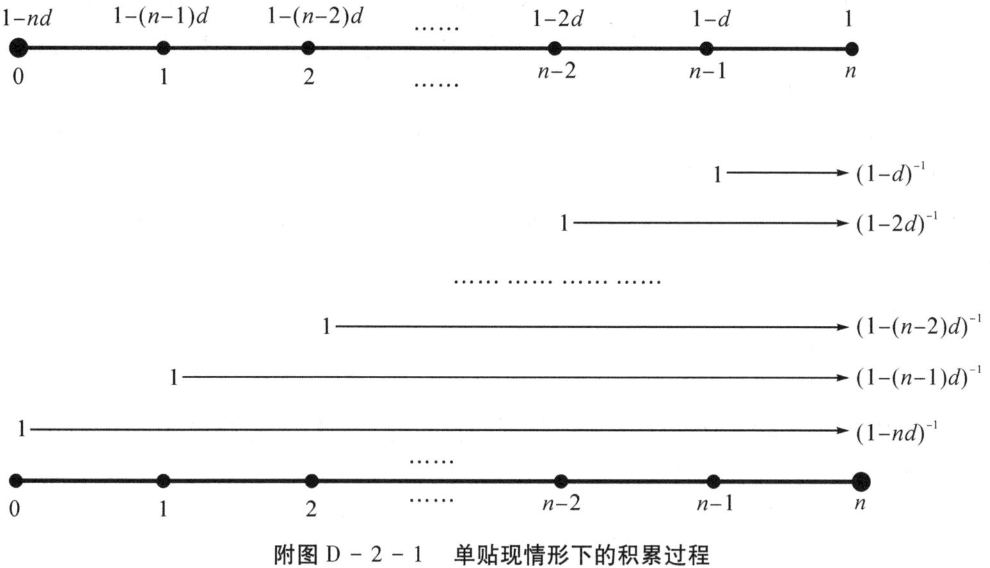

附图 D－2－1　单贴现情形下的积累过程

（3）结论（D.1.5）的校正

这里我们需要对获得结论（D.1.5）的方法进行校正。基本方法就是：将不同时点投入的本金在相同时点获得的终值转化为相同时点投入的本金在不同时点获得的终值。也就是说，如果将投入的本金都换算到 0 点，对应的积累值或终值也作相同期数的前移，然后运用公式（D.1.2），则同样可以得到结论（D.1.7）。

具体而言，对图 D.2.1 发生的每对金额作相同期数的前移，使本金的投入都发生在 0 点，设第 t 期的实际贴现率为 d_t，$t=1,2,\cdots,n$。

根据附图 D－2－1，在时刻 1 投入本金 1 相当于在时刻0 投入本金 $1-d_1$；在时刻 n 获得的 $(1-(n-1)d)^{-1}$，相当于在时刻 $n-1$ 获得 $(1-(n-1)d)^{-1}(1-d_n)$，按比例，在时刻0 投入的本金 1 在第 $n-1$ 期期末的积累值为 $(1-(n-1)d)^{-1}(1-d_n)(1-d_1)^{-1}$，即

$$a(n-1)=(1-(n-1)d)^{-1}(1-d_n)(1-d_1)^{-1}$$

通过上面的分析可得

$$a(n)=(1-nd)^{-1}$$

在第 n 期运用公式（D.1.2）可得

$$d_n=\frac{(1-nd)^{-1}-(1-(n-1)d)^{-1}(1-d_n)(1-d_1)^{-1}}{(1-nd)^{-1}}$$

解之，得

附
录

$$d_1=\frac{d}{1-(n-1)d}$$

根据附图 D－2－1，下面对在时刻 2 投入的本金 1 在第 n 期期末获得的终值 $(1-(n-2)d)^{-1}$ 均依次向前平移 2 期。这相当于在 0 点投入的本金 $1\cdot(1-d_1)(1-d_2)$ 在第 $n-2$ 期期末获得的终值为 $(1-(n-2)d)^{-1}(1-d_n)(1-d_{n-1})$；换比例，相当于在 0 点投入本金 1 在第 $n-2$ 期期末获得的终值为 $(1-(n-2)d)^{-1}(1-d_n)(1-d_{n-1})(1-d_1)^{-1}(1-d_2)^{-1}$，即

$$a(n-2)=(1-(n-2)d)^{-1}(1-d_n)(1-d_{n-1})(1-d_1)^{-1}(1-d_2)^{-1}$$

在第 $n-1$ 期运用(D.1.2)式可得

$$d_{n-1}=\frac{(1-(n-1)d)^{-1}(1-d_n)(1-d_1)^{-1}-(1-(n-2)d)^{-1}(1-d_n)(1-d_{n-1})(1-d_1)^{-1}(1-d_2)^{-1}}{(1-(n-1)d)^{-1}(1-d_n)(1-d_1)^{-1}}$$

解之，得

$$d_2=\frac{d}{1-(n-2)d}。$$

一般地，根据附图 D－2－1，将不同时点投入的本金 1 平移到时刻 0 的投入，对应的终值也作相同期数的前移，由此可以得到

$$a(t)=\frac{(1-td)^{-1}(1-d_n)(1-d_{n-1})\cdots(1-d_{t+1})}{(1-d_1)(1-d_2)\cdots(1-d_{n-t})} \tag{D.2.1}$$

当 $n-t>t$，即 $t<\dfrac{n}{2}$ 时，上述 $a(t)$ 中的分子分母的因子可以约分化简，如

$$a(2)=\frac{(1-2d)^{-1}(1-d_n)(1-d_{n-1})}{(1-d_1)(1-d_2)}$$
$$=(1-2d)^{-1}(1-d_n)(1-d_{n-1})(1-d_1)^{-1}(1-d_2)^{-1}$$

$$a(1)=\frac{(1-d)^{-1}(1-d_n)}{1-d_1}=(1-d)^{-1}(1-d_n)(1-d_1)^{-1}$$

$$a(0)=1$$

在第 2 期运用(D.1.2)式可得

$$d_2=\frac{(1-2d)^{-1}(1-d_n)(1-d_{n-1})(1-d_1)^{-1}(1-d_2)^{-1}-(1-d)^{-1}(1-d_n)(1-d_1)^{-1}}{(1-2d)^{-1}(1-d_n)(1-d_{n-1})(1-d_1)^{-1}(1-d_2)^{-1}}$$

解之，得

$$d_{n-1}=\frac{d}{1-d}$$

同理，在第 1 期运用公式(D.1.2)可得

$$d_n=d$$

这再次证明了结论(D.1.7)的合理性。

(4)$a(t)$ 的正确表达式究竟应该是什么？

由(D.1.7)式我们可以得到

$$d_t = \frac{d}{1-(n-t)d}$$

从而

$$1-d_t = \frac{1-(n-t+1)d}{1-(n-t)d}$$

于是,(D. 2. 1) 可化简为

$$a(t) = \frac{1-(n-t)d}{1-nd} \tag{D. 2. 2}$$

由于 $A(0) = 1 - nd$,因而

$$A(t) = A(0)a(t) = (1-nd) \cdot \frac{1-(n-t)d}{1-nd} = 1-(n-t)d$$

这再一次验证了(D. 1. 6) 式的正确与合理性。

3. 复贴现条件下会出现单贴现情形所面临的问题吗?

假设每期贴现率为 d,根据复贴现的基本原理可以得到如附图 D - 3 - 1 所示的复贴现过程。反过来,有如附图 D - 3 - 2 所示的复贴现的积累过程。这里也遇到与单贴现类似的问题,即投入本金的起点不同。然后,可以按照与单贴现处理方法类似的手段来处理复贴现问题。

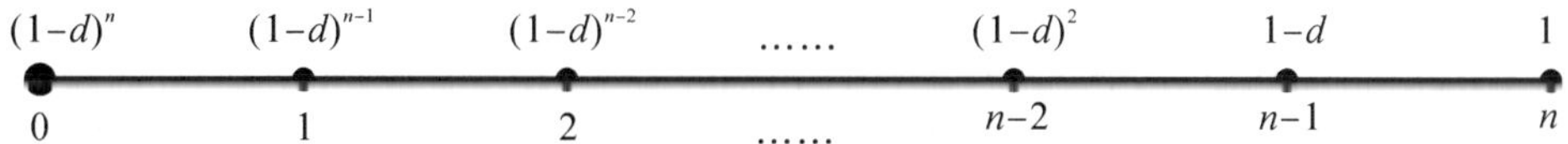

附图 D - 3 - 1 复贴现过程

附图 D - 3 - 2 复贴现情形下的积累过程

基于上一节的分析,我们有

$$a(n) = (1-d)^{-n}$$

$$a(t) = \frac{(1-d)^{-t}(1-d_n)(1-d_{n-1})\cdots(1-d_{t+1})}{(1-d_1)(1-d_2)\cdots(1-d_{n-t})}, t = 0,1,2,\cdots,n-1 \tag{D. 3. 1}$$

具体而言，我们有

$$a(n-1)=(1-d)^{-(n-1)}(1-d_n)(1-d_1)^{-1},$$

$$a(n-2)=(1-d)^{-(n-2)}(1-d_n)(1-d_{n-1})(1-d_1)^{-1}(1-d_2)^{-1}$$

……

$$a(2)=(1-d)^{-2}(1-d_n)(1-d_{n-1})(1-d_1)^{-1}(1-d_2)^{-1}$$

$$a(1)=(1-d)^{-1}(1-d_n)(1-d_1)^{-1}$$

$$a(0)=1$$

分别在第 n 期、第 $n-1$ 期、……、第 2 期、第 1 期分别运用(D.1.2) 式可得

$$d_1=d,d_2=d,\cdots\cdots,d_{n-1}=d,d_n=d$$

为什么复贴现情形下的实际贴现率没有出现单贴现情形那样次序相反的结论呢？主要原因是各期的实际贴现率是相等的。

当 $d_1=d_2=\cdots=d_n=d$ 时，(D.3.1) 式可简化为

$$a(t)=(1-d)^{-t} \qquad (D.3.2)$$

下面换一个角度来思考(D.3.2) 式的正确性。从附图 D－3－1 容易看出，

$$A(t)=(1-d)^{n-t},t=0,1,2,\cdots,n$$

因此

$$a(t)=\frac{A(t)}{A(0)}=\frac{(1-d)^{n-t}}{(1-d)^n}=(1-d)^{-t}$$

综上所述，传统方法下关于复贴现情形下 $a^{-1}(t)$、$a(t)$、d_t 结论的正确性只是一种巧合，至少其分析理由或方法不尽合理。

4. 相关结论与运用

(1) 复贴现条件下积累与贴现均与起点无关，而单贴现则有关

在复贴现情形下，不管是在哪个时点投入的本金，只要经历相同时间的积累过程，都会获得相同的终值；反之，不管是哪个时点的终值，只要经历相同时间的贴现过程，都会获得相同的现值。换言之，$a(t)$ 与积累的起点无关，$a^{-1}(t)$ 与贴现的起点无关。而在单贴现情形下，则上述结论不能成立。因此，在处理单贴现问题时，起点应选择在到期日，这样由贴现过程先获得现值 $a^{-1}(t)=1-dt$；反过来，可以获得积累因子 $a(t)=(1-dt)^{-1}$。因为对于单贴现情形，不管发生多少次贴现，都是以到期值为基准而获得相应的现值；反过来，它们对应的终值发生的时点或观察点都在到期日。也就是说，应慎重地运用 $a(t)=(1-dt)^{-1}$，并明确它所对应的时点或观察点。$a(t)=(1-(n-t)d)(1-nd)^{-1}$ 可按常规方法去使用。

下面分析艾小莲(2011) 中的例 2：某甲签了一张 1 年期的 1 000 元的借据，并立即收到 920 元，在第 6 个月月末甲付款 288 元，假设为单贴现，问年末应付款多少？

事实上，容易求得年度贴现率为 8%。设年末应付款 x 元，因此本例中资金运动模式为：在 0 点有收入 920 元，在第 1/2 年末支出 288 元，在第 1 年年末再支出 x 元。以第 1 年年末为观察点，那么上述 3 笔资金将经历一个积累过程而获得终值，根据收支

平衡原则可以得到

$$920(1-1\times 8\%)^{-1}=288\left(1-\frac{1}{2}\times 0.08\right)^{-1}+x$$

解得 $x=700$。

同样,对于该文中的例 1 也可以将观察点选择在年末。

对于单贴现情形,由(D. 1. 6) 式与(D. 2. 2) 式可得

$$a^{-1}(t)=\frac{1-nd}{1-(n-t)d}$$

这里,$t=0,1,2,\cdots,n$。

对于上述例子,我们同样可以 0 点为观察点,利用这里的折现因子函数 $a^{-1}(t)$,我们可以得到

$$920=288\cdot\frac{1-1\times 0.08}{1-(1-\frac{1}{2})\times 0.08}+x\cdot\frac{1-1\times 0.08}{1-(1-1)\times 0.08}$$

解得 $x=700$。

艾小莲(2011) 中的例 2 中方法一给出了表达式

$$920=288(1-\frac{1}{2}\times 0.08)+x(1-0.08)$$

解得 $x\sim 699.48$。

尽管答案很接近正确答案,但是,事实上这里是以年初或 0 点为观察点。同时,她也指出了“将 288 作为一个期末值来看待,有点不妥”,但她并没有指出以 0 点或期初作为观察点的解决方法,笔者在这里就圆满地解决了上述问题。

(2) 传统方法中关于 $a(t)$ 与 $A(t)$ 的表达式是解释不通的或是错误的

贴现过程应是从未来到现在,即从第 n 期、第 $n-1$ 期、……、第 1 期。或者说经历逐期的实际贴现率为 d、$\frac{d}{1-d}$、$\frac{d}{1-2d}$、……、$\frac{d}{1-(n-1)d}$,从这点上讲,本文与传统方法下的结论是一致的。但是传统方法中由 $a^{-1}(t)$ 表达式求出的关于 $a(t)$ 与 $A(t)$ 的表达式是解释不通的,或是错误的,或者说解释有些牵强(单次贴现除外)。在运用(D. 1. 1) 式或(D. 1. 2) 式时会出现矛盾的结论,即应该是 d_t 的表达式,却是 d_{n-t+1} 的表达式。

(3) 关于单贴现情形,建议用实际贴现率去处理

对于单贴现问题,可用实际贴现率去折现或求现值。每提前一个时段获取现款,应该采用该时段的实际贴现率,假如为 d,那么相应的折现(或贴现) 因子就为 $1-d$。上述对传统单贴现结论进行修正时,就采用了这个思路。

5. 参考文献

[1]李秀芳,傅安平.寿险精算[M].北京:中国人民大学出版社,2002:10-11.

[2]凯利森.利息理论[M].尚汉冀,译.上海:上海科学技术出版社,1995:17, 36.

[3]刘占国.利息理论[M].北京:中国财政经济出版社,2006:7.

[4]徐景峰.金融数学[M].北京:中国财政经济出版社,2010:6-7.

[5]张运刚.利息理论与应用[M].2 版.成都:西南财经大学出版社,2011:12-13.

[6]卓志.寿险精算[M].2 版.成都:西南财经大学出版社,2003:21-22.

[7]艾小莲.利息理论中单贴现计算探讨[J].景德镇高专学报,2011(6):14,18.

[8]STEPHEN G K. The theory of interest [M]. New York:The MacGraw-Hill Companies, Inc. 1991:15,31.

[9]ATKINSON M E,DICKSON D C M. An introduction to actuarial studies [M]. London: Edward Elgar,2000:7.

[10]KEVIN S. Study Notes of The Theory of Interest by Stephen G. Kellison[EB/OL]. Warren Centre for Actuarial Studies and Research, http://www.docin.com /p-252649072.html? nb=1:16.

附录E　三级级差利率探讨

假设贷款本金为 L_0,贷款 n 期,每期还款为 R。采用三级级差利率,贷款余额的分界线为 $L^{\{1\}}$ 与 $L^{\{2\}}$ 且 $0 < L^{\{1\}} < L^{\{2\}} < L_0$。假设第 u 期的贷款余额为 $L_u(u=0,1,2,\cdots,n)$。贷款余额等级按由小到大排列:第一级级差利率(每期利率)为 $i_{\hat{1}}$,适用于 $0 < L_u \leqslant L^{\{1\}}$;第二级级差利率(每期利率)为 $i_{\hat{2}}$,适用于 $L^{\{1\}} < L_u \leqslant L^{\{2\}}$;第三级级差利率(每期利率)为 $i_{\hat{3}}$,适用于 $L^{\{2\}} < L_u \leqslant L_0$。

假设有满足如下不等式的最小正整数 t_1 与 $t_2(t_2 > t_1)$:

$$L_{t_1} \leqslant L^{\{1\}} \tag{E.0.1}$$

$$L_{t_2} \leqslant L^{\{2\}} \tag{E.0.2}$$

由于贷款余额 L_u 为 u 的单调递减上凸函数,这意味着 $L_{t_1-1} > L^{\{1\}}$、$L_{t_2-1} > L^{\{2\}}$。记 $v_1=\dfrac{1}{1+i_{\hat{1}}}, v_2=\dfrac{1}{1+i_{\hat{2}}}$。下面分别用未来法与过去法推导临界点贷款余额($L_{t_1}$、$L_{t_2}$)表达式,必要时可在右上标分别加上字母"$p$"或"$r$"。

1. 用未来法推导贷款余额公式

参考二级级差利率的贷款余额推导公式,可以得到

$$L_{t_1}^{p} = Ra_{\overline{n-t_1}|i_{\hat{1}}} \tag{E.1.1}$$

对于贷款余额 L_u 满足 $L^{\{1\}} < L_u \leqslant L^{\{2\}}$ 时,可以得到关于贷款余额的递推公式:

$$L_{u+1} = (L_u - L^{\{1\}})(1+i_{\hat{2}}) + L^{\{1\}}(1+i_{\hat{1}}) - R \tag{E.1.2}$$

即

$$L_{u+1} = L_u(1+i_{\hat{2}}) + L^{\{1\}}(i_{\hat{1}} - i_{\hat{2}}) - R$$

变形得

$$L_u = v_2L_{u+1} + v_2[R - L^{\{1\}}(i_{\hat{1}} - i_{\hat{2}})] = v_2L_{u+1} + [R - L^{\{1\}}(i_{\hat{1}} - i_{\hat{2}})]a_{\overline{1}|i_{\hat{2}}} \tag{E.1.3}$$

反复利用递推(E.1.3)式可得

$$L_u = v_2[v_2L_{u+2} + (R - L^{\{1\}}(i_{\hat{1}} - i_{\hat{2}}]a_{\overline{1}|i_{\hat{2}}}) + v_2[R - L^{\{1\}}(i_{\hat{1}} - i_{\hat{2}})]$$

$$= v_2^2L_{u+2} + [R - L^{\{1\}}(i_{\hat{1}} - i_{\hat{2}})]a_{\overline{2}|i_{\hat{2}}}$$

$$L_u = v_2^3L_{u+3} + [R - L^{\{1\}}(i_{\hat{1}} - i_{\hat{2}})]a_{\overline{3}|i_{\hat{2}}}$$

……………………………………

$$L_u = v_2^mL_{u+m} + [R - L^{\{1\}}(i_{\hat{1}} - i_{\hat{2}})]a_{\overline{m}|i_{\hat{2}}}$$

$$\therefore L_{t_2}^p = v_2^{t_1-t_2}L_{t_1} + [R - L^{\{1\}}(i_{\hat{1}} - i_{\hat{2}})]a_{\overline{t_1-t_2}|i_{\hat{2}}}$$

根据(E. 1. 1) 式可得

$$L_{t_2}^p = v_2^{t_1-t_2}Ra_{\overline{n-t_1}|i_{\hat{1}}} + [R - L^{\{1\}}(i_{\hat{1}} - i_{\hat{2}})]a_{\overline{t_1-t_2}|i_{\hat{2}}} \qquad (E. 1. 4)$$

2. 用过去法推导贷款余额公式

根据已知的级差利率,首先由 L_0 推导出 L_{t_2}。我们容易得到

$$L_1 = (L_0 - L^{\{2\}})(1 + i_{\hat{3}}) + (L^{\{2\}} - L^{\{1\}})(1 + i_{\hat{2}}) + L^{\{1\}}(1 + i_{\hat{1}}) - R \qquad (E. 2. 1)$$

变形得

$$L_1 - L^{\{2\}} = (L_0 - L^{\{2\}})(1 + i_{\hat{3}}) + (i_{\hat{1}} - i_{\hat{2}})L^{\{1\}} + i_{\hat{2}}L^{\{2\}} - R \qquad (E. 2. 2)$$

或者

$$L_1 - L^{\{2\}} = (L_0 - L^{\{2\}})(1 + i_{\hat{3}})^1 + [(i_{\hat{1}} - i_{\hat{2}})L^{\{1\}} + i_{\hat{2}}L^{\{2\}} - R]s_{\overline{1}|i_{\hat{3}}} \qquad (E. 2. 3)$$

运用(E. 2. 3) 式可得

$$L_2 - L^{\{2\}} = (L_1 - L^{\{2\}})(1 + i_{\hat{3}}) + [(i_{\hat{1}} - i_{\hat{2}})L^{\{1\}} + i_{\hat{2}}L^{\{2\}} - R]$$

$$= (L_0 - L^{\{2\}})(1 + i_{\hat{3}})^2 + [(i_{\hat{1}} - i_{\hat{2}})L^{\{1\}} + i_{\hat{2}}L^{\{2\}} - R]s_{\overline{2}|i_{\hat{3}}}$$

同理可得

$$L_3 - L^{\{2\}} = (L_0 - L^{\{2\}})(1 + i_{\hat{3}})^3 + [(i_{\hat{1}} - i_{\hat{2}})L^{\{1\}} + i_{\hat{2}}L^{\{2\}} - R]s_{\overline{3}|i_{\hat{3}}}$$

……………………………………

$$L_{t_2} - L^{\{2\}} = (L_0 - L^{\{2\}})(1 + i_{\hat{3}})^{t_2} + [(i_{\hat{1}} - i_{\hat{2}})L^{\{1\}} + i_{\hat{2}}L^{\{2\}} - R]s_{\overline{t_2}|i_{\hat{3}}}$$

$$\therefore L_{t_2} = (L_0 - L^{\{2\}})(1 + i_{\hat{3}})^{t_2} + [(i_{\hat{1}} - i_{\hat{2}})L^{\{1\}} + i_{\hat{2}}L^{\{2\}} - R]s_{\overline{t_2}|i_{\hat{3}}} + L^{\{2\}} \qquad (E. 2. 4)$$

显然,(E. 2. 4) 式右边也就是 $L_{t_2}^r$ 的表达式。

再由 L_{t_2} 推导出 L_{t_1}。事实上,

$$L_{t_2+1} = (L_{t_2} - L^{\{1\}})(1 + i_{\hat{2}}) + L^{\{1\}}(1 + i_{\hat{1}}) - R$$

变形得

$$L_{t_2+1} - L^{\{1\}} = (L_{t_2} - L^{\{1\}})(1 + i_{\hat{2}}) + i_{\hat{1}}L^{\{1\}} - R$$

$$= (L_{t_2} - L^{\{1\}})(1 + i_{\hat{2}}) + (i_{\hat{1}}L^{\{1\}} - R)s_{\overline{1}|i_{\hat{2}}} \qquad (E. 2. 5)$$

运用(E. 2. 5) 式以得到

$$L_{t_2+2} - L^{\{1\}} = (L_{t_2+1} - L^{\{1\}})(1 + i_{\hat{2}}) + i_{\hat{1}}L^{\{1\}} - R$$

$$= (L_{t_2} - L^{\{1\}})(1 + i_{\hat{2}})^2 + (i_{\hat{1}}L^{\{1\}} - R)(1 + i_{\hat{2}}) + (i_{\hat{1}}L^{\{1\}} - R)$$

$$= (L_{t_2} - L^{\{1\}})(1 + i_{\hat{2}})^2 + (i_{\hat{1}}L^{\{1\}} - R)s_{\overline{2}|i_{\hat{2}}}$$

附录

同理可得

$$L_{t_2+3} - L^{\{1\}} = (L_{t_2} - L^{\{1\}})(1 + i_{\hat{2}})^3 + (i_{\hat{1}}L^{\{1\}} - R)s_{\overline{3}|i_{\hat{2}}}$$

$$\cdots\cdots$$

$$L_{t_1} - L^{\{1\}} = (L_{t_2} - L^{\{1\}})(1 + i_{\hat{2}})^{t_1-t_2} + (i_{\hat{1}}L^{\{1\}} - R)s_{\overline{t_1-t_2}|i_{\hat{2}}}$$

从而

$$L_{t_1} = (L_{t_2} - L^{\{1\}})(1 + i_{\hat{2}})^{t_1-t_2} + (i_{\hat{1}}L^{\{1\}} - R)s_{\overline{t_1-t_2}|i_{\hat{2}}} + L^{\{1\}} \quad (E.2.6)$$

将(E.2.4)式代入(E.2.6)式可以得到L_{t_1}(或$L_{t_1}^r$)的表达式。

由(E.1.4)式与(E.2.4)式,根据$L_{t_2}^p = L_{t_2}^r$可以得到

$$\begin{aligned} & v_2^{t_1-t_2}Ra_{\overline{n-t_1}|i_{\hat{1}}} + [R - L^{\{1\}}(i_{\hat{1}} - i_{\hat{2}})]a_{\overline{t_1-t_2}|i_{\hat{2}}} \\ & = (L_0 - L^{\{2\}})(1 + i_{\hat{3}})^{t_2} + [(i_{\hat{1}} - i_{\hat{2}})L^{\{1\}} + i_{\hat{2}}L^{\{2\}} - R]s_{\overline{t_2}|i_{\hat{3}}} + L^{\{2\}} \end{aligned}$$

解得

$$R = \frac{(L_0 - L^{\{2\}})(1+i_{\hat{3}})^{t_2} + [L^{\{1\}}(i_{\hat{1}} - i_{\hat{2}}) + i_{\hat{2}}L^{\{2\}}]s_{\overline{t_2}|i_{\hat{3}}} + L^{\{1\}}(i_{\hat{1}} - i_{\hat{2}})a_{\overline{t_1-t_2}|i_{\hat{2}}} + L^{\{2\}}}{v_2^{t_1-t_2}a_{\overline{n-t_1}|i_{\hat{1}}} + a_{\overline{t_1-t_2}|i_{\hat{2}}} + s_{\overline{t_2}|i_{\hat{3}}}} \quad (E.2.7)$$

于是条件(E.0.1)与条件(E.0.2)就转化为下面两个不等式组:

$$\begin{cases} L_{t_1} = Ra_{\overline{n-t_1}|i_{\hat{1}}} \leqslant L^{\{1\}} \\ L_{t_2} = v_2^{t_1-t_2}L_{t_1} + [R - L^{\{1\}}(i_{\hat{1}} - i_{\hat{2}})]a_{\overline{t_1-t_2}|i_{\hat{2}}} \leqslant L^{\{2\}} \end{cases} \quad (E.2.8)$$

由于贷款余额L_u是关于u的单调减函数,是一个将(E.2.7)式代入(E.2.8)式可以求出满足条件(E.2.8)式的唯一最小正整数t_1与t_2。

例 E.2.1　某借款人向银行贷款10年,贷款10万元,每年年末均匀还款。该贷款采用三级级差利率,级差分界线为$L^{\{1\}} = 40\ 000$元、$L^{\{2\}} = 70\ 000$元,三级级差年利率分别$i_{\hat{1}} = 6\%$、$i_{\hat{2}} = 5\%$、$i_{\hat{3}} = 4\%$。求借款人每年年末应偿还的金额、等价的利率,并做出分期还款表。

解:设每年年末应偿还的金额为R元,由已知条件可知$n = 10$、$L_0 = 100\ 000$。在Excel中,首先将正整数对(t_1, t_2)(其中$t_1 > t_2$),比如(1,2),分别放置在两个单元格里,对于出现在(E.2.7)、(E.2.8)三式中的$a_{\overline{t_1-t_2}|i_{\hat{2}}}$、$a_{\overline{n-t_1}|i_{\hat{1}}}$、$s_{\overline{t_2}|i_{\hat{3}}}$、$(1 + i_{\hat{3}})^{t_2}$、$v_2^{t_1-t_2}$分别在另外的单元格中计算出来;然后选择一个新的单元格计算出R;最后分别计算(E.2.8)的左边,检查不等式(E.2.8)是否成立。t_1从2开始逐步增大到10,t_1一旦固定,t_2就从1增大到$t_1 - 1$,这样就能比较容易找到满足不等式(E.2.8)的最小正整数t_1与t_2,答案为$t_1 = 7, t_2 = 4$。显然,对于比较大的n,根据上述思路,可用编写程序的方法求解不等式。

将上述已知条件代入(E.2.7)可得到$R \approx 13\ 228.735\ 550 \approx 13\ 228.74$。然后,可以求得不等式(E.2.8)的左边分别为$L_{t_2} \approx 65\ 481.62$、$L_{t_1} = 35\ 360.57$。根据级差利率求解思路,可以先计算出每年应负担的利息,从而做出分期还款表(附表E-2-1)。

附表 E－2－1　分期还款表　　单位:元

年末	每年偿还额	偿还额中利息部分	偿还额中本金部分	残余本金
0				100 000
1	13 228.74	5 100.00	8 128.74	91 871.26
2	13 228.74	4 774.85	8 453.88	83 417.38
3	13 228.74	4 436.70	8 792.04	74 625.34
4	13 228.74	4 085.01	9 143.72	65 481.62
5	13 228.74	3 674.08	9 554.65	55 926.96
6	13 228.74	3 196.35	10 032.39	45 894.58
7	13 228.74	2 694.73	10 534.01	35 360.57
8	13 228.74	2 121.63	11 107.10	24 253.47
9	13 228.74	1 455.21	11 773.53	12 479.94
10	13 228.74	748.80	12 479.94	0.00

设本问题中等价的年利率为 i,则

$$Ra_{\overline{10}|i} = L_0$$

解之,得

$$i \approx 5.44\%$$

说明:(1) 为了便于推广,有必要对二级级差利率使用统一符号,即用 $L^{\{1\}}$ 代替 L'、t_1 代替 t、$i_{\hat{1}}$ 代替 i、$i_{\hat{2}}$ 代替 j,于是

$$R = \frac{(L_0 - L^{\{1\}})(1 + i_{\hat{2}})^{t_1} + i_{\hat{1}}L^{\{1\}}s_{\overline{t_1}|i_{\hat{2}}} + L^{\{1\}}}{a_{\overline{n-t_1}|i_1} + s_{\overline{t_1}|i_2}}$$

最小的整数 t_1 应满足的不等式为 $Ra_{\overline{n-t_1}|i_{\hat{1}}} \leqslant L^{\{1\}}$。

(2) 容易推导出四级级差利率的公式

$$R=\frac{(L_0-L^{\{3\}})(1+i_{\hat{4}})^{t_3}+Q_1s_{\overline{t_3}|i_{\hat{4}}}+Q_2a_{\overline{t_2-t_3}|i_{\hat{3}}}+v_3^{t_2-t_3}(i_{\hat{1}}-i_{\hat{2}})L^{\{1\}}a_{\overline{t_1-t_2}|i_{\hat{2}}}+L^{\{3\}}}{v_3^{t_2-t_3}v_2^{t_1-t_2}a_{\overline{n-t_1}|i_{\hat{1}}}+v_3^{t_2-t_3}a_{\overline{t_1-t_2}|i_{\hat{2}}}+a_{\overline{t_2-t_3}|i_{\hat{3}}}+s_{\overline{t_3}|i_{\hat{4}}}}$$

其中,$Q_1 = (i_{\hat{1}} - i_{\hat{2}})L^{\{1\}} + (i_{\hat{2}} - i_{\hat{3}})L^{\{2\}} + i_{\hat{3}}L^{\{3\}}$,$Q_2 = (i_{\hat{1}} - i_{\hat{2}})L^{\{1\}} + (i_{\hat{2}} - i_{\hat{3}})L^{\{2\}}$,$v_k^t = \left(\frac{1}{1 + i_{\hat{k}}}\right)^t$。$t_1$、$t_1$、$t_2$、$t_3$ 为满足如下不等式组的最小正数(这里 $t_1 > t_2 > t_3$):

$$\begin{cases} L_{t_1} = Ra_{\overline{n-t_1}|i_{\hat{1}}} \leqslant L^{\{1\}} \\ L_{t_2} = v_2^{t_1-t_2}L_{t_1} + (R - (i_{\hat{1}} - i_{\hat{2}})L^{\{1\}})a_{\overline{t_1-t_2}|i_{\hat{2}}} \leqslant L^{\{2\}} \\ L_{t_3} = v_3^{t_2-t_3}L_{t_2} + (R - (i_{\hat{1}} - i_{\hat{2}})L^{\{1\}} - (i_{\hat{2}} - i_{\hat{3}})L^{\{2\}})a_{\overline{t_2-t_3}|i_{\hat{3}}} \leqslant L^{\{3\}} \end{cases}$$

(3) 注意各级级差利率之间的关系。二级级差利率中令 $t_1 = 0$ 就转化为普通分期还款;三级级差利率中令 $t_1 = t_2$、$i_{\hat{1}} = i_{\hat{2}}$ 就转化成二级级差利率;同理,四级级差利率可以转化成三级级差利率。反之,低一级级差利率可以推广到高一级级差利率。

请读者思考:某借款人向银行贷款 20 年,贷款金额为 20 万元,每年年末均匀还款。该贷款采用四级级差利率,级差分界线为 $L^{\{1\}} = 60\ 000$ 元、$L^{\{2\}} = 120\ 000$ 元、$L^{\{3\}} = 160\ 000$,四级级差年利率分别为 $i_{\hat{1}} = 6\%$、$i_{\hat{2}} = 5\%$、$i_{\hat{3}} = 4\%$、$i_{\hat{4}} = 3\%$。求借款人每年年末应偿还的金额、等价的年利率,并作出分期还款表。提示:$R \approx 16\ 214.656\ 669 \approx 16\ 214.66$,等价年利率为 $i \approx 5.12\%$。

参考文献

[1] 凯利森. 利息理论[M]. 尚汉冀,译. 上海:上海科学技术出版社,1995.

[2]宋逢明. 金融工程原理:无套利风险均衡分析[M]. 北京:清华大学出版社,1999.

[3]孟生旺,袁卫. 利息理论及其应用[M]. 北京:中国人民大学出版社,2001.

[4]刘占国. 利息理论[M]. 天津:南开大学出版社,2000.

[5]二见隆. 生命保险数学[M]. 江砚丽,李恒琦,译. 成都:西南财经大学出版社,1992.

[6]卓志. 寿险精算[M]. 2 版. 成都:西南财经大学出版社,2003.

[7]王晓军,江星,刘文卿. 保险精算学[M]. 北京:中国人民大学出版社,1995.

[8]李晓林. 精算学原理第一卷:利息理论[M]. 北京:经济科学出版社,1999.

[9]徐景峰. 金融数学[M]. 北京:中国财政经济出版社,2010.

[10]张运刚. 寿险精算理论与实验[M]. 3 版. 成都:西南财经大学出版社,2022.

[11]赫尔. 期权、期货及其它衍生产品[M]. 王勇,索事林,译. 北京:机械工业出版社,2018.

[12]威尔莫特. 数量金融:第 2 版[M]. 郑振龙,陈蓉,史若燃,等译. 北京:机械工业出版社,2015.

[13]林清泉. 金融工程[M]. 4 版. 北京:中国人民大学出版社,2016.

[14]孟生旺. 金融数学[M]. 7 版. 北京:中国人民大学出版社,2021.

[15]DAVID F B, FRANK J F. Investment Management for Insurers[M]. Pennsylvania: Frank J.Fabozzi Associates,1999.

[16] SAMUEL A B. Mathematics of Investment and Credit[M]. 3rd ed. Boston: ACTEX Publications, 2004.

附表

附表 1　常用系数表

附表 2　终值系数$[(1+i)^n]$表

附表 3　现值系数$[v^n=(1+i)^{-n}]$表

附表 4　年金现值系数$(a_{\overline{n}|i})$表

附表 5　年金终值系数$(s_{\overline{n}|i})$表